关于我们

神奇的考点母题以多位财政部会计财务评价中心专家为核心，联袂著名大学的博士、教授，秉承**"四精""三六"**的教学理念，独创"神奇的考点母题"五步教学法，助力财会人才实现职业梦想。

核心业务

初级会计师	中级会计师	高级会计师

注册会计师	税务师

神母优势

1、**豪华的师资团队**：优秀专家团队，教授领衔、全博士阵容

2、**经过实践的通关保障**：丰富的考试研究经验和命题经验

3、**独特的教学理念**：独创五步教学法、四精课程 "三六"原则

4、**硬核的《神奇的考点母题》系列教材**：精准定位考点 真题之源

5、**高质量的准真题和考前神奇密训卷**：聚焦考试重点，一题顶十题

神奇的考点母题 专注财经考试培训
致力成为财经考试培训标准领航者

@神奇母题会计图书

抖音号：89711618843

神奇母题官方图书号

神母豪华师资阵容

—— 教授领衔 全博授课 ——

王峰娟 教授 / 博士
北京工商大学商学院 教授、博士生导师
中央财经大学 博士

杨克智 副教授 / 博士
中央财经大学 会计学博士
北京工商大学MPAcc中心主任

张晓婷 教授 / 博士
北京师范大学 法学院教授
中国人民大学 博士

任翠玉 教授 / 博士
东北财经大学 会计学院 博士、教授

张旭娟 教授 / 博士
山西财经大学 法学院教授
中国政法大学 法学博士

宋迪 博士
中国政法大学 教师
中国人民大学会计学 博士

鄢翔 博士
上海财经大学 会计学博士
首都经济贸易大学 教师

于上尧 博士
中国人民大学财务与金融系 博士
北京工商大学财务系 副教授 硕士研究生导师

郝琳琳 教授 / 博士后
北京工商大学 法学院 教授
财政部科研院 博士后

刘胜 博士
北京工商大学 金融学博士
首都经济贸易大学 特聘导师

高瑜彬 副教授 / 博士
北京工商大学 会计系副主任、副教授
吉林大学管理学、会计学 博士

李静怡 副教授 / 博士
东北财经大学 副教授、经济学博士

李辰颖 副教授 / 博士后
北京林业大学 经济管理学院 副教授
中央财经大学 管理学 博士
上海财经大学 博士后

邹学庚 博士
中国政法大学民商法学 博士
中国政法大学民商经济法学院 教师

宋淑琴 教授 / 博士
东北财经大学教授，管理学博士
辽宁省教学名师

华忆昕 博士
中国政法大学民商法学博士
中国政法大学商学院教师

师资团队	授课明细
初级领航天团	杨克智 鄢翔 /《初级会计实务》、张晓婷 宋迪 /《经济法基础》
中级神奇天团	王峰娟 任翠玉 /《财务管理》、杨克智 /《会计实务》、张晓婷 张旭娟 /《经济法》
高级会计 - 核之队	王峰娟 杨克智 /《高级会计实务》
注会圆梦天团	杨克智 /《会计》、王峰娟 于上尧 /《财务成本管理》、张晓婷 /《经济法》 鄢翔 /《审计》、刘胜 /《战略》、郝琳琳 /《税法》
税务师梦之队	任翠玉 /《财务与会计》-财务管理、高瑜彬 /《财务与会计》-会计、 李辰颖 /《税法》(一)、李静怡 /《税法》(二)、 宋迪 /《涉税服务实务》、邹学庚 /《涉税服务相关法律》

考点母题 真题之源 聚焦考点 助力上岸

"四精"课程服务

高效通关有保障

精致
内容质量高

精准
考点定位准

精短
时间消耗少

精彩
专家讲授棒

神奇的考点母题——"三六"原则

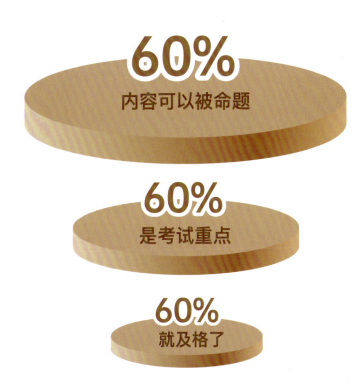

花少量的时间，掌握**关键内容**，
抓住重点你也可以轻松上岸

神奇的考点母题——五步教学法

五步教学法是一个教学闭环和通关阵法,环环相扣、互为依托,相辅相成。神奇的考点母题五步教学法通过大量实践,已经展现了其独特的魅力。

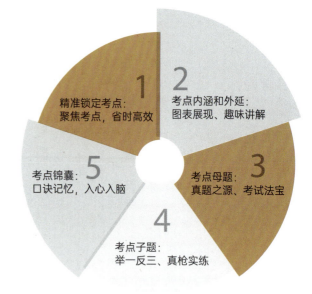

1 精准锁定考点:
聚焦考点,省时高效

2 考点内涵和外延:
图表展现、趣味讲解

3 考点母题:
真题之源、考试法宝

4 考点子题:
举一反三、真枪实练

5 考点锦囊:
口诀记忆,入心入脑

全程专家直播授课

全程直播授课
专家全程直播授课,"博士级"名师在线答疑

母题模式
母题讲解模式,摆脱题海战术,以不变应万变

考点剖析精讲
浓缩考试精华,直击要点,考点全覆盖,一题顶十题

其他培训机构	VS	神奇的考点母题	
机构讲师授课	VS	全国性考试前命题专家授课	✓
大部分为录播+少部分课程直播	VS	全程100%直播+答疑	✓
常规讲解模式	VS	独创母题讲解模式	✓
无答疑或者松散答题服务	VS	全国性考试前命题专家授课+211,985具有博士学历大学老师联合答疑	✓

神奇的考点母题

2023年 中级会计专业技术资格考试

THE MAGIC KEY TO EXAM

中级财务管理

应试指导及母题精讲

神奇母题®①

编著◎任翠玉 王峰娟

THE MAGIC KEY
TO EXAM

团结出版社
UNITY PRESS

图书在版编目（CIP）数据

中级财务管理应试指导及母题精讲 / 任翠玉，王峰
娟编著 . -- 北京：团结出版社，2023.3
　　ISBN 978-7-5126-9932-8

　　Ⅰ . ①中… Ⅱ . ①任… ②王… Ⅲ . ①财务管理—资
格考试—自学参考资料 Ⅳ . ① F275

　　中国版本图书馆 CIP 数据核字 (2022) 第 237667 号

出　版：团结出版社
　　　　（北京市东城区东皇城根南街 84 号　邮编：100006）
电　话：（010）65228880 65244790
网　址：http://www.tjpress.com
E-mail：65244790@163.com
经　销：全国新华书店
印　刷：涿州汇美亿浓印刷有限公司
装　订：涿州汇美亿浓印刷有限公司

开　本：185mm×260mm　16 开
印　张：23
字　数：223 千字
版　次：2023 年 5 月　第 1 版
印　次：2023 年 5 月　第 1 次印刷

书　号：978-7-5126-9932-8
定　价：76.00 元

前　言

相较于注册会计师、税务师而言，中级会计师考试难度较为适中。考试的基本要求为连续两年通过《中级会计实务》《财务管理》《经济法》三个科目。从最近几年的趋势看，考试难度有所加强。鉴于此，神奇考点母题团队精心编制了本套中级会计师系列辅导教材，本系列辅导教材按照最新考试大纲和教材、尊重命题规律和考生学习规律、以考点母题为本位、辅之以子题进行编制。本套辅导教材的特点有：

1. 考点母题化

将教材内容进行优化，剔除不能出考题的内容，或者出题概率不大的内容，将教材凝缩为考点母题，使讲义的内容更加精致，考点更加集中。同时将考点对应的真题出题方向和选项进行全面、精准归纳，形成真题出题的原料库。考点母题搭建起教材和考试之间的桥梁，掌握了考点母题就掌握了考试的秘方，解决了考生"学习学得好但考试不一定考得好"的问题，让考试更轻松，过关更高效。在精致的基础上，做到精短、精准。

2. 习题子题化

将考点母题按照真题的范式衍生出考点子题，考点子题完全按照真题的难度和要求命制，是高质量准真题。通过练习考点子题，掌握考点母题衍生真题的规律，举一反三，有的放矢，拒绝题海战术。把好题练好，练熟。

3. 教材形象化

看漫画学知识，将教材海量文字内容通过漫画的形式或图表的形式进行展示，将公式形象化，让教材通俗易懂、一目了然。本书将核心考点内容都漫画化了，核心公式都形式化、可视化了，让内容更生动，学习更有趣。

4. 记忆口诀化

根据各科目考试特点，将需要记忆的考点总结成朗朗上口的记忆口诀，让考点入心入脑，不但让考生学会考点内容和母题内容，还让考生能轻松地记忆和准确运用。

5. 书课一体化

本套辅导教材为神奇母题课程的授课讲义，完全书课一体。神奇的考点母题授课团队均为高校教授、博士，考点把握精准、授课专业精彩、课时精短高效、课程资料精致。书中部分考点母题配有考点视频二维码，方便考生立体学习。

《财务管理》科目往往被学员们认为是中级会计专业资格考试中最难的一科，因为它涉及的计算多，公式多，且综合性强，近几年又呈现出考核灵活的特点。因此，学员们在学习的过程中就会出现理解困难、抓不住重点、记不住公式，即使记住公式也不会用的现象，为解决学员们在备考过程中的这些痛点，神奇的考点母题团队基于多年的教研培训经验以及对中级职称考试命题规律的把握，将教材内容总结提炼为考点母题，高度浓缩了教材内容，聚焦考点，重点突出，精炼清晰，目的是使学员能够高效学习，省时省力。本辅导教材除了根据教材内容总结出考点母题，同时针对母题配有相应的、有代表性的考点子题，将学习与练习融为一体，并辅之以总结、比较、图示、口诀等方法，帮助学员理解知识、掌握公式、灵活运用、高效通关。本书由任翠玉教授、王峰娟教授编著，曾梦丹、屈金蓉、张悦、王春燕参与校对、编辑等工作，我们不懈努力、精益求精，助学员们顺利通过《财务管理》考试。

神奇的考点母题教研团队

任翠玉 教授 管理学博士

东北财经大学会计学院教授，硕士生导师

国家级财务管理教学团队成员

国家级资源共享课《财务管理》课程主讲人

曾获辽宁省教学成果一等奖

辽宁省优秀青年骨干教师

主持财政部课题 1 项

主持省级课题 4 项

参与国家社科基金项目、省部级课题多项

主编《财务管理基础》《财务管理》《高级财务管理》《衍生金融工具基础》等教材

神奇的考点母题创始人

王峰娟 教授 博士

北京工商大学财务系教授，博士生导师

中央财经大学管理学博士

中国注册会计师非执业会员

第十三届、第十四届北京市政协委员

九三学社北京市市委委员

曾任财政部会计资格评价中心专家

教育部新世纪优秀人才

北京市中青年骨干教师

国家一流专业、一流课程主讲教师

主持国家社科基金项目 2 项、北京社科基金项目 1 项

参与国家社科重大基金项目、重点基金项目多项

发表学术论文 80 多篇

出版专著、教材十余部

神奇的考点母题创始人

多家企业执行董事、法定代表人

多家上市公司独立董事

目　录

第1章　总论 ········· 001

第一节　企业与企业财务管理 ········· 002

第二节　财务管理目标 ········· 004

第三节　财务管理原则 ········· 009

第四节　财务管理环节 ········· 010

第五节　财务管理体制 ········· 011

第六节　财务管理环境 ········· 015

第2章　财务管理基础 ········· 021

第一节　货币的时间价值 ········· 022

第二节　收益与风险 ········· 033

第三节　成本性态分析 ········· 046

第3章　预算管理 ········· 057

第一节　预算管理概述 ········· 058

第二节　预算的编制方法与程序 ········· 061

第三节　预算编制 ········· 068

第四节　预算的执行与考核 ········· 085

第4章　筹资管理（上） ········· 089

第一节　筹资管理概述 ········· 091

第二节　债务筹资 ········· 095

第三节　股权筹资 ········· 102

第四节　衍生工具筹资 ········· 109

第五节　筹资实务创新 ········· 116

第5章　筹资管理（下） ········· 123

第一节　资金需要量预测 ········· 124

第二节　资本成本 ········· 131

第三节　杠杆效应 ┄┄┄┄ 140

第四节　资本结构 ┄┄┄┄ 146

第6章　投资管理 ┄┄┄┄ 158

第一节　投资管理概述 ┄┄┄┄ 159

第二节　投资项目财务评价指标 ┄┄┄┄ 161

第三节　项目投资管理 ┄┄┄┄ 176

第四节　证券投资管理 ┄┄┄┄ 185

第五节　基金投资与期权投资 ┄┄┄┄ 194

第7章　营运资金管理 ┄┄┄┄ 206

第一节　营运资金管理概述 ┄┄┄┄ 207

第二节　现金管理 ┄┄┄┄ 212

第三节　应收账款管理 ┄┄┄┄ 221

第四节　存货管理 ┄┄┄┄ 227

第五节　流动负债管理 ┄┄┄┄ 234

第8章　成本管理 ┄┄┄┄ 244

第一节　成本管理概述 ┄┄┄┄ 245

第二节　本量利分析与应用 ┄┄┄┄ 246

第三节　标准成本控制与分析 ┄┄┄┄ 263

第四节　作业成本与责任成本 ┄┄┄┄ 274

第9章　收入与分配管理 ┄┄┄┄ 289

第一节　收入与分配管理概述 ┄┄┄┄ 290

第二节　收入管理 ┄┄┄┄ 291

第三节　纳税管理 ┄┄┄┄ 299

第四节　分配管理 ┄┄┄┄ 304

第10章　财务分析与评价 ┄┄┄┄ 323

第一节　财务分析与评价概述 ┄┄┄┄ 324

第二节　基本的财务报表分析 ┄┄┄┄ 329

第三节　上市公司财务分析 ┄┄┄┄ 344

第四节　财务评价与考核 ┄┄┄┄ 350

第1章 总论

本章是财务管理的总论，主要介绍了企业与企业财务管理、财务管理目标、财务管理原则、财务管理环节、财务管理体制和财务管理环境等六个方面的内容，具体知识结构如下图所示：

本章思维导图

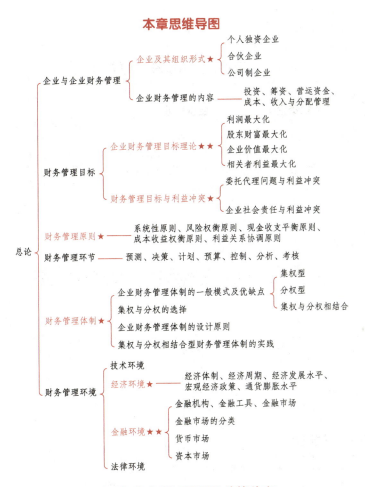

近三年本章考试题型及分值分布

题　型	2020年		2021年		2022年	
	试卷Ⅰ	试卷Ⅱ	试卷Ⅰ	试卷Ⅱ	试卷Ⅰ	试卷Ⅱ
单项选择题	1题1.5分	1题1.5分	—	1题1.5分	2题3分	1题1.5分
多项选择题	—	—	—	1题2分	—	—
判断题	—	—	1题1分	1题1分	1题1分	1题1分
计算分析题	—	—	—	—	—	—
综合题	—	—	—	—	—	—
合计	1.5分	1.5分	1分	4.5分	4分	2.5分

第一节　企业与企业财务管理

考点1　企业的组织形式

三种企业组织形式比较

组织形式\比较项目	个人独资企业	合伙企业	公司制企业	
			有限责任公司	股份有限公司
设立时出资人	一个自然人	由两个或两个以上的自然人（有时也包括法人或其他组织）	1人或50人以下	2人以上200人以下
组建成本	低	低	高	
法人资格	无	无	有	
债务承担责任	无限责任	无限连带责任	有限责任	
外部筹资	难	难	容易	
所有权转让	难	难	容易	
纳税	个人所得税	个人所得税	企业所得税和个人所得税	
代理问题	无	无	有	
生命	有限	有限	无限存续	

▲【考点母题——万变不离其宗】个人独资企业

	（1）下列各项中，属于个人独资企业特点的有（　）。	
优点	（2）下列各项中，属于个人独资企业优点的有（　）。	
	A. 创立容易　　B. 经营管理灵活自由　　C. 不需要缴纳企业所得税	
缺点	（3）下列各项中，属于个人独资企业缺点的有（　）。	
	A. 需要业主对企业债务承担无限责任　　B. 难以从外部获得大量资金用于经营 C. 企业所有权的转移比较困难　　D. 企业的生命有限	

【提示】普通合伙人对企业债务承担无限连带责任，有限合伙人对企业债务承担有限责任。合伙企业的优缺点与个人独资企业类似。

▲【考点母题——万变不离其宗】公司制企业

（1）有限责任公司与股份有限公司的区别有（　　）。	
A. 公司设立时对股东人数要求不同　　B. 股东的股权表现形式不同　　　C. 股份转让限制不同	
（2）下列各项中，属于公司制企业特点的有（　　）。	

优点	（3）下列各项中，属于公司制企业优点的有（　　）。
	A. 容易转让所有权　　　　B. 有限债务责任 C. 可以无限存续　　　　　D. 融资渠道较多，更容易筹集所需资金
缺点	（4）下列各项中，属于公司制企业缺点的有（　　）。
	A. 组建公司的成本高　　B. 存在代理问题　　C. 双重课税　　D. 政府监管较严
【提示】	国有独资公司是有限责任公司的一种特殊形式。不设股东会，由国有资产监督管理机构行使股东会职权。

▲【考点子题——举一反三，真枪实练】

[1]（历年真题·单选题）下列各项中，属于公司制企业特点的是（　　）。

　　A. 设立时股东人数不受限制　　　　　B. 有限债务责任

　　C. 组建成本低　　　　　　　　　　　D. 有限存续期

[2]（历年真题·单选题）与普通合伙企业相比，下列各项中，属于股份有限公司缺点的是（　　）。

　　A. 筹资渠道少　　　　　　　　　　　B. 承担无限责任

　　C. 企业组建成本高　　　　　　　　　D. 所有权转移较困难

[3]（历年真题·判断题）不论是公司制企业还是合伙制企业，股东或合伙人都面临双重课税问题，即在缴纳企业所得税后，还要缴纳个人所得税。（　　）

[4]（历年真题·判断题）相对于个人独资企业与合伙企业，公司制企业受政府监管较为宽松。（　　）

第二节 财务管理目标

考点 2 企业财务管理目标理论

▲【考点母题——万变不离其宗】利润最大化

	（1）下列各项中，属于利润最大化目标特点的有（　　）。	
优点	（2）下列各项中，属于利润最大化目标优点的有（　　）。	
	A. 有利于企业讲求经济核算、加强管理、改进技术、提高劳动生产率、降低产品成本 B. 有利于资源合理配置、企业整体经济效益提高	
缺点	（3）下列各项中，属于利润最大化目标缺点的有（　　）。	
	A. 没有考虑利润实现时间和资金时间价值 B. 没有考虑风险问题 C. 没有反映创造的利润与投入资本之间的关系 D. 可能导致企业短期行为倾向，影响企业长远发展	
（4）【注意】每股收益最大化是利润最大化的另一种表现方式，除了反映所创造利润与投入资本之间的关系之外，每股收益最大化与利润最大化目标缺陷基本相同。		

▲【考点母题——万变不离其宗】股东财富最大化

	（1）下列关于股东财富表述中，正确的是（　　）。	
	A. 股东财富是由其所拥有的股票数量和股票市场价格这两方面决定的，在股票数量一定的情况下，股东财富最大化的衡量指标就是股票价格。股票价格达到最高，股东财富也就达到最大	
	（2）下列各项中，属于股东财富最大化目标特点的有（　　）。	
优点	（3）下列各项中，属于股东财富最大化目标优点的有（　　）。	
	A. 考虑了时间价值和风险因素 B. 在一定程度上能避免企业的短期行为 C. 对上市公司而言，比较容易量化，便于考核和奖惩	
缺点	（4）下列各项中，属于股东财富最大化目标缺点的有（　　）。	
	A. 只适用于上市公司，因为非上市公司无法像上市公司一样随时准确获得公司股价 B. 股价受众多因素影响，不能完全准确反映企业财务管理的状况 C. 它强调更多的是股东利益，而对其他相关者的利益重视不够	

⚠【考点母题——万变不离其宗】企业价值最大化

（1）下列关于企业价值表述中，正确的有（　）。
A. 企业价值可以理解为企业股东权益和债权人权益的市场价值 B. 企业价值是企业所能创造的预计未来现金流量的现值
（2）下列各项中，属于企业价值最大化目标特点的有（　）。

优点	（3）下列各项中，属于企业价值最大化目标优点的有（　）。
	A. 考虑了取得收益的时间 B. 考虑了风险与收益的关系 C. 将企业长期、稳定的发展和持续的获利能力放在首位 D. 能克服企业在追求利润上的短期行为 E. 用价值代替价格，避免了过多外界市场因素的干扰，有效地规避了企业的短期行为
缺点	（4）下列各项中，属于企业价值最大化目标缺点的有（　）。
	A. 过于理论化，不易操作 B. 对于非上市公司而言，只有对企业进行专门的评估才能确定其价值，评估标准和评估方式很难做到客观和准确

⚠【助记小卡片】企业财务管理目标

目标	考虑时间价值	考虑风险	克服短期行为	考虑了投入资本	只适合上市公司
利润最大化	×	×	×	×	
每股收益最大化	×	×	×	√	
股东财富最大化	√	√	√	√	√
企业价值最大化	√	√	√	√	

⚠【考点母题——万变不离其宗】相关者利益最大化

内容	（1）下列关于相关者利益最大化目标的表述中，正确的有（　）。
	A. 强调风险与收益的均衡 B. 强调股东的首要地位 C. 强调对代理人即企业经营者的监督和控制 D. 加强与债权人、供应商、政府部门等相关者之间的良好关系
优点	（2）下列各项中，属于相关者利益最大化目标优点的有（　）。
	A. 有利于企业长期稳定发展　　　　B. 体现了合作共赢的价值理念 C. 较好地兼顾了各利益主体的利益　D. 体现了前瞻性和现实性的统一

⚠【考点母题——万变不离其宗】各种财务管理目标之间的关系

（1）【判断金句】股东作为企业所有者，在企业中拥有最高的权力，负有最大的义务，承担最大的风险，所以各种财务管理目标，都以股东财富最大化为基础。

续表

（2）【判断金句】股东权益是剩余权益，只有满足了其他方面的利益之后才会有股东的利益。企业必须缴税、给职工发工资、给顾客提供他们满意的产品和服务，然后才能获得税后收益。可见，其他利益相关者的要求要先于股东被满足。

▲【考点子题——举一反三，真枪实练】

[5]（历年真题·单选题）下列财务管理目标中，容易导致企业短期行为的是（　　）。

A. 利润最大化　　　　　　　　　　B. 股东财富最大化

C. 企业价值最大化　　　　　　　　D. 相关者利益最大化

[6]（历年真题·多选题）关于企业价值最大化财务管理目标，下列说法正确的有（　　）。

A. 有助于克服企业追求利润的短期行为

B. 以股东财富最大化为基础

C. 考虑了收益的时间价值

D. 考虑了风险与收益的关系

[7]（历年真题·单选题）下列有关企业财务管理目标的表述中，错误的是（　　）。

A. 企业价值最大化目标弥补了股东财富最大化目标过于强调股东利益的不足

B. 相关者利益最大化目标认为应当将除股东之外的其他利益相关者置于首要地位

C. 利润最大化目标要求企业提高资源配置效率

D. 股东财富最大化目标比较适用于上市公司

[8]（历年真题·单选题）若上市公司以股东财富最大化作为财务管理目标，则衡量股东财富大小的最直观的指标是（　　）。

A. 净利润　　　B. 净资产收益率　　　C. 每股收益　　　D. 股价

[9]（历年真题·判断题）就上市公司而言，将股东财富最大化作为财务管理目标的缺点之一是不容易被量化。（　　）

[10]（历年真题·判断题）对于以相关者利益最大化为财务管理目标的公司来说，最为重要的利益相关者应当是公司员工。（　　）

[11]（历年真题·判断题）相关者利益最大化作为财务管理目标，体现了合作共赢的价值理念。（　　）

[12]（历年真题·判断题）公司以股东财富最大化作为财务管理目标，意味着公司创造的财富应首先满足股东期望的回报要求，然后再考虑其他利益相关者。（　　）

[13]（历年真题·判断题）没有股东财富最大化的目标，利润最大化、企业价值最大化以及相关者利益最大化的目标也就难以实现。（　　）

财务管理目标与利益冲突

▲【**考点母题——万变不离其宗**】股东与管理层之间的利益冲突与协调

（1）下列各项中，属于股东与管理层利益冲突的表现有（　　）。	
A．股东希望以较小的代价（支付较少的报酬）实现更多的财富 B．经营者希望在创造财富的同时，能够获取更多的报酬、更多的享受，并避免各种风险	
（2）下列各项机制中，可以协调股东与管理层利益冲突的有（　　）。	
约束机制	（3）下列各项协调股东与管理层利益冲突的措施中，属于约束机制的有（　　）。
	A．解聘　　　　　　　　　　B．接收
激励机制	（4）下列各项协调股东与管理层利益冲突的措施中，属于激励机制的有（　　）。
	A．股票期权　　　　　　　　B．绩效股

▲【**考点母题——万变不离其宗**】大股东与中小股东之间的利益冲突与协调

利益冲突的表现	（1）大股东侵害中小股东利益的主要形式有（　　）。
	A．利用关联交易转移上市公司的资产 B．非法占用上市公司巨额资金，或以上市公司的名义进行担保和恶意筹资 C．通过发布虚假信息进行股价操纵，欺骗中小股东 D．为大股东委派的高管支付不合理的报酬及特殊津贴 E．采用不合理的股利政策，掠夺中小股东的既得利益
解决方式	（2）下列方式中，可以协调大股东和中小股东利益冲突的有（　　）。
	A．完善上市公司的治理结构（增强中小股东的投票权和知情权、提高董事会中独立董事的比例、建立健全监事会） B．规范上市公司的信息披露制度（完善会计准则体系和信息披露规则、加大对信息披露违规行为的处罚力度、加强对信息披露的监管）

▲【**考点母题——万变不离其宗**】股东与债权人之间的利益冲突与协调

利益冲突的表现	（1）下列各项中，表明股东和债权人具有利益冲突的有（　　）。
	A．股东可能要求经营者改变举债资金的原定用途，将其用于风险更高的项目 B．股东可能在未征得现有债权人同意的情况下，要求经营者举借新债
解决方式	（2）下列各项中，可以协调股东和债权人利益冲突的有（　　）。
	A．限制性借债（事先规定借债用途限制、借债担保条款和借债信用条件） B．收回借款 C．停止借款

🔺【考点母题——万变不离其宗】企业的社会责任与利益冲突

含义	（1）【判断金句】企业的社会责任是指企业在谋求股东财富最大化之外所负有的维护和增进社会利益的义务。
内容	（2）下列各项中，属于企业社会责任的有（　　）。 A. 对员工的责任　　　B. 对债权人的责任　　　C. 对消费者的责任 D. 对社会公益的责任　　E. 对环境和资源的责任　　F. 遵从政府管理 G. 接受政府监督

🔺【考点子题——举一反三，真枪实练】

[14]（历年真题·多选题）公司制企业可能存在经营者和股东之间的利益冲突，解决这一冲突的方式有（　　）。

　　A. 解聘　　　　　　B. 接收　　　　　　C. 收回借款　　　　D. 授予股票期权

[15]（历年真题·判断题）公司将已筹集资金投资于高风险项目会给原债权人带来高风险和高收益。（　　）

[16]（历年真题·多选题）为了缓解公司债权人和所有者之间的利益冲突，债权人可以采取的措施有（　　）。

　　A. 设置借债担保条款　　　　　　　　B. 事先规定借债用途

　　C. 限制支付现金股利　　　　　　　　D. 不再给予新的借款

[17]（经典子题·多选题）下列各项中，可以协调大股东和中小股东利益冲突的方式有（　　）。

　　A. 建立健全监事会　　　　　　　　　B. 加大对信息披露违规行为的处罚力度

　　C. 加强对信息披露的监管　　　　　　D. 增强大股东的知情权

[18]（历年真题·判断题）企业的社会责任是企业在谋求所有者权益最大化之外所承担的维护和增进社会利益的义务，一般划分为企业对社会公益的责任和对债权人的责任两大类。（　　）

[19]（历年真题·判断题）如果某上市公司不存在控股股东，则该公司不存在股东与债权人之间的利益冲突。（　　）

第三节　财务管理原则

 财务管理原则

▲【考点母题——万变不离其宗】财务管理原则

（1）下列各项中，属于财务管理原则的有（　　）。	
A. 系统性原则	财务管理是企业管理系统的一个子系统，它本身又有投资管理、投资管理、营运资金管理、成本管理和收入与分配管理子系统构成。在财务管理中坚持系统性原则，是财务管理工作的首要出发点。
B. 风险权衡原则	高收益的投资机会必然伴随着较高的风险，风险小的投资机会必然只有较低的收益。
C. 现金收支平衡原则	财务管理贯彻的是收付实现制，而非权责发生制，客观上要求在财务管理活动中做到现金收入和现金支出在数量上、时间上达到动态平衡，即现金收支平衡。
D. 成本收益权衡原则	
E. 利益关系协调原则	财务管理过程也是一个协调各种利益关系的过程。

▲【考点子题——举一反三，真枪实练】

[20]（经典子题·多选题）下列各项中，属于财务管理原则的有（　　）。

A. 系统性原则　　　　　　　　　　B. 风险最小原则

C. 利益关系协调原则　　　　　　　D. 权责发生制原则

第四节　财务管理环节

　　一般而言，企业财务管理包括财务预测、财务决策、财务计划、财务预算、财务控制、财务分析与财务考核七个环节，财务决策是核心。

第五节 财务管理体制

考点 5 企业财务管理体制的一般模式及优缺点

企业财务管理体制是明确企业各财务层级财务权限、责任和利益的制度，其核心问题是如何配置财务管理权限。

财务管理体制的类型	企业总部权限	所属单位权限
集权型财务管理体制	财务决策权限集中统一	没有财务决策权限
分权型财务管理体制	权限下放，只对一些决策结果备案	财务决策权分散各所属单位
集权与分权相结合财务管理体制	重大问题高度集权	日常经营有较大自主权

▲【考点母题——万变不离其宗】集权型财务管理体制

优点	（1）下列各项中，属于集权型财务管理体制优点的有（　　）。
	A. 决策由总部制定，企业内部可充分展现其一体化管理的优势
	B. 有利于降低资金成本和风险损失
	C. 使决策的统一化、制度化得到有力的保障
	D. 有利于在整个企业内部优化配置资源
缺点	（2）下列各项中，属于集权型财务管理体制缺点的有（　　）。
	A. 使各所属单位缺乏主动性、积极性、丧失活力
	B. 决策程序相对复杂而失去适应市场的弹性、丧失市场机会

▲【考点母题——万变不离其宗】分权型财务管理体制

优点	（1）下列各项中，属于分权型财务管理体制优点的有（　　）。
	A. 有利于针对本单位存在的问题及时作出有效决策
	B. 有利于因地制宜地搞好各项业务、分散经营风险
	C. 有利于促进所属单位管理人员及财务人员成长
缺点	（2）下列各项中，属于分权型财务管理体制缺点的有（　　）。
	A. 可能导致各所属单位缺乏全局观念和整体意识
	B. 可能导致资金管理分散、资本成本增大、费用失控、利润分配无序

【提示】作为比较对立的两种财务管理体制，集权和分权的优缺点也是相反的。

▲【考点子题——举一反三，真枪实练】

[21]（历年真题·单选题）集权型财务管理体制可能导致的问题是（   ）。

  A. 利润分配无序   B. 削弱所属单位主动性

  C. 资本成本增大   D. 资金管理分散

[22]（经典子题·多选题）下列各项中，属于分权型财务管理体制优点的有（   ）。

  A. 有利于分散经营风险   B. 有利于及时作出有效决策

  C. 有利于降低资本成本   D. 有利于提高所属单位积极性

考点6 影响企业财务管理体制集权与分权选择的因素

▲【考点母题——万变不离其宗】影响企业财务管理体制集权与分权的因素

影响企业财务管理体制集权与分权的因素有（ ）。	
A. 企业生命周期	在初创阶段，企业经营风险高，财务管理宜偏重集权模式。
B. 企业战略	实施纵向一体化战略的企业，要求各所属单位保持密切的业务联系，各所属单位之间业务联系越密切，就越有必要采用相对集中的财务管理体制。
C. 企业所处市场环境	①如果企业所处的市场环境复杂多变，有较大的不确定性，就要求在财务管理划分权力给中下层财务管理人员较多的随机处理权，以增强企业对市场环境变动的适应能力。 ②如果企业面临的环境是稳定的、对生产经营的影响不太显著，则可以把财务管理权较多地集中。
D. 企业规模	企业规模小，财务管理工作量小，偏重于集权模式。
E. 企业管理层素质	企业管理层素质高，能力强，可以采用集权型财务管理体制。
F. 信息网络系统	集权型的财务管理体制，在企业内部需要有一个能及时、准确传递信息的网络系统，并通过信息传递过程的严格控制以保障信息的质量。

▲【考点子题——举一反三，真枪实练】

[23]（历年真题·判断题）企业集团内部各所属单位之间业务联系越紧密，就越有必要采用相对集中的财务管理体制。（   ）

[24]（历年真题·单选题）关于企业财务管理体制的模式选择，下列说法错误的是（   ）。

  A. 若企业处于初创阶段，经营风险高，则更适合采用分权型财务管理体制

  B. 若企业管理者的素质高、能力强，则可以采用集权型财务管理体制

  C. 若企业面临的环境是稳定的、对生产经营的影响不显著，则更适合采用集权型财务管理体制

  D. 若企业规模小，财务管理工作量少，则更适合采用集权型财务管理体制

考点7　企业财务管理体制的设计原则

▲【考点母题——万变不离其宗】财务管理体制的设计原则

财务管理体制的设计原则	（1）财务管理体制设计应遵循的原则有（　）。
	A. 与现代企业制度的要求相适应的原则 B. 明确企业对各所属单位管理中的决策权、执行权与监督权三者分立的原则 C. 明确财务综合管理和分层管理思想的原则 D. 与企业组织体制相适应的原则
企业组织与财务管理体制	（2）下列关于 U 型组织的表述中，正确的有（　）。
	A. 以职能化管理为核心 B. 最典型的特征是在管理分工下实行集权控制、没有中间管理层 C. 子公司的自主权较小
	（3）【判断金句】H 型组织即控股公司体制，它的典型特征是过度分权，各子公司保持了较大的独立性，总部缺乏有效的监控约束力度。
	（4）【判断金句】M 型组织即事业部制，是总部设置的中间管理组织，不是独立法人，不能够独立对外从事生产经营活动。

▲【考点子题——举一反三，真枪实练】

［25］（历年真题·单选题）U 型组织是以职能化管理为核心的一种最基本的企业组织结构，其典型特征是（　）。

A. 集权控制　　　　B. 分权控制　　　　C. 多元控制　　　　D. 分层控制

考点8　集权与分权相结合型财务管理体制的实践

▲【考点母题——万变不离其宗】集权与分权相结合型财务管理体制的实践

集权	（1）在集权与分权相结合的财务体制下，下列各项权利中，一般应当集中的有（　）。
	A. 制度制定权　　B. 筹资、融资权　　C. 投资权　　D. 用资、担保权 E. 固定资产购置权　　F. 财务机构设置权　　G. 收益分配权
分权	（2）在集权与分权相结合的财务体制下，下列各项权利中，一般应当分散的有（　）。
	A. 经营自主权　　B. 人员管理权　　C. 业务定价权　　D. 费用开支审批权

▲【考点子题——举一反三，真枪实练】

［26］（历年真题·多选题）某企业集团选择集权与分权相结合的财务管理体制，下列各项中，通常应当集权的有（　）。

A．收益分配权   B．财务机构设置权

C．对外担保权   D．子公司业务定价权

［27］（历年真题·单选题）某集团公司有 A、B 两个控股子公司，采用集权与分权相结合的财务管理体制，下列各项中，集团总部应当分权给子公司的是（ ）。

A．担保权   B．收益分配权

C．投资权   D．日常费用开支审批权

第六节 财务管理环境

考点 9 技术环境

▲【考点母题——万变不离其宗】财务管理的技术环境

（1）下列各项中，属于技术环境的是（　　）。
A．会计信息系统

考点 10 经济环境

▲【考点母题——万变不离其宗】经济环境的意义和类型

经济环境的意义	（1）下列影响财务管理的各种外部环境中，最重要的是（　　）。
	A．经济环境
经济环境的类型	（2）下列各项中，属于经济环境的有（　　）。
	A．经济体制　　　　　　B．经济周期　　　　　　C．经济发展水平
	D．宏观经济政策　　　　E．通货膨胀水平

▲【考点母题——万变不离其宗】经济周期中不同阶段的财务管理战略

（1）下列财务管理战略中，可用于经济复苏阶段的有（　　）。	（2）下列财务管理战略中，可用于经济繁荣阶段的有（　　）。	（3）下列财务管理战略中，可用于经济衰退阶段的有（　　）。	（4）下列财务管理战略中，可用于经济萧条阶段的有（　　）。
A．增加厂房设备 B．实行长期租赁 C．建立存货储备 D．开发新产品 E．增加劳动力	A．扩充厂房设备 B．继续建立存货 C．提高产品价格 D．开展营销规划 E．增加劳动力	A．停止扩张 B．出售多余设备 C．停产不利产品 D．停止长期采购 E．削减存货 F．停止扩招雇员	A．建立投资标准 B．保持市场份额 C．压缩管理费用 D．放弃次要利益 E．削减存货 F．裁减雇员

▲【考点母题——万变不离其宗】通货膨胀水平对财务管理的影响

通货膨胀对企业财务活动的主要影响	（1）通货膨胀对企业财务活动的主要影响有（　　）。

续表

通货膨胀对企业财务活动的主要影响	A. 引起资金占用的大量增加，从而增加企业的资金需求 B. 引起企业利润虚增，造成企业资金由于利润分配而流失 C. 引起利率上升，加大企业筹资成本 D. 引起有价证券价格下降，增加企业的筹资难度 E. 引起资金供应紧张，增加企业的筹资困难
通货膨胀的应对措施	（2）企业应对通货膨胀的措施有（　　）。
	A. 进行投资保值　　　　　　　B. 与客户签订长期购货合同 C. 取得长期负债　　　　　　　D. 采用比较严格的信用条件，减少企业债权 E. 调整财务政策，防止和减少企业资本流失

🔺【考点子题——举一反三，真枪实练】

[28]（历年真题·多选题）下列各项中，属于财务管理经济环境构成要素的有（　　）。

　　A. 经济周期　　　B. 经济发展水平　　C. 宏观经济政策　　D. 公司治理结构

[29]（历年真题·判断题）在经济衰退初期，公司一般应当出售多余设备，停止长期采购。（　　）

[30]（历年真题·多选题）为了应对通货膨胀给企业造成的影响，企业可以采取的措施有（　　）。

　　A. 放宽信用期限　　B. 取得长期负债　　C. 减少企业债权　　D. 签订长期购货合同

考点 11　金融环境

（一）金融工具的含义、种类与特证

🔺【考点母题——万变不离其宗】金融工具

种类	基本金融工具	（1）下列各项中，属于基本金融工具的有（　　）。
		A. 货币　　　　B. 票据　　　　C. 债券　　　　D. 股票
	衍生金融工具	（2）下列各项中，属于衍生金融工具的有（　　）。
		A. 远期合同　　B. 期货合同　　C. 互换合同　　D. 期权合同
		（3）下列各项中，属于衍生金融工具特征的有（　　）。
		A. 种类复杂、繁多　　　　　　B. 具有高风险、高杠杆效应
特征	（4）下列各项中，属于金融工具特征的有（　　）。	
	A. 流动性	是指金融工具在必要时迅速转变为现金而不致遭受损失的能力
	B. 风险性	是指购买金融工具的本金和预定收益遭受损失的可能性
	C. 收益性	是指金融工具能定期或不定期给持有人带来收益

（二）金融市场分类

▲【考点母题——万变不离其宗】金融市场的分类

分类标准	分类	内容
（1）按**期限**不同，金融市场可分为（　　）。	A. 货币市场	以期限在1年以内的金融工具为媒介，进行短期资金融通的市场。
	B. 资本市场	以期限在1年以上的金融工具为媒介，进行长期资金交易活动的市场。
（2）按**功能**不同，金融市场可分为（　　）。	A. 发行市场	又称一级市场，它主要处理金融工具的发行与最初购买者之间的交易。
	B. 流通市场	又称二级市场，它主要处理现有金融工具转让和变现的交易。
（3）按**融资对象**不同，金融市场可分为（　　）。	A. 资本市场	以各种长期资金为交易对象。
	B. 外汇市场	以各种外汇金融工具为交易对象。
	C. 黄金市场	集中进行黄金买卖和金币兑换的交易市场。
（4）按**金融工具的属性**不同，金融市场可分为（　　）。	A. 基础性金融市场	以基础性金融产品为交易对象的金融市场。
	B. 金融衍生品市场	以金融衍生产品为交易对象的金融市场。
（5）按**地理范围**不同，金融市场可分为（　　）。	A. 地方性金融市场　　B. 全国性金融市场　　C. 国际性金融市场	

（三）货币市场与资本市场

▲【考点母题——万变不离其宗】货币市场和资本市场

市场	功能	特点	主要市场
货币市场	（1）【判断金句】货币市场的功能是调节短期资金融通。	（2）下列各项中，属于货币市场主要特点的有（　　）。 A. 期限短 B. 解决短期资金周转 C. 流动性强 D. 价格平稳 E. 风险较小	（3）下列各项中，属于货币市场的有（　　）。 A. 拆借市场 B. 票据市场 C. 大额定期存单市场 D. 短期债券市场

续表

市场	功能	特点	主要市场
资本市场	（4）【判断金句】资本市场的功能是实现长期资本融通。	（6）下列各项中，属于资本市场主要特点的有（　）。 A. 融资期限长 B. 解决长期投资性资本的需要 C. 资本借贷量大 D. 收益较高 E. 风险较大	（7）下列各项中，属于资本市场的有（　）。 A. 债券市场 B. 股票市场 C. 期货市场 D. 融资租赁市场
	（5）下列各项中，属于期货市场功能的有（　）。 A. 规避风险 B. 发现价格 C. 风险投资		（8）下列各项中，属于金融期货的有（　）。 A. 外汇期货 B. 利率期货 C. 股指期货

【考点子题——举一反三，真枪实练】

[31]（历年真题·多选题）下列各项中，属于衍生金融工具的有（　）。

A. 远期合同　　　B. 期货合同　　　C. 互换合同　　　D. 期权合同

[32]（历年真题·判断题）以融资对象为划分标准，可将金融市场分为资本市场、外汇市场和黄金市场。（　）

[33]（历年真题·单选题）相对于资本市场而言，下列各项中，属于货币市场特点的是（　）。

A. 收益高　　　B. 期限长　　　C. 流动性强　　　D. 风险大

[34]（历年真题·多选题）下列金融市场类型中，能够为企业提供中长期资金来源的有（　）。

A. 拆借市场　　　B. 股票市场　　　C. 融资租赁市场　　　D. 票据贴现市场

[35]（历年真题·单选题）下列各项中，属于资本市场的是（　）。

A. 股票市场　　　B. 票据市场　　　C. 同业拆借市场　　　D. 大额定期存单市场

[本章考点子题答案及解析]

[1]【答案：B】设立有限责任公司的股东人数可以为1人或50人以下；设立股份有限公司，应当有2人以上200人以下为发起人，选项A错误；公司制企业的组建成本高，选项C错误；公司制企业可以无限存续，选项D错误；公司制企业的所有者承担有限债务责任，选项B正确。

[2]【答案：C】公司制企业的缺点有：（1）组建公司的成本高；（2）存在代理问题；（3）双重课税。选项C正确。

[3]【答案：错误】公司作为独立的法人，其利润需要缴纳企业所得税，企业利润分配给股东后，股东

还要缴纳个人所得税，所以公司制企业存在双重课税的问题。合伙制企业不用缴纳企业所得税，所以不存在双重课税的问题。

【4】【答案：错误】公司法对于设立公司制企业的要求比设立独资或合伙企业复杂，并且需要提交一系列法律文件，花费的时间较长。公司成立后，政府对其监督比较严格，需要定期提交各种报告。因此，公司制企业监管较为严格。

【5】【答案：A】以利润最大化作为财务管理目标的缺陷之一是可能会导致企业短期财务决策倾向，影响企业的长远发展。选项 A 正确。

【6】【答案：ABCD】属于企业价值最大化目标优点的有：（1）考虑了取得收益的时间；（2）考虑了风险与收益的关系；（3）将企业长期、稳定的发展和持续的获利能力放在首位；（4）能克服企业在追求利润上的短期行为；（5）用价值代替价格，避免了过多外界市场因素的干扰，有效地规避了企业的短期行为。选项 ABCD 正确。

【7】【答案：B】相关者利益最大化目标强调股东的首要地位，并强调企业与股东之间的协调关系。选项 B 表述错误。

【8】【答案：D】股东财富最大化是指企业财务管理以实现股东财富最大为目标。在上市公司，股东财富是由其所拥有的股票数量和股票市场价格两方面来决定的。在股票数量一定时，股票价格达到最高，股东财富也就达到最大。选项 D 正确。

【9】【答案：错误】对于上市公司而言，在股票数量一定时，股票的价格达到最高，股东财富也就达到最大，股东财富最大化目标比较容易量化，便于考核和奖惩。

【10】【答案：错误】相关者利益最大化强调股东的首要地位，并强调企业与债权人、企业经营者、客户、供应商、员工、政府等的关系。

【11】【答案：正确】以相关者利益最大化作为财务管理目标，具有的优点之一是体现了合作共赢的价值理念。

【12】【答案：错误】以股东财富最大化为核心和基础，还应该考虑利益相关者的利益。各国公司法都规定，股东权益是剩余权益，只有满足了其他方面的利益之后才会有股东的利益。企业必须缴税、给职工发工资、给顾客提供他们满意的产品和服务，然后才能获得税后收益。可见，其他利益相关者的要求要先于股东被满足。

【13】【答案：正确】各种财务管理目标，都以股东财富最大化为基础。所以没有股东财富最大化的目标，利润最大化、企业价值最大化以及相关者利益最大化的目标也就无法实现。

【14】【答案：ABD】协调所有者与经营者利益冲突的方式包括：解聘、接收和激励，其中激励分为股票期权和绩效股两种。选项 ABD 正确。

【15】【答案：错误】公司将已筹集资金投资于高风险项目会增大偿债风险，但是债权人的收益是固定的，造成债权人风险与收益的不对称。

【16】【答案：ABCD】所有者与债权人的利益冲突解决措施有限制性借债，如事先规定借债用途限制、借债担保条款和借债信用条件；收回借款或停止借款。其中选项 C 属于限制借款用途。选项 ABCD 正确。

【17】【答案：ABC】应增强中小股东的知情权，而不是大股东，选项 D 错误。选项 ABC 正确。

【18】【答案：错误】企业的社会责任是指企业在谋求所有者或股东权益最大化之外所负有的维护和增进社会利益的义务。具体来说，企业社会责任主要包括以下内容：对员工的责任、对债权人的责任、

对消费者的责任、对社会公益的责任、对环境和资源的责任。

[19]【答案：错误】股东的目标可能与债权人期望实现的目标发生矛盾，股东与债权人之间的利益冲突与股东是否控股无关。

[20]【答案：AC】财务管理应该遵循风险权衡原则而非风险最小原则，选项B错误；财务管理贯彻的是收付实现制而非权责发生制，选项D错误。选项AC正确。

[21]【答案：B】集权型财务管理体制的缺点是：集权过度会使各所属单位缺乏主动性、积极性，丧失活力，也可能因为决策程序相对复杂而失去适应市场的弹性，丧失市场机会，选项B正确。

[22]【答案：ABD】分权情况下，所属单位拥有决策权，可以及时作出有效决策，也可以分散经营风险，并提高工作的积极性，选项ABD正确。

[23]【答案：正确】各所属单位之间业务联系越紧密，就越有必要采用相对集中的财务管理体制，这样集中统一决策，有利于从全局出发，提高效率。

[24]【答案：A】企业处于初创阶段，企业经营风险高，财务管理宜偏重集权模式，选项A表述错误。

[25]【答案：A】U型组织以职能化管理为核心，最典型的特征是在管理分工下实行集权控制，选项A正确。

[26]【答案：ABC】集权与分权相结合的财务管理体制通常应当集权的有制度制定权、筹资、融资权、投资权、用资、担保权、收益分配权、财务机构设置权、固定资产购置权；应当分散的有经营自主权、业务定价权、人员管理权和费用开支审批权，选项ABC正确。

[27]【答案：D】集权与分权相结合的财务管理体制通常应当集权的有制度制定权、筹资、融资权、投资权、用资、担保权、收益分配权、财务机构设置权、固定资产购置权；应当分散的有经营自主权、业务定价权、人员管理权和费用开支审批权，选项D正确。

[28]【答案：ABC】影响财务管理的经济环境因素主要包括：经济周期、经济发展水平、宏观经济政策。公司治理结构属于法律环境中公司治理和财务监控的内容。选项ABC正确。

[29]【答案：正确】在经济衰退期，企业应停止扩张、出售多余设备、削减存货、停止长期采购、停止不利产品和停止扩招雇员。

[30]【答案：BCD】为了减轻通货膨胀对企业造成的不利影响，企业应当采取措施予以防范。在通货膨胀初期，货币面临着贬值的风险，这时企业进行投资可以避免风险，实现资本保值；与客户应签订长期购货合同，以减少物价上涨造成的损失；取得长期负债，保持资本成本的稳定。在通货膨胀持续期，企业可以采用比较严格的信用条件，减少企业债权；调整财务政策，防止和减少企业资本流失等。选项BCD正确。

[31]【答案：ABCD】常见的基本金融工具有货币、票据、债券、股票。衍生的金融工具主要有各种远期合同、期货合同、互换合同、期权合同等。选项ABCD正确。

[32]【答案：正确】以融资对象为划分标准，可将金融市场分为资本市场、外汇市场和黄金市场。

[33]【答案：C】货币市场的主要特点是：(1)期限短；(2)交易目的是解决短期资金周转；(3)货币市场上的金融工具有较强的"货币性"，具有流动性强、价格平稳、风险较小等特性。选项C正确。

[34]【答案：BC】资本市场的主要功能是实现长期资本融通。资本市场主要包括债券市场、股票市场和融资租赁市场等。选项BC正确。

[35]【答案：A】资本市场的功能是实现长期资本融通，属于资本市场的有债券市场、股票市场、期货市场和融资租赁市场，选项A正确，选项BCD属于货币市场。

第 2 章　财务管理基础

扫码畅听增值课

本章是财务管理基础，主要介绍了货币时间价值、收益与风险和成本性态等内容，具体知识结构分布图如下：

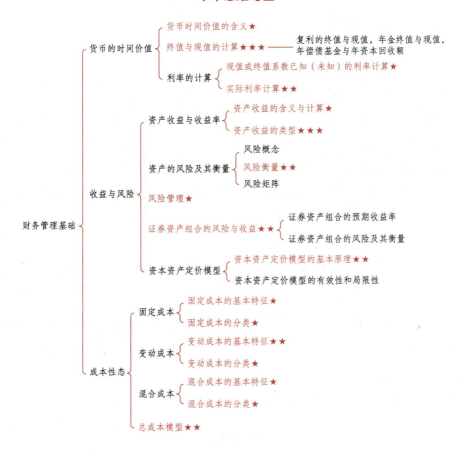

本章思维导图

财务管理基础
- 货币的时间价值
  - 货币时间价值的含义★
  - 终值与现值的计算★★★ —— 复利的终值与现值，年金终值与现值，年偿债基金与年资本回收额
  - 利率的计算
    - 现值或终值系数已知（未知）的利率计算★
    - 实际利率计算★★
- 收益与风险
  - 资产收益与收益率
    - 资产收益的含义与计算★
    - 资产收益的类型★★★
  - 资产的风险及其衡量
    - 风险概念
    - 风险衡量★★
    - 风险矩阵
  - 风险管理★
  - 证券资产组合的风险与收益★★
    - 证券资产组合的预期收益率
    - 证券资产组合的风险及其衡量
  - 资本资产定价模型
    - 资本资产定价模型的基本原理★★
    - 资本资产定价模型的有效性和局限性
- 成本性态
  - 固定成本
    - 固定成本的基本特征★
    - 固定成本的分类★
  - 变动成本
    - 变动成本的基本特征★★
    - 变动成本的分类★
  - 混合成本
    - 混合成本的基本特征★
    - 混合成本的分类★
  - 总成本模型★★

近三年本章考试题型及分值分布

题　型	2020 年		2021 年		2022 年	
	试卷 I	试卷 II	试卷 I	试卷 II	试卷 I	试卷 II
单项选择题	4 题 6 分	4 题 6 分	3 题 4.5 分	2 题 3 分	3 题 4.5 分	—
多项选择题	2 题 4 分	1 题 2 分	1 题 2 分	1 题 2 分	—	—
判断题	3 题 3 分	2 题 2 分	1 题 1 分	1 题 1 分	2 题 2 分	1 题 1 分
计算分析题	3 分	—	2 分	5 分	—	5 分
综合题	—	—	—	—	1 分	—
合计	16 分	10 分	9.5 分	11 分	7.5 分	6 分

第一节　货币的时间价值

考点1　货币时间价值的概念

▲【考点母题——万变不离其宗】货币时间价值概念

下列关于货币时间价值的表述中，正确的有（　　）。

A. 货币时间价值，是指在没有风险和没有通货膨胀的情况下，货币在经历一定时间的投资后和再投资所增加的价值

B. 并非所有的货币都具有时间价值

C. 并非在生产经营中使用货币产生的所有增值都是货币的时间价值

D. 货币时间价值也称为纯利率，是指在没有通货膨胀、无风险情况下资金市场的平均利率

E. 没有通货膨胀时，短期国库券的利率可视为货币时间价值

▲【考点子题——举一反三，真枪实练】

[1]（历年真题·判断题）纯利率是指在没有通货膨胀，无风险情况下资金市场的最低利率。（　　）

[2]（经典子题·判断题）购买政府债券是没有风险的，因此政府债券利率可视为货币时间价值。（　　）

考点2　复利的终值与现值

计算符号与说明

符号	说明
P（Present）	现值：即一个或多个发生在未来的现金流量相当于现在时刻的价值，即本金的概念。
F（Future）	终值：即一个或多个现金流量相当于未来时刻的价值，即本利和。
A（Annuity）	年金：连续发生在一定周期内的等额的现金流量。
i 或 r（interest 或 rate）	利率：也称折现率。
g（growth）	增长率：现金流量预期增长率。
n（number）	计息期数：相邻两次计息间隔，可以是一年、半年等。

▲【考点母题——万变不离其宗】复利终值与现值

复利终值的计算	复利终值又称本利和，计算公式：$F_n = P \times (1+i)^n$
	式中：F 为复利终值；P 为现值；$(1+i)^n$ 被称为复利终值系数，用符号（F/P, i, n）表示。

续表

复利终值的计算	【示例】某人将 100 万存入银行，年利率为 10%，按照复利计息计算第 1 年、2 年后的本利和。 【答案】1 年后的本利和 F_1=100+100×10%=100×（1+10%）=110（万元） 2 年后的本利和 F_2=100×（1+10%）×（1+10%）=100×（1+10%）^{2}=121（万元）
复利现值的计算	复利现值是复利终值的逆运算，计算公式：$P=F×（1+i）^{-n}$ 式中：$（1+i）^{-n}$ 称为复利现值系数，用符号（P/F，i，n）来表示。
	【示例】某人拟在 5 年后获得本利和 100 万元。假设存款年利率为 4%，按照复利计息，他现在应存入多少万元？（P/F，4%，5）=0.8219。 【答案】P=F×（P/F，4%，5）=100×0.8219=82.19（万元）
计息期数不是一年的复利终值计算	期间利率：$i_{期间}=i_{名义}/m$【m 为每年计息次数】 计息期数：n×m（年数 × 每年计息次数） 计算公式：$F=P×(1+\dfrac{i}{m})^{mn}$
	（1）某人将 200 万元存入银行，年利率 4%，三个月计息一次，按照复利计算，第 2 年末的本利和为（　）万元。已知（F/P，4%，4）=1.1699，（F/P，4%，2）=1.0816，（F/P，1%，4）=1.0406，（F/P，1%，8）=1.0829。
	A. 200×（F/P，1%，8）　　　　　B. 216.58
复利终值与现值的关系	（2）下列关于复利终值与现值关系的表述中，正确的有（　）。
	A. 复利终值系数 × 复利现值系数 =1　　B. 复利终值与复利现值互为逆运算 C. 复利现值与利率反向变动　　　　　D. 复利终值与利率同向变动
复利终值系数之间的关系	（3）（F/P，i，n-1）与（F/P，i，n）的关系是（　）。
	A.（F/P，i，n）=（F/P，i，n-1）(1+i)
复利现值系数之间的关系	（4）（P/F，i，n-1）与（P/F，i，n）的关系是（　）。
	A.（P/F，i，n）=（P/F，i，n-1）$(1+i)^{-1}$　　B.（P/F，i，n-1）=（P/F，i，n）(1+i)

【考点子题——举一反三，真枪实练】

[3]（历年真题·单选题）（P/F，i，9）与（P/F，i，10）分别表示 9 年期和 10 年期的复利现值系数，关于二者的数量关系，下列表达式正确的是（　）。

A.（P/F，i，10）=（P/F，i，9）-i

B.（P/F，i，10）=（P/F，i，9）×（1+i）

C.（P/F，i，9）=（P/F，i，10）×（1+i）

D.（P/F，i，10）=（P/F，i，9）+i

[4]（历年真题·单选题）某工程项目现需要投入 3 亿元，如果延迟一年建设，投入将增加 10%，假设利率为 5%，则项目延迟造成的投入现值的增加额是（　）。

A. 0.47 亿元　　　B. 0.3 亿元　　　C. 0.14 亿元　　　D. 0.17 亿元

考点3　年金现值

【考点母题——万变不离其宗】年金的概念与种类

（1）下列各项中，属于年金的有（　　）。	
A. 分期等额付款赊购　　　B. 分期等额偿还贷款　　　C. 定期定额发放养老金 D. 分期等额支付工程款　　　E. 每年相同的销售收入	
（2）下列各项中，属于年金类型的有（　　）。	（3）下列关于年金概念的表述中，正确的有（　　）。
A. 普通年金	普通年金是年金的最基本形式，它是指从第一期起，在一定时期内每期期末等额收付的系列款项，又称为后付年金。
B. 先付年金	预付年金是指从第一期起，在一定时期内每期期初等额收付的系列款项，又称即付年金或先付年金。
C. 递延年金	递延年金由普通年金递延形成，递延的期数称为递延期，一般用 m 表示递延期。递延年金的第一次收付发生在第（m+1）期期末（m 为大于 0 的整数）。
D. 永续年金	永续年金是普通年金的极限形式，永续年金的第一次等额收付发生在第一期期末。

【考点子题——举一反三，真枪实练】

［5］（经典子题·单选题）一定时期内每期期初等额收付的系列款项是（　　）。

　　A. 预付年金　　　B. 永续年金　　　C. 递延年金　　　D. 普通年金

［6］（经典子题·多选题）下列各项中，属于年金形式的项目有（　　）。

　　A. 分期等额偿还贷款　　　　　　　B. 定期定额支付的养老金

　　C. 每年相同的销售收入　　　　　　D. 年初一次性付款购入设备

【考点母题——万变不离其宗】年金现值的计算

考点	（1）计算普通年金现值；（2）计算预付年金现值； （3）计算递延年金现值；（4）计算永续年金现值。
公式及应用	（1）普通年金现值：已知年金 A（**每期期末收付**），计息期 n，计息期利率 i，求 P。  普通年金现值计算公式： $$P = A \times \frac{1-(1+i)^{-n}}{i} = A \times (P/A, \ i, \ n)$$ 式中：A 为年金，（P/A, i, n）为年金现值系数。 【示例】甲公司租入 A 设备，租期 3 年，租赁公司要求每年年末支付租金 1 000 元，假设年折现率为 10%，甲公司 3 年租金的现值的计算式为（　　）。

续表

<table>
<tr><td rowspan="4">公式及应用</td><td>A. 1 000×（P/A，10%，3）</td></tr>
<tr><td>（2）预付年金现值：已知年金 A（每期期初收付），计息期 n，计息期利率 i，求 P。
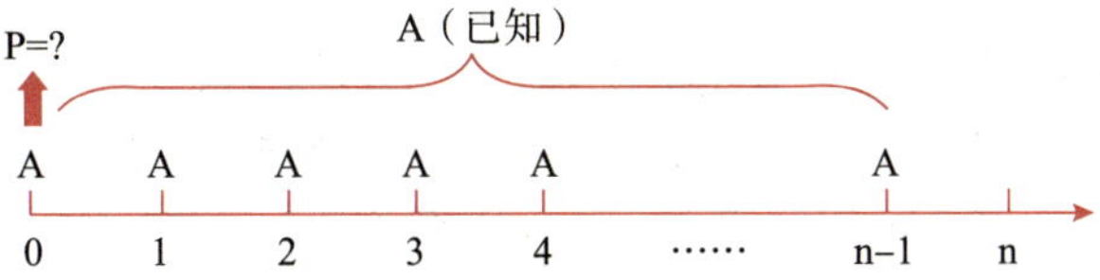

预付年金现值计算公式：
P=A×（P/A，i，n）×（1+i）
或者：
P=A×[（P/A，i，n−1）+1]
【注意：n 是年初发生年金的期数】
【示例 1】甲公司购买一台设备，付款方式为每年年初付 10 万元，共计付款 6 次，假设年利率为 5%，如果打算现在一次性付款的计算式为（　）。
A. 10×（P/A，5%，6）×（1+5%）
B. 10×[（P/A，5%，5）+1]
【示例 2】乙公司购买一座厂房，价款 300 万元，采用分期付款方式，每年年初付款，连续支付 5 年，假设年利率为 7%，则每年年初付款的计算式为（　）。
A. 300/[（P/A，7%，5）×（1+7%）]
B. 300/[（P/A，7%，4）+1]</td></tr>
<tr><td>（3）递延年金现值：已知年金 A（从第 m+1 期开始发生收付），递延期 m，年金期 n，计息期利率 i，求 P。
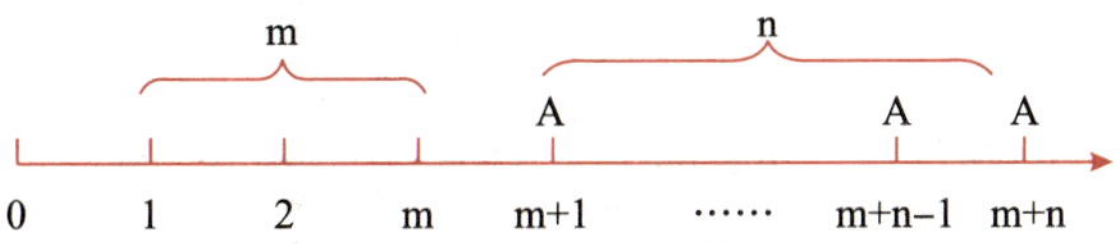

递延年金现值计算公式：
P=A×（P/A，i，n）×（P/F，i，m）
或者：
P=A×[（P/A，i，m+n）
−（P/A，i，m）]
式中：n 为年金期，指的是等额收付的次数（即发生普通年金的期数），m 指递延期（即没有发生普通年金的期数）。
【示例 1】某递延年金从第 4 期开始，每期期末支付 10 万元，共计支付 6 次，假设年利率为 4%，相当于现在一次性支付金额的计算式为（　）。
A. 10×（P/A，4%，6）×（P/F，4%，3）
B. 10×[（P/A，4%，9）−（P/A，4%，3）]
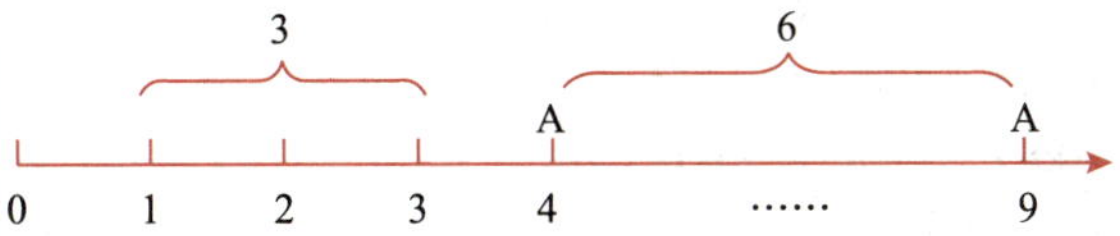

【提示】递延期 m=3；由于连续支付 6 次，因此，年金期 n=6，m+n=3+6=9。
【示例 2】某递延年金从第 4 期开始，每期期初支付 10 万元，共计支付 6 次，假设年利率为 4%，相当于现在一次性支付金额的计算式为（　）。
A. 10×（P/A，4%，6）×（P/F，4%，2）
B. 10×[（P/A，4%，8）−（P/A，4%，2）]
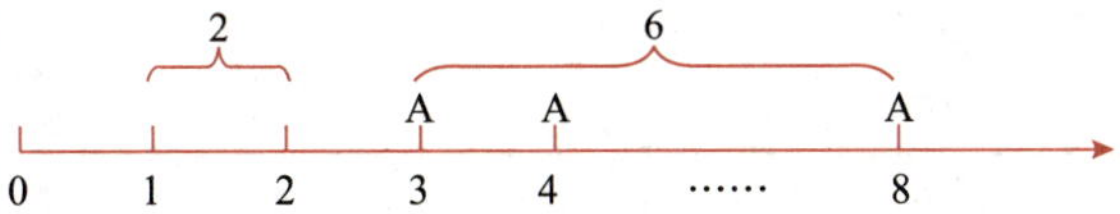

【提示】递延期 m=2；由于连续支付 6 次，因此，n=6，m+n=2+6=8。</td></tr>
</table>

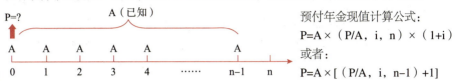

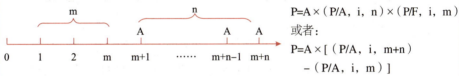

公式及应用	（4）永续年金现值：已知年金 A（每期期末收付），**计息期无穷大**，计息期利率 i，求 P。 A A A A 0 1 2 3 4 …… 永续年金现值计算公式：P=A/i 【注意：年金的收付是从第 1 期期末】 【示例】某年金的收付形式从第 1 年期初开始，每期支付 8 万元，一直到永远。假设利率为 5%，其现值为（　）万元。 A．168 【解析】P=8+8/5%=168（万元）。

示例 1

DL 公司 2021 年 12 月 10 日欲购置一批电脑，销售方提出三种付款方案，具体如下：

方案 1：2021 年 12 月 10 日付款 10 万元，从 2023 年开始，每年 12 月 10 日付款 28 万元，连续支付 5 次；

方案 2：2021 年 12 月 10 日付款 5 万元，从 2022 年开始，每年 12 月 10 日付款 25 万元，连续支付 6 次；

方案 3：2021 年 12 月 10 日付款 10 万元，从 2022 年开始，6 月 10 日和 12 月 10 日付款，每次支付 15 万元，连续支付 8 次。

假设 DL 公司计算时间价值使用的年利率为 10%，DL 应该选择哪个方案？

相关货币时间价值系数表

期数（n）	1	2	5	6	8
（P/F，10%，n）	0.9091	0.8264	0.6209	0.5645	0.4665
（P/A，10%，n）	0.9091	1.7355	3.7908	4.3553	5.3349
（P/A，5%，n）	0.9524	1.8594	4.3295	5.0757	6.4632

【答案】

方案 1：

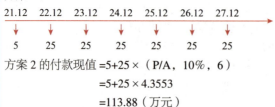

```
21.12  22.12  23.12  24.12  25.12  26.12  27.12
  ↓      ↓      ↓      ↓      ↓      ↓      ↓
 10           28     28     28     28     28
```

方案 1 的付款现值 =10+28×（P/A，10%，5）×（P/F，10%，1）

$\qquad$ =10+28×3.7908×0.9091

$\qquad$ =106.49（万元）

方案 2：

```
21.12  22.12  23.12  24.12  25.12  26.12  27.12
  ↓      ↓      ↓      ↓      ↓      ↓      ↓
  5     25     25     25     25     25     25
```

方案 2 的付款现值 =5+25×（P/A，10%，6）

$\qquad$ =5+25×4.3553

$\qquad$ =113.88（万元）

续表

示例 1	方案 3： 21.12　22.06　22.12　23.06　23.12　24.06　24.12　25.06　25.12 ↓　　↓　　↓　　↓　　↓　　↓　　↓　　↓　　↓ 10　15　15　15　15　15　15　15　15 方案 3 的付款现值 =10+15×（P/A，5%，8） 　　　　　　　　 =10+15×6.4632=106.95（万元） 由于方案 1 的付款现值最小，所以应该选择方案 1。
示例 2	甲公司有一笔资金，预计长期没有特定用途，准备进行长期投资，资金一次性投入，投资方案资料如下： 方案 1：5 年后收回本息 1 000 万元； 方案 2：连续 5 年每年年末收回 200 万元； 方案 3：连续 5 年每年年初收回 200 万元； 方案 4：第 3 年年末开始，连续 5 年每年年末收回 200 万元； 方案 5：第 3 年年初开始，连续 5 年每年年初收回 200 万元； 方案 6：每年年末持续收回 20 万。 假设企业要求的最低年回报率为 10%。相关货币时间价值系数如下表所示： **相关货币时间价值系数表** 表见下 要求： （1）分别计算 6 个方案的现值。 （2）为该企业做出决策，并说明原因。 【答案】 （1）方案 1 的现值 =1 000×0.6209=620.9（万元） 方案 2 的现值 =200×3.7908=758.16（万元） 方案 3 的现值 =200×3.7908×（1+10%）=833.98（万元） 方案 4 的现值 =200×3.7908×0.8264=626.54（万元） 方案 5 的现值 =200×3.7908×0.9091=689.24（万元） 方案 6 的现值 =20/10%=200（万元） （2）该企业应选择方案 3，因为该方案的现值最大。（投资收回的资金越大越好）

相关货币时间价值系数表

期数（n）	1	2	3	4	5
（P/F，10%，n）	0.9091	0.8264	0.7513	0.6830	0.6209
（P/A，10%，n）	0.9091	1.7355	2.4869	3.1699	3.7908

▲【考点子题——举一反三，真枪实练】

[7]（历年真题·单选题）某年金在前 2 年无现金流入，从第 3 年开始连续 5 年每年年初现金流入 300 万元，则该年金按 10% 的年利率折现的现值是（　　）万元。

A. 300×（P/A，10%，5）×（P/F，10%，1）

B. 300×（P/A，10%，5）×（P/F，10%，2）

C. 300×（P/F，10%，5）×（P/A，10%，1）

D. 300×（P/F，10%，5）×（P/A，10%，2）

[8] （历年真题·判断题）永续年金由于收付款的次数无穷多，所以其现值无穷大。（ ）

[9] （历年真题·单选题）某公司需要在 10 年内每年等额支付 100 万元，年利率为 i，如果在每年年末支付，全部付款额的现值为 X，如果在每年年初支付，全部付款额的现值为 Y，则 Y 和 X 的数量关系可以表示为（ ）。

A. Y=X/（1+i）−i
B. Y=X/（1+i）

C. Y=X（1+i）−i
D. Y=X（1+i）

[10] （历年真题·计算题）甲公司于 2018 年 1 月 1 日购置一条生产线，有四种付款方案可供选择。

方案一：2020 年初支付 100 万元。

方案二：2018 年至 2020 年每年年初支付 30 万元。

方案三：2019 年至 2022 年每年年初支付 24 万元。

方案四：2020 年至 2024 年每年年初支付 21 万元。公司选定的折现率为 10%，部分货币时间价值系数如下表所示：

部分货币时间价值系数表

期数（n）	1	2	3	4	5	6
（P/F，10%，n）	0.9091	0.8264	0.7513	0.6830	0.6209	0.5645
（P/A，10%，n）	0.9091	1.7355	2.4869	3.1699	3.7908	4.3553

要求：

（1）计算方案一的现值。

（2）计算方案二的现值。

（3）计算方案三的现值。

（4）计算方案四的现值。

（5）判断甲公司应选择哪种付款方案。

考点4 年金终值

考点	（1）计算普通年金终值；（2）计算预付年金终值；（3）计算递延年金终值
公式及应用	（1）普通年金终值：已知普通年金 A，计息期利率 i，求年金终值 F。 A（已知）　　　　　F=? A A A A … A A 0 1 2 3 4 …… n−1 n 普通年金终值的计算公式： $F=A \times \dfrac{(1+i)^n -1}{i}$ $=A \times (F/A, i, n)$

续表

公式及应用	【示例】在银行存款年利率为10%的情况下，某人连续10年每年年末存入银行1 000元，请问他在第10年年末，可一次取出的本利和的计算式为（　　）。 A. 1 000×（F/A, 10%, 10）
	（2）预付年金终值：已知预付年金A，计息期利率i，求年金终值F。 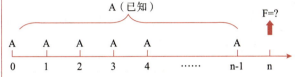 预付年金终值计算公式： $F=A×（F/A, i, n）×(1+i)$ 或者： $F=A×[（F/A, i, n+1）-1]$ 【注意：n是年初发生年金的期数】 【示例】某人每年年初存款，连续存6年，第6年末获得500万元，年利率为5%，则每年年初存款的计算式为（　　）。 A. 500/[（F/A, 5%, 6）×(1+5%)] B. 500/[（F/A, 5%, 7）-1]
	（3）递延年金终值：对于递延期为m，等额收付n次的递延年金而言，终值是n次普通年金终值，与递延期无关。 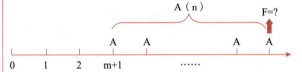 递延年金终值的计算公式： $F=A×（F/A, i, n）$ 终值与递延期无关 【示例】某人从第4年末连续4年每年年末存入银行1 000元，在年利率为8%的情况下，第7年年末可一次取出本利和的计算式为（　　）。 A. 1 000×（F/A, 8%, 4）

▲【考点子题——举一反三，真枪实练】

[11]（历年真题·单选题）已知（F/P, 9%, 4）=1.4116，（F/P, 9%, 5）=1.5386，（F/A, 9%, 4）=4.5731，则（F/A, 9%, 5）为（　　）。

A. 4.9847　　　　B. 5.9847　　　　C. 5.5733　　　　D. 4.5733

[12]（历年真题·单选题）每年年初存款，连续存10年，第10年末获得500万元，利率为7%，则每年年初存款的金额为（　　）万元。

A. 500×[(F/A, 7%, 11)+1]　　　　B. 500/[(F/A, 7%, 11)-1]

C. 500/[(F/A, 7%, 9)-1]　　　　D. 500/[(F/A, 7%, 9)+1]

考点5　年偿债基金和年资本回收额

▲【考点母题——万变不离其宗】年偿债基金和年资本回收额

考点	（1）计算年资本回收额；（2）计算年偿债基金。

公式	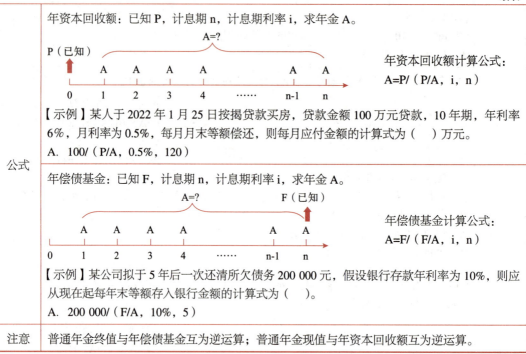 年资本回收额：已知 P，计息期 n，计息期利率 i，求年金 A。 年资本回收额计算公式： $A=P/(P/A, i, n)$ 【示例】某人于 2022 年 1 月 25 日按揭贷款买房，贷款金额 100 万元贷款，10 年期，年利率 6%，月利率为 0.5%，每月月末等额偿还，则每月应付金额的计算式为（　　）万元。 A. $100/(P/A, 0.5\%, 120)$ 年偿债基金：已知 F，计息期 n，计息期利率 i，求年金 A。 年偿债基金计算公式： $A=F/(F/A, i, n)$ 【示例】某公司拟于 5 年后一次还清所欠债务 200 000 元，假设银行存款年利率为 10%，则应从现在起每年年末等额存入银行金额的计算式为（　　）。 A. $200\ 000/(F/A, 10\%, 5)$
注意	普通年金终值与年偿债基金互为逆运算；普通年金现值与年资本回收额互为逆运算。

🔺【考点子题——举一反三，真枪实练】

[13]（经典子题·单选题）下列各项中，与普通年金终值计算互为逆运算的是（　　）。

　　A. 预付年金现值　　　　　　　　B. 普通年金现值

　　C. 偿债基金　　　　　　　　　　D. 资本回收额

[14]（历年真题·单选题）某项银行贷款本金为 100 万元，期限为 10 年，利率为 8%，每年年末等额偿还本息，则每年偿还额的计算式为（　　）。

　　A. $100/(P/A, 8\%, 10)$　　　　　　B. $100×(1+8\%)/(F/A, 8\%, 10)$

　　C. $100×(1+8\%)/(P/A, 8\%, 10)$　　D. $100/(F/A, 8\%, 10)$

考点6 利率的计算

🔺【考点母题——万变不离其宗】现值或终值系数已知的利率计算（内插法）

含义	（1）如果 i 对应的现值（或者终值）系数为 B，B_1、B_2 为现值（或者终值）系数表中 B 相邻的系数，i_1、i_2 为 B_1、B_2 对应的利率（$i_1 < i_2$），则下列表述正确的是（　　）。
	A. $i_1 < i < i_2$
计算公式	假设所求利率为 i，i 对应的现值（或者终值）系数为 B，B_1、B_2 为现值（或者终值）系数表中 B 相邻的系数，i_1、i_2 为 B_1、B_2 对应的利率。

续表

计算公式	【图解公式】 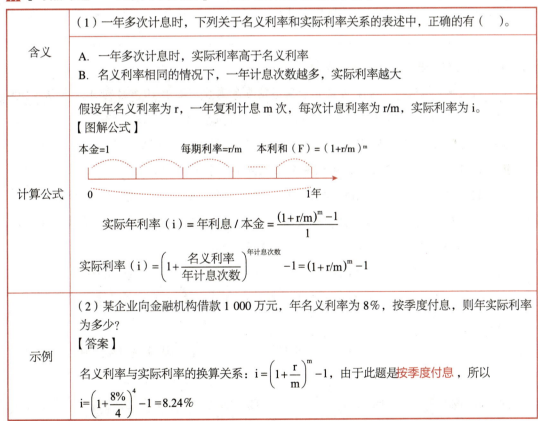 则：$i=i_1+[(B-B_1)/(B_2-B_1)]\times(i_2-i_1)$
示例	（2）假设现在投资 420 万元，投资 5 年，每年年末收回 100 万元，那么投资的年利率为多少？即已知（P/A，i，5）=4.20，求 i 的数值。 【答案】

▲【考点母题——万变不离其宗】一年多次计息时的实际利率

含义	（1）一年多次计息时，下列关于名义利率和实际利率关系的表述中，正确的有（　　）。 A．一年多次计息时，实际利率高于名义利率 B．名义利率相同的情况下，一年计息次数越多，实际利率越大
计算公式	假设年名义利率为 r，一年复利计息 m 次，每次计息利率为 r/m，实际利率为 i。 【图解公式】 本金=1　　　每期利率=r/m　　本利和（F）=$(1+r/m)^m$ 0 ————————————————— 1年 实际年利率（i）= 年利息 / 本金 = $\dfrac{(1+r/m)^m-1}{1}$ 实际利率（i）= $\left(1+\dfrac{名义利率}{年计息次数}\right)^{年计息次数}-1=(1+r/m)^m-1$
示例	（2）某企业向金融机构借款 1 000 万元，年名义利率为 8%，按季度付息，则年实际利率为多少？ 【答案】 名义利率与实际利率的换算关系：$i=\left(1+\dfrac{r}{m}\right)^m-1$，由于此题是**按季度付息**，所以 $i=\left(1+\dfrac{8\%}{4}\right)^4-1=8.24\%$

▲【考点母题——万变不离其宗】通货膨胀情况下的实际利率

含义	（1）下列关于通货膨胀情况下名义利率与实际利率关系的表述中，正确的有（　　）。 A. 名义利率中包含通货膨胀率 B. 1+名义利率=（1+实际利率）×（1+通货膨胀率） C. 如果通货膨胀率大于名义利率，则实际利率为负数
计算公式	$实际利率=\dfrac{1+名义利率}{1+通货膨胀率}-1$
示例	（2）2021年我国某商业银行一年期存款年利率为3%，假设通货膨胀率为4%，则实际利率为多少？ 【答案】实际利率=（1+名义利率）/（1+通货膨胀率）-1 　　　　　　=（1+3%）/（1+4%）-1 　　　　　　=-0.96%
	（3）如果实际利率为5%，通货膨胀率为2%，则名义利率为多少？ 【答案】1+名义利率=（1+实际利率）×（1+通货膨胀率） 名义利率=（1+实际利率）×（1+通货膨胀率）-1 　　　　=（1+5%）×（1+2%）-1 　　　　=7.1%

▲【考点子题——举一反三，真枪实练】

[15]（历年真题·单选题）某公司设立一项偿债基金项目，连续10年于每年年末存入500万元，第10年年末可以一次性获取9 000万元，已知（F/A，8%，10）=14.487，（F/A，10%，10）=15.937，（F/A，12%，10）=17.549，（F/A，14%，10）=19.337，（F/A，16%，10）=21.321，则该基金的收益率介于（　　）。

　　A. 12%~14%　　　　B. 10%~12%　　　　C. 14%~16%　　　　D. 8%~10%

[16]（历年真题·单选题）公司投资于某项长期基金，本金为5 000万元，每季度可获取现金收益50万元，则其年收益率为（　　）。

　　A. 1.00%　　　　B. 2.01%　　　　C. 4.00%　　　　D. 4.06%

[17]（经典子题·判断题）在名义利率相同的情况下，一年计息次数越多，实际利率越大。（　　）

[18]（历年真题·单选题）已知银行存款利率为3%，通货膨胀率为1%，则实际利率为（　　）。

　　A. 1.98%　　　　B. 2%　　　　C. 2.97%　　　　D. 3%

第二节 收益与风险

 资产收益与收益率

（一）资产收益的含义与计算

▲【考点母题——万变不离其宗】资产收益的含义及计算

资产收益的内容	（1）下列各项中，属于资产收益内容的有（　　）。
	A. 利息　　　B. 股息收益　　　C. 资本利得
资产收益率的内容	（2）下列各项中，属于资产收益率构成的有（　　）。
	A. 利息（股息）的收益率　　　　B. 资本利得的收益率

（二）资产收益率的类型

资产收益率的类型	含义	公式
1. 实际收益率 （面向过去）	已经实现或者确定可以实现的资产收益率	实际收益率＝实现的利息（股息）率＋资本利得收益率
2. 预期收益率 （面向未来）	在不确定的条件下，预测的某资产未来可能实现的收益率	预期收益率＝∑（每种情况出现的收益率 × 该种情况发生的概率）
3. 必要收益率 （决策依据）	投资者对某资产合理要求的最低收益率	必要收益率 ＝无风险收益率＋风险收益率 ＝纯粹利率（资金的时间价值）＋通货膨胀补偿率＋风险收益率

▲【考点母题——万变不离其宗】资产收益率的类型

实际收益率 （面向过去）	（1）某投资者以 50 元 / 股购入 X 股票，持有一年，获得股利 2 元 / 股，年末以 60 元 / 股的价格出售该股票，则该投资者获得的实际收益率是（　　）。
	A. 24% 【解析】股息收益率 =2/50=4%，资本利得收益率 =（60−50）/50=20%，则实际收益率 =4%+20%=24%。
预期收益率 （面向未来）	（2）不确定的条件下，预测的某资产未来可能实现的收益率是（　　）。

续表

		A. 预期收益率
预期收益率 （面向未来）	（3）计算 题示例	X股票投资收益率的概率分布如下表所示： 表格 要求：计算X股票的预期收益率。 【答案】 预期收益率=∑（每种情况出现的收益率×该种情况发生的概率） 则：X股票的预期收益率=15%×40%+10%×30%+8%×30%=11.4%。
必要收益率 （决策依据）		（4）下列各项中，属于必要收益率构成的有（ ）。
		A. 纯粹利率 　　　　　　B. 通货膨胀补偿率 　　　　　C. 风险收益率
		（5）下列各项中，属于无风险收益率构成的有（ ）。
		A. 纯粹利率 　　　　　　B. 通货膨胀补偿率
		（6）假设当前市场的纯粹利率为1.5%，通货膨胀补偿率为2%。若某证券资产要求的风险收益率为5.5%，则该证券资产的必要收益率是（ ）。
		A. 9% 【解析】必要收益率=纯粹利率+通货膨胀补偿率+风险收益率 　　　　　　=1.5%+2%+5.5%=9%。

表格内容：

状况	概率（P_i）	投资收益率（R_i）
行情较好	40%	15%
行情一般	30%	10%
行情较差	30%	8%

▲ 【考点子题——举一反三，真枪实练】

[19]（历年真题·单选题）已知纯粹利率为3%，通货膨胀补偿率为2%，投资某证券要求的风险收益率为6%，则该证券的必要收益率是（ ）。

A. 11%　　　　B. 5%　　　　C. 9%　　　　D. 7%

[20]（历年真题·判断题）证券资产的无风险收益率由纯粹利率和通货膨胀补偿率两部分组成。（ ）

考点8　资产的风险及其衡量

风险是指收益的不确定性。虽然风险的存在可能意味着收益的增加，但人们考虑更多的则是损失发生的可能性。衡量风险的指标主要有收益率的方差、标准差和标准差率。

【考点母题——万变不离其宗】衡量风险的指标

指标	计算公式	结论
期望值	$\overline{E}=\sum\limits_{i=1}^{n}X_i\times P_i$	反映预计收益的平均化，不能直接用来衡量风险
方差	$\sigma^2=\sum\limits_{i=1}^{n}(X_i-\overline{E})^2\times p_i$	预期收益率相同的情况下，方差越大，风险越大
标准差	$\sigma=\sqrt{\sum\limits_{i=1}^{n}(X_i-\overline{E})^2\times p_i}$	预期收益率相同的情况下，标准差越大，风险越大
标准差率	$V=\dfrac{\sigma}{\overline{E}}\times100\%$	标准差率越大，风险越大

【考点母题——万变不离其宗】风险的衡量

风险衡量指标	（1）下列各项指标中，能够衡量风险的有（　　）。 A. 收益率的方差　　　　B. 收益率的标准差　　　　C. 收益率的标准差率
方差、标准差	（2）下列关于方差、标准差的表述中，正确的有（　　）。 A. 在预期收益率相同的情况下，标准差越大，风险越大 B. 方差和标准差只适用于预期收益率相同的决策方案风险程度的比较
标准差率	（3）下列关于标准差率的表述中，正确的有（　　）。 A. 在预期收益率不同或相同的情况下，标准差率越大，风险越大 B. 对于多方案择优，应选择标准差率最低、预期收益率最高的方案（低风险、高收益）

【考点母题——万变不离其宗】资产风险的衡量计算题

考点	（1）项目预期收益率；（2）方差；（3）标准差；（4）标准差率。
公式	（1）投资项目的预期收益率$\overline{E}=\sum\limits_{i=1}^{n}X_i\times P_i$　　（2）投资项目的方差$\sigma^2=\sum\limits_{i=1}^{n}(X_i-\overline{E})^2\times p_i$ （3）投资项目的标准差$\sigma=\sqrt{\sum\limits_{i=1}^{n}(X_i-\overline{E})^2\times p_i}$　　（4）标准差率$V=\dfrac{\sigma}{\overline{E}}\times100\%$
示例	某投资项目的收益率及其概率分布如下表所示： | 项目实施情况	概率	投资收益率
---	---	---
好	0.3	20%
一般	0.4	15%
差	0.3	-10%	 要求：根据上述资料分别计算项目的预期收益率、方差、标准差和标准差率。

续表

示例	【解析】 （1）投资项目的预期收益率 $\overline{E}=\sum_{i=1}^{n} X_i \times P_i = 0.3 \times 0.2 + 0.4 \times 0.15 + 0.3 \times (-0.1) = 9\%$ （2）投资项目的方差 $\sigma^2 = \sum_{i=1}^{n} (X_i - \overline{E})^2 \times p_i = 0.3 \times (0.2-0.09)^2 + 0.4 \times (0.15-0.09)^2 + 0.3 \times (-0.1-0.09)^2 = 0.0159$ （3）投资项目的标准差 $\sigma = \sqrt{\sum_{i=1}^{n} (X_i - \overline{E})^2 \times p_i} = \sqrt{0.0159} = 0.1261$ （4）标准离差率 $V = \dfrac{\sigma}{\overline{E}} \times 100\% = 0.1261/0.09 \times 100\% = 140.1\%$。

🔺【考点子题——举一反三，真枪实练】

[21]（历年真题·多选题）关于两项证券资产的风险比较，下列说法正确的有（　　）。

A. 期望值不同的情况下，标准差越大，风险程度越大

B. 期望值不同的情况下，标准差率越大，风险程度越大

C. 期望值相同的情况下，标准差率越大，风险程度越大

D. 期望值相同的情况下，标准差越大，风险程度越大

[22]（历年真题·单选题）甲、乙两个投资项目的期望收益率分别为10%、14%，收益率标准差均为3.2%，则下列说法正确的是（　　）。

A. 乙项目的风险高于甲项目

B. 无法判断两者风险的高低

C. 甲项目的风险高于乙项目

D. 甲项目与乙项目的风险相等

考点9 风险管理

（一）风险管理原则

🔺【考点母题——万变不离其宗】风险管理原则

下列各项中，属于风险管理原则的有（　　）。	
A. 战略性原则	站在战略层面整合和管理企业层面风险是全面风险管理的价值所在。
B. 全员性原则	企业风险管理是一个由企业治理层、管理层和所有员工参与，旨在把风险控制在风险容量以内，增加企业价值的过程。
C. 专业性原则	要求风险管理的专业人才实施专业化管理。

续表

D.　二重性原则	企业全面风险管理的商业使命在于：损失最小化管理、不确定性管理和绩效最优化管理。 当风险损失不能避免时，尽量减少损失至最小化；风险损失可能发生可能不发生时，设法降低风险发生的可能性；风险预示着机会时，化风险为增加企业价值的机会。	
E.　系统性原则	建立健全全面风险管理体系，包括风险管理策略、风险理财措施、风险管理的组织职能体系、风险管理信息系统和内部控制系统，从而为实现风险管理的总体目标提供合理保证。	

（二）风险对策

▲【考点母题——万变不离其宗】风险对策

风险规避 （退出、拒绝、禁止有风险的业务）	（1）企业规避风险的方法有（　）。	
	A.　退出某一市场以避免激烈竞争 B.　拒绝与信用不好的交易对手进行交易 C.　禁止各业务单位在金融市场上进行投机	
风险承担 （接受风险后果）	（2）企业承担风险的情形有（　）。	
	A.　未能辨识出的风险 B.　对于辨识出的风险，企业可能由于缺乏能力进行主动管理、没有其他备选方案等 【提示】对于企业的重大风险，企业一般不采用风险承担。	
风险转移 （转嫁风险）	（3）企业转移风险的常用方法有（　）。	
	A.　购买保险　　　　　　　B.　采取合营方式实现风险共担	
风险转换 （减少一种风险同时增加一种风险）	（4）下列各项中，属于风险转换的是（　）。	
	A.　放松交易客户信用标准增加应收账款，扩大销售	
风险对冲 （风险分散）	（5）常见的风险对冲方式有（　）。	
	A.　资产组合使用　　　B.　多种外币结算使用　　　C.　战略上多种经营	
风险补偿 （损失补偿）	（6）下列各项中，属于风险补偿形式的是（　）。	
	A.　企业自身的风险准备金或应急资本	
风险控制 （降低风险发生）	（7）下列各项中，属于风险控制对象的是（　）。	
	A.　质量、安全和环境风险以及法律风险中的合规性风险（可控风险）	

▲【考点子题——举一反三，真枪实练】

[23]（经典子题·多选题）下列各项中，属于风险转移对策的有（　）。

A.　购买保险

B.　放宽客户信用标准增加应收账款

C.　进行组合投资

D.　采取合营方式实现风险共担

考点 10 证券资产组合的风险与收益

（一）证券资产组合的预期收益率

项目	说明
含义	证券资产组合的预期收益率就是组成证券资产组合的各种资产收益率的加权平均数，其权数为各种资产在组合中的价值比例
公式	组合的预期收益率 =$\sum$（个别资产期望收益率 × 该资产的投资比重）
计算题示例	某投资公司的一项投资组合中包含 A、B 和 C 三种股票，权重分别为 30%、40% 和 30%，三种股票的预期收益率分别为 15%、12%、10%。则该投资组合的预期收益率是多少？ 【答案】该投资组合的预期收益率 =30% × 15%+40% × 12%+30% × 10%=12.3%。

（二）证券资产组合的风险及其衡量

1. 证券资产组合的风险分散功能

两项证券资产组合的收益率的方差：

$$\sigma_p^2 = w_1^2 \sigma_1^2 + w_2^2 \sigma_2^2 + 2w_1 w_2 \rho_{1,2} \sigma_1 \sigma_2 （注意该公式的构成）$$

式中，σ_p 表示证券资产组合的标准差，它衡量的是证券资产组合的风险；

σ_1 和 σ_2 分别表示组合中两项资产收益率的标准差；

W_1 和 W_2 分别表示组合中两项资产所占的价值比例；

$\rho_{1,2}$ 反映两项资产收益率的相关程度，即两项资产收益率之间的相对运动状态，称为相关系数。

【注意】相关系数介于区间 [-1，1] 内。

相关系数 $\rho_{1,2}$	组合的风险	风险分散情况
$\rho_{1,2}$=1（完全正相关） 表明两项资产的收益率变化方向和变化幅度完全相同（A 下降 10%，B 下降 10%）	σ_P^2 达到最大，风险最大 $\sigma_P = (w_1 \sigma_1 + w_2 \sigma_2)$	资产组合不能降低任何风险
$\rho_{1,2}$=-1（完全负相关） 表明两项资产的收益率变化方向相反和变化幅度相同（A 下降 10%，B 上涨 10%）	σ_P^2 达到最小，风险最小，可能为 0 $\sigma_P = \lvert w_1 \sigma_1 - w_2 \sigma_2 \rvert$	资产组合能够最大程度地降低风险
$-1 < \rho_{1,2} < 1$	$0 < \sigma_P < (w_1 \sigma_1 + w_2 \sigma_2)$	资产组合能够分散风险，但不能完全消除风险

✠【考点母题——万变不离其宗】证券资产组合的风险与收益

下列关于证券资产组合的风险分散功能的表述中，正确的有（　　）。

A. 当两项资产的收益率完全正相关时，它们的收益率变化方向相同、变化幅度相同，两项资产的风险完全不能相互抵销，所以这样的组合不能降低任何风险

B. 当两项资产的收益率完全负相关时，它们的收益率变化方向相反、变化幅度相同，两项资产的风险可以充分地相互抵销，甚至完全消除。这样的组合能够最大程度地降低风险

C. 资产两两之间具有不完全相关关系，证券资产组合收益率的标准差小于组合中各资产收益率标准差的加权平均值

D. 只要两项资产的相关系数不为 1，就可以分散组合的投资风险

E. 大多数情况下，证券资产组合能够分散风险，但不能消除风险

▲【考点子题——举一反三，真枪实练】

[24]（历年真题·单选题）某投资组合由 A、B 两种股票构成，权重分别为 40%、60%，两种股票的期望收益率分别为 10%、15%，两种股票收益率的相关系数为 0.7，则该投资组合的期望收益率是（　　）。

    A. 12.5%　　　　　　B. 9.1%　　　　　　C. 13%　　　　　　D. 17.5%

[25]（历年真题·多选题）在两种证券构成的投资组合中，关于两种证券收益率的相关系数，下列说法正确的有（　　）。

    A. 当相关系数为 0 时，两种证券的收益率不相关

    B. 当相关系数为 -1 时，该投资组合能最大限度地降低风险

    C. 相关系数的绝对值可能大于 1

    D. 当相关系数为 0.5 时，该投资组合不能分散风险

[26]（历年真题·判断题）两项资产的收益率具有完全负相关关系时，则该两项资产的组合可以最大限度抵消非系统性风险。（　　）

[27]（历年真题·判断题）证券组合的风险水平不仅与组合中各证券的收益率标准差有关，而且与各证券收益率的相关程度有关。（　　）

2. 非系统性风险与系统性风险

非系统性风险也称公司风险、可分散风险，是指发生于个别公司的特有事件造成的风险。

系统性风险也称市场风险、不可分散风险，是影响所有资产的，不能通过资产组合而消除的风险。

【考点母题——万变不离其宗】非系统性风险与系统性风险

非系统性风险	（1）下列各项因素引发的风险中，属于非系统性风险的有（　　）。 A. 一家公司的工人罢工　　　B. 新产品开发失败 C. 失去重要的销售合同　　　D. 诉讼失败 E. 宣告发现新矿藏　　　　　F. 取得一个重要合同 G. 经营风险　　　　　　　　H. 财务风险
	（2）下列各项中，关于非系统性风险表述正确的有（　　）。 A. 在资产组合中资产数目较低时，增加资产的个数，分散风险的效应会比较明显，但资产数目增加到一定程度时，风险分散的效应就会逐渐减弱 B. 只有非系统性风险可以通过资产组合来分散 C. 随着资产种类的增加，降低直至消除的风险是非系统性风险，不能分散的是系统性风险
系统性风险	（3）下列各项因素引发的风险中，属于系统性风险的有（　　）。 A. 宏观经济形势的变动　　　B. 国家经济政策的变化 C. 税制改革　　　　　　　　D. 企业会计准则改革 E. 世界能源状况　　　　　　F. 政治因素

【考点子题——举一反三，真枪实练】

[28]（历年真题·单选题）下列各项中，属于系统性风险的是（　　）。

　　A. 变现风险　　　B. 违约风险　　　C. 破产风险　　　D. 购买力风险

[29]（历年真题·多选题）下列风险中，属于非系统性风险的有（　　）。

　　A. 经营风险　　　B. 财务风险　　　C. 利率风险　　　D. 政治风险

3. 系统性风险的衡量

β 系数的含义：β 系数衡量系统性风险的大小。某资产的 β 系数表达的含义是相对于市场组合而言特定资产的系统性风险是多少。

【考点母题——万变不离其宗】系统性风险及其衡量

市场组合	（1）下列关于市场组合的表述中，正确的有（　　）。 A. 市场组合是市场上所有资产组成的组合 B. 市场组合的收益率指的是市场平均收益率 C. 实务中市场组合的收益率通常用股票价格指数收益率的平均值来代替 D. 市场组合的风险就是市场风险或系统性风险
β 系数	（2）下列关于 β 系数的表述中，正确的有（　　）。 A. β 系数可以衡量系统性风险的大小 B. 某资产的 β 系数是该资产的系统性风险相当于市场组合系统性风险的倍数

续表

β 系数	C. 市场组合的 β 系数等于 1。某资产的 β 系数等于 2 时，说明该资产收益率的变动幅度是市场组合收益率变动的 2 倍 D. β 系数 > 0，说明该资产收益率的变化方向与市场组合收益率变化方向一致 E. β 系数 < 0，说明该资产收益率的变化方向与市场组合收益率变化方向相反 F. β 系数 =1，表明该资产的系统性风险与市场组合相同 G. 不同股票的系统性风险（β 系数）不同，不同股票组合的系统性风险（组合 β 系数）不同
组合 β 系数计算题示例	考点：组合 β 系数
	公式：组合 β 系数 =∑（单项资产 β 系数 × 该资产在组合中的价值比重） 【提示】证券资产组合的 β 系数不仅受组合中各单项资产 β 系数的影响，还会受到各种资产价值在证券资产组合中所占比例的影响。
	（3）某投资者打算用 20 000 元购买 A、B、C 三种股票，每种股票的投资比例分别为 40%、10% 和 50%；三种股票的 β 系数分别为 0.7、1.1 和 1.7。则该投资组合的 β 系数为多少？ 【答案】 该投资组合的 β 系数 =0.7×40%+1.1×10%+1.7×50%=1.24。

【总结记忆】某一单项资产系统性风险与市场组合系统性风险的比较

单项资产 β 系数	说明	系统性风险比较
β 系数 =1	说明该资产收益率的变动幅度与市场组合收益率的变动幅度一致。	该资产的系统性风险等于市场组合的系统性风险
β 系数 > 1	说明该资产收益率的变动幅度大于市场组合收益率的变动幅度。	该资产的系统性风险大于市场组合的系统性风险
β 系数 < 1	说明该资产收益率的变动幅度小于市场组合收益率的变动幅度。	该资产的系统性风险小于市场组合的系统性风险
β 系数 > 0	说明该资产收益率的变化方向与市场组合收益率变化方向一致。	无法比较
β 系数 < 0	说明该资产收益率的变化方向与市场组合收益率变化方向相反。	无法比较
β 系数 =0.5	说明该资产的系统性风险是市场组合系统性风险的一半。	该资产的系统性风险小于市场组合的系统性风险

【总结记忆】涉及加权平均计算的指标

指标	计算公式
单一资产的预期收益率	∑（每种情况出现的收益率 × 该种情况发生的概率）
证券资产组合的预期收益率	∑（个别资产期望收益率 × 该资产的投资比重）
组合 β 系数	∑（单项资产 β 系数 × 该资产在组合中的价值比重）

▲【考点子题——举一反三，真枪实练】

[30]（历年真题·单选题）当某上市公司的 β 系数大于 0 时，下列关于该公司风险与收益表述中，正确的是（   ）。

A. 系统性风险高于市场组合风险

B. 资产收益率与市场平均收益率呈同向变化

C. 资产收益率变动幅度小于市场平均收益率变动幅度

D. 资产收益率变动幅度大于市场平均收益率变动幅度

[31]（历年真题·多选题）根据资本资产定价模型，下列关于 β 系数的说法中，正确的有（   ）。

A. β 值恒大于 0

B. 市场组合的 β 值恒等于 1

C. β 系数为 0 表示无系统性风险

D. β 系数既能衡量系统性风险也能衡量非系统性风险

[32]（历年真题·单选题）关于系统性风险和非系统性风险，下列表述错误的是（   ）。

A. 证券市场的系统性风险不能通过证券组合予以消除

B. 若证券组合中各证券收益率之间负相关，则该组合能分散非系统性风险

C. 在资本资产定价模型中，β 系数衡量的是投资组合的非系统性风险

D. 某公司新产品开发失败的风险属于非系统性风险

考点 11 资本资产定价模型的基本原理

资本资产定价模型的关系式：

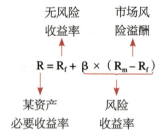

$$R = R_f + \beta \times (R_m - R_f)$$

式中，R 表示某资产的必要收益率；β 表示该资产的系统性风险系数；R_f 表示无风险收益率；R_m 表示市场组合收益率，通常用股票价格指数收益率的平均值来代替。

【考点母题——万变不离其宗】资本资产定价模型

资本资产定价模型的基本原理	（1）下列关于资本资产定价模型的表述中，正确的有（　　）。
	A. 资本资产定价模型的主要贡献是解释了风险收益率的决定因素和度量方法 B. 风险收益率 = β ×（R_m-R_f） C. 在资本资产定价模型中，计算风险收益率时只考虑了系统性风险，没有考虑非系统性风险，这是因为非系统性风险可以通过证券资产组合消除 D. 资本市场不会对非系统性风险给予任何价格补偿 E. （R_m-R_f）称为市场风险溢酬 F. 市场整体对风险越是厌恶和回避，要求的补偿就越高，市场风险溢酬的数值就越大 G. 如果市场的抗风险能力强，市场风险溢酬的数值就越小 H. 资本资产定价模型对任何公司、任何资产、任何资产组合都是适合的
资本资产定价模型计算题示例	（2）假设当前无风险利率为 3.5%，市场组合的必要收益率为 8.5%，A 股票的 β 系数为 1.2，要求：计算市场风险溢酬、A 股票的风险收益率和 A 股票的必要收益率。 【答案】 市场风险溢酬 =R_m-R_f=8.5%-3.5%=5% A 股票的风险收益率 = β ×（R_m-R_f）=1.2×5%=6% A 股票的必要收益率 =R_f+ β ×（R_m-R_f）=3.5%+6%=3.5%+1.2×（8.5%-3.5%）=9.5%。
资本资产定价模型的局限性	（3）下列各项中，属于资本资产定价模型的局限性的有（　　）。
	A. 某些资产或企业的 β 值难以估计 B. 经济环境的不确定性和不断变化，使得依据历史数据估算出来的 β 值对未来的指导作用必然要打折扣 C. 资本资产定价模型建立在一系列假设之上，如市场均衡、市场不存在摩擦、市场参与者都是理性、不存在交易成本、税收不影响资产的选择和交易 D. 资本资产定价模型只能大体描绘出证券市场风险与收益的基本情况，不能完全确切地揭示证券市场的一切

【辨析记忆】 R_m、R_m-R_f 与 β ×（R_m-R_f）

指标	名称	解析
R_m	市场组合收益率、市场平均收益率、平均风险的必要收益率、市场组合必要收益率	市场组合的必要收益率 =R_f+ β ×（R_m-R_f），由于市场组合的 β 系数 =1，则市场组合的必要收益率 =R_m
R_m-R_f	市场风险溢酬、市场组合的风险收益率、股票市场的风险收益率	市场组合的风险收益率 = β ×（R_m-R_f），由于市场组合的 β 系数 =1，则市场组合的风险收益率 =R_m-R_f
β ×（R_m-R_f）	风险收益率	任何资产的风险收益率

▲【考点母题——万变不离其宗】关于资本资产定价模型及证券投资组合收益与风险的计算

考点	（1）计算某资产的预期收益率；　　　（2）计算投资组合的预期收益率； （3）计算投资组合的 β 系数；　　　（4）利用资本资产定价模型计算该资产的必要收益率； （5）判断是否进行投资；　　　　　（6）计算投资组合的风险； （7）比较不同方案风险的大小。
公式	（1）投资项目的预期收益率 $\overline{E}=\sum_{i-1}^{n}X_i\times P_i$ （2）投资组合的预期收益率 $E\,(r_p)=\sum_{j}^{m}E\,(r_j)\,A_j$ （3）投资组合的 β 系数 $\beta_p=\sum_{i=1}^{n}W_i\times\beta_i$ 　　（4）投资组合的必要收益率 $R=R_f+\beta_p\times(R_m-R_f)$ （4）投资组合方差 $\sigma_p^2=w_1^2\sigma_1^2+w_2^2\sigma_2^2+2w_1w_2\rho_{1,2}\sigma_1\sigma_2$ 　　（5）标准离差率 $V=\dfrac{\sigma}{E}\times100\%$
示例1	甲公司现有一笔闲置资金，拟投资于某证券组合，该组合由 X 和 Y 两种股票构成，资金权重分别为 40%、60%，β 系数分别为 2 和 1.5，其中 X 股票投资收益率的概率分布如下表所示。 （表） Y 股票的预期收益率为 12%，当前无风险利率为 4%，市场组合的必要收益率为 8%。 要求： （1）计算 X 股票的预期收益率。 （2）计算该证券组合的预期收益率。 （3）计算该证券组合的 β 系数。 （4）利用资本资产定价模型计算该证券组合的必要收益率，并据以判断该证券组合是否值得投资。 【答案】 （1）X 股票的预期收益率 =30%×15%+20%×10%+50%×9%=11% （2）该证券组合的预期收益率 =40%×11%+60%×12%=11.6% （3）该证券组合 β 系数 =40%×2+60%×1.5=1.7 （4）该证券组合的必要收益率 =4%+1.7×（8%−4%）=10.8% 由于该证券组合的预期收益率 11.6% 大于该证券组合的必要收益率 10.8%，所以该证券组合值得投资。
示例2	资产组合 M 的期望收益率为 18%，标准差为 27.9%，资产组合 N 的期望收益率为 13%，标准差率为 120%，投资者张某和赵某决定将其个人资产投资于资产组合 M 和 N 中，张某期望的最低收益率为 16%，赵某投资于资产组合 M 和 N 的资金比例分别为 30% 和 70%。 要求： （1）计算资产组合 M 的标准差率。 （2）判断资产组合 M 和 N 哪个风险更大？ （3）为实现期望的收益率，张某应在资产组合 M 上投资的最低比例是多少？

表（示例1）：

状况	概率	投资收益率
行情较好	30%	15%
行情一般	20%	10%
行情较差	50%	9%

续表

示例 2	（4）判断投资者张某和赵某谁更厌恶风险，并说明理由。 【答案】 （1）资产组合 M 的标准差率 = 标准差 ÷ 期望值 =27.9% ÷18% ×100%=155%。 （2）标准差越大风险越大，标准差率越小风险越小。资产组合 M 的标准差率 155% 大于资产组合 N 的标准差率 120%，故资产组合 M 的风险更大。 （3）设张某应在资产组合 M 上投资的最低比例是 X，18% ×X+13% ×（1−X）=16%，解得 X=60%。所以，为实现期望的收益率，张某应在资产组合 M 上投资的最低比例是 60%。 （4）赵某更厌恶风险。张某在高风险资产组合 M 上投资的最低比例是 60%，而在低风险资产组合 N 上投资的最高比例是 40%，而赵某投资于高风险组合 M 和低风险组合 N 的资金比例分别为 30% 和 70%，赵某投资于高风险资产组合 M 的比例比张某低，所以赵某更厌恶风险。

【考点子题——举一反三，真枪实练】

[33]（历年真题·多选题）关于资本资产定价模型，下列说法正确的有（　　）。

A. 该模型中的资本资产主要指的是债券资产

B. 该模型反映了系统性风险对资产必要收益率的影响

C. 该模型解释了风险收益率的决定因素和度量方法

D. 该模型反映资产的必要收益率而不是实际收益率

[34]（历年真题·判断题）依据资本资产定价模型，资产的必要收益率不包括对公司特有风险的补偿。（　　）

[35]（历年真题·单选题）有甲、乙两种证券，甲证券的必要收益率为 10%，乙证券要求的风险收益率是甲证券的 1.5 倍，如果无风险收益率为 4%，则根据资本资产定价模型，乙证券的必要收益率是（　　）。

A. 12%　　　　　　B. 16%　　　　　　C. 15%　　　　　　D. 13%

[36]（历年真题·单选题）关于资本资产定价模型，下列说法错误的是（　　）。

A. 该模型描述了资产的可分散风险与风险收益率之间的关系

B. 该模型中的（$R_m−R_f$）代表市场组合的风险收益率

C. 该模型建立在市场均衡、市场无摩擦等假设的基础上

D. 利用该模型计算风险收益率，只考虑系统性风险，不考虑非系统性风险

第三节　成本性态分析

 **固定成本**

1. 固定成本含义及基本特征

固定成本是指在特定的业务量范围内不受业务量变动影响，一定期间的总额能保持相对稳定的成本。

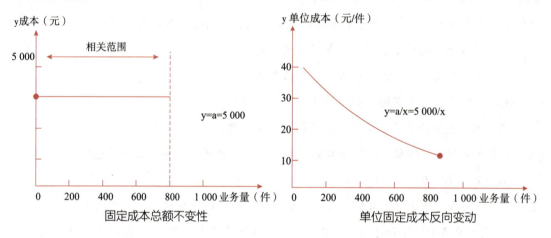

固定成本总额不变性　　　　单位固定成本反向变动

2. 固定成本的分类

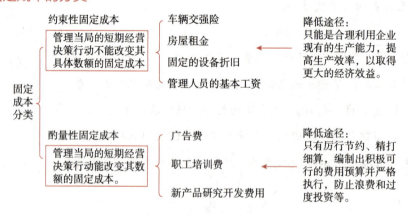

【考点母题——万变不离其宗】固定成本

固定成本的特征	（1）【判断金句】在相关范围内，固定成本总额不因业务量的变动而变动，但单位固定成本（单位业务量负担的固定成本）会与业务量的增减呈反向变动。

续表

约束性固定成本	（2）下列各项中，属于约束性固定成本的有（　　）。 A. 车辆交强险　　B. 房屋租金　　　C. 固定的设备折旧　　　D. 管理人员的基本工资
	（3）【判断金句】降低约束性固定成本的基本途径，只能是合理利用企业现有的生产能力，提高生产效率，以取得更大的经济效益。
酌量性固定成本	（4）下列各项中，属于酌量性固定成本的有（　　）。 A. 广告费　　　　B. 职工培训费　　C. 新产品研究开发费用
	（5）【判断金句】降低酌量性固定成本，只有厉行节约、精打细算，编制出积极可行的费用预算并严格执行，防止浪费和过度投资等。

▲【考点子题——举一反三，真枪实练】

[37]（历年真题·单选题）公司年末对下一年研发支出作预算，成本习性上属于（　　）。

    A. 酌量性固定成本　　　　　　　　　B. 约束性固定成本

    C. 技术性变动成本　　　　　　　　　D. 酌量性变动成本

考点 13　变动成本

1. 变动成本含义及基本特征

    变动成本是指在特定的业务量范围内，其总额会随业务量的变动而成正比例变动的成本。

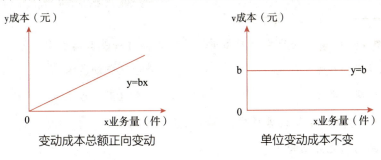

变动成本总额正向变动　　　　　　　　　　单位变动成本不变

2. 变动成本的分类

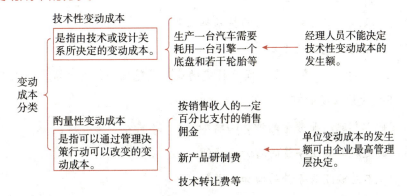

【注意】新产品的研发费用（如研发活动中支出的计算图书资料费、资料翻译费、会议费、差旅费、办公费、外事费、研发人员培训费、培养费、专家咨询费、高科技研发保险费用）——酌量性固定成本。

新产品的研制费（如研发活动直接消耗的材料、燃料和动力费用等）——酌量性变动成本。

▲ **【考点母题——万变不离其宗】变动成本**

变动成本的特征	（1）【判断金句】在相关范围内，变动成本总额因业务量的变动而成正比例变动，但单位变动成本（单位业务量负担的变动成本）不变。
技术性变动成本	（2）下列各项中属于技术性变动成本的是（　　）。
	A．直接材料
	【提示】经理人员不能决定技术性变动成本的发生额。
酌量性变动成本	（3）下列各项中属于酌量性变动成本的有（　　）。
	A．按销售收入的一定百分比支付的销售佣金 B．新产品研制费 C．技术转让费
	【提示】酌量性变动成本是指可以通过管理决策行动可以改变的变动成本。

▲ **【考点子题——举一反三，真枪实练】**

[38]（历年真题·单选题）企业生产产品所耗用的直接材料成本属于（　　）。

    A．技术性变动成本   B．酌量性变动成本

    C．酌量性固定成本   D．约束性固定成本

[39]（历年真题·多选题）下列各项中，属于变动成本的有（　　）。

    A．新产品的研究开发费用

    B．按产量法计提的固定资产折旧

    C．按销售收入一定百分比支付的技术转让费

    D．随产品销售的包装物成本

[40]（历年真题·多选题）在一定期间及特定的业务量范围内，关于成本与业务量之间的关系，下列说法正确的有（　　）。

    A．固定成本总额随业务量的增加而增加

    B．单位固定成本随业务量的增加而降低

    C．变动成本总额随业务量的增加而增加

    D．单位变动成本随业务量的增加而降低

 混合成本

1. 混合成本的分类

类型	含义	业务量 =0	业务量 > 0	图解
半变动成本	在一定初始量的基础上，随着业务量的变化而成正比例变动的成本	存在一个初始固定基数	变动成本	
半固定成本	在一定业务量范围内的发生额是固定的，但当业务量增长到一定限度，其发生额就突然跳跃到一个新的水平的成本	存在一个初始固定基数	阶梯式固定成本	
延期变动成本	一定的业务量范围内有一个固定不变的基数，当业务量增长超出了这个范围，与业务量的增长成正比例变动的成本	存在一个初始固定基数	固定成本 + 变动成本	
曲线变动成本	通常有一个不变的初始量，在这个初始量的基础上，随着业务量的增加，成本也逐步变化，但它与业务量成非线性变化。	存在一个初始固定基数	成本递增	

⚠ **【考点母题——万变不离其宗】混合成本的分类**

半变动成本	（1）在一定初始量的基础上，随着业务量的变化而成正比例变动的成本是（　　）。
	A. 半变动成本
	（2）下列各项中，属于半变动成本的有（　　）。
	A. 有月租费的固定电话费　　　　　　　　B. 水费、煤气费
半固定成本	（3）在一定业务量范围内的发生额是固定的，但当业务量增长到一定限度，其发生额就突然跳跃到一个新的水平的成本的是（　　）。
	A. 半固定成本
	（4）如果产量是 10 万件，只需 1 名检验员，工资总额为 5 000 元，产量在 10~20 万件之间，需要 2 名检验员，工资总额为 10 000 元，则检验员的工资成本是（　　）。
	A. 半固定成本

延期变动成本	（5）一定的业务量范围内有一个固定不变的基数，当业务量增长超出了这个范围，与业务量的增长成正比例变动的成本的是（ ）。
	A．延期变动成本
	（6）下列各项中，属于延期变动成本的有（ ）。
	A．含加班费的职工工资　　　　　B．含套餐费的手机流量费
曲线变动成本	（7）通常有一个不变的初始量，在这个初始量的基础上，随着业务量的增加，成本也逐步变化，但它与业务量成非线性变化的是（ ）。
	A．曲线变动成本
	（8）下列各项中，属于递增曲线成本（随业务量增加，成本增加，且增加幅度是递增的）的有（ ）。
	A．累进计件工资　　　　　　　　B．违约金
	（9）下列各项中，属于递减曲线成本（随业务量增加，成本增加，但变化率是递减的）的有（ ）。
	A．有价格折扣或优惠条件下的水、电消费成本 B．"费用封顶"的通信服务费

2. 混合成本的分解

方法	含义	特点
高低点法	高低点法是以过去某一会计期间的总成本和业务量资料为依据，从中选取业务量最高点和业务量最低点，将总成本进行分解，得出成本性态的模型。	高低点法计算较简单，但它只采用了历史成本资料中的高点和低点两组数据，故代表性较差。
回归分析法	它根据过去一定期间的业务量和混合成本的历史资料，应用最小二乘法原理，算出最能代表业务量与混合成本关系的回归直线，借以确定混合成本中固定成本和变动成本的方法。	利用历史资料，是一种较为精确的方法。
账户分析法	它是根据有关成本账户及其明细账的内容，结合其与业务量的依存关系，判断其比较接近哪一类成本，就视其为哪一类成本。	这种方法简便易行，但比较粗糙且带有主观判断。
技术测定法	它是根据生产过程中各种材料和人工成本消耗量的技术测定来划分固定成本和变动成本的方法。	只适用于投入成本与产出数量之间有规律性联系的成本分解。
合同确认法	是根据企业订立的经济合同或协议中关于支付费用的规定，来确认并估算哪些项目属于变动成本，哪些项目属于固定成本的方法。	合同确认法要配合账户分析法使用。

▲【考点母题——万变不离其宗】高低点法分解混合成本计算题

考点	（1）计算单位变动成本；（2）计算固定成本总额；（3）列出总成本的一般方程式；（4）根据预计业务量预计总成本。
公式	假设：a 是固定成本总额，b 是单位变动成本，Y 是业务量成本，X 是业务量，则： $$\begin{cases} Y_{高}=a+bX_{高} \\ Y_{低}=a+bX_{低} \end{cases}$$ 单位变动成本（b）$=\dfrac{Y_{高}-Y_{低}}{X_{高}-X_{低}}=\dfrac{最高点业务量成本-最低点业务量成本}{最高点业务量-最低点业务量}$ 固定成本总额（a）$=Y_{高}-bX_{高}=$ 最高点业务量成本 $-$ 单位变动成本 × 最高点业务量 或：固定成本总额（a）$=Y_{低}-bX_{低}=$ 最低点业务量成本 $-$ 单位变动成本 × 最低点业务量 总成本公式可以表示为： 总成本 = 固定成本总额 + 变动成本总额 = 固定成本总额 + 单位变动成本 × 业务量 即 $Y=a+bX$
示例	假设 D 公司的业务量以直接人工小时为单位，20×1 年 12 个月份的业务量在 5.0 万 ~ 7.5 万小时之间变化，维修成本与业务量之间的关系下表所示： **D 公司维修成本与业务量之间的关系** 要求：（1）运用高低点法分解维修成本中的单位变动成本和固定成本总额。 （2）列出维修成本的一般方程式。 （3）20×2 年 1 月份计划业务为 6 万小时，计算预计维修成本。 【答案】 （1）本题中，最高点业务量为 7.5 万小时，对应的维修成本为 120 万元；最低点业务量为 5.0 万小时，对应的维修成本为 100 万元，所以： 120=a+7.5b　　　① 100=a+5.0b　　　② ①—②　　　　　120-100=7.5b-5.0b 单位变动成本（b）=（120-100）/（7.5-5.0）=8（元 / 小时）。将 b=8 代入①式或②式，则： 固定成本总额（a）=120-7.5×8=60（万元） 或 =100-5.0×8=60（万元） （2）维修成本的一般方程式为：y=60+8x （3）20×2 年 1 月份计划业务量为 6 万小时，则预计维修成本为：y=60+8×6=108（万元）。

D 公司维修成本与业务量之间的关系

月份	1	2	3	4	5	6	7	8	9	10	11	12
业务量（万小时）	5.2	5.5	5.6	6.0	6.1	7.5	7.4	7.2	7.0	6.8	6.5	5.0
维修成本（万元）	104	105	107	111	112	120	121	118	115	112	111	100

▲【考点母题——万变不离其宗】混合成本的分解

混合成本的分解	（1）下列各项中，属于混合成本分解方法的有（　　）。 A．高低点法　　　　B．回归分析法　　　　C．账户分析法 D．技术测定法　　　E．合同确认法

续表

混合成本的分解	（2）下列混合成本分解方法中，仅限于有历史成本资料数据的有（　）。	
	A. 高低点法　　　　　B. 回归分析法	
	（3）【判断金句】对于新产品发生的混合成本，不适合运用高低点法和回归分析法。	
	（4）下列混合成本分解方法中，较为精确的是（　）。	
	A. 回归分析法	
	（5）下列混合成本分解方法中，比较粗略的是（　）。	
	A. 账户分析法	
高低点法	（6）与回归分析法相比，高低点法的特点有（　）。	
	A. 只采用了历史成本资料中的高点和低点两组数据决定成本性态 B. 计算较简单　　　　　C. 代表性较差	

【考点子题——举一反三，真枪实练】

[41]（历年真题·单选题）某公司电梯维修合同规定，当每年上门维修不超过3次时，维修费用为5万元，当超过3次时，则在此基础上按每次2万元付费，根据成本性态分析，该项维修费用属于（　）。

A. 半变动成本　　　B. 半固定成本　　　C. 延期变动成本　　　D. 曲线变动成本

[42]（历年真题·单选题）某公司可随时在劳动力市场以月工资5 000元聘用一名临时检验员检验产品质量。若每名检验员的最大检验量为5万件/月，公司正常月产量在10万件至30万件之间。则该项检验成本是（　）。

A. 半变动成本　　　B. 半固定成本　　　C. 延期变动成本　　　D. 固定成本

[43]（历年真题·单选题）下列混合成本的分解方法中，比较粗糙且带有主观判断特征的是（　）。

A. 高低点法　　　B. 回归分析法　　　C. 技术测定法　　　D. 账户分析法

[44]（历年真题·单选题）某企业根据过去一段时期的业务量和混合成本资料，应用最小二乘法原理，寻求最能代表二者关系的函数表达式，据以对混合成本进行分解，则该企业采用的混合成本分解法是（　）。

A. 回归分析法　　　B. 高低点法　　　C. 账户分析法　　　D. 技术测定法

[45]（历年真题·多选题）基于成本性态分析，对于企业推出的新产品所发生的混合成本，不适宜采用的混合成本分解方法有（　）。

A. 合同确认法　　　B. 技术测定法　　　C. 高低点法　　　D. 回归分析法

〔本章考点子题答案与解析〕

［1］【答案：错误】纯粹利率（纯利率）是指没有通货膨胀、没有风险情况下资金市场的平均利率。

［2］【答案：错误】货币时间价值是指在没有风险和没有通货膨胀的情况下，货币经历一定时间的投资和再投资所增加的价值。尽管购买政府债券没有风险，但是存在通货膨胀，因此，只有在通货膨胀率很低的时候，才能将政府债券利率视为货币时间价值。

［3］【答案：C】由于（P/F，i，9）=（1+i）$^{-9}$，（P/F，i，10）=（1+i）$^{-10}$

所以（P/F，i，9）=（1+i）$^{-10}$×（1+i）^{1}=（P/F，i，10）×（1+i），选项 C 正确。

［4］【答案：C】项目延迟造成的投入现值的增加额=3×（1+10%）/（1+5%）–3=0.14（亿元）。选项 C 正确。

［5］【答案：A】预付年金是指从第一期起，在一定时期内每期期初等额收付的系列款项，又称即付年金或先付年金。选项 A 正确。

［6］【答案：ABC】年金是指间隔期相等的系列等额收付，年初一次性付款购入设备，不符合年金分期付款的特征，选项 D 错误。选项 ABC 正确。

［7］【答案：A】由于第3年开始连续5年每年年初现金流入300万元，即第2年末开始连续5年每年年末现金流入300万元，所以是递延期为1年，年金期为5年，P=300×（P/A，10%，5）×（P/F，10%，1）。选项 A 正确。

［8］【答案：错误】永续年金现值=A/i，存在具体数值，不是无穷大。

［9］【答案：D】预付年金现值公式为P=A×（P/A，i，n）×（1+i），其中A×（P/A，i，n）=普通年金现值X，则Y=X（1+i），选项 D 正确。

［10］【答案】（1）100×（P/F，10%，2）=100×0.8264=82.64（万元）

（2）30×（P/A，10%，3）（1+10%）=30×2.4869×1.1=82.07（万元）

或：30+30×（P/A，10%，2）=30+30×1.7355=82.07（万元）

（3）24×（P/A，10%，4）=24×3.1699=76.08（万元）

（4）21×（P/A，10%，5）×（P/F，10%，1）=21×3.7908×0.9091=72.37（万元）

（5）甲公司应选择方案四。（从支付的角度看，支付越少越好）

［11］【答案：B】方法1：假设1~5年每年年末存入1元，则（F/A，9%，5）=（F/A，9%，4）（1+9%）+1=5.9847。其中，1为第五年当年末存入的1元。

方法2：假设1~5年每年年末存入1元，首先计算2~5年每年年末存入1元的年金终值，（F/A，9%，4）=4.5731，将第1年年末的存入的1元单独计算复利终值，（F/P，9%，4）=1.4116，合计起来（F/A，9%，5）=4.5731+1.4116=5.9847。

方法3：已知年金终值系数为$\frac{(1+i)^n-1}{i}$，则（F/A，9%，5）=$\frac{(1+9\%)^5-1}{9\%}$=5.9847。选项 B 正确。

［12］【答案：B】该题是已知预付年金终值，求年金。已知F=A×[（F/A，i，n+1）–1]，则A=F/[（F/A，i，n+1）–1]，按题意n=10，所以每年年初存款的金额为500/[(F/A，7%，11)–1]。选项 B 正确。

［13］【答案：C】普通年金终值与年偿债基金互为逆运算；普通年金现值与年资本回收额互为逆运算。选项 C 正确。

［14］【答案：A】本题考查年资本回收额计算，即已知年金现值P，求年金A，

A=P/（P/A，i，n）=100/（P/A，8%，10）。选项 A 正确。

[15]【答案：A】假设该基金的收益率为 i，则 500×（F/A，i，10）=9 000，解得：（F/A，i，10）=18；同时（F/A，12%，10）=17.549，（F/A，14%，10）=19.337，所以，12%<i<14%。选项 A 正确。

[16]【答案：D】名义利率与实际利率的换算关系：$i=\left(1+\dfrac{r}{m}\right)^{m}-1$，由于此题是按季度付现金收益，所以季度收益率为 50/5000，$i=\left(1+\dfrac{50}{5000}\right)^{4}-1=4.06\%$。选项 D 正确。

[17]【答案：正确】在一年多次计息时，实际利率高于名义利率；在名义利率相同的情况下，一年计息次数越多，实际利率越大。

[18]【答案：A】实际利率 =（1+ 名义利率）/（1+ 通货膨胀率）–1=（1+3%）/（1+1%）–1=1.98%。选项 A 正确。

[19]【答案：A】必要收益率 = 纯利率 + 通货膨胀补偿率 + 风险收益率 =2%+3%+6%=11%。选项 A 正确。

[20]【答案：正确】证券资产的无风险收益率由纯粹利率和通货膨胀补偿率两部分组成。

[21]【答案：BCD】期望值相同的情况下，可以用标准差直接比较风险程度的大小，期望值不同的情况下，标准差不能直接比较，要用标准差率进行比较。选项 BCD 正确。

[22]【答案：C】在期望值不同的情况下，标准差率越大，风险越大。甲项目标准差率 =3.2%/10%=32%，乙项目标准差率 =3.2%/14%=22.86%，所以甲项目的风险高于乙项目，选项 C 正确。

[23]【答案：AD】选项 B 属于风险转换，选项 C 属于风险对冲。选项 AD 正确。

[24]【答案：C】该投资组合的期望收益率 =10%×40%+15%×60%=13%，选项 C 正确。

[25]【答案：AB】两种证券相关系数为 0，不相关，选项 A 正确；相关系数 =-1 时，完全负相关，最大限度的降低风险，选项 B 正确；相关系数介于 [-1，1]，选项 C 错误；只要相关系数不为 1 就可以分散风险，选项 D 错误。选项 AB 正确。

[26]【答案：正确】当两项资产的收益率完全负相关时，两项资产的风险可以充分地相互抵消，甚至完全消除。这样的组合能够最大程度地降低非系统风险。

[27]【答案：正确】由证券组合风险的公式 $\sigma_{p}^{2}=w_{1}^{2}\sigma_{1}^{2}+w_{2}^{2}\sigma_{2}^{2}+2w_{1}w_{2}\rho_{1,2}\sigma_{1}\sigma_{2}$ 可知，证券组合的风险水平不仅与组合中各证券的收益率标准差有关，而且与各证券收益率的相关程度有关。

[28]【答案：D】证券资产的系统性风险，是指由于外部经济环境因素变化引起整个资本市场不确定性加强，从而对所有证券都产生影响的共同性风险。主要包括：价格风险、再投资风险、购买力风险，选项 D 正确。变现风险是指证券无法在市场上以正常价格平仓出货的可能性，违约风险是指证券发行者无法按时兑付证券利息和偿还本金的可能性，破产风险是证券发行者破产清算时投资者无法收回应得权益的可能性，它们都是个别证券特有的风险，是非系统性风险。

[29]【答案：AB】非系统性风险是是指发生于个别公司的特有事件造成的风险，选项 AB 正确。

[30]【答案：B】β 系数是反映资产收益率与市场平均收益率之间变动关系的一个量化指标，β 系数大于零，则说明资产收益率与市场平均收益率呈同向变化，选项 B 正确；市场组合的 β 系数 =1，由于不知道该上市公司 β 系数的具体数值，所以无法判断该上市公司系统性风险与市场组合系统性风险谁大谁小，也无法判断该上市公司资产收益率与市场平均收益率之间变动幅度谁大谁小。选项 B 正确。

[31]【答案：BC】β 值并不是恒大于 0，极个别的资产的 β 系数是负数，表明这类资产与市场平均收益

的变化方向相反，选项 A 错误；市场组合的 β 值恒等于 1，选项 B 正确。β 系数为 0 表示没有系统性风险，选项 C 正确；β 系数反映系统性风险的大小，选项 D 错误。选项 BC 正确。

[32]【答案：C】在资本资产定价模型中，计算风险收益率时只考虑了系统性风险，没有考虑非系统性风险，β 系数衡量系统性风险的大小，选项 C 错误。

[33]【答案：BCD】资本资产定价模型中的资本资产主要指股票资产，选项 A 错误；在资本资产定价模型中，风险收益率只考虑了系统性风险，选项 BC 正确；资本资产定价模型反映的是必要收益率而不是实际收益率，选项 D 正确。

[34]【答案：正确】资本资产定价模型中，某资产的必要收益率是由无风险收益率和资产的风险收益率决定的。而风险收益率中的 β 系数衡量的是证券资产的系统性风险，公司特有风险作为非系统性风险是可以分散掉的。

[35]【答案：D】资本资产定价模型：必要收益率 = 无风险收益率 + 风险收益率
甲证券的必要收益率 =4%+ 甲证券的风险收益率 =10%，解得：甲证券的风险收益率 =6%
乙证券的风险收益率 =6×1.5=9%，乙证券的必要收益率 =4%+9%=13%。选项 D 正确。

[36]【答案：A】该模型解释了风险与收益的关系，风险收益率计算只考虑了系统性风险，没有考虑非系统性风险（可分散风险），选项 A 表述错误。

[37]【答案：A】酌量性固定成本是指管理当局的短期经营决策行动能改变其数额的固定成本。例如：广告费、职工培训费、新产品研究开发费用（如研发活动中支出的技术图书资料费、资料翻译费、会议费、差旅费、办公费、外事费、研发人员培训费、培养费、专家咨询费、高新科技研发保险费用等）。选项 A 正确。

[38]【答案：A】技术性变动成本是指与产量有明确的技术或实物关系的变动成本。直接材料成本由于是与生产产品相关的，因此属于技术性变动成本，选项 A 正确，选项 BCD 错误。

[39]【答案：BCD】变动成本是指在特定的业务量范围内，其总额会随业务量的变动而成正比例变动的成本。如直接材料、直接人工、按销售量支付的推销员佣金、装运费、包装费，以及按产量计提的固定设备折旧等都是和单位产品的生产直接联系的，其总额会随着产量的增减成正比例的增减。变动成本可以分为技术性变动成本和酌量性变动成本。其中酌量性变动成本是指通过管理当局的决策行动可以改变的变动成本。如按销售收入的一定百分比支付的销售佣金、技术转让费等，选项 BCD 正确；新产品的研究开发费用属于酌量性固定成本，选项 A 错误。

[40]【答案：BC】固定成本的基本特征是：固定成本总额不因业务量的变动而变动，但单位固定成本（单位业务量负担的固定成本）会与业务量的增减呈反向变动。变动成本的基本特征是：变动成本总额因业务量的变动而成正比例变动，但单位变动成本（单位业务量负担的变动成本）不变。选项 BC 正确。

[41]【答案：C】延期变动成本在一定的业务量范围内有一个固定不变的基数，当业务量增长超出了这个范围，它就与业务量增长成正比，选项 C 正确。

[42]【答案：B】半固定成本在一定业务量范围内的发生额是固定的，但当业务量增长到一定限度，其发生额就突然跳跃到一个新的水平。本题中当正常月产量为 10 万件时，需要 2 名检验员，工资为 10 000 元，当正常月产量为 15 万件时，需要 3 名检验员，工资为 15 000 元，成本跳跃到一个新的水平，所以是半固定成本。选项 B 正确。

[43]【答案: D】账户分析法, 又称会计分析法, 它是根据有关成本账户及其明细账的内容, 结合其与产量的依存关系, 判断其比较接近哪一类成本, 就视其为哪一类成本。这种方法简便易行, 但比较粗糙且带有主观判断。选项 D 正确。

[44]【答案: A】回归分析法是一种较为精确的方法。它根据过去定期间的业务量和混合成本的历史资料, 应用最小二乘法原理, 算出最能代表业务量与混合成本关系的回归直线, 借以确定混合成本中固定成本和变动成本的方法。选项 A 正确。

[45]【答案: CD】高低点法和回归分析法, 都属于历史成本分析的方法, 它们仅限于有历史成本资料数据的情况, 而新产品并不具有足够的历史数据。选项 CD 正确。

第 3 章 预算管理

本章是预算管理，主要介绍了预算管理概述、预算的编制方法与程序、预算编制及预算的执行与考核等四个方面的内容，具体知识结构分布图如下：

本章思维导图

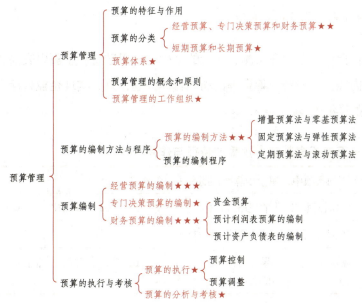

近三年本章考试题型及分值分布

题 型	2020 年		2021 年		2022 年	
	试卷 I	试卷 II	试卷 I	试卷 II	试卷 I	试卷 II
单项选择题	1 题 1.5 分	3 题 4.5 分	3 题 4.5 分	2 题 3 分	1 题 1.5 分	2 题 3 分
多项选择题	—	1 题 2 分	1 题 2 分	1 题 2 分	3 题 6 分	1 题 2 分
判断题	2 题 2 分	1 题 1 分	1 题 1 分	1 题 1 分	2 题 2 分	1 题 1 分
计算分析题	—	—	—	—	—	5 分
综合题	—	—	—	—	—	—
合计	3.5 分	7.5 分	7.5 分	6 分	9.5 分	11 分

第一节　预算管理概述

考点1　预算的特征与作用

　　预算的含义：预算是企业在预测、决策的基础上，用数量和金额以表格的形式反映企业未来一定时期内经营、投资、筹资等活动的具体计划，是为实现企业目标而对各种资源和企业活动所做的详细安排。

⚠ 【考点母题——万变不离其宗】预算的特征与作用

预算的特征	（1）下列各项中，属于预算特征的有（　　）。
	A．预算必须与企业的战略或目标保持一致　　B．预算是数量化的并具有可执行性
预算的作用	（2）下列各项中，属于预算作用的有（　　）。
	A．规划、控制、引导经济活动　　　　　　　　B．实现各部门之间的协调 C．业绩评价的重要依据

考点2　预算的分类及体系

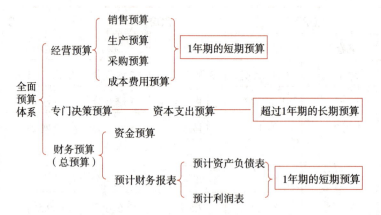

⚠ 【考点母题——万变不离其宗】预算的分类及体系

按预算内容不同分类	（1）根据预算的内容不同，企业预算有（　　）。
	A．经营预算　　　　　B．专门决策预算　　　　　C．财务预算

续表

按预算内容不同分类	（2）下列各项中，属于经营预算的有（　　）。		
	A. 销售预算 D. 直接人工预算 G. 销售费用预算	B. 生产预算 E. 制造费用预算 H. 管理费用预算	C. 直接材料预算 F. 产品成本预算
	（3）下列预算中，属于专门决策预算的是（　　）。		
	A. 资本支出预算		
	（4）下列预算中，属于财务预算（总预算）的有（　　）。		
	A. 资金预算　　　　　　　B. 预计资产负债表　　　　　C. 预计利润表		
	（5）【判断金句】财务预算作为全面预算体系的最后环节，它是从价值方面总括地反映企业经营预算与专门决策预算的结果，故亦称为总预算，其他预算则相应称为辅助预算或分预算。		
	【提示】一般情况下，企业的经营预算和财务预算多为 1 年期的短期预算。专门决策预算多为长于 1 年期的长期预算。		
按预算指标覆盖的时间长短分类	（6）下列各项预算中，属于短期预算的有（　　）。		
	A. 经营预算　　　　　　　　　　B. 财务预算		
	（7）下列各项预算中，属于长期预算的是（　　）。		
	A. 资本支出预算		

考点 3　预算管理的原则

▲【考点母题——万变不离其宗】预算管理的原则

（1）预算管理的原则有（　　）。	
A. 战略导向原则	预算管理应围绕企业的战略目标和业务计划有序开展，引导各预算责任主体聚焦战略、专注执行、达成绩效。
B. 过程控制原则	预算管理应通过及时监控、分析等把握预算目标的实现进度并实施有效评价，对企业经营决策提供有效支撑。
C. 融合性原则	（2）【判断金句】融合性原则是指预算管理应以业务为先导、以财务为协同，将预算管理嵌入企业经营管理活动的各个领域、层次、环节。
D. 平衡管理原则	预算管理应平衡长期目标与短期目标、整体利益与局部利益、收入与支出、结果与动因等关系，促进企业可持续发展。
E. 权变性原则	（3）【判断金句】权变性原则是指预算管理应刚性与柔性相结合，强调预算对经营管理的刚性约束，又可根据内外环境的重大变化调整预算，并针对例外事项进行特殊处理。

考点4 预算管理工作的组织

▲【考点母题——万变不离其宗】预算工作的组织

（1）下列预算组织中，应当对企业预算的管理工作负总责的是（   ）。
A．企业董事会或类似机构
（2）负责企业预算的跟踪管理，监督预算的执行情况，分析预算与实际执行的差异及原因，提出改进管理的意见与建议的的是（   ）。
A．企业财务管理部门

▲【考点子题——举一反三，真枪实练】

［1］（历年真题·单选题）下列各项中，不属于经营预算的是（   ）。

    A．资金预算   B．销售预算   C．销售费用预算   D．直接材料预算

［2］（历年真题·多选题）下列关于财务预算的表述中，正确的有（   ）。

    A．财务预算多为长期预算

    B．财务预算又被称作总预算

    C．财务预算是全面预算体系的最后环节

    D．财务预算主要包括资金预算和预计财务报表

［3］（历年真题·判断题）在全面预算体系中，企业应当首先编制财务预算，在此基础上编制经营预算与专门决策预算。（   ）

［4］（历年真题·单选题）下列各项中，对企业预算管理工作负总责的组织是（   ）。

    A．财务部   B．董事会   C．监事会   D．股东会

［5］（经典子题·单选题）预算管理应以业务为先导、以财务为协同，将预算管理嵌入企业经营管理活动的各个领域、层次、环节，体现的预算管理原则是（   ）。

    A．权变性原则   B．平衡管理原则   C．融合性原则   D．过程控制原则

第二节　预算的编制方法与程序

考点 5　预算的编制方法

（一）增量预算法与零基预算法

⚠ **【考点母题——万变不离其宗】增量预算法与零基预算法**

（1）预算编制方法按其出发点的特征不同，可以分为（　　）。		
A. 增量预算法	含义	（2）以历史期实际经济活动及其预算为基础，结合预算期经济活动及相关影响因素的变动情况，通过调整历史期经济活动项目及金额形成预算的预算编制方法是（　　）。
		A. 增量预算法
	优点	（3）增量预算的优点表现在（　　）。
		A. 编制工作量小
	缺点	（4）下列各项中，属于增量预算法缺陷的是（　　）。
		A. 可能导致无效费用开支项目无法得到有效控制，使不必要开支合理化
B. 零基预算法	含义	（5）不以历史期实际经济活动及其预算为基础，以零为出发点，从实际需要出发分析预算期经济活动的合理性，经综合平衡，形成预算的预算编制方法是（　　）。
		A. 零基预算法
	优点	（6）零基预算的优点表现在（　　）。
		A. 不受历史期经济活动中的不合理因素影响 B. 能够灵活应对内外环境的变化 C. 预算编制更贴近预算期企业经济活动需要 D. 增加预算编制透明度、有利于进行预算控制
	缺点	（7）零基预算的缺点有（　　）。
		A. 编制工作量大、成本较高 B. 预算编制的准确性受企业管理水平和相关数据标准准确性的影响较大
	适用性	（8）【判断金句】零基预算适用于企业各项预算的编制，特别是不经常发生的预算项目或预算编制基础变化较大的预算项目。

⚠️ 【考点子题——举一反三，真枪实练】

[6]（历年真题·单选题）下列各项中，不属于零基预算法优点的是（ ）。

    A. 不受现有费用项目的限制　　　　　B. 有利于促使预算单位合理利用资金

    C. 不受现有预算的约束　　　　　　　D. 编制预算的工作量小

[7]（历年真题·判断题）与增量预算法相比，采用零基预算法编制预算的工作量较大、成本较高。（ ）

[8]（历年真题·单选题）某企业当年实际销售费用为6 000万元，占销售额的30%，企业预计下年销售额增加5 000万元，于是就将下年销售费用预算简单地确定为7 500（6 000+5 000×30%）万元。从中可以看出，该企业采用的预算编制方法是（ ）。

    A. 弹性预算法　　　B. 零基预算法　　　C. 滚动预算法　　　D. 增量预算法

（二）固定预算法与弹性预算法

⚠️ 【考点母题——万变不离其宗】固定预算法与弹性预算法

（1）预算编制方法按其业务量基础的数量特征不同，可以分为（ ）。		
A. 固定预算法	含义	（2）只根据预算期内正常、可实现的某一固定的业务量（如生产量、销售量等）水平作为唯一基础来编制预算的方法是（ ）。
		A. 固定预算法
	优点	（3）下列各项中，属于固定预算法优点的有（ ）。
		A. 编制相对简单　　　　B. 容易使管理者理解
	缺点	（4）下列各项中，属于固定预算法缺点的有（ ）。
		A. 适应性差　　　　B. 可比性差
B. 弹性预算法	含义	（5）在成本性态分析的基础上，依据业务量、成本和利润之间的联动关系，按照预算期内可能的一系列业务量水平编制系列预算的方法是（ ）。
		A. 弹性预算法
	业务量选择	（6）【判断金句】编制弹性预算，要选用一个最能代表生产经营活动水平的业务量计量单位。例如，以手工操作为主的车间，应选用人工工时；制造单一产品或零件的部门，可以选用实物数量；修理部门可以选用直接修理工时等。
	适用性	（7）下列各项预算中，适合使用弹性预算法编制的有（ ）。
		A. 成本费用预算　　　　B. 利润预算
		【说明】弹性预算法适用于编制全面预算中所有与业务量有关的预算，但实务中主要用于编制成本费用预算和利润预算，尤其是成本费用预算。
	优点	（8）弹性预算法的优点是（ ）。
		A. 考虑了预算期可能的不同业务量水平，更贴近企业经营管理的实际情况
	缺点	（9）弹性预算法的缺点有（ ）。
		A. 编制工作量大　　　　B. 弹性预算的合理性受很多因素影响

▲【考点母题——万变不离其宗】弹性预算编制方法

考点	运用公式法编制制造费用预算
公式	y=a+bx

示例	A 企业经过分析得出某种产品的制造费用与人工工时密切相关。

业务量范围	400~600（人工工时）	
费用项目	固定费用（元/月）	变动费用（元/人工工时）
运输费用		0.5
电力费用		1.5
修理费用	75	0.6
折旧费用	225	
合计	300	2.6
备注	当业务量超过 500 工时后，修理费用的固定费用将由 75 元上升到 175 元。	

要求：如果预期业务量为 550 人工工时，按照公式法制造费用预算为多少？

【答案】

按照公式法，成本与业务量的数量关系为 y=a+bx，则业务量为 400~500 人工工时的情况下，y=300+2.6x；业务量为 500~600 人工工时的情况下，y=400+2.6x。如果预期业务量为 550 人工工时，则制造费用预算为 400+2.6×550=1 830（元）。

考点	运用列表法编制制造费用预算
公式	插值法

示例：B 企业采用列表法编制 20×1 年 6 月制造费用预算，如下表所示：

业务量（直接人工工时）	420	480	540	600	660
占正常生产能力的百分比（%）	70%	80%	90%	100%	110%
变动成本（万元）（单位变动成为 2 万元/小时）	840	960	1 080	1 200	1 320
固定成本（万元）	500	500	500	500	500
混合成本（万元）	200	230	250	300	330
合计	1 540	1 690	1 830	2 000	2 150

要求：如果预期业务量为 550 人工工时，按照列表法制造费用预算为多少？

【答案】设 550 人工工时混合成本为 X 万元

$$\left.\begin{matrix} 300 \\ X \\ 250 \end{matrix}\right\} \left.\begin{matrix} 600 \\ 550 \\ 540 \end{matrix}\right\} \qquad \frac{X-250}{300-250}=\frac{550-540}{600-540}$$

$$X=258.3$$

则 550 人工工时制造费用预算成本 =550×2+500+258.3=1 858.3（万元）。

▲【考点子题——举一反三，真枪实练】

［9］（历年真题·单选题）某公司在编制成本费用预算时，利用成本性态模型（y=a+bx），测算预算期内各种可能的业务量水平下的成本费用。这种预算编制方法是（　　）。

    A. 零基预算法　　　　B. 固定预算法　　　　C. 滚动预算法　　　　D. 弹性预算法

［10］（历年真题·单选题）某公司采用弹性预算法编制修理费预算，该修理费为混合成本，业务量为100件时，费用预算为5 000元；业务量为200件时，费用预算为7 000元。则当业务量为180件时，修理费预算是（　　）。

    A. 6 600元　　　　B. 6 300元　　　　C. 7 200元　　　　D. 9 000元

［11］（历年真题·多选题）某公司采用弹性预算法编制制造费用预算，制造费用与工时密切相关，若业务量为500工时，制造费用预算为18 000元，若业务量为300工时，制造费用预算为15 000元，则下列说法中，正确的有（　　）。

    A. 若业务量为0工时，则制造费为0元

    B. 若业务量为320工时，则制造费用为15 300元

    C. 制造费用中固定部分为10 500元

    D. 单位变动制造费用预算为15元/工时

（三）定期预算法与滚动预算法

预算编制方法	含义
定期预算法	在编制预算时，以不变的会计期间（如日历年度）作为预算期的一种预算编制方法。
滚动预算法	滚动预算是指企业根据上一期预算执行情况和新的预测结果，按既定的预算编制周期和滚动频率，对原有的预算方案进行调整和补充、逐期滚动、持续推进的预算编制方法。按照预算编制周期，可以将滚动预算分为中期滚动预算和短期滚动预算。中期滚动预算的预算编制周期通常为3年或5年，以年度作为预算滚动频率。短期滚动预算通常以1年为预算编制周期，以月度、季度作为预算滚动频率。

    【例题】某公司甲车间采用滚动预算方法编制制造费用预算。已知20×1年分季度的制造费用预算如表3-3所示（其中间接材料费用忽略不计，间接人工费用预算工时分配率为40元/小时，水电与维修费用预算工时分配率为25元/小时）：

表3-3　20×1年全年制造费用预算　　　　　　　　　　金额单位：元

项目	第1季度	第2季度	第3季度	第4季度	合计
直接人工预算总工时（小时）	5 200	5 100	5 100	4 600	20 000
变动制造费用					
间接人工费用	208 000	204 000	204 000	184 000	800 000

续表

项目	第1季度	第2季度	第3季度	第4季度	合计
水电与维修费用	130 000	127 500	127 500	115 000	500 000
小计	338 000	331 500	331 500	299 000	1 300 000
固定制造费用					
设备租金	180 000	180 000	180 000	180 000	720 000
管理人员工资	80 000	80 000	80 000	80 000	320 000
小计	260 000	260 000	260 000	260 000	1 040 000
制造费用合计	598 000	591 500	591 500	559 000	2 340 000

20×1年3月31日公司在编制20×1年第2季度~20×2年第1季度滚动预算时，发现未来的四个季度中将出现以下情况：

①间接人工费用预算工时分配率将上涨10%，即上涨为44元/小时。

②原设备租赁合同到期，公司新签订的租赁合同中设备年租金将降低20%，即降低为576 000元。

③20×1年第2季度~20×2年第1季度预计直接人工总工时分别为5 150小时、5 100小时、4 600小时和5 750小时。

则编制的20×1年第2季度~20×2年第1季度制造费用预算如表3-4所示：

表3-4　20×1年第2季度~20×2年第1季度制造费用预算　　　金额单位：元

项目	20×1年度			20×2年度	合计
	第2季度	第3季度	第4季度	第1季度	
直接人工预算总工时（小时）	5 150	5 100	4 600	5 750	20 600
变动制造费用					
间接人工费用	226 600	224 400	202 400	253 000	906 400
水电与维修费用	128 750	127 500	115 000	143 750	515 000
小计	355 350	351 900	317 400	396 750	1 421 400
固定制造费用					
设备租金	144 000	144 000	144 000	144 000	576 000
管理人员工资	80 000	80 000	80 000	80 000	320 000
小计	224 000	224 000	224 000	224 000	896 000
制造费用合计	579 350	575 900	541 400	620 750	2 317 400

（注：间接人工费用栏标注 5 150×44；水电与维修费用栏标注 5 150×25；设备租金栏标注 576 000÷4；合计设备租金栏标注 720 000×（1-20%））

♦ 【考点母题——万变不离其宗】定期预算法与滚动预算法

		(1) 预算编制方法按其预算期的时间特征不同，可以分为（　　）。	
A. 定期预算法		(2) 下列各项中，属于定期预算法特点的有（　　）。	
	优点	A. 预算期间与会计期间保持一致，便于将实际数与预算数进行对比 B. 有利于对预算执行情况进行分析和评价	
	缺点	C. 缺乏长远打算，可能导致管理人员的短期行为	
B. 滚动预算法	含义	(3) 将预算期与会计期间脱离开，随着预算的执行不断地补充预算，逐期向后滚动，使预算期始终保持为一个固定长度的预算方法是（　　）。	
		A. 滚动预算	
	优点	(4) 下列各项中，属于滚动预算法优点的有（　　）。	
		A. 实现动态反映市场、建立跨期综合平衡 B. 有效指导企业运营，强化预算的决策和控制职能	
	缺点	(5) 下列各项中，属于滚动预算法缺点的有（　　）。	
		A. 预算滚动的频率越高，预算编制的工作量越大 B. 增加管理层的不稳定感，导致预算执行者无所适从	
	滚动方法	(6) 短期滚动预算的滚动方法有（　　）。	
		A. 逐月滚动　　B. 逐季滚动　　C. 混合滚动	
		(7) 人们对未来的了解程度具有对近期把握较大，对远期的预计把握较小。建立在以上理论基础上的预算方法是（　　）。	
		A. 混合滚动预算	

♦ 【考点子题——举一反三，真枪实练】

[12]（历年真题·单选题）随着预算执行不断补充预算，但始终保持一个固定预算期长度的预算编制方法是（　　）。

　　A. 滚动预算法　　　　　　　　　　B. 弹性预算法

　　C. 零基预算法　　　　　　　　　　D. 定期预算法

考点6　预算的编制程序

　　一般应按照"上下结合、分级编制、逐级汇总"的程序进行。

♦ 【考点母题——万变不离其宗】预算的编制程序

程序	(1)【判断金句】企业编制预算，一般应按照"上下结合、分级编制、逐级汇总"的程序进行。

续表

预算组织	（2）企业董事会或经理办公会提出下一年度企业预算目标，包括销售或营业目标、成本费用目标、利润目标和现金流量目标，将预算目标下达给各预算执行单位的是（　　）。
	A．预算管理委员会
	（3）对各预算执行单位上报的财务预算方案进行审查、汇总，提出综合平衡建议的是（　　）。
	A．企业财务管理部门
	（4）对于不符合企业发展战略或者预算目标的事项，企业预算委员会应当责成有关预算执行单位进一步修订、调整。在讨论、调整的基础上，企业财务管理部门正式编制企业年度预算草案，应提交审议批准的机构是（　　）。
	A．董事会或经理办公会

🔺【考点子题——举一反三，真枪实练】

［13］（经典子题·判断题）企业编制预算，一般应按照"自上而下、分级编制、逐级分解"的程序进行。（　　）

［14］（经典子题·单选题）对各预算执行单位上报的财务预算方案进行审查、汇总，提出综合平衡建议的是（　　）。

A．董事会　　　　　　　　　B．预算编制单位

C．企业财务管理部门　　　　D．预算管理委员会

第三节　预算编制

 经营预算的编制

（一）销售预算

▲▲【考点母题——万变不离其宗】销售预算

销售预算	（1）【判断金句】销售预算是整个预算的编制起点，其他预算的编制都以销售预算作为基础。
	（2）全面预算编制的起点是（　　）。
	A. 销售预算
销售预算的内容	（3）下列各项中，属于销售预算主要内容的有（　　）。
	A. 预计销量　　B. 单价　　　　C. 销售收入　　　D. 预计现金收入

▲▲【考点母题——万变不离其宗】销售预算计算题

考点	（1）确定期初应收账款；　　　　　　（2）计算期初应收账款在本期收回的金额； （3）计算本期销售在本期收回的金额；　（4）计算期末应收账款； （5）计算本期现金收入。
公式	（1）预计销售收入 = 预计销量 × 预计单价 （2）本期现金收入 = 上期应收账款在本期收回的金额 + 本期销售在本期收回的金额 　　　　　或：= 期初应收账款 + 本期销售收入 − 期末应收账款 其中：本期销售在本期收回的金额 = 本期销售收入 × 本期收现比例 （3）期末应收账款 = 本期销售收入 × 赊销比例（或者所有本期尚未收到的款项）
示例	甲公司编制销售预算的相关资料如下： 资料一：甲公司预计每季度销售收入中，有70% 在本季度收到现金，30% 于下一季度收到现金，不存在坏账。20×1 年末应收账款余额为 6 000 万元。假设不考虑增值税及其影响。 资料二：甲公司 20×2 年的销售预算如下表所示：

续表

季度	一	二	三	四	全年
预计销售量（万件）	500	600	650	700	2 450
预计单价（元/件）	30	30	30	30	30
预计销售收入	15 000	18 000	19 500	21 000	73 500
预计现金收入					
上年应收账款	*				（L）
第一季度	（A）	（C）			*
第二季度		（D）	（F）		*
第三季度			（G）	（I）	*
第四季度				（J）	*
预计现金收入合计	（B）	（E）	（H）	（K）	*

甲公司 20×2 年销售预算　　　　金额单位：万元

注：表内的"*"为省略的数值。

要求：

（1）确定表格中字母所代表的数值。

（2）计算 20×2 年末预计应收账款余额。

【答案】

（1）A（第 1 季度销售第 1 季度收回）＝本期销售收入 × 本期收现比例

$$=15\ 000×70\%=10\ 500（万元）$$

B（第 1 季度现金收入合计）＝上期应收账款在本期收回的金额 ＋ 本期销售在本期收回的金额 ＝6 000+15 000×70%=16 500（万元）

C（第 1 季度销售第 2 季度收回或者第 1 季度期末应收账款）＝本期销售收入 × 本期赊销比例 ＝15 000×30%=4 500（万元）

D（第 2 季度销售第 2 季度收回）＝本期销售收入 × 本期收现比例

$$=18\ 000×70\%=12\ 600（万元）$$

E（第 2 季度现金收入合计）＝C+D=15 000×30% +18 000×70% =17 100（万元）

F（第 2 季度销售第 3 季度收回或者第 2 季度期末应收账款）

=18 000×30% =5 400（万元）

G=19 500×70% =13 650（万元）

H=19 500×70% +18 000×30% =19 050（万元）

I=19 500×30% =5 850（万元）

J=21 000×70% =14 700（万元）

K=I+J=19 500×30% +21 000×70% =20 550（万元）

L=6 000（万元）

（2）20×2 年末预计应收账款余额（第四季度销售尚未收回的款项）

=21 000×30% =6 300（万元）。

示例

🔺【考点子题——举一反三，真枪实练】

[15]（历年真题·单选题）某公司1月、2月、3月的预计销售额分别为20 000元、25 000元、22 000元。每月销售额在当月收回30%，次月收回70%。预计3月末的应收账款余额是（　　）。

  A. 20 100元　　　　B. 13 500元　　　　C. 14 100元　　　　D. 15 400元

[16]（历年真题·单选题）下列各项中，不属于销售预算编制内容的是（　　）。

  A. 销售收入　　　B. 单价　　　C. 销售费用　　　D. 销售量

[17]（历年真题·综合题部分内容）W产品的预计产销量相同，2018年第一至第四季度的预计产销量分别为100件、200件、300件和400件，预计产品销售单价为1 000元/件。预计销售收入中，有60%在本季度收到现金，40%在下一季度收到现金。2017年年末应收账款余额为80 000元。不考虑增值税及其他因素的影响。

  要求计算：①W产品的第一季度现金收入；②预计资产负债表中应收账款的年末数。

（二）生产预算

🔺【考点母题——万变不离其宗】生产预算

（1）下列关于生产预算的表述中，正确的有（　　）。
A. 生产预算是以销售预算为基础编制的 B. 生产预算只涉及实物量指标，不涉及价值量指标 C. 生产预算是直接材料预算、直接人工预算、变动制造费用和产品成本预算的依据
（2）下列预算中，只涉及实物量指标，不涉及价值量指标的是（　　）。
A. 生产预算
（3）下列各项中，属于生产预算内容的有（　　）。
A. 预计销量　　B. 预计期末存货　　　C. 预计期初存货　　　D. 预计生产量

🔺【考点母题——万变不离其宗】生产预算计算题

考点	（1）计算期初存货量；（2）计算期末存货量；（3）计算本期预计生产量。

公式	预计生产量 = 预计销售量 + 预计期末产成品存货 – 预计期初产成品存货
	【图解公式】
	 = + –
	（预计生产量）　　（预计销售量）　　（预计期末存货）（预计期初存货）
	其中：预计期末产成品存货 = 下季度销售量 × 预计存货占销售量的百分比
	   预计期初产成品存货 = 上季度期末产成品存货
	        = 本季度销售量 × 预计存货占销售量的百分比

续表

季度	一	二	三	四	全年
预计销售量	200	300	400	600	1 500
预计期末产成品存货	（A）	（D）	（G）	（J）	（M）
预计期初产成品存货	（B）	（E）	（H）	（K）	（N）
预计生产量	（C）	（F）	（I）	（L）	（O）

甲公司编制生产预算的相关资料如下：

资料一：甲公司 20×2 年初预计存货为 20 件，年末预计存货为 100 件，每季度末预计存货为下季度销售量的 10%。

资料二：甲公司 20×2 年的生产预算如下表所示：

要求：确定表格中字母所代表的数值。

【答案】

A（第 1 季度期末存货）= 下季度销售量 × 预计存货占销售量的百分比 =300×10%=30（件）

B（第 1 季度期初存货）=20（件）【预计年初存货，已知】

C（第 1 季度预计生产量）= 预计销售量 + 预计期末产成品存货 – 预计期初产成品存货
=200+300×10%–20=210（件）

D（第 2 季度期末存货）= 下季度销售量 × 预计存货占销售量的百分比 =400×10%=40（件）

E（第 2 季度期初存货）= 第一季度期末存货 = 本季度销售量 × 预计存货占销售量的百分比
=30（件）

F（第 2 季度预计生产量）= 预计销售量 + 预计期末产成品存货 – 预计期初产成品存货
=300+40–30=310（件）

（以下计算原理同上）

G=600×10%=60（件）

H=D=40（件）

I=400+60–40=420（件）

J=100（件）【预计年末存货，已知】

K=G=60（件）

L=600+100–60=640（件）

M=100（件）【预计年末存货，已知】

N=20（件）【预计年初存货，已知】

O=1 500+100–20=1 580（件）

或：

O=C+F+I+L=1 580（件）。

示例

▲【考点子题——举一反三，真枪实练】

[18]（历年真题·单选题）下列关于生产预算的表述中，错误的是（　　）。

A. 生产预算是一种经营预算

B. 生产预算不涉及实物量指标

C. 生产预算以销售预算为基础编制

D. 生产预算是直接材料预算的编制依据

[19]（历年真题·单选题）丙公司预计 2016 年各季度的销售量分别为 100 件、120 件、180 件、200 件，预计每季度末产成品存货为下一季度销售量的 20%。丙公司第二季度预计生产量是（　　）件。

A. 120　　　　　B. 132　　　　　C. 136　　　　　D. 156

[20]（历年真题·单选题）某公司在编制生产预算时，2018 年第四季度期末存货量为 13 万件，2019 年四个季度的预计销售量依次为 100 万件、130 万件、160 万件和 210 万件，每季度末预计产品存货量占下季度销售量的 10%，则 2019 年第三季度预计生产量是（　　）万件。

A. 210　　　　　B. 133　　　　　C. 100　　　　　D. 165

[21]（历年真题·单选题）某公司编制下一年度的生产预算，每季度末产成品存货按照下季度销量的 20% 予以安排，预计第二季度和第三季度销量分别为 150 件和 200 件，则第二季度的预计生产量是（　　）件。

A. 140　　　　　B. 170　　　　　C. 190　　　　　D. 160

（三）直接材料预算

▲【考点母题——万变不离其宗】直接材料预算

（1）下列预算中，属于编制直接材料预算基础的是（　　）。
A. 生产预算
（2）下列各项中，属于直接材料预算内容的有（　　）。
A. 预计生产量　　　　B. 预计期末存货　　　　C. 预计期初存货 D. 预计采购量　　　　E. 预计采购金额　　　　F. 预计现金支出

▲【考点母题——万变不离其宗】直接材料预算计算题

考点	（1）确定或计算期初材料存货量；　　（2）确定或计算期末材料存货量； （3）计算本期生产需用量；　　　　（4）确定期初应付账款； （5）计算期初应付账款在本期支付的金额；（6）计算本期采购在本期支付的金额； （7）计算期末应付账款；　　　　　（8）计算本期现金支出。
公式	1. 材料采购部分 （1）预计采购量 = 预计生产需用量 + 预计期末材料存货 − 预计期初材料存货 　　其中：预计期末材料存货 = 下季度生产需用量 × 预计存货占生产需用量的百分比 　　　　　预计期初材料存货 = 上季度期末材料存货 　　　　　　　　　　　 = 本季度生产需用量 × 预计存货占生产需用量的百分比 （2）预计采购金额 = 预计采购量 × 预计单价 2. 材料采购现金支出部分 （1）本期采购现金支出 = 上期应付账款在本期支付的金额 + 本期采购在本期支付的金额

公式	其中：本期采购在本期支付的金额 = 本期采购金额 × 本期支付比例 （2）期末应付账款 = 本期采购金额 × 赊购比例（或者所有本期尚未支付的款项）

示例

甲公司编制直接材料预算的相关资料如下：

资料一：甲公司 20×2 年初预计材料存货为 300 千克，年末预计材料存货为 400 千克，每季度末预计材料存货为下季度生产需用量的 20%。

资料二：甲公司年初应付账款为 2 350 万元，材料采购的货款有 50% 在本季度内付清，另外 50% 在下季度付清。

资料三：甲公司 20×2 年的生产预算如下表所示：

季度	1	2	3	4	全年
预计生产量（件）	105	155	198	182	640
单位产品材料用量（千克/件）	10	10	10	10	10
生产需用量（千克）	1 050	1 550	1 980	1 820	6 400
预计期末存量（千克）	*	（B）	*	（D）	*
预计期初存量（千克）	（A）	*	（C）	*	*
预计材料采购量（千克）	*	*	*	（E）	*
单价（元/千克）	5	5	5	5	5
预计采购金额（元）	5 300	8 180	9 740	9 280	32 500
预计现金支出					
上年应付账款	*				（H）
第一季度（采购 5 300 元）	（F）	*			*
第二季度（采购 8 180 元）		*	*		*
第三季度（采购 9 740 元）			*	*	*
第四季度（采购 9 280 元）				*	*
合　计	*	（G）	*	*	（I）

注：表中"*"表示省略的数值。

要求：

（1）确定表格中字母所代表的数值。

（2）计算 20×2 年末的应付账款。

【答案】

（1）A（期初材料存货）=300（千克）【已知】

　　B（第 2 季度期末材料存货）= 下季度生产需用量 × 预计存货占生产需用量的百分比

　　　　　　　　　　　　　　　=1 980×20%=396（千克）

　　C（第 3 季度期初材料存货）= 第 2 季度期末材料存货 =B=396（千克）

示例	D（第4季度期末材料存货）=400（千克）【已知】 E（第4季度预计材料采购量）= 预计生产需用量 + 预计期末材料存货 − 预计期初材料存货 =1 820+400−1 820×20%=1 856（千克） F（第1季度采购当期支付的现金）= 本期采购金额 × 本期支付比例 =5 300×50% =2 650（元） G（第2季度现金支出合计）= 上期应付账款在本期支付的金额 + 本期采购在本期支付的金额 =5 300×50%+8 180×50%=6 740（元） H（期初应付账款）=2 350（元）【已知】 I（全年采购现金支付）= 期初应付账款 + 全年采购金额 − 年末应付账款 =2 350+32 500−9 280×50%=30 210（元） （2）年末应付账款 = 本期采购金额 × 赊购比例 =9 280×50%=4 640（元）。

【考点子题——举一反三，真枪实练】

[22]（历年真题·单选题）某企业2017年度预计生产某产品1 000件，单位产品耗用材料15千克，该材料期初存量为1 000千克，预计期末存量为3 000千克，则全年预计采购量是（　　）千克。

A. 18 000　　　　B. 16 000　　　　C. 15 000　　　　D. 17 000

[23]（历年真题·计算题）W产品的预计产销量相同，2018年第一至第四季度的预计产销量分别为100件、200件、300件和400件，2018年年初材料存货量为500千克，每季度末材料存货量按下一季度生产需用量的10%确定。单位产品用料标准为10千克/件，单位材料价格标准为5元/千克。材料采购款有50%在本季度支付现金，另外50%在下一季度支付。

要求计算：①第一季度预计材料期末存货量；②第二季度预计材料采购量；③第三季度预计材料采购金额；④第三季度预计应付账款。

（四）直接人工预算

【考点母题——万变不离其宗】直接人工预算的编制基础

（1）下列预算中，属于直接人工预算编制基础的是（　　）。
A. 生产预算
（2）【判断金句】直接人工预算是一种既要反映预算期内人工工时消耗水平，又要规划人工成本开支的经营预算。
（3）【判断金句】人工工资都需要使用现金支付，不需要另外预计现金支出。

【考点母题——万变不离其宗】直接人工预算计算题

考点	（1）单位产品人工成本；（2）直接人工预算额（人工总成本）；（3）直接人工现金支出预算
公式	单位产品直接人工成本 = 单位产品工时 × 每小时人工成本 直接人工预算额（人工总成本）= 单位产品直接人工成本 × 预计生产量 直接人工现金支出预算 = 直接人工预算额
示例	甲公司预计下一年度第一季度的生产量为 105 件，每件产品工时为 10 小时，每小时人工成本为 2 元。 要求：（1）确定第一季度直接人工成本的预算额。（2）确定第一季度直接人工成本的现金支出预算。 【答案】 （1）第一季度直接人工的预算额 =10×2×105=2 100（元） （2）第一季度直接人工现金支出预算 =2 100（元）。

【考点子题——举一反三，真枪实练】

[24]（历年真题·多选题）关于直接人工预算，下列说法正确的有（　　）。

    A. 以销售预算为基础进行编制

    B. 反映预算期内人工工时的消耗水平

    C. 需要在人工总成本基础上单独预计现金支出

    D. 是编制产品成本预算的数据来源之一

（五）制造费用预算

1.制造费用预算通常分为变动制造费用预算和固定制造费用预算两部分。

2.变动制造费用预算以生产预算为基础来编制。

3.固定制造费用，需要逐项进行预计，通常与本期产量无关。

4.根据每个季度制造费用数额扣除折旧费后，即可得出"现金支出的费用"。

【考点母题——万变不离其宗】制造费用预算

编制基础	（1）下列预算中，属于变动制造费用预算编制基础的是（　　）。
	A. 生产预算
主要内容	（2）下列制造费用中，不涉及现金支出的有（　　）。
	A. 折旧费　　　　　　　　　　B. 摊销费

▲【考点母题——万变不离其宗】制造费用预算计算题

考点	（1）制造费用预算额；（2）制造费用的现金支出预算
公式	制造费用预算 = 变动制造费用 + 固定制造费用 制造费用的现金支出预算 = 变动制造费用 + 固定制造费用 − 折旧
示例	甲公司预计下一年度第一季度的生产量为 105 件，每件产品的变动制造费用为 5 元，第一季度预计固定制造费用为 2 375 元，其中折旧为 1 000 元。 要求： （1）确定第一季度制造费用的预算额。 （2）确定第一季度制造费用的现金支出预算。 【答案】 （1）第一季度制造费用的预算额 =105×5+2 375=2 900（元） （2）第一季度制造费用的现金支出预算 =2 900–1 000=1 900（元）。

▲【考点子题——举一反三，真枪实练】

[25]（历年真题·单选题）某公司 2019 年第四季度预算生产量为 100 万件，单位变动制造费用为 3 元 / 件，固定制造费用总额为 10 万元（含折旧费 2 万元），除折旧费外，其余均为付现费用。则 2019 年第四季度制造费用的现金支出预算是（　）万元。

A．292　　　　　　B．308　　　　　　C．312　　　　　　D．288

（六）产品成本预算

1. 产品成本预算是销售预算、生产预算、直接材料预算、直接人工预算、制造费用预算的汇总。

2. 其主要内容是产品的单位成本和总成本。

3. 生产成本、存货成本和销货成本等数据，根据单位成本和有关数据计算得出。

4. 产品成本预算不涉及现金收支。

（举例）产品成本预算

	单位成本			生产成本 （640 件）	期末存货 （20 件）	销货成本 （630 件）
	单价（元 / 千克或小时）	单耗（千克或小时）	成本（元）			
直接材料	5	10 千克	50	32 000	1 000	31 500
直接人工	2	10 小时	20	12 800	400	12 600
变动制造费用	0.5	10 小时	5	3 200	100	3 150
固定制造费用	1.5	10 小时	15	9 600	300	9 450
合计			90	57 600	1 800	56 700

▲【考点母题——万变不离其宗】产品成本预算

编制基础	（1）下列制造费用中，属于产品成本预算编制基础的有（　　）。		
	A．销售预算	B．生产预算	C．直接材料预算
	D．直接人工预算	E．制造费用预算	
主要内容	（2）产品成本预算可以提供的预算项目数据有（　　）。		
	A．单位成本	B．生产成本	C．期末存货成本
	D．销售成本		

（七）销售及管理费用预算

销售费用预算，它以销售预算为基础。销售及管理费用预算需要预计现金支出数，以便为资金预算提供依据。

【注意：根据每个季度销售及管理费用数额扣除折旧费后，即可得出"现金支出的费用"。】

▲【考点母题——万变不离其宗】经营预算的综合考核

现金收支	（1）下列预算中，涉及现金收支的有（　　）。	（2）下列预算中，不涉及现金收支的有（　　）。
	A．销售预算　　　　B．直接材料预算 C．直接人工预算　　D．制造费用预算 E．销售与管理费用预算	A．生产预算　　　　B．产品成本预算
编制基础	（3）下列预算中，以生产预算为编制依据的有（　　）。	
	A．直接材料预算　　B．直接人工预算　　C．制造费用预算　　D．产品成本预算	
	（4）【判断金句】产品成本预算是销售预算、生产预算、直接材料预算、直接人工预算、制造费用预算的汇总。	

▲【考点子题——举一反三，真枪实练】

［26］（历年真题·单选题）下列预算中，不直接涉及现金收支的是（　　）。

　　A．销售预算　　　　　　　　　　　B．产品成本预算

　　C．直接材料预算　　　　　　　　　D．销售与管理费用预算

［27］（历年真题·多选题）下列预算中，需要以生产预算为基础编制的有（　　）。

　　A．制造费用预算　　　　　　　　　B．管理费用预算

　　C．销售费用预算　　　　　　　　　D．直接人工预算

［28］（历年真题·单选题）下列各项预算中，不以生产预算作为编制基础的是（　　）。

　　A．直接人工预算　　　　　　　　　B．直接材料预算

　　C．销售费用预算　　　　　　　　　D．变动制造费用预算

[29]（历年真题·多选题）在全面预算体系中，编制产品成本预算的依据有（   ）。

    A. 制造费用预算   B. 生产预算

    C. 直接人工预算   D. 直接材料预算

[30]（历年真题·多选题）下列各项预算中，直接以销售预算为基础进行编制的有（   ）。

    A. 直接材料预算   B. 直接人工预算

    C. 生产预算   D. 销售费用预算

考点 8　专门决策预算的编制

▲【考点母题——万变不离其宗】专门决策预算

性质	（1）下列预算中，属于长期预算的有（ ）
	A. 资本支出预算　　　　　　B. 长期投资预算
编制依据	（2）【判断金句】编制专门决策预算的依据，是项目财务可行性分析资料以及企业筹资决策资料。
主要内容	（3）【判断金句】专门决策预算的要点是准确反映项目资金投资支出与筹资计划，并经常跨越多个年度，它同时也是编制资金预算和预计资产负债表的依据。

▲【考点子题——举一反三，真枪实练】

[31]（历年真题·判断题）经营预算是全面预算编制的起点，因此专门决策预算应当以经营预算为依据。（   ）

考点 9　财务预算的编制

（一）资金预算

▲【考点母题——万变不离其宗】资金预算

编制基础	（1）下列各项中，属于资金预算编制基础的有（ ）。
	A. 经营预算【销售预算、直接材料预算、直接人工预算、制造费用预算、管理费用预算、销售费用预算】
	B. 专门决策预算【长期投资预算、资本支出预算】
主要内容	（2）资金预算的内容有（ ）。
	A. 可供使用现金　　B. 现金支出　　C. 现金余缺　　D. 现金筹措与运用

▲【考点母题——万变不离其宗】资金预算计算题——现金收支结存关系

考点	（1）确定期初现金余额；（2）计算可供使用现金；（3）计算现金余缺； （4）计算期末现金余额；（5）根据现金收支结存关系计算现金收入和支出。
公式	（1）上期期末现金余额 = 本期期初现金余额 （2）可供使用现金 = 期初现金余额 + 现金收入 （3）现金余缺 = 期初现金余额 + 现金收入 – 现金支出 （4）期末现金余额 = 现金余缺 + 现金筹措 – 现金运用 （5）年末余额 = 第四季度期末余额

示例

甲公司 20×1 年各季度的资金预算如下表所示：

资金预算　　　　　　　　　　　　单位：元

季度	1	2	3	4	全年
期初现金余额	8 000	（B）	*	*	（D）
现金收入	18 200	*	*	（C）	*
可供使用现金	（A）	*	*	40 640	*
现金支出	68 000	*	*	112 450	*
现金余缺	*	8 060	*	（71 810）	*
现金筹措与运用					
借入长期借款	*			*	*
取得短期借款	*			*	*
归还短期借款			*		*
短期借款利息	*	*	*	*	*
长期借款利息	*	*	*	*	*
期末现金余额	3 200	*	3 040	3 010	（E）

注：表中"*"表示省略的数据。

要求：确定上表中字母表示的数值（不需要列示计算过程）。

【答案】

A（可供使用现金）= 期初现金余额 + 现金收入 =8 000+18 200=26 200（元）

B（期初现金余额）= 上期期末现金余额 =3 200（元）

C（现金收入）= 可供使用现金 – 期初现金余额 =40 640–3 040=37 600（元）

D（期初现金余额）=8 000（元）【注意：全年的期初与期末数是一个时点数，不是累计数】

E（期末现金余额）=3 010（元）。

▲【考点母题——万变不离其宗】资金预算计算题——现金筹措与运用

考点	（1）计算本期偿还利息；（2）计算本期偿还本金；（3）计算本期现金筹措； （4）计算现金余缺；（5）计算期末现金余额；（6）计算年末现金余额。
公式	（1）本期偿还利息 =（期初借款余额 + 本期借款额）× 利率 / 期数 （2）现金余缺 + 本期现金筹措（- 本期偿还本金）– 本期支付利息 ≥ 理想的现金余额（利用不 　　等式求划线部分） （3）现金余缺 + 现金筹措 – 现金运用 = 期末现金余额（利用等式求划线部分） （4）现金余缺 + 现金筹措 – 现金运用 = 期末现金余额（利用等式求划线部分） （5）年末余额 = 第四季度期末余额
示例	甲公司 20×1 年末的长期借款余额为 120 000 元，短期借款余额为零。理想的现金余额是 3 000 元，如果资金不足，可以取得短期借款，银行的要求是，借款额必须是 1 000 元的整数 倍。假设甲公司新增借款发生在季度的期初，借款利息按季于季末支付，归还借款发生在季 度的期末。如果需要归还借款，先归还短期借款，归还的数为 100 元的整数倍。甲企业短 期借款的年利率为 10%，长期借款的年利率为 12%。甲公司编制了 20×2 年分季度的资金预 算，部分信息如下表所示： 资金预算　　　　　　　　　　　　　　　　　　单位：元 （见下表） 注：表中"*"表示省略的数据。 要求：确定上表中字母代表的数值（不需要列示计算过程）。 【答案】 A=20 000（元）　B=500（元）　　C=4 500（元）　　D=3 200（元）　　E=8060（元） F=6 800（元）　　G=22 000（元）　H=880（元）　　I=6 300（元）　　J=3 010（元） K=J=3 010（元） 【解析】 （1）首先计算长期借款利息 C =（期初借款余额 + 本期借款额）× 利率 / 期数 　　　　　　　　　　　　　 =（120 000+30 000）× 12%/4=4 500（元）。 （2）设第 1 季度需要取得短期借款 X 元，则第 1 季度应付的短期借款利息为 X×10%/4。 根据关系式：现金余缺 + 本期现金筹措（- 本期偿还本金）– 本期支付利息 ≥ 理想的现金余 额，则

资金预算　　　　　　　　　　　　　　　　　　　　单位：元

季度	1	2	3	4	全年
现金余缺	（41 800）	（E）	14 840	（71 810）	*
现金筹措与运用					
借入长期借款	30 000			60 000	*
取得短期借款	（A）			（G）	*
归还短期借款			（F）		*
短期借款利息	（B）	500	*	（H）	*
长期借款利息	（C）	4 500	*	（I）	*
期末现金余额	（D）	3 060	*	（J）	（K）

续表

示例	$-41\,800+30\,000+X-X\times10\%/4-4\,500 \geq 3\,000$ 则 $X \geq 19\,794.88$（元） 因为借款额必须是 1 000 元的整数倍，所以借款额至少为 20 000 元，A=20 000（元）。 （3）假设借款 20 000 元，借款利息为 20 000×10%/4=500 元，B=500（元）。 （4）期末现金余额 = 现金余缺 + 现金筹措 – 现金运用 =-41 800+30 000+20 000–500–4 500=3 200（元），D=3 200（元）。 （5）现金余缺 = 期末现金余额 + 现金运用 – 现金筹措 =3 060+4 500+500=8 060（元），E=8 060（元）。 （6）由于第二季度和第三季度未新增借款，第三季度支付的长短期借款利息不变，根据关系式：现金余缺 + 本期现金筹措（- 本期偿还本金）– 本期支付利息≥理想的现金余额，则 14 840– 本期偿还短期借款本金 –500–4 500 ≥ 3 000，则 本期偿还短期借款本金≤6 840（元），还款额为 100 的整数倍，因此最多还款 6 800 元，F=6 800（元）。 （7）第四季度的长期借款利息支出 =（120 000+30 000+60 000）×12%/4=6 300（元），I=6 300（元）。 第四季度短期借款利息支出（未考虑新筹资部分）=（20 000–6 800）×10% /4=330（元） 根据关系式：现金余缺 + 本期现金筹措（- 本期偿还本金）– 本期支付利息≥理想的现金余额，设第 4 季度需要取得短期借款 X 元， -71 810+60 000+X–X×10%/4–330–6 300 ≥ 3 000，则 X ≥ 21 989.74（元） 由于借款额必须是 1 000 元的整数倍，所以，第 4 季度应该取得短期借款 22 000 元，G=22 000（元）。 （8）支付短期借款利息（20 000–6 800+22 000）×10% /4=880（元），H=880（元）。 （9）期末现金余额 = 现金余缺 + 现金筹措 – 现金运用 =-71 810+60 000+22 000–880–6 300=3 010（元），K=3 010（元）。 全年的期末现金余额指的是年末的现金余额，即第 4 季度末的现金余额，所以，J=K=3 010（元）。

▲【考点子题——举一反三，真枪实练】

[32]（历年真题·单选题）下列预算中，一般不作为资金预算编制依据的是（   ）。

A. 直接材料预算　　　　　　　　　B. 直接人工预算

C. 生产预算　　　　　　　　　　　D. 管理费用预算

[33]（历年真题·单选题）根据企业 2018 年的资金预算，第一季度至第四季度期初现金余额分别为 1 万元、2 万元、1.7 万元、1.5 万元，第四季度现金收入为 20 万元，现金支出为 19 万元，不考虑其他因素，则该企业 2018 年末的预计资产负债表中，货币资金年末数是（   ）万元。

A. 2.5　　　　　　B. 7.2　　　　　　C. 2.7　　　　　　D. 4.28

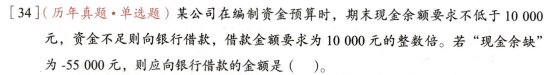
[34]（历年真题·单选题）某公司在编制资金预算时，期末现金余额要求不低于 10 000 元，资金不足则向银行借款，借款金额要求为 10 000 元的整数倍。若"现金余缺"为 -55 000 元，则应向银行借款的金额是（　　）。

A. 40 000 元　　　　B. 5 000 元　　　　C. 6 000 元　　　　D. 70 000 元

[35]（历年真题·综合题部分内容）企业在每季度末的理想现金余额是 50 000 元，且不得低于 50 000 元。如果当季度现金不足，则向银行取得短期借款；如果当季度现金溢余，则偿还银行短期借款。短期借款的年利率为 10%，按季度偿付利息。借款和还款的数额须为 1 000 元的整数倍。假设新增借款发生在季度初，归还借款发生在季度末。2018 年第一季度，在未考虑银行借款情况下的现金余额（即现金余缺）为 26 700 元。假设 2018 年初，企业没有借款。

要求：计算第一季度资金预算中：①取得短期借款金额；②短期借款利息金额；③期末现金余额。

（二）预计利润表的编制

▲【考点母题——万变不离其宗】预计利润表

用途	（1）【判断金句】预计利润表反映企业在计划期的预计经营成果。
编制依据	（2）编制预计利润表的依据有（　　）。
	A. 经营预算　　　　B. 专门决策预算　　　　C. 资金预算
编制内容及数据来源	（3）编制预计利润表时，"销售收入"项目的数据来自（　　）。
	A. 销售预算
	（4）编制预计利润表时，"销售成本"项目的数据来自（　　）。
	A. 产品成本预算
	【提示】"毛利"项目是"销售收入"与"销售成本"的差额。
	（5）编制预计利润表时，"利息"项目的数据来自（　　）。
	A. 资金预算
	（6）【判断金句】"所得税费用"项目的数据是在利润规划时估计的，并已列入资金预算，它通常不是根据"利润总额"和所得税税率计算出来的。
	【提示】预计利润表最后一项是"净利润"，"未分配利润"属于预计资产负债表的内容。

🔺【考点子题——举一反三，真枪实练】

[36]（历年真题·多选题）在企业的全面预算体系中，下列项目属于预计利润表编制内容的有（　　）。

　　A. 所得税费用　　　　B. 毛利　　　　　　C. 利息　　　　　　D. 未分配利润

（三）预计资产负债表的编制

🔺【考点母题——万变不离其宗】预计资产负债表

用途	（1）【判断金句】预计资产负债表以计划期开始日的资产负债表为基础，反映企业在计划期末预计的财务状况。
编制顺序	（2）【判断金句】预计资产负债表是编制全面预算的终点。
	（3）【判断金句】资金预算、预计利润表先于预计资产负债表编制。
编制依据	（4）编制预计资产负债表的依据有（　　）。
	A. 经营预算　　　B. 专门决策预算　　　C. 资金预算　　　D. 预计利润表
编制内容及数据来源	（5）编制预计资产负债表时，"应收账款"项目的数据来自（　　）。
	A. 销售预算
	（6）编制预计资产负债表时，"存货"项目的数据来自（　　）。
	A. 直接材料预算　　　　　　　　B. 产品成本预算
	（7）编制预计资产负债表时，"在建工程"项目的增加额来自（　　）。
	A. 专门决策预算
	（8）编制预计资产负债表时，"应付账款"项目的数据来自（　　）。
	A. 直接材料预算
	（9）编制预计资产负债表时，"货币资金"项目的数据来自（　　）。
	A. 资金预算
	（10）编制预计资产负债表时，"未分配利润"项目的本年增加额是（　　）。
	A. 本年净利润 – 本年股利 – 本年计提的法定盈余公积

🔺【考点子题——举一反三，真枪实练】

[37]（历年真题·多选题）下列各项中，能够成为预计资产负债表中存货项目金额来源的有（　　）。

　　A. 销售费用预算　　　　　　　　　　B. 直接人工预算

　　C. 直接材料预算　　　　　　　　　　D. 产品成本预算

[38]（历年真题·单选题）关于预计资产负债表，下列表述正确的是（   ）。

  A. 资本支出预算的结果不会影响到预计资产负债表的编制

  B. 编制预计资产负债表的目的在于了解企业预算期的经营成果

  C. 预计利润表编制应当先于预计资产负债表编制而成

  D. 预计资产负债表是资金预算编制的起点和基础

第四节　预算的执行与考核

考点 10　预算的执行

▲【考点母题——万变不离其宗】预算控制与调整

预算审批	（1）【判断金句】预算内审批事项，应简化流程，提高效率；超预算审批事项，应执行额外的审批流程；预算外审批事项，应严格控制，防范风险。
预算控制	（2）【判断金句】预算控制，是指企业以预算为标准，通过预算分解、过程监督、差异分析等促进日常经营不偏离预算标准的管理活动。
预算调整	（3）【判断金句】年度预算经批准后，原则上不作调整。当内外战略环境发生重大变化或突发重大事件等，导致预算编制的基本假设发生重大变化时，可进行预算调整。
	（4）【判断金句】财务管理部门应对预算执行单位的预算调整报告进行审核分析，集中编制企业年度预算调整方案，提交预算管理委员会以至企业董事会或经理办公会审议批准，然后下达执行。
预算调整应遵循的要求	（5）对于预算执行单位提出的预算调整事项应遵循的要求有（　　）。 A. 预算调整事项不能偏离企业发展战略 B. 预算调整方案应当在经济上能够实现最优化 C. 预算调整重点应当放在预算执行中出现的重要的、非正常的、不符合常规的关键性差异方面

▲【考点子题——举一反三，真枪实练】

［39］（经典子题·多选题）预算调整事项应遵循的要求有（　　）。

　　A. 不能偏离企业发展战略

　　B. 应当在经济上能够实现最优化

　　C. 重点应当放在正常的、符合常规的关键性差异方面

　　D. 应由财务管理部门审议批准

［40］（经典子题·判断题）年度预算经批准后，原则上不作调整。当内外战略环境发生重大变化或突发重大事件等，导致预算编制的基本假设发生重大变化时，可进行预算调整。（　　）

〔本章考点子题答案及解析〕

〔1〕【答案：A】经营预算是指与企业日常经营活动直接相关的经营业务的各种预算。它主要包括销售预算、生产预算、直接材料预算、直接人工预算、制造费用预算、产品成本预算、销售费用预算和管理费用预算等。财务预算是指企业在计划期内反映有关预计现金收支、财务状况和经营成果的预算，主要包括资金预算和预计财务报表。选项 A 属于财务预算不属于经营预算。

〔2〕【答案：BCD】一般情况下，企业的经营预算和财务预算多为 1 年期的短期预算，选项 A 错误；财务预算主要包括资金预算和预计财务报表，它是全面预算的最后环节，它是从价值方面总括的反映企业经营预算和专门决策预算的结果，所以亦将其称为总预算，选项 BCD 正确。

〔3〕【答案：错误】财务预算作为全面预算体系的最后环节，它是从价值方面总括地反映企业经营预算与专门决策预算的结果，故亦称为总预算，其他预算则相应称为辅助预算或分预算。

〔4〕【答案：B】企业董事会或类似机构应当对企业预算的管理工作负总责。选项 B 正确。

〔5〕【答案：C】融合性原则是指预算管理应以业务为先导、以财务为协同，将预算管理嵌入企业经营管理活动的各个领域、层次、环节。选项 C 正确。

〔6〕【答案：D】零基预算的优点表现在：(1)不受现有费用项目的限制；(2)不受现行预算的束缚；(3)能够调动各方面节约费用的积极性；(4)有利于促使各基层单位精打细算，合理使用资金。其缺点是编制工作量大，选项 D 正确。

〔7〕【答案：正确】零基预算法的缺点有：(1)编制工作量大、成本较高；(2)预算编制的准确性受企业管理水平和相关数据标准准确性的影响较大。

〔8〕【答案：D】本题中预算期的销售费用预算是基于上一年实际销售费用，结合预算期销售额的变动情况，通过调整历史期销售预算而形成新的预算，符合增量预算法的特征。选项 D 正确。

〔9〕【答案：D】弹性预算就是在成本性态分析的基础上，依据业务量、成本和利润之间的联动关系，测算预算期内各种可能的业务量水平下的成本费用的方法。选项 D 正确。

〔10〕【答案：A】由于业务量180介于100~200之间，所以依据插值法，$(x-5\,000)/(7\,000-5\,000)=(180-100)/(200-100)$，则 x=6 600，选项 A 正确。

〔11〕【答案：BCD】依据公式法，$18\,000=a+500\times b$，$15\,000=a+300\times b$，解得 a=10 500，b=15。业务量为 0 时，制造费用是 10 500 元；业务量为 320 时，制造费用是 $10\,500+320\times15=15\,300$（元）。选项 BCD 正确。

〔12〕【答案：A】滚动预算法是指在编制预算时，将预算期与会计期间脱离开，随着预算的执行不断地补充预算，逐期向后滚动，使预算期始终保持为一个固定长度的一种预算方法。选项 A 正确。

〔13〕【答案：错误】企业编制预算，一般应按照"上下结合、分级编制、逐级汇总"的程序进行。

〔14〕【答案：C】对各预算执行单位上报的财务预算方案进行审查、汇总，提出综合平衡建议的是企业财务管理部门，选项 C 正确。预算编制单位负责提出本单位预算方案，预算管理委员会负责下达目标及下达执行，董事会负责对年度预算草案审议批准。

〔15〕【答案：D】3月末的应收账款余额 $=22\,000\times70\%=15\,400$（元）。选项 D 正确。

〔16〕【答案：C】销售预算的主要内容是销量、单价和销售收入。选项 C 正确。

〔17〕【答案】①W 产品的第一季度现金收入 $=80\,000+100\times1\,000\times60\%=140\,000$（元）
②预计资产负债表中应收账款的年末数 $=400\times1\,000\times40\%=160\,000$（元）

[18]【答案: B】生产预算只涉及实物量指标,不涉及价值量指标,选项 B 的说法错误。

[19]【答案: B】生产量 = 本期销售量 + 期末存货量－期初存货量 =120+180×20% －120×20% =132(件)。选项 B 正确。

[20]【答案: D】第三季度期初存货量 = 第三季度销售量 × 存货占销售量百分比 =160×10%=16(万件),
第三季度期末存货量 = 第四季度销售量 × 存货占销售量百分比 =210×10%=21(万件),所以,
第三季度预计生产量 = 第三季度销售量 + 第三季度期末存货量 – 第三季度期初存货量 =160+21–16=165(万件)。选项 D 正确。

[21]【答案: D】第二季度的预计生产量 = 第二季度销售量 + 第二季度期末存货量 – 第二季度期初存货量 =150+200×20%–150×20%=160(件)。选项 D 正确。

[22]【答案: D】生产需用量 = 预计生产量 × 单位产品材料耗用量 =1 000×15=15 000(千克)
预计采购量 = 生产需用量 + 期末材料存货量－期初材料存货量 =15 000+3 000–1 000=17 000(千克),选项 D 正确。

[23]【答案】①一季度预计材料期末存货量 =200×10%×10=200(千克)
②第二季度预计材料采购量 =200×10+300×10×10%–200×10×10%=2 100(千克)
③第三季度预计材料采购金额 =(300×10+400×10×10%–300×10×10%)×5=15 500(元)
④第三季度预计应付账款 = 第三季度预计材料采购金额 × 赊购比率 =15 500×50%=7 750(元)

[24]【答案: BD】直接人工预算是以生产预算为基础进行编制,选项 A 错误;直接人工预算反映预算期内人工工时的消耗水平,选项 B 正确;人工工资都需要现金支付,不需要在人工总成本基础上单独预计现金支出,选项 C 错误;直接人工预算是编制产品成本预算的数据来源之一,选项 D 正确。

[25]【答案: B】2019 年第四季度制造费用的现金支出 =(10–2)+100×3=308(万元)。选项 B 正确。

[26]【答案: B】产品成本预算主要内容是产品的单位成本和总成本。不直接涉及现金收支。选项 B 正确。

[27]【答案: AD】在经营预算中,制造费用预算包括变动制造费用预算和固定制造费用预算两部分。变动制造费用预算以生产预算为基础来编制。直接人工预算也是以生产预算为基础编制的。销售费用预算以销售预算为基础。管理费用多属于固定成本,所以,一般是以过去的实际开支为基础,按预算期的可预见变化来调整,选项 AD 正确。

[28]【答案: C】直接人工预算、直接材料预算、变动制造费用预算需要以生产预算为基础来编制。销售费用预算以销售预算为基础;根据费用计划编制。选项 C 正确。

[29]【答案: ABCD】产品成本预算的编制依据有销售预算、生产预算、直接材料预算、直接人工预算、制造费用预算,选项 ABCD 均正确。

[30]【答案: CD】生产预算与销售费用预算直接以销售预算为基础进行编制,直接材料预算与直接人工预算是直接以生产预算为基础编制。选项 CD 正确。

[31]【答案: 错误】专门决策预算主要是长期投资预算(又称资本支出预算),通常是指与项目投资决策相关的专门预算,它往往涉及长期建设项目的资金投放与筹集,并经常跨越多个年度。编制专门决策预算的依据,是项目财务可行性分析资料以及企业筹资决策资料。

[32]【答案: C】生产预算不涉及现金支出,因此不作为资金预算的编制依据。选项 C 正确。

[33]【答案: A】货币资金年末数 = 期初现金余额 + 现金收入 – 现金支出 + 现金筹措 – 现金运用 =1.5+20–19=2.5(万元)。选项 A 正确。

[34]【答案：D】"现金余缺＋现金筹资－现金运用＝期末现金余额"，-55 000＋现金筹资≥10 000，现金筹资≥65 000，所以向银行借款额65 000元，题中要求借款金额要求是10 000元的整数倍，所以应向银行借款的金额为70 000元。选项D正确。

[35]【答案】①设取得短期借款金额为X元：

26 700＋X－X×10%/4≥50 000

X≥23 897.44（元）

因为借款和还款数额须为1 000元的整数倍，所以，取得短期借款金额＝24 000（元）

②短期借款利息金额＝24 000×10%/4＝600（元）

③期末现金余额＝26 700＋24 000－600＝50 100（元）

[36]【答案：ABC】预计利润表编制内容包括利润表内项目，"未分配利润"属于预计资产负债表内容，选项ABC正确。

[37]【答案：CD】"存货"包括直接材料和产成品，影响这两项的是直接材料预算和产品成本预算，选项CD正确。

[38]【答案：C】预计资产负债表的编制需以计划期开始日的资产负债表为基础，结合计划期间各项经营预算、专门决策预算、资金预算和预计利润表进行编制，资本支出预算就是专门决策预算，选项A错误；编制预计资产负债表的目的，在于反映预算期企业的财务状况，而不是经营成果，选项B错误；预计资产负债表是编制全面预算的终点，选项C正确，选项D错误。

[39]【答案：AB】预算调整重点应当放在预算执行中出现的重要的、非正常的、不符合常规的关键性差异方面，选项C错误；有权审议批准预算调整事项的是预算委员会、企业董事会或经理办公会。选项AB正确。

[40]【答案：正确】年度预算经批准后，原则上不作调整。当内外战略环境发生重大变化或突发重大事件等，导致预算编制的基本假设发生重大变化时，可进行预算调整。

第 4 章　筹资管理（上）

本章主要阐述筹资方式，介绍了筹资管理概述、债务筹资、股权筹资、衍生工具筹资和筹资实务创新等五个方面的内容，具体知识结构分布图如下：

本章思维导图

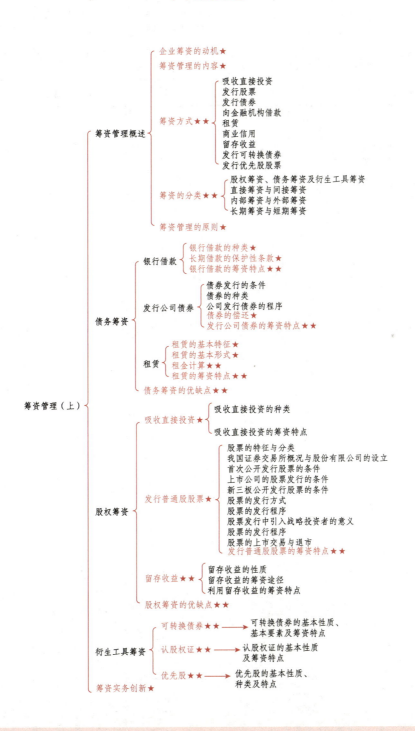

题　型	2020 年		2021 年		2022 年	
	试卷 I	试卷 II	试卷 I	试卷 II	试卷 I	试卷 II
单项选择题	3 题 4.5 分	3 题 4.5 分	2 题 3 分	2 题 3 分	2 题 3 分	3 题 4.5 分
多项选择题	1 题 2 分	2 题 4 分	3 题 6 分	1 题 2 分	4 题 8 分	2 题 4 分
判断题	2 题 2 分	2 题 2 分	1 题 1 分	1 题 1 分	2 题 2 分	1 题 1 分
计算分析题	—	—	—	—	—	—
综合题	—	—	2 分	—	—	—
合计	8.5 分	10.5 分	12 分	6 分	13 分	9.5 分

第一节　筹资管理概述

 企业筹资的动机

▲【考点母题——万变不离其宗】企业筹资动机

（1）下列各项中，属于企业筹资动机类型的有（　　）。	
A. 创立性筹资动机	（2）企业设立时为取得资本金并形成开展经营活动的基本条件而产生的筹资动机是（　　）。
	A. 创立性筹资动机
B. 支付性动机	（3）为了满足经营业务活动的正常波动所形成的支付需要而产生的筹资动机是（　　）。
	A. 支付性动机
	（4）下列各项中，属于支付性筹资动机的有（　　）。
	A. 原材料购买的大额支付　　　B. 员工工资的集中发放 C. 银行借款的偿还　　　　　　D. 股东股利的发放
C. 扩张性筹资动机	（5）企业因扩大经营规模或满足对外投资需要筹资的动机是（　　）。
	A. 扩张性筹资动机
D. 调整性筹资动机	（6）下列各项中，属于调整性筹资动机产生原因的有（　　）。
	A. 优化资本结构，合理利用财务杠杆效应 B. 偿还到期债务，债务结构内部调整
E. 混合性的筹资动机	（7）【判断金句】混合性筹资动机兼具扩张性筹资动机和调整性筹资动机，结果同时增加了企业的资产总额和资本总额，也导致企业的资产结构和资本结构同时变化。

▲【考点子题——举一反三，真枪实练】

[1]（历年真题·单选题）企业因发放现金股利的需要而进行筹资的动机是（　　）。

    A. 扩张性筹资动机　　　　　　　　B. 支付性筹资动机

    C. 创立性筹资动机　　　　　　　　D. 调整性筹资动机

[2]（历年真题·单选题）企业为了优化资本结构而筹集资金，这种筹资的动机是（　　）。

    A. 创立性筹资动机　　　　　　　　B. 支付性筹资动机

    C. 扩张性筹资动机　　　　　　　　D. 调整性筹资动机

考点 2　筹资方式和筹资分类

▲【考点母题——万变不离其宗】筹资分类：按企业所取得资金的权益特性不同

股权筹资	种类	（1）下列各项中，属于股权筹资的有（　　）。
		A. 吸收直接投资　　　　B. 发行股票　　　　C. 留存收益
	特征	（2）【判断金句】股权资本一般不用偿还本金，形成了企业的永久性资本，因而财务风险小，但付出的资本成本相对较高。
债务筹资	种类	（3）下列各项中，属于债务筹资的有（　　）。
		A. 银行借款　　　　　　B. 发行债券　　　　C. 租赁 D. 利用商业信用　　　　E. 发行短期融资券
	特征	（4）【判断金句】债务资金具有较大的财务风险，但付出的资本成本相对较低。
		（5）与普通债券相比，永续债的特点有（　　）。
		A. 不设定债券的到期日 B. 票面利率较高 C. 含赎回条款 D. 介于债权与股权之间的融资工具
衍生金融工具筹资	种类	（6）衍生工具筹资方式有（　　）。
		A. 优先股　　　　　　　B. 认股权证　　　　C. 可转换债券
		（7）下列各项中，兼具股权筹资和债务筹资双重属性的混合筹资方式的有（　　）。
		A. 优先股　　　　　　　B. 可转换债券

▲【考点母题——万变不离其宗】筹资分类：按是否借助于金融机构为媒介来获取社会资金

直接筹资	种类	（1）下列各项中属于直接筹资方式的有（　　）。
		A. 发行股票　　　　　　B. 发行债券　　　　C. 吸收直接投资 D. 发行短期融资券　　　E. 利用商业信用
	特征	（2）下列关于直接筹资的表述中，正确的有（　　）。
		A. 直接筹资是企业直接从社会取得资金的方式 B. 直接筹资既可以筹集股权资金，也可以筹集债务资金 C. 与间接筹资相比，直接筹资的筹资手续比较复杂，筹资费用较高 D. 筹资领域广阔，能够直接利用社会资金，有利于提高企业的知名度和资信度
间接筹资	种类	（3）下列各项中，属于间接筹资方式的有（　　）。
		A. 银行借款　　　　　　B. 租赁
	特征	（4）下列关于间接筹资的表述中，正确的有（　　）。

续表

间接筹资	特征	A．间接筹资是指企业借助于银行和非银行金融机构而筹集资金 B．间接筹资形成的主要是债务资金 C．间接筹资手续相对比较简便，筹资效率高，筹资费用较低，但容易受金融政策的制约和影响

▲【考点母题——万变不离其宗】筹资分类：按资金的来源范围不同

内部筹资	种类	（1）下列各项中，属于内部筹资的是（　　）。
		A．留存收益筹资
	特征	（2）【判断金句】内部筹资数额大小取决于企业可分配利润的多少和利润分配政策，一般无须花费筹资费用。
外部筹资	种类	（3）下列各项中，属于外部筹资的有（　　）。
		A．发行股票　　　　B．发行债券　　　　C．发行短期融资券 D．取得商业信用　　E．银行借款　　　　F．租赁
	特征	（4）【判断金句】外部筹资大多需要花费一定的筹资费用。

▲【考点母题——万变不离其宗】筹资分类：按资金的使用期限不同

长期筹资	种类	（1）下列各项中，属于长期筹资方式的有（　　）。
		A．吸收直接投资　　B．发行股票　　　　C．发行债券　　　　D．长期借款 E．租赁　　　　　　F．发行可转债　　　G．发行优先股
	特征	（2）【判断金句】一般来说，长期筹资的资本成本高于短期筹资的资本成本。
	用途	（3）【判断金句】长期资金主要用于购建固定资产、形成无形资产、进行对外投资、垫支铺底流动资金、产品和技术研发等。
短期筹资	种类	（4）下列各项中，属于短期筹资方式的有（　　）。
		A．商业信用　　　　B．短期借款　　　　C．保理业务　　　　D．短期融资券
	特征	（5）【判断金句】一般来说，短期筹资的风险高于长期筹资的风险。
	用途	（6）【判断金句】短期资金主要用于企业流动资产和资金日常周转。

▲【考点子题——举一反三，真枪实练】

[3]（历年真题·单选题）下列筹资方式中，由企业之间商品或劳务交易活动形成的，能够作为企业短期资金经常性来源的是（　　）。

　　A．租赁　　　　　B．商业信用　　　　C．短期借款　　　　D．留存收益

[4]（历年真题·多选题）下列各项中，属于直接筹资方式的有（　　）。

　　A．发行公司债券　　B．银行借款　　　　C．发行股票　　　　D．租赁

[5]（历年真题·单选题）下列各项中，属于内部筹资方式的是（　　）。

    A. 利用留存收益筹资　　　　　　　　B. 向股东发行新股筹资

    C. 向企业股东借款筹资　　　　　　　D. 向企业职工借款筹资

[6]（历年真题·单选题）关于直接筹资和间接筹资，下列表述错误的是（　　）。

    A. 直接筹资仅可以筹集股权资金　　　B. 直接筹资的筹资费用较高

    C. 发行股票属于直接筹资　　　　　　D. 租赁属于间接筹资

[7]（历年真题·多选题）下列各项筹资方式中，兼具股权筹资和债务筹资性质的混合筹资方式有（　　）。

    A. 利用商业信用　　　　　　　　　　B. 吸收直接投资

    C. 发行优先股　　　　　　　　　　　D. 发行可转换债券

考点3　筹资管理的原则

♠【考点母题——万变不离其宗】筹资管理的原则

下列各项中，属于筹资管理原则的有（　　）。				
A. 筹措合法	B. 规模适当	C. 取得及时	D. 来源经济	E. 结构合理

♠【考点子题——举一反三，真枪实练】

[8]（历年真题·多选题）下列各项中，属于企业筹资管理应当遵循的原则有（　　）。

    A. 依法筹资原则　　　　　　　　　　B. 负债最低原则

    C. 规模适度原则　　　　　　　　　　D. 结构合理原则

第二节　债务筹资

考点 4　银行借款

按提供贷款的机构不同，银行借款可分为政策性银行贷款、商业银行贷款和其他金融机构贷款。按机构对贷款有无担保要求不同，银行借款可分为信用贷款和担保贷款。

▲【考点母题——万变不离其宗】银行借款的种类

信用贷款	（1）【判断金句】信用贷款由于风险较高，银行通常要收取较高的利息，往往还附加一定的限制条件。	
担保贷款	（2）下列各项中，属于担保贷款的有（　　）。	
	A. 保证贷款	保证贷款是指以第三方作为保证人承诺在借款人不能偿还借款时，按约定承担一定保证责任或连带责任而取得的贷款。
	B. 抵押贷款	（3）下列各项中，可以作为银行贷款担保抵押品的有（　　）。
		A. 不动产、机器设备、交通运输工具等实物资产 B. 依法有权处分的土地使用权 C. 股票、债券等有价证券
	C. 质押贷款	（4）下列各项中，可以作为贷款担保质押品的有（　　）。
		A. 汇票、支票、债券、存款单、提单等信用凭证 B. 依法可以转让的股份、股票等有价证券 C. 依法可以转让的商标专用权、专利权、著作权中的财产权

▲【考点母题——万变不离其宗】长期借款的保护性条款（保护债权人利益）

（1）一般情况下，长期借款合同中附件的保护性条款有（　　）。 A. 例行性保护条款　　　B. 一般性保护条款　　　C. 特殊性保护条款
（2）【判断金句】例行性保护条款、一般性保护条款和特殊性保护条款结合使用，将有利于全面保护银行等债权人的权益。
（3）下列各项中，属于例行性保护条款的有（　　）。 A. 保持存货储备量，不准在正常情况下出售较多的非产成品存货 B. 定期向提供贷款的金融机构提交公司财务报表 C. 及时清偿债务

续表

D. 不准以资产作其他承诺的担保或抵押 E. 不准贴现应收票据或出售应收账款，以避免或有负债
（4）下列各项中，属于一般性保护条款的有（　　）。
A. 保持企业的资产流动性　　　　　B. 限制企业非经营性支出 C. 限制企业资本支出的规模　　　　D. 限制公司再举债规模 E. 限制公司的长期投资
（5）下列各项中，属于特殊性保护条款的有（　　）。
A. 要求公司的主要领导人购买人身保险　　B. 借款的用途不得改变 C. 违约惩罚条款

▲【考点母题——万变不离其宗】银行借款筹资的特点

	（1）下列各项中，属于银行借款筹资特点的有（　　）。
优点	（2）下列各项中，属于银行借款筹资优点的有（　　）。
	A. 筹资速度快（与发行公司债券、股票、租赁相比） B. 资本成本较低（与发行债券、股票、租赁相比） C. 筹资弹性较大
缺点	（3）下列各项中，属于银行借款筹资缺点的有（　　）。
	A. 限制条款多（与发行公司债券相比） B. 筹资数额有限（与发行公司债券、股票相比）

▲【考点子题——举一反三，真枪实练】

［9］（历年真题·单选题）企业可以将某些资产作为质押品向商业银行申请质押贷款。下列各项中，不能作为质押品的是（　　）。

A. 厂房　　　　B. 股票　　　　C. 汇票　　　　D. 专利权

［10］（历年真题·多选题）与普通股筹资相比，下列各项中，属于银行借款筹资优点的有（　　）。

A. 筹资弹性较大　　　　　　　B. 可以发挥财务杠杆作用
C. 资本成本较低　　　　　　　D. 公司的财务风险较低

［11］（历年真题·单选题）下列筹资方式中，筹资速度较快，但在资金使用方面往往具有较多限制的是（　　）。

A. 发行债券　　B. 租赁　　　C. 发行股票　　D. 银行借款

[12]（历年真题·单选题）对于长期借款合同，债权人通常会附加各种保护性条款。以下属于一般性保护条款的是（　　）。

A. 限制公司增加举债规模

B. 不准贴现应收票据或出售应收账款

C. 不准将资产用作其他承诺的担保或抵押

D. 借款用途不得改变

考点5　发行公司债券

⚠【考点母题——万变不离其宗】债券发行的条件

【判断金句】公开发行公司债券筹集的资金，必须按照公司债券募集办法所列资金用途使用；改变资金用途，必须经债券持有人会议作出决议；不得用于弥补亏损和非生产性支出。

⚠【考点母题——万变不离其宗】债券的偿还

（1）债券偿还方式有（　　）。		
A. 提前偿还	条件	（2）【判断金句】只有在公司发行债券的契约中明确规定了有关允许提前偿还的条款，公司才可以提前偿还债券。
	特点	（3）下列关于提前债券偿还方式的表述中，正确的有（　　）。 A. 提前偿还所支付的价格通常要高于债券的面值，并随到期日的临近而逐渐下降 B. 具有提前偿还条款的债券可使公司筹资有较大的弹性
	适用情形	（4）【判断金句】企业发行附提前偿还条款的债券，当公司资金有结余时，可提前赎回。 （5）【判断金句】当预测利率下降时，企业应提前赎回附提前偿还条款的债券，而后再以较低的利率发行新债券。
B. 到期分批偿还		（6）到期分批偿还的特点有（　　）。 A. 各批债券的到期日不同，各自的发行价格和票面利率也不相同，从而导致发行费较高 B. 由于这种债券便于投资人挑选最合适的到期日，因而便于发行
C. 到期一次偿还		

⚠【考点母题——万变不离其宗】发行公司债券的筹资特点【与银行借款相比】

（1）与银行借款相比，发行公司债券的筹资特点有（　　）。

A. 一次筹资数额大　　　　　　　　B. 筹资使用限制少（有自主性）

C. 提高公司的社会声誉　　　　　　D. 资本成本负担较高

▲【考点子题——举一反三，真枪实练】

[13]（历年真题·多选题）与银行借款相比，下列各项中，属于发行债券筹资特点的有（　　）。

A. 资本成本较高
B. 一次筹资数额较大
C. 扩大公司的社会影响
D. 募集资金使用限制较多

[14]（历年真题·单选题）关于公司债券的提前偿还条款，下列表述正确的是（　　）。

A. 提前偿还条款降低了公司筹资的灵活性
B. 提前偿还所支付的价格通常随着到期日的临近而上升
C. 提前偿还所支付的价格通常低于债券面值
D. 当预测利率下降时，公司可提前赎回债券而后以较低利率发行新债券

考点6 租赁

▲【考点母题——万变不离其宗】租赁的基本形式

直接租赁	（1）承租方提出租赁申请时，出租方按照承租方的要求选购设备，然后再出租给承租方的租赁方式是（　　）。
	A. 直接租赁
售后回租	（2）承租人既是资产出售者又是资产使用者的租赁方式是（　　）。
	A. 售后回租
杠杆租赁	（3）下列关于杠杆租赁的表述中，正确的有（　　）。
	A. 杠杆租赁涉及到承租人、出租人和资金出借人三方当事人 B. 杠杆租赁出租人只投入设备购买款的部分资金，其余资金通过将该资产抵押担保向银行申请贷款，用收取租金偿还贷款 C. 杠杆租赁标的资产的所有权属于出租方 D. 杠杆租赁出租人既是债权人也是债务人，既要收取租金又要支付债务

▲【考点子题——举一反三，真枪实练】

[15]（历年真题·单选题）某租赁公司购进设备并出租，设备价款为1 000万元。该公司出资200万元，余款通过设备抵押贷款解决，并用租金偿还贷款，该租赁方式是（　　）。

A. 售后回租　　B. 杠杆租赁　　C. 直接租赁　　D. 经营租赁

[16]（历年真题·多选题）下列关于杠杆租赁的表述中，正确的有（　　）。

A. 出租人既是债权人又是债务人
B. 涉及出租人、承租人和资金出借人三方当事人

C. 租赁的设备通常是出租方已有的设备

D. 出租人只投入设备购买款的部分资金

▲【考点母题——万变不离其宗】租金

租金的构成	（1）下列各项中，构成租赁租金内容的有（　　）。
	A. 设备原价及预计残值【设备买价、运输费、安装调试费、保险费等，以及设备租赁期满后出售可得的收入】 B. 利息【租赁公司为承租企业购置设备垫付资金所应支付的利息】 C. 租赁手续费和利润【手续费是指租赁公司承办租赁设备所发生的业务费用，包括业务人员的工资、办公费、餐旅费等】
	【提示】承租公司负担的运输费、安装调试费、财产保险费，以及租赁设备的维修、保养费，不属于租金内容。
租金的计算	（2）下列各项中，影响租赁年租金的有（　　）。
	A. 设备原价　　B. 设备残值　　C. 利率　　D. 租赁手续费
	【提示】租金的计算大多采用等额年金法。等额年金法下，通常要根据利率和租赁手续费率确定一个租费率，作为折现率。

▲【考点母题——万变不离其宗】租金计算题

考点	（1）计算折现率；（2）计算年租金。
公式	（1）折现率 = 利率 + 租赁手续费率 （2）年租金 残值归出租公司所有：年租金 =[设备价值 – 设备残值 ×（P/F，i，n）]/（P/A，i，n） 残值归承租公司所有：年租金 = 设备价值 /（P/A，i，n）
示例	某企业于 2022 年 1 月 1 日从租赁公司租入一套设备，价值 60 万元，租期 6 年，租赁期满时预计残值 5 万元，归租赁公司。年利率 8%，租赁手续费率每年 2%。已知：（P/F，8%，6）=0.6302，（P/F，10%，6）=0.5645，（P/A，8%，6）=4.6229，（P/A，10%，6）=4.3553。 要求： （1）计算折现率。（2）如果每年末等额支付租金，计算该设备的年租金。（3）如果每年初等额支付租金，计算该设备的年租金。 【答案】 （1）折现率 =8%+2%=10% （2）该设备的年租金 =［600 000–50 000×（P/F，10%，6）]/（P/A，10%，6）=131 282.58（元） （3）该设备的年租金 =［600 000–50 000×（P/F，10%，6）]/[（P/A，10%，6）×（1+10%）] 　　　　　　=119 347.80。（元）

▲【考点子题——举一反三，真枪实练】

[17]（历年真题·单选题）某公司从租赁公司融资租入一台设备，价格为 350 万元，租期为 8 年，租赁期满时预计净残值 15 万元归租赁公司所有，假设年利率为 8%，租赁

手续费为每年2%，每年末等额支付租金，则每年租金是（　　）万元。

A. [350-15×（P/A，8%，8）]/（P/F，8%，8）

B. [350-15×（P/F，10%，8）]/（P/A，10%，8）

C. [350-15×（P/F，8%，8）]/（P/A，8%，8）

D. [350-15×（P/A，10%，8）]/（P/F，10%，8）

[18]（历年真题·单选题）下列各项中，不计入租赁租金的是（　　）。

A. 租赁手续费　　　　　　　　B. 承租公司的财产保险费

C. 租赁公司垫付资金的利息　　D. 设备的买价

[19]（历年真题·多选题）在确定租赁的租金时，一般需要考虑的因素有（　　）。

A. 租赁资产价值

B. 租赁期满后租赁资产的预计残值

C. 租赁公司购买租赁资产所垫付资金的利息

D. 租赁公司办理租赁业务所发生的费用

▲【考点母题——万变不离其宗】租赁的筹资特点

（1）租赁筹资的特点有（　　）。		
	（2）租赁筹资的优点有（　　）。	
优点	A. 无须大量资金就能迅速获得资产 B. 财务风险小，财务优势明显【与其他债务筹资方式相比，避免一次性大量偿还资金】 C. 筹资的限制条件较少【与股票、债券、长期借款相比】 D. 能延长资金融通的期限【与其他债务筹资方式相比】	
缺点	（3）租赁筹资的缺点是（　　）。	
	A. 资本成本较高【与其他债务筹资方式相比】	

▲【考点子题——举一反三，真枪实练】

[20]（历年真题·单选题）下列各种筹资方式中，筹资限制条件相对较少的是（　　）。

A. 租赁　　　　　　　　　　　B. 发行股票

C. 发行债券　　　　　　　　　D. 发行短期融资券

[21]（历年真题·多选题）与发行股票筹资相比，租赁筹资的特点有（　　）。

A. 财务风险较小　　　　　　　B. 筹资限制条件较少

C. 资本成本较低　　　　　　　D. 形成生产能力较快

考点7 债务筹资的优缺点

⚠️ **【考点母题——万变不离其宗】债务筹资的优缺点**

	（1）债务筹资的特点有（ ）。**【与发行股票筹资相比】**		
优点	（2）与发行股票筹资相比，下列各项中，属于债务筹资优点的有（ ）。		
	A. 筹资速度较快　　　　B. 筹资弹性较大　　　　C. 资本成本较低 D. 稳定公司的控制权　　E. 可以利用财务杠杆（利息具有财务杠杆效应）		
缺点	（3）与发行股票筹资相比，下列各项中，属于债务筹资缺点的有（ ）。		
	A. 不能形成企业稳定的资本基础 B. 财务风险较大（偿债风险、破产风险） C. 筹资数额有限		

🔺 **【考点子题——举一反三，真枪实练】**

[22]（历年真题·单选题）下列筹资方式中，能给企业带来财务杠杆效应的是（ ）。

A. 认股权证　　　　B. 留存收益　　　　C. 租赁　　　　D. 发行普通股

[23]（历年真题·单选题）与股票筹资相比，下列各项中，属于债务筹资缺点的是（ ）。

A. 财务风险较大　　　　　　　　　　B. 资本成本较高

C. 稀释股东控制权　　　　　　　　　D. 筹资灵活性小

[24]（历年真题·多选题）与股权筹资方式相比，下列各项中，属于债务筹资方式优点的有（ ）。

A. 资本成本较低　　　　　　　　　　B. 筹资规模较大

C. 财务风险较低　　　　　　　　　　D. 筹资弹性较大

第三节 股权筹资

股权筹资形成企业的股权资金，是企业最基本的筹资方式。吸收直接投资、发行股票和利用留存收益，是股权筹资的三种基本形式。

考点8 吸收直接投资

吸收直接投资是非股份制企业筹集权益资本的基本方式。吸收直接投资的实际出资额中，注册资本部分，形成实收资本；超过注册资本的部分，属于资本溢价，形成资本公积。吸收直接投资的种类包括吸收国家投资、吸收法人投资、吸收外商投资和吸收社会公众投资。

⚠️ **【考点母题——万变不离其宗】吸收直接投资的出资方式**

（1）吸收直接投资的出资方式有（　　）。
A. 以货币资产出资　　　B. 以实物资产出资　　　C. 以土地使用权出资 D. 以知识产权出资　　　E. 以特定债权出资
（2）下列出资方式中，风险较大的是（　　）。
A. 以知识产权出资
（3）下列知识产权可以作为出资方式的有（　　）。
A. 专有技术　　　　　B. 商标权　　　　　C. 专利权　　　　　D. 非专利技术
（4）【判断金句】股东或者发起人不得以劳务、信用、自然人姓名、商誉、特许经营权或者设定担保的财产等作价出资。

⚠️ **【考点母题——万变不离其宗】吸收直接投资的筹资特点**

（1）吸收直接投资的筹资特点有（　　）。（与发行股票筹资相比）		
优点	（2）吸收直接投资的优点有（　　）。	
	A. 能够尽快形成生产能力　　B. 容易进行信息沟通　　C. 手续比较简便，筹资费用较低	
缺点	（3）吸收直接投资的缺点有（　　）。	
	A. 资本成本较高　　　　　　　　B. 公司控制权集中，不利于公司治理 C. 不易进行产权交易	

【考点子题——举一反三，真枪实练】

[25]（历年真题·单选题）与发行股票筹资相比，吸收直接投资的优点是（　　）。

    A．筹资费用较低

    B．资本成本较低

    C．易于进行产权交易

    D．有利于提高公司声誉

[26]（历年真题·单选题）下列各项中，与留存收益筹资相比，属于吸收直接投资特点的是（　　）。

    A．资本成本较低

    B．筹资速度较快

    C．筹资规模有限

    D．形成生产能力较快

[27]（历年真题·多选题）下列各项中，能够作为吸收直接投资出资方式的有（　　）。

    A．特许经营权   B．土地使用权   C．商誉   D．非专利技术

考点9　发行普通股股票

（一）股票的特征与股东的权利

【考点母题——万变不离其宗】股票的特征与股东的权利

	（1）下列各项中，属于股票特征的有（　　）。	
股票的特征	A．永久性	公司发行股票所筹集的资金属于公司的长期自有资金，没有期限，无须归还。
	B．流通性	股票作为一种有价证券，在资本市场上可以自由流通，也可以继承、赠送或作为抵押品。
	C．风险性	风险的表现形式有：股票价格的波动性、红利的不确定性、破产清算时股东处于剩余财产分配的最后顺序。
	D．参与性	拥有参与企业管理的权利，包括重大决策权、经营者选择权、财务监控权、公司经营的建议和质询权。
股东的权利	（2）下列各项中，属于股东权利的有（　　）。	
	A．公司管理权　　　B．收益分享权　　　C．股份转让权 D．优先认股权　　　E．剩余财产要求权	
	【提示】破产清算时股东处于剩余财产分配的最后顺序。	

【考点子题——举一反三，真枪实练】

[28]（历年真题·单选题）下列各项优先权中，属于普通股股东所享有的一项权利是（　　）。

    A．优先剩余财产分配权

    B．优先股利分配权

    C．优先股份转让权

    D．优先认股权

[29]（历年真题·单选题）下列各项中，不属于普通股股东权利的是（   ）。

    A. 参与决策权   B. 固定收益权   C. 转让股份权   D. 剩余财产要求权

【说明】（略：我国证券交易所概况与股份有限公司的设立、首次公开发行股票的条件、上市公司股票发行条件、北交所公开发行股票条件、股票的发行程序、股票上市的条件、股票退市风险警示与退市等。）

（二）股票的发行方式与上市交易

▲▲【考点母题——万变不离其宗】股票的发行方式

（1）下列各项中，属于上网定价发行方式特点的有（   ）。
A. 对承销商定价能力要求较高   B. 减少人力成本、发行周期短 C. 事先确定发行价格，按已确定的价格向投资者发售股票   D. 认购成功的确认方式按抽签决定
（2）【判断金句】针对机构投资者的申购，我国有网下发行方式，即利用三大交易所的交易网络，新股发行主承销商可以在证券交易所挂牌销售，投资者则通过证券营业部交易系统进行申购。

▲▲【考点子题——举一反三，真枪实练】

[30]（经典子题·多选题）下列各项中，属于上网定价发行方式特点的有（   ）。

    A. 事先确定发行底价，由发行时竞价决定发行价

    B. 主承销商利用交易系统，按已确定的发行价格向投资者发售股票

    C. 通过市场竞争最终决定较为合理的发行价格

    D. 大大减少了人力成本、发行周期短，有效避免了认股权的炒作

[31]（经典子题·判断题）我国新股发行方式都是网上发行，没有网下发行方式。（   ）

▲▲【考点母题——万变不离其宗】股票的上市交易

股票上市的目的（优点）	（1）下列各项中，属于股票上市目的的有（ ）。
	A. 便于筹措新资金 B. 促进股权流通和转让 C. 便于确定公司价值
股票上市的缺点	（2）股票上市的缺点有（ ）。
	A. 上市成本较高，手续复杂严格 B. 信息披露成本高 C. 暴露公司商业机密 D. 股价有时会歪曲实际情况，影响公司声誉 E. 分散公司的控制权

【考点子题——举一反三，真枪实练】

[32] (历年真题·多选题) 股票上市对公司可能的不利影响有（   ）。

    A. 商业机密容易泄露   B. 公司价值不易确定

    C. 资本结构容易恶化   D. 信息披露成本较高

[33] (历年真题·多选题) 下列各项中，属于公司股票上市目的的有（   ）。

    A. 促进股权流通和转让   B. 巩固公司的控制权

    C. 降低信息披露成本   D. 拓宽筹资渠道

（三）引入战略投资者

【考点母题——万变不离其宗】战略投资者的基本要求和作用

基本要求	（1）一般来说，作为战略投资者的基本要求有（ ）。
	A. 要与公司的经营业务联系紧密 B. 要出于长期投资目的而较长时期地持有股票 C. 要具有相当的资金实力，且持股数量较多
作用	（2）引入战略投资者的作用有（ ）。
	A. 提升公司形象，提高资本市场认同度 B. 优化股权结构，健全公司法人治理 C. 提高公司资源整合能力，增强公司的核心竞争力 D. 达到阶段性的融资目标，加快实现公司上市融资的进程

【考点子题——举一反三，真枪实练】

[34] (经典子题·单选题) 下列各项中，不属于公司引入战略投资者作用的是（   ）。

    A. 提升公司形象，提高资本市场认同度

    B. 提高财务杠杆，优化资本结构

    C. 提高公司资源整合能力，增强公司的核心竞争力

    D. 达到阶段性的融资目标，加快实现公司上市融资的进程

（四）发行普通股股票的筹资特点

【考点母题——万变不离其宗】发行普通股股票的筹资特点

（1）发行普通股股票筹资的特点有（ ）。	
优点	（2）发行普通股股票筹资的优点有（ ）。
	A. 两权分离，有利于公司自主经营管理 B. 能增强公司的社会声誉，促进股权流通和转让

续表

缺点	（3）发行普通股股票筹资的缺点有（ ）。
	A. 资本成本较高
	B. 不易及时形成生产能力（相对于吸收直接投资）

▲【考点子题——举一反三，真枪实练】

[35]（历年真题·单选题）关于普通股筹资方式，下列说法错误的是（   ）。

    A. 普通股筹资属于直接筹资

    B. 普通股筹资不需要还本付息

    C. 普通股筹资能降低公司的资本成本

    D. 普通股筹资是公司良好的信誉基础

考点 10　留存收益

▲【考点母题——万变不离其宗】留存收益

性质	（1）【判断金句】所有者的利润包括分配给所有者的利润和尚未分配留存于企业的利润。	
筹资途径	（2）留存收益的内容有（ ）。	
	A. 盈余公积金	主要用于企业未来的经营发展，经投资者审议后也可以用于转增股本（实收资本）和弥补以前年度经营亏损。
	B. 未分配利润	可以用于企业未来经营发展、转增股本（实收资本）、弥补以前年度经营亏损、以后年度利润分配。
筹资特点	（3）留存收益的筹资特点有（ ）。	
	A. 不用发生筹资费用 B. 维持公司的控制权分布 C. 筹资数额有限	
	【提示】留存收益有资本成本。一般来说，留存收益资本成本比债务资本成本高，但比发行普通股低。	
（4）【判断金句】与普通股筹资相比较，留存收益筹资不需要发生筹资费用，资本成本较低。		
（5）【判断金句】利用留存收益筹资，不用对外发行新股或吸收新投资者，由此增加的权益资本不会改变公司的股权结构，不会稀释原有股东的控制权。		

▲【考点子题——举一反三，真枪实练】

[36]（历年真题·单选题）下列关于留存收益筹资的表述中，错误的是（   ）。

    A. 留存收益筹资可以维持公司的控制权结构

    B. 留存收益筹资不会发生筹资费用，因此没有资本成本

C. 留存收益来源于提取的盈余公积金和未分配利润

D. 留存收益筹资有企业的主动选择，也有法律的强制要求

[37]（历年真题·多选题）与增发新股筹资相比，留存收益筹资的优点有（　　）。

A. 筹资规模大

B. 筹资成本低

C. 有助于增强公司的社会声誉

D. 有助于维持公司的控制权分布

考点 11　股权筹资的优缺点

【考点母题——万变不离其宗】股权筹资的优缺点

	（1）股权筹资的优点有（　　）。	
优点	A. 股权筹资是企业稳定的资本基础	股权资本没有固定的到期日，无须偿还，是企业的永久性资本，除非企业清算时才有可能予以偿还。
	B. 股权筹资是企业良好的信誉基础	股权资本也是其他方式筹资的基础，尤其可为债务筹资，包括银行借款、发行公司债券等提供信用保障。
	C. 企业的财务风险较小	股权资本不用在企业正常营运期内偿还，没有还本付息的财务压力。相对于债务资金而言，股权资本筹资限制少，资本使用上无特别限制。
	（2）股权筹资的缺点有（　　）。	
缺点	A. 资本成本负担较重	一般而言，股权筹资的资本成本要高于债务筹资。此外，普通股的发行、上市等方面的费用也十分庞大。
	B. 控制权变更可能影响企业长期稳定发展	利用股权筹资，由于引进了新的投资者或出售了新的股票，必然会导致公司控制权结构的改变。
	C. 信息沟通与披露成本较大	特别是上市公司，需要公司花更多的精力，进行公司的信息披露和投资者关系管理。

【考点子题——举一反三，真枪实练】

[38]（历年真题·单选题）与发行债务筹资相比，发行普通股股票筹资的优点是（　　）。

A. 可以稳定公司的控制权　　　　　B. 可以降低资本成本

C. 可以利用财务杠杆　　　　　　　D. 可以形成稳定的资本基础

[39]（历年真题·单选题）下列各项筹资方式中，财务风险较低的是（　　）

A. 发行普通股　　　　　　　　　　B. 发行优先股

C. 发行公司债券　　　　　　　　　D. 发行可转换债券

[40]（历年真题·单选题）与银行借款筹资相比，下列属于普通股筹资特点的是（　　）。

    A. 筹资速度较快　　　　　　　　B. 资本成本较低

    C. 筹资数额有限　　　　　　　　D. 财务风险较小

[41]（历年真题·多选题）下列筹资方式中，可以降低财务风险的有（　　）。

    A. 银行借款筹资　　　　　　　　B. 留存收益筹资

    C. 普通股筹资　　　　　　　　　D. 租赁筹资

第四节　衍生工具筹资

 考点 12　可转换债券

可转换债券是一种混合型证券，是公司普通债券与证券期权的组合体。

一般来说，可转换债券可以分为两类：一类是不可分离的可转换债券；另一类是可分离交易的可转换债券，这类债券在发行时附有认股权证，发行上市后，公司债券和认股权证各自独立流通、交易。

（一）可转换债券的基本性质

🔺 **【考点母题——万变不离其宗】可转换债券的基本性质**

（1）下列各项筹资方式中，属于混合筹资方式的有（　　）。	
A. 可转换债券　　　　B. 优先股	
（2）可转换债券的基本性质有（　　）。	
A. 证券期权性	可转换债券实质上是一种未来的买入期权。
B. 资本转换性	可转换债券在正常持有期，属于债权性质；转换成股票后，属于股权性质。
C. 赎回与回售	赎回是指发债公司会按事先约定的价格买回未转股的可转换公司债券。回售是指债券持有人可按事先约定的价格将所持债券回售给发债公司。
【提示】可转换债券是一种**混合型证券**，是公司**普通债券与证券期权**的组合体。	
（3）【判断金句】可转换债券的持有人具有在未来按一定的价格购买普通股股票的权利，其实质是一种未来的买入期权。	
（4）【判断金句】分离交易的可转换债券的期限最短为 1 年。	

🔺 **【考点子题——举一反三，真枪实练】**

[42]（**历年真题·判断题**）可转换债券的持有人具有在未来按一定的价格购买普通股股票的权利，因为可转换债券具有买入期权的性质。（　　）

（二）可转换债券的基本要素

▲【考点母题——万变不离其宗】可转换债券的基本要素

（1）可转换债券的基本要素有（ ）。	（2）下列关于可转换债券的表述中，正确的有（ ）。
A. 标的股票	标的股票一般是发行公司自己的普通股票。
B. 票面利率	可转换债券的票面利率一般会**低于普通债券的票面利率**，有时甚至还低于同期银行存款利率。
	【举例】为筹集投资所需资金 3 000 万元，甲公司在 2022 年 1 月 1 日按面值发行可转换债券，每张面值 100 元，票面利率为 1%，按年利息，每年年末支付一次利息，如果面值发行相同期限，相同付息方式的普通债券，票面利率需要设定为 5%。可转换债券发行当年比一般债券节约的利息是多少？ 【答案】节约的利息 =3 000×（5%–1%）=120（万元）。
C. 转换价格	可转换债券转换为普通股的每股普通股的价格。转换价格一般比发售日股票市场价格高出一定比例。因配股、增发、送股、派息、分立及其他原因引起上市公司股份变动的，应当同时调整转换价格。
D. 转换比率	转换比率是指每一张可转换债券在既定的转换价格下能转换为普通股股票的数量。转换比率为债券面值与转换价格之商：**转换比率 = 债券面值 / 转换价格**
E. 转换期	可转换债券的转换期可以与债券的期限相同，也可以短于债券的期限。【不能长于债券期限】 可转换债券自发行起 6 个月后方可转换为公司股票，转换期限由公司确定。
F. 赎回条款	（3）下列关于赎回条款的表述，正确的有（ ）。
	A. 有利于保护发债公司的利益，增强筹资弹性 B. 一般发生在公司股票价格在一段时期内连续高于转股价格达到某一幅度时 C. 当预测市场利率下降时，公司可提前赎回债券，然后以较低的利率发行新债券，避免继续按照较高的票面利率支付利息所蒙受的损失。
G. 回售条款	（4）下列关于回售条款的表述，正确的有（ ）。
	A. 一般发生在公司股票价格在一段时期内连续低于转股价格达到某一幅度时 B. 有利于保护债券持有人的利益，降低投资风险
H. 强制性转换条款	强制性转换条款是指某些条件具备之后，债券持有人必须将可转换债券转换为股票，无权要求偿还债券本金，该条款有利于发债公司。

（三）可转换债券的筹资特点

▲【考点母题——万变不离其宗】可转换债券的筹资特点

可转换债券的筹资特点有（ ）。	
A. 筹资功能灵活	可转换债券就是将传统的债务筹资功能和股票筹资功能结合起来，筹资性质和时间上具有灵活性。

续表

B. 资本成本较低（相比同一条件下普通债券）	可转换债券的利率低于同一条件下普通债券的利率，降低了公司的筹资成本；在可转换债券转换为普通股时，公司无须另外支付筹资费用，又节约了股票的筹资成本。
C. 筹资效率高	可转换债券在发行时，规定的转换价格往往高于当时本公司的股票价格。如果这些债券将来都转换成了股权，这相当于在债券发行之际，就以高于当时股票市价的价格新发行了股票，以较少的股份代价筹集了更多的股份资金。
D. 存在财务压力	如果在转换期内公司股价处于恶化性的低位，持券者到期不会转股，会造成公司因集中兑付债券本金而带来的财务压力。可转换债券还存在回售的财务压力。

▲【考点子题——举一反三，真枪实练】

[43]（历年真题·单选题）某公司发行的可转换债券面值为 100 元，转股价格为 20 元。当前该债券已到转股期，股票市价为 25 元，则该可转换债券的转换比率是（　　）。

　　A. 4　　　　　　　B. 5　　　　　　　C. 1.25　　　　　　　D. 0.8

[44]（历年真题·多选题）若公司发行债券的契约中设有提前赎回条款，则下列表述正确的有（　　）。

　　A. 当预测利率下降时，公司可提前赎回债券，然后以较低的利率发行新债券

　　B. 提前赎回条款降低了公司筹资的弹性

　　C. 提前赎回条款会增加公司的还款压力

　　D. 当公司资金有结余时，可以提前赎回债券，以减轻利息负担

[45]（历年真题·多选题）下列可转换债券条款中，有利于保护债券发行者利益的有（　　）。

　　A. 回售条款　　　　B. 赎回条款　　　　C. 转换比率条款　　　D. 强制性转换条款

[46]（历年真题·判断题）企业在发行可转换债券时，可通过赎回条款来避免市场利率大幅下降后仍需支付较高利息的损失。（　　）

[47]（历年真题·判断题）对附有回售条款的可转换公司债券持有人而言，当标的公司股票价格在一段时间内连续低于转股价格达到一定幅度时，把债券卖回给债券发行人，将有利于保护自身的利益。（　　）

[48]（历年真题·单选题）关于可转换债券，下列表述正确的是（　　）。

　　A. 可转换债券的赎回条款有利于降低投资者的持券风险

　　B. 可转换债券的转换权是授予持有者的一种买入期权

　　C. 可转换债券的转换比率为标的股票市值与转换价格之比

　　D. 可转换债券的回售条款有助于可转换债券顺利转换成股票

[49] （经典子题·综合题）某上市公司，2021年为调整产品结构，公司拟分两阶段投资建设新生产线，相关资料如下：

资料一：该项目第一期计划投资额为12亿元，第二期计划投资额为6亿元，公司制定了发行分离交易可转换公司债券的融资计划。

资料二：经有关部门批准，公司于2021年2月1日按面值发行了1 200万张、每张面值100元的分离交易可转换公司债券，债券期限为5年，票面年利率为1%（如果单独按面值发行一般公司债券，票面年利率需要设定为6%），按年计息。同时，每张债券的认购人获得公司派发的10份认股权证，权证总量为12 000万份，该认股权证为欧式认股权证；行权比例为2：1（即2份认股权证认购1股股票）。认股权证存续期为24个月（即2021年2月1日至2023年2月1日），行权期为认股权证存续期最后五个交易日（行权期间权证停止交易）。假定债券和认股权证发行当日即上市。

资料三：公司2021年年末A股总数为20亿股（当年未增资扩股），当年实现净利润9亿元。

资料四：假定公司市盈率维持在20倍的水平。

要求：

（1）发行分离交易的可转换公司债券后，2021年可节约的利息支出。

（2）为满足第二阶段融资需求，认股权证的行权价应为多少？

（3）2021年公司基本每股收益。

（4）为实现第二次融资，必须促使权证持有人行权，为此2022年基本每股收益应达到的水平？

考点 13 认股权证

广义的权证（Warrant），是一种持有人有权于某一特定期间或到期日，按约定的价格认购或沽出一定数量的标的资产的期权。按买或卖的不同权利，可分为认购权证和认沽权证，又称为看涨权证和看跌权证。认股权证，属于认购权证。

▲【考点母题——万变不离其宗】认股权证基本性质与筹资特点

基本性质	（1）具有实现融资和股票期权激励双重功能的融资工具是（　　）。
	A. 认股权证
	（2）下列关于认股权证基本性质的表述中，正确的有（　　）。

续表

基本性质	A. 认股权证本质上是一种股票期权，属于衍生金融工具 B. 认股权证具有实现融资和股票期权激励的双重功能 C. 认股权证本身是一种认购普通股的期权，它没有普通股的红利收入，也没有普通股相应的投票权
筹资特点	（3）下列各项中，属于认股权证筹资特点的有（　　）。 A. 认股权证是一种融资促进工具【认股权证通过以约定价格认购公司股票的契约方式，能保证公司在规定的期限内完成股票发行计划，顺利实现融资】 B. 有助于改善上市公司的治理结构 C. 认股权证能够约束上市公司的败德行为，并激励他们更加努力地提升上市公司的市场价值 D. 有利于推进上市公司的股权激励机制

▲【考点子题——举一反三，真枪实练】

[50]（历年真题·判断题）认股权证本质上是一种股票期权，公司可通过发行认股权证实现融资和股票期权激励的双重功能。（　　）

[51]（历年真题·判断题）可转换债券是常用的员工激励工具，可以把管理者和员工的利益与企业价值成长紧密联系在一起。（　　）

考点 14　优先股

（一）优先股的基本性质

▲【考点母题——万变不离其宗】优先股的基本性质

（1）下列各项中，属于衍生工具筹资方式的有（　　）。	
A. 可转换债券　　　　B. 认股权证　　　　C. 优先股	
（2）下列各项中，属于优先股基本性质的有（　　）。	
A. 约定股息	（3）【判断金句】相对于普通股而言，优先股的股利收益是事先约定的，也是相对固定的。但优先股的固定股息率各年可以不同，另外，优先股也可以采用浮动股息率分配利润。
B. 权利优先	（4）相对于普通股而言，优先股的优先权体现在（　　）。
	A. 利润分配　　　　B. 剩余财产清偿分配
	【提示】在利润分配方面，优先股持有人优先于普通股股东；在剩余财产清偿分配方面，优先股的清偿顺序先于普通股而次于债权人。
C. 权利范围小	（5）【判断金句】优先股股东一般没有选举权和被选举权，对股份公司的重大经营事项无表决权。仅在股东大会表决与优先股股东自身利益直接相关的特定事项时，具有有限表决权。

（二）优先股的种类

划分标准	种类	含义
按股息是否可以调整	固定股息率优先股	优先股股息率在股权存续期内不作调整
	浮动股息率优先股	优先股股息率根据约定的计算方法进行调整
按是否强制分红	强制分红优先股	在有可分配税后利润时必须向优先股股东分配利润
	非强制分红优先股	在有可分配税后利润时可以不向优先股股东分配利润
按股息是否可以累积	累积优先股	当年可分配利润不足以支付优先股股息时，则将应付股息累积到次年或以后某一年盈利时，在普通股的股息发放之前，连同本年优先股股息一并发放
	非累积优先股	公司不足以支付优先股的全部股息时，对所欠股息部分，优先股股东不能要求公司在以后年度补发
按是否有权与普通股一起参与分配股利	参与优先股	持有人除可按规定的股息率优先获得股息外，还可与普通股股东分享公司的剩余收益的优先股
	非参与优先股	持有人只能获取一定股息但不能参加公司额外分红的优先股
按是否可转换为普通股	可转换优先股	在规定的时间内，优先股股东或发行人可以按照一定的转换比率把优先股换成该公司普通股
	不可转换优先股	优先股不可以换成普通股
按是否可以回购	可回购优先股	允许发行公司按发行价加上一定比例的补偿收益回购的优先股
	不可回购优先股	不附有回购条款的优先股

▲【考点母题——万变不离其宗】优先股的种类

（1）【判断金句】优先股股息率在股权存续期内不作调整的，称为固定股息率优先股。

（2）【判断金句】在有可分配税后利润时必须向优先股股东分配利润的，称之为强制分红优先股，否则即为非强制分红优先股。

（3）【判断金句】非累积优先股是指公司不足以支付优先股的全部股息时，对所欠股息部分，优先股股东不能要求公司在以后年度补发。

（4）【判断金句】持有人除可按规定的股息率优先获得股息外，还可与普通股股东分享公司的剩余收益的优先股，称为参与优先股。

（5）【判断金句】可转换优先股是指在规定的时间内，优先股股东或发行人可以按照一定的转换比率把优先股换成该公司普通股，否则是不可转换优先股。

第4章

（三）优先股的特点

▲【考点母题——万变不离其宗】优先股的特点

（1）下列各项中，属于优先股特点的有（　　）。	
优点	（2）下列各项中，属于优先股优点的有（　　）。 A. 有利于丰富资本市场的投资结构 B. 有利于股份公司股权资本结构的调整 C. 有利于保障普通股收益和控制权【杠杆效应、一般无表决权】 D. 有利于降低公司财务风险【增加权益资本，降低整体负债率；股利可以不支付；没有规定到期日，实质是一种永续借债】
缺点	（3）下列各项中，属于优先股缺点的有（　　）。 A. 可能给股份公司带来一定的财务压力【股息支付固定】 B. 优先股的资本成本相对于债务较高【优先股的股息不能抵税，债务利息可以抵税】

▲【考点子题——举一反三，真枪实练】

[52]（历年真题·单选题）下列关于优先股筹资的表述中，不正确的是（　　）。

　　A. 优先股筹资有利于调整股权资本的内部结构

　　B. 优先股筹资兼有债务筹资和股权筹资的某些性质

　　C. 优先股筹资不利于保障普通股的控制权

　　D. 优先股筹资会给公司带来一定的财务压力

[53]（历年真题·判断题）若某公司当年可分配利润不足以支付优先股的全部股息时，所欠股息在以后年度不予补发，则该优先股属于非累积优先股。（　　）

[54]（历年真题·多选题）关于债券和优先股的共同特点，下列表述正确的有（　　）。

　　A. 优先股股息和债券利息都属于公司的法定债务

　　B. 在分配剩余财产时，优先股股东和债权的清偿顺序都先于普通股股东

　　C. 优先股股息和债券利息都会产生所得税抵减效应

　　D. 都不会影响普通股股东对公司的控制权

[55]（历年真题·单选题）与普通股筹资相比，下列属于优先股筹资优点的是（　　）。

　　A. 有利于降低公司财务风险

　　B. 优先股股息可以抵减所得税

　　C. 有利于保障普通股股东的控制权

　　D. 有利于减轻公司现金支付的财务压力

第4章

第五节 筹资实务创新

考点 15 筹资实务创新

【考点母题——万变不离其宗】筹资实务创新

（1）筹资实务创新形式有（　）。	含义	特点
A. 非公开定向债务融资工具	是指具有法人资格的非金融企业，向银行间市场特定机构投资人发行债务融资工具取得资金的一种筹资方式。	（2）非公开定向债务融资工具的特点有（　）。 A. 发行主体为有法人资格的非金融企业 B. 发行对象是银行间市场特定机构投资人 C. 发行方式灵活、发行规模不受限制 D. 信息披露要求相对简化，有限度流通 E. 发行价格存在流动性溢价（比公开发行同类债券利率高）
B. 私募股权投资	通过私募基金对非上市公司进行的权益性投资。	（3）私募股权投资的特点有（　）。 A. 非公开方式向机构投资者和个人募集资金 B. 采用权益性投资方式、投资期较长、参与被投资企业决策管理 C. 一般投资非上市公司、流动性差
C. 产业基金	向具有高增长潜力的未上市企业进行股权或准股权投资，并参与被投资企业的经营管理，以期所投资企业发育成熟后通过股权转让实现资本增值。	（4）产业投资基金投资的特点有（　）。 A. 投资并参与被投资企业的经营管理 B. 政府出资产业投资基金是我国产业基金的主要形式 C. 产业投资基金主要投资于新兴的、有巨大增长潜力的企业 D. 企业获得产业投资基金投资，是一种股权筹资方式
D. 商业票据融资	商业票据是一种商业信用工具，是由债务人向债权人开出的、承诺在一定时期内支付一定款项的支付保证书，即由无担保、可转让的短期票据组成。	（5）商业票据融资的特点有（　）。 A. 商业信用工具、融资成本较低 B. 灵活方便、无须担保抵押

续表

E. 中期票据融资	中期票据是指具有法人资格的非金融类企业在银行间债券市场按计划分期发行的约定在一定期限还本付息的债务融资工具。	（6）中期票据融资的特点有（　）。 A. 发行主体是具有法人资格的非金融类企业 B. 银行间债券市场发行、融资数额大、使用期限长 C. 债务融资工具、成本较低、无须担保抵押
F. 股权众筹融资	股权众筹融资主要是指通过互联网形式进行公开小额股权融资的活动。	（7）股权众筹融资的特点有（　）。 A. 必须通过股权众筹融资中介机构平台 B. 融资方应为小微企业 C. 有证监会负责监管
G. 企业应收账款证券化	企业应收账款资产支持证券是指证券公司、基金管理公司子公司作为管理人，以企业应收账款债权为基础资产或基础资产现金流来源所发行的资产支持证券。	（8）证券公司、基金管理公司子公司作为管理人的筹资方式有（　）。
H. 融资租赁债权资产证券化	融资租赁债权资产支持证券是是指证券公司、基金管理公司子公司作为管理人，以融资租赁债权为基础资产或基础资产现金流来源所发行的资产支持证券。	A. 企业应收账款证券化 B. 融资租赁债权资产证券化
I. 商圈融资	（9）【判断金句】发展商圈融资主要解决中小商贸企业融资难问题。	
J. 供应链融资	（10）【判断金句】供应链融资解决了上下游企业融资难、担保难的问题，而且通过打通上下游融资瓶颈，降低融资成本，提高核心企业及配套企业的竞争力。	
K. 绿色信贷	绿色信贷，也称可持续融资或环境融资。绿色信贷重点支持节能环保、清洁生产、清洁能源、生态环境、基础设施绿色升级和绿色服务六大类产业。	
L. 能效信贷	能效信贷，是指银行业金融机构为支持用能单位提高能源利用效率，降低能源消耗而提供的信贷融资。	

▲【考点子题——举一反三，真枪实练】

[56]（经典子题·多选题）下列各项中，属于筹资实务创新形式的有（　）。

　　A. 认股权证　　　　　　　　　　B. 私募股权投资

　　C. 股权众筹融资　　　　　　　　D. 企业应收账款证券化

[57]（经典子题·多选题）下列各项中，关于筹资实务创新的说法错误的有（　）。

　　A. 中期票据是一种商业信用工具

B. 供应链融资主要解决核心企业融资难问题

C. 非公开定向发行方式发行的债务利率低于公开发行的同类债券

D. 产业投资基金主要投资于新兴的、有巨大增长潜力的企业

[58]（经典子题·多选题）下列各项中，关于私募股权投资的说法正确的有（　　）。

A. 采用权益性投资方式、投资期较长

B. 一般投资非上市公司、流动性差

C. 公开方式向机构投资者和个人募集资金

D. 是被投资企业的一种股权筹资方式

[59]（历年真题·判断题）非公开定向债务融资工具是指具有法人资格的非金融企业，向银行间市场特定机构投资人发行债务融资工具取得资金的一种筹资方式。（　　）

［本章考点子题答案及解析］

[1]【答案：B】支付性筹资动机，是指为了满足经营业务活动的正常波动所形成的支付需要而产生的筹资动机。企业在开展经营活动过程中，经常会出现超出维持正常经营活动资金需求的季节性、临时性的交易支付需要，如原材料购买的大额支付、员工工资的集中发放、银行借款的提前偿还、股东股利的发放等，选项 B 正确。

[2]【答案：D】调整性筹资动机是指企业因调整资本结构而产生的筹资动机。选项 D 正确。

[3]【答案：B】属于短期筹资方式的有商业信用、短期借款、保理业务、短期融资券，企业之间商品或劳务交易活动形是商业信用，选项 B 正确。

[4]【答案：AC】属于直接筹资方式的有发行股票、发行债券、吸收直接投资、发行短期融资券、利用商业信用。选项 AC 正确，选项 BD 属于间接投资。

[5]【答案：A】内部筹资是指企业通过利润留存而形成的筹资来源。留存收益是企业内部筹资的一种重要方式。选项 A 正确。

[6]【答案：A】直接筹资是企业直接与资金供应者协商融通资金的筹资活动。直接筹资方式主要有发行股票、发行债券、吸收直接投资等，选项 C 表述正确；直接筹资的筹资手续比较复杂，筹资费用较高，选项 B 表述正确；租赁、银行借款属于间接筹资，选项 D 表述正确；直接筹资方式既可以筹集股权资金，也可以筹集债务资金，选项 A 表述错误，本题应该选择选项 A。

[7]【答案：CD】兼具股权和债务性质的混合融资包括可转换债券融资和优先股筹资。选项 CD 正确。

[8]【答案：ACD】筹资管理的原则有筹措合法、规模适当、取得及时、来源经济和结构合理。选项 ACD 正确。

[9]【答案：A】作为贷款担保的质押品，可以是汇票、支票、债券、存款单、提单等信用凭证，可以是依法可以转让的股份、股票等有价证券，也可以是依法可以转让的商标专用权、专利权、著作权中的财产权等。选项 A 正确。

[10]【答案：ABC】银行借款的筹资的优点有：（1）筹资速度快；（2）资本成本较低；（3）筹资弹性较大。银行借款需要定期还利息、本金，相较财务风险较高。选项 ABC 正确。

[11]【答案：D】银行借款合同对借款用途有明确规定，通过借款的保护性条款，对公司资本支出额度、

再筹资、股利支付等行为有严格的约束，以后公司的生产经营活动和财务政策必将受到一定程度的影响，选项 D 正确。

[12]【答案：A】选项 B、C 属于例行性保护条款，选项 D 属于特殊性保护条款。选项 A 正确。

[13]【答案：ABC】发行公司债券筹资的特点包括：（1）一次筹资数额大；（2）募集资金的使用限制条件少；（3）资本成本负担较高；（4）提高公司的社会声誉。银行借款使用的限制较多，选项 D 错误，选项 ABC 正确。

[14]【答案：D】带有提前偿还条款的债券增加了公司筹资的灵活性，选项 A 错误；提前偿还所支付的价格随到期日的临近而逐渐下降，选项 B 错误；提前偿还所支付的价格通常要高于债券的面值，选项 C 错误。选项 D 正确。

[15]【答案：B】杠杆租赁是指涉及到承租人，出租人和资金出借人三方的租赁业务，一般来说，当所涉及的资产价值昂贵时，出租房自己只投入部分资金，通常为资产价值的 20%–40%，其余资金则通过将该资产抵押担保的方式，向第三方（通常为银行）申请贷款解决，出租人然后将购进的设备出租给承租方，用收取的租金偿还贷款。选项 B 正确。

[16]【答案：ABD】杠杆租赁是指涉及到承租人、出租人和资金出借人三方的租赁业务。一般来说，当所涉及的资产价值昂贵时，出租方自己只投入部分资金，通常为资产价值的 20%—40%，其余资金则通过将该资产抵押担保的方式，向第三方（通常为银行）申请贷款解决。出租人既是债权人也是债务人，选项 ABD 正确。

[17]【答案：B】租赁折现率 =8%+2%=10%，残值归租赁公司所有，承租人支付的租金总额中应扣除残值现值，选项 B 正确。

[18]【答案：B】租赁每期租金的多少，取决于：（1）设备原价及预计残值。包括设备买价、运输费、安装调试费、保险费等，以及指设备租赁期满后出售可得的收入；（2）利息。指租赁公司为承租企业购置设备垫付资金所应支付的利息；（3）租赁手续费。指租赁公司承办租赁设备所发生的业务费用和必要的利润，选项 B 由承租人负担，不属于租金内容。选项 B 正确。

[19]【答案：ABCD】租赁租金的构成：（1）设备原价及预计残值。包括设备买价、运输费、安装调试费、保险费等，以及指设备租赁期满后出售可得的收入；（2）利息。指租赁公司为承租企业购置设备垫付资金所应支付的利息；（3）租赁手续费。指租赁公司承办租赁设备所发生的业务费用和必要的利润。选项 ABCD 正确。

[20]【答案：A】企业发行股票、债券、短期融资券等，都受到相当多的资格条件的限制。相比之下，租赁筹资的限制条件很少。选项 A 正确。

[21]【答案：BCD】与发行股票相比，租赁筹资的限制条件很少，选项 B 正确；租赁是债务筹资，资本成本要低于普通股，选项 C 正确；租赁无需大量资金就能迅速获得资产，可以尽快形成生产能力，选项 D 正确；租赁属于债务筹资，比股票筹资的财务风险大，所以选项 A 错误，选项 BCD 正确。

[22]【答案：C】租赁属于债务融资方式，具有财务杠杆效应，选项 C 正确。

[23]【答案：A】债务筹资的缺点有，不能形成企业稳定的资本基础、财务风险较大、筹资数额有限。选项 A 正确。

[24]【答案：AD】债务筹资的资本成本要低于股权筹资：（1）取得资金的手续费用等筹资费用较低；（2）利息、租金等用资费用比股权资本要低；（3）利息等资本成本可以在税前支付，故选项 A 正

确；利用债务筹资，可以根据企业的经营情况和财务状况，灵活地商定债务条件，控制筹资数量，安排取得资金的时间，选项 D 正确。

[25]【答案：A】吸收直接投资的筹资特点：（1）能够尽快形成生产能力；（2）容易进行信息沟通；（3）资本成本较高，但手续相对比较简便，筹资费用较低；（4）公司控制权集中，不利于公司治理；（5）不易进行产权交易。选项 A 正确。

[26]【答案：D】吸收直接投资的筹资特点：（1）能够尽快形成生产能力；（2）容易进行信息沟通；（3）资本成本较高，但手续相对比较简便，筹资费用较低；（4）公司控制权集中，不利于公司治理；（5）不易进行产权交易。选项 D 正确。

[27]【答案：BD】吸收直接投资的出资方式包括：（1）以货币资产出资；（2）以实物资产出资；（3）以土地使用权出资；（4）以知识产权出资。其中知识产权通常是指专有技术、商标权、专利权、非专利技术等无形资产。此外，国家相关法律法规对无形资产出资方式另有限制，股东或者发起人不得以劳务、信用、自然人姓名、商誉、特许经营权或者设定担保的财产等作价出资。选项 BD 正确。

[28]【答案：D】普通股股东的权利有：（1）公司管理权；（2）收益分享权；（3）股份转让权；（4）优先认股权；（5）剩余财产要求权。选项 D 正确。

[29]【答案：B】普通股股东权利包括：（1）公司管理权；（2）收益分享权；（3）股份转让权；（4）优先认股权；（5）剩余财产要求权。普通股股东不享有固定收益权，公司债权人享有固定收益权。选项 B 正确。

[30]【答案：BD】上网定价发行是事先规定发行价格，再利用证券交易所交易系统来发行股票的发行方式，即主承销商利用交易系统，按已确定的发行价格向投资者发售股票，又称直接定价发行，选项 B 正确。直接定价发行对承销商的定价能力要求较高，但大大减少了人力成本，发行周期短，有效避免了认股权的炒作。选项 D 正确。

[31]【答案：错误】针对机构投资者的申购，我国有网下发行方式。

[32]【答案：AD】股票上市对公司的不利影响主要有：（1）上市成本较高，手续复杂严格；（2）公司将负担较高的信息披露成本；（3）信息公开的要求可能会暴露公司商业机密；（4）股价有时会歪曲公司的实际情况，影响公司声誉；（5）可能会分散公司的控制权，造成管理上的困难，所以选项 AD 正确。股票上市后，公司股价有市价可循，便于确定公司的价值，选项 B 的表述错误；股票上市是股权筹资方式，股权资本增加会使资本结构更加稳健，修改为选项 C 表述错误，选项 AD 正确。

[33]【答案：AD】属于股票上市目的的有：（1）便于筹措新资金；（2）促进股权流通和转让；（3）便于确定公司价值。选项 AD 正确。股票上市后，可能会分散控制权，提高公司披露成本，选项 BC 错误。

[34]【答案：B】引入战略投资者的作用主要有：（1）提升公司形象，提高资本市场认同度；（2）优化股权结构，健全公司法人治理；（3）提高公司资源整合能力，增强公司的核心竞争力；（4）达到阶段性的融资目标，加快实现公司上市融资的进程，选项 B 不是公司引入战略投资者的作用。

[35]【答案：C】普通股筹资的资本成本较高。选项 C 正确。

[36]【答案：B】留存收益筹资不会发生筹资费用，但是留存收益的资本成本，表现为股东追加投资要求的收益率，所以是有资本成本的，选项 B 表述错误。

[37]【答案：BD】与增发新股筹资相比，利用留存收益筹资不用发生筹资费用，因此筹资成本低；不发

行新股有利于维持公司的控制权分布，但筹资数额有限，也不利于增强公司的社会声誉。选项 BD 正确。

[38]【答案：D】发行普通股可能会导致公司控制权的变更，选项 A 错误；普通股筹资的资本成本高于债务筹资，选项 B 错误；普通股筹资不存在财务杠杆的利用，选项 C 错误；公司发行股票所筹集的资金属于公司的长期自有资金，没有期限，无须归还，即股东在购买股票之后，一般情况下不能要求发行企业退还股本，选项 D 正确。

[39]【答案：A】发行可转换债券、发行公司债券均有到期不能偿债的风险，财务风险较高。而发行普通股和优先股筹资，没有期限，不需偿还，财务风险较低。但优先股的股息支付是事先约定的，并且是相对固定的，所以普通股的财务风险最低，选项 A 正确。

[40]【答案：D】普通股筹资手续相对复杂，筹资速度慢，所以选项 A 错误；由于投资者投资于股权特别是投资于股票的风险较高，投资者或股东相应要求得到较高的收益率，所以股权筹资的资本成本要高于债务筹资，选项 B 错误；股权筹资发行对象广泛，筹资数额大，所以选项 C 错误。股权资本不用在企业正常营运期内偿还，没有还本付息的财务压力，所以财务风险较小，选项 D 正确。

[41]【答案：BC】留存收益筹资和普通股筹资属于股权筹资，没有还本付息的财务压力，股权筹资可以降低财务风险；银行借款筹资和租赁筹资属于债务筹资，会提高财务风险，选项 BC 正确。

[42]【答案：正确】可转换债券的持有人具有在未来按一定的价格购买普通股股票的权利，因为可转换债券具有买入期权的性质。

[43]【答案：B】转换比率为债券面值与转换价格之商，即 100/20=5。选项 B 正确。

[44]【答案：AD】具有提前偿还条款的债券可使公司筹资有较大的弹性，选项 B 错误；提前赎回条款是公司的选择权，不是必须提前赎回，所以不会增加公司的还款压力，选项 C 错误。选项 AD 正确。

[45]【答案：BD】赎回条款和强制性转换条款对发行公司有利，回售条款对债券持有人有利。选项 BD 正确。

[46]【答案：正确】赎回条款能使发债公司避免在市场利率下降后，继续向债券持有人支付较高的债券利率所蒙受的损失。

[47]【答案：正确】回售条款是指债券持有人有权按照事前约定的价格将债券卖回给发债公司的条件规定。回售一般发生在公司股票价格在一段时间内连续低于转股价格达到某一幅度时。回售对于投资者而言实际上是一种卖权，有利于降低投资者的持券风险。

[48]【答案：B】赎回条款是指发债公司按事先约定的价格买回未转股债券的条件规定，赎回一般发生在公司股票价格在一段时期内连续高于转股价格达到某一幅度时。赎回条款对债券发行人有利，而对债券投资者不利，选项 A 错误。可转换债券的转换权是授予持有者的一种买入期权，选项 B 正确。转换比率为债券面值与转换价格之比，选项 C 错误。回售条款是指债券持有人有权按照事先约定的价格将债券卖回给发债公司的条件规定。回售一般发生在公司股票价格在一段时期内连续低于转股价格达到某一幅度时，对债券转换为股票是不利的，选项 D 错误。

[49]【答案】（1）2021 年可节约的利息支出 =12×（6%–1%）×11/12=0.55（亿元）
（2）认股权证的行权价 =60 000/（12 000/2）=10（元 / 股）
（3）2021 年公司基本每股收益 =9/20=0.45（元 / 股）
（4）2022 年基本每股收益应达到的水平 =10/20=0.50（元）

[50]【答案：正确】认股权证本质上是一种股票期权，公司可通过发行认股权证实现融资和股票期权激励的双重功能。

[51]【答案：错误】认股权证是常用的员工激励工具，通过给予管理者和重要员工一定的认股权证，可以把管理者和员工的利益与企业价值成长紧密联系在一起，建立一个管理者与员工通过提升企业价值实现自身财富增值的利益驱动机制。

[52]【答案：C】优先股股东无特殊情况没有表决权，因此不影响普通股股东对企业的控制权。可见，优先股有利于保障普通股的控制权，选项 C 的表述错误。

[53]【答案：正确】累积优先股是指公司在某一时期所获盈利不足，导致当年可分配利润不足以支付优先股股息时，则将应付股息累积到次年或以后某一年盈利时，在普通股的股息发放之前，连同本年优先股股息一并发放。

[54]【答案：BD】优先股股息不属于公司的法定债务，当公司财务状况恶化、经营成果不佳，企业可以不支付优先股股息，从而相对避免企业的财务负担，选项 A 错误；优先股股息是用税后利润支付，不能抵减企业所得税，而债务利息可以税前扣除，选项 C 错误。选项 BD 正确。

[55]【答案：C】优先股筹资与普通股筹资都有利于降低公司财务风险，选项 A 错误；优先股股息税后支付，不可以抵减所得税，选项 B 错误；优先股股东无表决权，因此不影响普通股股东对企业的控制权，选项 C 正确；针对固定股息率优先股、强制分红优先股、可累积优先股而言，股利支付的固定性可能成为企业的一项财务负担，选项 D 错误。

[56]【答案：BCD】认股权证是一种衍生工具筹资方式，是传统筹资工具，不属于筹资实务创新形式。选项 BCD 正确。

[57]【答案：ABC】中期票据是一种债务融资工具；供应链融资主要解决上下游企业融资难问题；非公开定向发行方式发行的债务利率高于公开发行的同类债券，选项 ABC 错误。

[58]【答案：ABD】私募股权投资是以非公开方式向机构投资者和个人募集资金，选项 C 错误。选项 ABD 正确。

[59]【答案：正确】非公开定向债务融资工具（PPN）是指具有法人资格的非金融企业，向银行间市场特定机构投资人发行债务融资工具取得资金的一种筹资方式。

第 5 章　筹资管理（下）

本章是筹资管理的下篇，主要介绍了资金需要量预测、资本成本、杠杆效应和资本结构等四个方面的内容，具体知识结构分布图如下：

本章思维导图

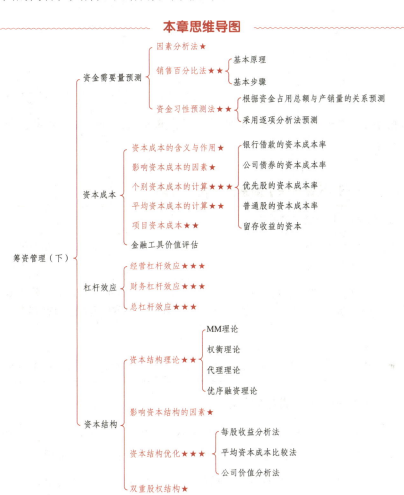

近三年本章考试题型及分值分布

题　型	2020 年		2021 年		2022 年	
	试卷Ⅰ	试卷Ⅱ	试卷Ⅰ	试卷Ⅱ	试卷Ⅰ	试卷Ⅱ
单项选择题	2题3分	2题3分	2题3分	2题3分	3题4.5分	2题3分
多项选择题	2题4分	1题2分	1题2分	—	—	2题4分
判断题	1题1分	—	1题1分	1题1分	2题2分	3题3分
计算分析题	—	5分	—	5分	5分	—
综合题	6分	3分	6分	6分	3分	—
合计	14分	13分	12分	15分	14.5分	10分

第一节　资金需要量预测

考点 1　因素分析法

含义：因素分析法又称分析调整法，是以有关项目基期年度的平均资金需要量为基础，根据预测年度的生产经营任务和资金周转加速的要求，进行分析调整，来预测资金需要量的一种方法。

▲【考点母题——万变不离其宗】因素分析法计算题

考点	运用因素分析法计算资金需要量。
公式	资金需要量 =（基期资金平均占用额 – 不合理资金占用额）×（1+ 预测期销售增长率）÷（1+ 预测期资金周转速度增长率）
示例	某公司 2021 度资金平均占用额为 5 600 万元，其中不合理部分占 10%，预计 2022 年销售增长率为 15%，资金周转速度增长率为 25%，采用因素分析法预测的 2022 年度资金需求量是（　）万元。 A．4 636.8 【解析】2022 年的资金需求量 =（5 600–5 600×10%）×（1+15%）÷（1+25%）=4 636.8（万元）。

▲【考点子题——举一反三，真枪实练】

［1］（历年真题·单选题）某公司 2021 年销售额为 1 000 万元，资金平均占用额为 5 000 万元，其中不合理部分为 400 万元，因市场行情变差，预计公司 2022 年销售额为 900 万元。资金周转速度下降 1%。根据因素分析法。预计公司 2022 年度资金需要量是（　）。

A．4 181.82 万元　　　　　　　B．4 545.45 万元

C．4 099.01 万元　　　　　　　D．4 455.45 万元

考点 2　销售百分比法

（一）基本原理

销售百分比法首先假设某些资产与销售额存在稳定的百分比关系，根据销售与资产的比例关系预计资产额，根据资产额预计相应的负债和所有者权益，进而确定筹资需求量。

（二）基本步骤

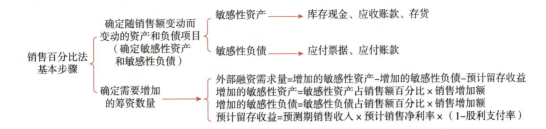

⚠【考点母题——万变不离其宗】销售百分比法

经营性【敏感性】资产	（1）随销售额变动而变动的经营性（敏感性）资产项目有（　）。
	A. 库存现金　　B. 应收款项（应收账款、应收票据）　　C. 存货
	【判断金句】如果非敏感性资产增加（如固定资产等），则外部筹资需求量也增加。
经营性【敏感性】负债	（2）下列各项中，属于经营性（敏感性）负债的有（　）。
	A. 应付票据　　B. 应付账款
	（3）下列各项中，不属于经营性（敏感性）负债的有（　）。
	A. 短期借款　　B. 短期融资券　　C. 长期负债（长期借款、应付债券等）

⚠【考点母题——万变不离其宗】销售百分比法计算题

考点	（1）计算经营性资产占销售额百分比；（2）计算经营性负债占销售额百分比；（3）因销售增加而增加的资产额（经营性资产的增加额）；（4）因销售增加而增加的负债额（经营性负债的增加额）；（5）因销售增加而增加的资金量；（6）计算预计留存收益；（7）计算外部资金需用量。
公式	（1）经营性资产占销售额百分比 = 基期经营性资产（A）/ 基期销售额（S_1） （2）经营性负债占销售额百分比 = 基期经营性负债（B）/ 基期销售额（S_1） （3）因销售增加而增加的资产额 = 经营性资产占销售额百分比（A/S_1）× 销售增加额（ΔS） （4）因销售增加而增加的负债额 = 经营性负债占销售额百分比（B/S_1）× 销售增加额（ΔS） （5）因销售增加而增加的资金量 = 因销售增加而增加的资产额 – 因销售增加而增加的负债额 <center>+ 增加的非敏感性资产（如固定资产）</center><center>=（A/S_1）× ΔS –（B/S_1）× ΔS</center><center>+ 增加的非敏感性资产（如固定资产）</center>（6）预计留存收益额【预测期内部资金来源】= 预测期销售收入（S_2）× 预计销售净利率（P）× 利润留存率（E）（其中：利润留存率 = 1 – 股利支付率） （7）外部资金需用量 = 因销售增加而增加的资金量 – 预计留存收益 <center>=（A/S_1）× ΔS –（B/S_1）× ΔS – S_2 × P × E</center>
示例	假定米兰公司 2021 年销售额 100 000 万元，销售净利率为 10%，利润留存率为 40%。2022 年销售额预计增长 20%，需追加固定资产投资 1 000 万元。根据历史数据，该公司现金、应收账款和存货属于经营性资产，应付账款和预提费用属于经营性负债。米兰公司 2021 年资产负债及相关信息如下表所示：

第 5 章

续表

资产	金额	与销售关系	负债与权益	金额	与销售关系
现金	5 000	（A）	短期借款	25 000	N
应收账款	15 000	（B）	应付账款	10 000	（E）
存货	30 000	（C）	预提费用	5 000	（F）
固定资产	30 000	N	公司债券	10 000	N
			实收资本	20 000	N
			留存收益	10 000	N
合计	80 000	（D）	合计	80 000	（G）

米兰公司资产负债及相关信息表（2021年12月31日）　单位：万元

要求：

（1）确定上表中字母所代表的数值。

（2）计算因销售增加而增加的资产额和负债额。

（3）计算因销售增加而增加的资金量。

（4）计算预计留存收益。

（5）计算外部资金需用量。

【答案】

（1）A=5 000/100 000=5%　　　　　　　B=15 000/100 000=15%

　　C=30 000/100 000=30%　　　　　　D=5%+15%+30%=50%

　　E=10 000/100 000=10%　　　　　　F=5 000/100 000=5%

　　G=10%+5%=15%

（2）因销售增加而增加的资产额=（A/S_1）$\times \triangle S$=50%×100 000×20%=10 000（万元）

　　因销售增加而增加的负债额=（B/S_1）$\times \triangle S$=15%×100 000×20%=3 000（万元）

（3）因销售增加而增加的资金量=因销售增加而增加的资产额−因销售增加而增加的负债额 **+非敏感性资产增加额**

　　　　　　　　=10 000−3 000+1 000=8 000（万元）

（4）预计留存收益=预测期销售收入（S_2）×预计销售净利率（P）×利润留存率（E）

　　　　　　　　=100 000×（1+20%）×10%×40%=4 800（万元）

（5）外部资金需用量=因销售增加而增加的资金量−预计留存收益=8 000−4 800=3 200（万元）。

🔺【考点子题——举一反三，真枪实练】

[2]（历年真题·单选题）某公司敏感性资产和敏感性负债占销售额的比重分别为50%和10%，并保持稳定不变。2020年销售额为1 000万元，预计2021年销售额增长20%，销售净利率为10%，利润留存率为30%。不考虑其他因素，则根据销售百分比法，2021年的外部融资需求量是（　　）。

A. 80万元　　　　　B. 64万元　　　　　C. 74万元　　　　　D. 44万元

[3]（**历年真题·单选题**）采用销售百分比法预测资金需求量时，下列各项中，属于非经营性项目的是（　　）。

A. 现金　　　　B. 存货　　　　C. 长期借款　　　　D. 应付账款

[4]（**历年真题·多选题**）采用销售百分比法预测外部融资需求量，在其他条件不变时，下列各项中，使企业外部融资需求量减少的有（　　）。

A. 应收账款增加　　　　　　　　　B. 固定资产增加

C. 利润留存率提高　　　　　　　　D. 销售净利率提高

[5]（**历年真题·综合题部分内容**）戊公司是一家设备制造商，公司基于市场发展进行财务规划，有关资料如下：

资料一：戊公司 2017 年 12 月 31 日的资产负债表简表及相关信息如下表所示：

戊公司资产负债表简表及相关信息（2017 年 12 月 31 日）　　　　金额单位：万元

资产	金额	占销售额百分比 %	负债与权益	金额	占销售额百分比 %
现金	1 000	2.5	短期借款	5 000	N
应收票据	8 000	20.0	应付票据	2 000	5.0
应收账款	5 000	12.5	应付账款	8 000	20.0
存货	4 000	10.0	应付债券	6 000	N
其他流动资产	4 500	N	实收资本	20 000	N
固定资产	23 500	N	留存收益	5 000	N
合计	46 000	45.0	合计	46 000	25.0

注：表中"N"表示该项目不随销售额的变动而变动。

资料二：戊公司 2017 年销售额为 40 000 万元，销售净利率为 10%，利润留存率为 40%。预计 2018 年销售额增长率为 30%，销售净利率和利润留存率保持不变。

要求：根据资料一和资料二，计算戊公司 2018 年下列各项金额：（1）因销售增加而增加的资产额；（2）因销售增加而增加的负债额；（3）因销售增加而需要增加的资金量；（4）预计利润的留存额；（5）外部融资需求量。

考点 3　资金习性预测法

所谓资金习性，是指资金的变动同产销量变动之间的依存关系。按照资金同产销量之间的依存关系，可以把资金区分为不变资金、变动资金和半变动资金。

资金的分类	定义	举例
不变资金	在一定的产销量范围内，不受产销量变动的影响而保持固定不变。	为维持营业而占用的最低数额的现金，原材料的保险储备，必要的成品储备，厂房、机器设备等固定资产占用的资金。

变动资金	随产销量的变动而同比例变动。	一般包括直接构成产品实体的原材料、外购件等占用的资金。另外，在最低储备以外的现金、存货、应收账款等也具有变动资金的性质。
半变动资金	虽然受产销量变化的影响，但不成同比例变动。	一些辅助材料上占用的资金。

▲【考点母题——万变不离其宗】资金习性预测法

不变资金	（1）根据资金习性预测法，下列各项中，属于不变资金有（　　）。
	A．为维持营业而占用的最低数额的现金　　B．原材料的保险储备 C．必要的成品储备　　D．厂房、机器设备
变动资金	（2）根据资金习性预测法，下列各项中，属于变动资金有（　　）。
	A．直接构成产品实体的原材料、外购件等占用的资金 B．最低储备以外的现金、存货、应收账款

▲【考点母题——万变不离其宗】资金习性预测法计算题

考点	（1）计算不变资金 a ;（2）计算单位产销量所需变动资金 b ;（3）预测资金占用量（需要量）。
公式	b=（高点业务量占用资金 – 低点业务量占用资金）/（高点业务量 – 低点业务量） a= 高点业务量占用资金 –b× 高点业务量　　或：a= 低点业务量占用资金 –b× 低点业务量 $Y=a+bX$ 【注意】把各项目的资金都分成变动和不变两部分，然后汇总在一起，求出企业变动资金总额和不变资金总额。
示例	1．某企业 2016 年至 2021 年历年产销量和现金变化情况如表 1 所示。2022 年预计销售量为 1 500 万件。 表1　产销量与现金变化情况表 <table><tr><td>年度</td><td>产销量（X：万件）</td><td>现金占用（Y：万元）</td></tr><tr><td>2016</td><td>1 200</td><td>1 000</td></tr><tr><td>2017</td><td>1 100</td><td>950</td></tr><tr><td>2018</td><td>1 000</td><td>900</td></tr><tr><td>2019</td><td>1 200</td><td>1 000</td></tr><tr><td>2020</td><td>1 300</td><td>1 150</td></tr><tr><td>2021</td><td>1 400</td><td>1 100</td></tr></table> 要求：采用高低点法，（1）确定"高点"和"低点"。（2）计算单位产销量所需变动资金 b 和不变资金 a。（3）预计 2022 年的现金需要量。 【答案】 （1）高点为 2021 年的产销量 1 400 万件及其对应现金占用 1 100 万元;

续表

| 示例 | 低点为 2018 年的产销量 1 000 万件及其对应现金占用 900 万元。
（2）根据高低点列方程组：1 100=a+1 400b
900=a+1 000b
b=（1 100−900）/（1 400−1 000）=0.5
a=1 100−0.5×1 400=400（万元）
（3）预计 2022 年的现金需要量 =400+0.5X=400+0.5×1 500=1 150（万元）。 |

2. 某企业将现金、存货、应收账款、流动负债、固定资产等根据历史资料按高低点法划分出不变资金和可变资金，如表 2 所示：

表 2　资金需要量预测表（分项预测）　　　　　　　单位：元

	年度不变资金（a）	每 1 元销售收入所需变动资金（b）
流动资产		
现金	10 000	0.05
应收账款	60 000	0.14
存货	100 000	0.22
小计	170 000	0.41
减：流动负债		
应付账款及应付费用	80 000	0.11
净资金占用	90 000	0.30
固定资产		
厂房、设备	510 000	0
所需资金合计	600 000	0.30

要求：根据表 2 资料，（1）确定资金需要量预测模型。（2）预计下年度销售额为 3 500 000元，预计下年度资金需要量。

【答案】

（1）根据表 2 资料得出预测模型为：Y=600 000+0.30X

（2）下年度的资金需要量 =600 000+0.30×3 500 000=1 650 000（元）。

▲【考点子题——举一反三，真枪实练】

[6]（历年真题·单选题）某公司 2012~2016 年度销售收入和资金占用的历史数据（单位：万元）分别为（800，18），（760，19），（900，20），（1 000，22），（1 100，21），运用高低点法分离资金占用中的不变资金额与变动资金时，应采用的两组数据是（　　）。

A.（760，19）和（1 000，22）　　　　　　B.（760，19）和（1 100，21）

C.（800，18）和（1 000，22）　　　　　　D.（800，18）和（1 100，21）

[7] （历年真题·多选题）根据资金的习性分析，下列各项中，属于变动资金的有（   ）。

A. 存货

B. 应收账款

C. 最低储备以外的现金

D. 必要的成品储备

第二节　资本成本

　资本成本的含义与作用

🔺【考点母题——万变不离其宗】资本成本的含义与作用

资本成本的含义	（1）【判断金句】资本成本是指企业为筹集和使用资本而付出的代价，对于出资者而言，由于让渡了资本的使用权，必须要求得到一定补偿，资本成本表现为让渡资本使用权而得到的投资收益。	
资本成本的构成	筹资费（筹措过程中发生的，通常一次性发生）	（2）下列各项中，属于筹资费的有（　　）。
		A. 向银行支付的借款手续费
		B. 发行股票、公司债券而支付的发行费【保荐费、律师费、审计费、券商佣金、路演推广费、印刷费等】
	占用费（使用过程中发生的，每年发生）	（3）下列各项中，属于资金占用费的有（　　）。
		A. 利息　　B. 股息或股利
资本成本的作用	（4）资本成本的作用有（　　）。	
	A. 在其他条件相同时，企业筹资应选择资本成本最低的方式 B. 平均资本成本是衡量资本结构是否合理的重要依据（平均资本成本最小，企业价值最大） C. 资本成本是企业确定投资项目要求达到的投资收益率的最低标准 D. 资本成本是评价企业整体业绩的重要依据	

🔺【考点子题——举一反三，真枪实练】

[8]（历年真题·单选题）下列各项中，属于资本成本中筹资费用的是（　　）。

　　A. 优先股的股利支出　　　　　　　　B. 银行借款的手续费

　　C. 融资租赁的资金利息　　　　　　　D. 债券的利息费用

[9]（历年真题·单选题）关于资本成本，下列说法错误的是（　　）。

　　A. 资本成本是企业进行投资要求达到的最高投资收益率

　　B. 资本成本的高低受到企业经营风险的影响

　　C. 资本成本是指企业为筹集和使用资本而付出的代价

　　D. 资本成本包括筹资费用和占用费

考点5 影响资本成本的因素

🔺【考点母题——万变不离其宗】影响资本成本的因素

（1）影响资本成本的因素有（　）。		
A. 总体经济环境	B. 资本市场条件	C. 企业经营状况
D. 企业融资状况	E. 企业对筹资规模的需求	F. 企业对筹资时限的需求

（2）下列各项因素中，会导致资本成本上升的有（　）。	（3）下列各项因素中，会导致资本成本下降的有（　）。
A. 经济过热 B. 通货膨胀加剧 C. 投资风险加大 D. 资本市场缺乏效率 E. 证券流动性差 F. 经营风险、财务风险高 G. 筹资规模大 H. 占用资金时限长	A. 经济稳定 B. 通货膨胀水平降低 C. 投资风险降低 D. 资本市场效率提高 E. 证券流动性增强 F. 经营风险、财务风险低

🔺【考点子题——举一反三，真枪实练】

[10]（历年真题·单选题）下列各项中，通常会引起资本成本上升的情形是（　）。

　　A. 预期通货膨胀率呈下降趋势

　　B. 投资者要求的预期收益率下降

　　C. 证券市场流动性呈恶化趋势

　　D. 企业总体风险水平得到改善

[11]（历年真题·判断题）当国家执行紧缩货币政策导致市场利率上升时，企业债务资本成本将会下降。（　）

考点6 个别资本成本的计算

　　一般模式：为了便于分析比较，资本成本通常用不考虑货币时间价值的一般通用模型计算。

$$资本成本率 = \frac{年资金占用费}{筹资总额 - 筹资费用} = \frac{年资金占用费}{筹资总额 \times (1 - 筹资费用率)}$$

▲【考点母题——万变不离其宗】个别资本成本计算题

考点	（1）计算银行借款资本成本率；（2）计算债券资本成本率；（3）计算普通股资本成本率；（4）计算优先股资本成本率；（5）计算留存收益资本成本率。	
公式	（1）借款资本成本率	一般模式： $K_b = \dfrac{\text{年利率} \times (1-\text{所得税税率})}{1-\text{手续费率}} = \dfrac{i \times (1-T)}{1-f}$
	（2）公司债券的资本成本率	一般模式： $K_b = \dfrac{\text{年利息} \times (1-\text{所得税税率})}{\text{债券筹资总额} \times (1-\text{手续费率})} = \dfrac{I \times (1-T)}{L \times (1-f)}$
	（3）优先股的资本成本率	一般模式： $K_s = \dfrac{\text{年固定股息}}{\text{发行价格} \times (1-\text{筹资费用率})} = \dfrac{D}{P_n \times (1-f)}$
	（4）普通股的资本成本率	股利增长模型： $K_s = \dfrac{\text{预期第一期股利}}{\text{股票市价} \times (1-\text{筹资费用率})} + \text{股利增长率} = \dfrac{D_1}{P_0 \times (1-f)} + g = \dfrac{D_0 \times (1+g)}{P_0 \times (1-f)} + g$ 资本资产定价模型：$K_s = R_f + \beta \times (R_m - R_f)$
	（5）留存收益的资本成本率	股利增长模型： $K_s = \dfrac{\text{预期第一期股利}}{\text{股票市价}} + \text{股利增长率} = \dfrac{D_1}{P_0} + g = \dfrac{D_0 \times (1+g)}{P_0} + g$ 资本资产定价模型：$K_s = R_f + \beta \times (R_m - R_f)$
示例	甲公司下一年度的筹资计划如下：（1）拟借入5年期长期银行借款200万元，年利率为6%，每年付息一次，到期一次还本；（2）发行债券筹资1 100万元，每张债券面值1 000元，发行价格1 100元，票面利率为7%，期限5年，每年付息一次，到期一次还本，发行费用率为3%；（3）按面值发行优先股2 000万元，固定股息率为7.84%，筹资费用率为2%；（4）发行普通股筹资2 000万元，每股10元，筹资费用率为3%，公司当前股利为每股0.97元，预计股利增长率为5%；（5）利用留存收益筹资700万元。公司普通股 β 系数为2；一年国债利率为4%，市场平均收益率为9%。公司适用的所得税税率为25%。假设不考虑筹资费用对资本结构的影响，发行债券和优先股不影响借款利率和普通股股价。 要求： （1）计算甲公司长期银行借款的资本成本率。 （2）计算甲公司发行债券的资本成本率。 （3）计算甲公司发行优先股的资本成本率。 （4）分别利用资本资产定价模型与股利增长模型计算甲公司发行普通股的资本成本率。 （5）分别利用资本资产定价模型与股利增长模型计算甲公司留存收益的资本成本率。 【答案】 （1）长期银行借款的资本成本率 $= \dfrac{\text{年利率} \times (1-\text{所得税税率})}{1-\text{手续费率}} = 6\% \times (1-25\%) = 4.5\%$ （2）发行债券的资本成本率 $= \dfrac{\text{年利息} \times (1-\text{所得税税率})}{\text{债券筹资总额} \times (1-\text{手续费率})} = \dfrac{1\,000 \times 7\% \times (1-25\%)}{1\,100 \times (1-3\%)} = 4.92\%$	

续表

示例	（3）发行优先股的资本成本率 = $\dfrac{\text{年固定股息}}{\text{发行价格} \times (1-\text{筹资费用率})}$ = $\dfrac{2\,000 \times 7.84\%}{2\,000 \times (1-2\%)}$ = 8%
	（4）发行普通股的资本成本率 = $R_f + \beta \times (R_m - R_f)$ = 4% + 2 × (9%−4%) = 14%
	发行普通股的资本成本率 = $\dfrac{\text{预期第一期股利}}{\text{股票市价} \times (1-\text{筹资费用率})}$ + 股利增长率
	= $\dfrac{0.97 \times (1+5\%)}{10 \times (1-3\%)}$ + 5% = 15.5%
	（5）留存收益的资本成本率 = $R_f + \beta \times (R_m - R_f)$ = 4% + 2 × (9%−4%) = 14%
	留存收益的资本成本率 = $\dfrac{\text{预期第一期股利}}{\text{股票市价}}$ + 股利增长率 = $\dfrac{0.97 \times (1+5\%)}{10}$ + 5% = 15.19%。

▲【考点母题——万变不离其宗】个别资本成本的比较

是否考虑所得税	（1）下列各项资本成本中，受所得税因素影响的有（　　）。
	A．银行借款资本成本率　　B．债券资本成本率　　C．租赁资本成本率
	（2）下列各项资本成本中，不受所得税因素影响的有（　　）。
	A．优先股资本成本率　　B．普通股资本成本率　　C．留存收益资本成本率
是否考虑筹资费	（3）下列各项资本成本中，不需要考虑筹资费因素的是（　　）。
	A．留存收益资本成本率
个别资本成本的比较	（4）下列关于个别资本成本大小比较的表达中，正确的是（　　）。
	A．吸收直接投资资本成本率＞普通股资本成本率＞留存收益资本成本率＞优先股资本成本率＞债券资本成本率＞银行借款资本成本率

▲【考点子题——举一反三，真枪实练】

[12]（历年真题·单选题）计算下列筹资方式的资本成本时，需要考虑企业所得税因素影响的是（　　）。

  A．债券资本成本   B．优先股资本成本

  C．留存收益资本成本   D．普通股资本成本

[13]（历年真题·单选题）某公司向银行借款 2 000 万元，年利率为 8%，筹资费率为 0.5%，该公司适用所得税税率为 25%，则该笔借款的资本成本率是（　　）。

  A．6%   B．6.03%   C．8%   D．8.04%

[14]（历年真题·多选题）关于银行借款筹资的资本成本，下列说法错误的有（　　）。

  A．银行借款手续费会影响银行借款的资本成本

  B．银行借款的资本成本仅包括银行借款利息支出

C. 银行借款的资本成本率一般等于无风险利率

D. 银行借款的资本成本与还本付息方式无关

［15］（历年真题·判断题）其他条件不变时，优先股的发行价格越高，其资本成本率也越高。（　　）

［16］（历年真题·单选题）某公司发行普通股的筹资费率为 6%，当前股价为 10 元 / 股，本期已支付的现金股利为 2 元 / 股，未来各期股利按 2% 的速度持续增长。则该公司留存收益的资本成本率是（　　）。

A. 23.70%　　　　　B. 22.4%　　　　　C. 20.4%　　　　　D. 21.2%

［17］（历年真题·判断题）因为普通股不一定支付股利，所以普通股资本成本小于债务资本成本。（　　）

考点 7　平均资本成本的计算

企业平均资本成本，是以各项个别资本在企业总资本中的比重为权数，对各项个别资本成本率进行加权平均而得到的总资本成本率。

平均资本成本权数价值形式

权数价值形式	含义	优点	缺点
账面价值权数	以各项个别资本的会计报表账面价值为基础来计算资本权数，确定各类资本占总资本的比重。	资料容易取得，可以直接从资产负债表中得到，而且计算结果比较稳定。	当债券和股票的市价与账面价值差距较大时，导致按账面价值计算出来的资本成本不能反映目前从资本市场上筹集资本的现时机会成本，不适合评价现时的资本结构。
市场价值权数	以各项个别资本的现行市价为基础来计算资本权数，确定各类资本占总资本的比重。	能够反映现时的资本成本水平，有利于进行资本结构决策。	现行市价处于经常变动之中，不容易取得，而且现行市价反映的只是现时的资本结构，不适用未来的筹资决策。
目标价值权数	以各项个别资本预计的未来价值（可以是未来的市场价值，也可以是未来的账面价值）为基础来计算资本权数，确定各类资本占总资本的比重。	对于公司筹措新资金，需要反映期望的资本结构来说，目标价值是有益的，适用于未来的筹资决策。	目标价值的确定难免具有主观性。

▲【考点母题——万变不离其宗】平均资本成本

平均资本成本的权数	账面价值权数	（1）反映过去从资本市场上筹集资本的成本价值权数是（ ）。
		A. 账面价值权数
	市场价值权数	（2）能够反映现时的资本成本水平的价值权数是（ ）。
		A. 市场价值权数
	目标价值权数	（3）适用于未来的筹资决策，体现决策相关性，但主观性较强的价值权数是（ ）。
		A. 目标价值权数

▲【考点母题——万变不离其宗】平均资本成本计算题

考点	（1）计算价值权数；（2）计算个别资本成本率；（3）计算平均资本成本。
公式	（1）某种资本占总资本的权重（W_j）= 某种资本来源的金额 / 全部资本来源的金额 （2）个别资本成本率（K_j） （3）平均资本成本（K_w）= $\sum_{j=1}^{n} K_j W_j$
示例	丙公司本年年末长期资本账面总额为 1 000 万元，其中：银行长期借款 400 万元，占 40%；长期债券 150 万元，占 15%；股东权益 450 万元（共 200 万股，每股面值 1 元，市价 8 元），占 45%。个别资本成本率分别为：5%、6%、9%。 要求：分别按账面价值和市场价值计算该公司的平均资本成本。 【答案】 按账面价值计算： Kw=5%×40%+6%×15%+9%×45%=6.95% 按市场价值计算： $$K_w = 5\% \times \frac{400}{400+150+1\,600} + 6\% \times \frac{150}{400+150+1\,600} + 9\% \times \frac{1\,600}{400+150+1\,600}$$ $$= \frac{5\% \times 400 + 6\% \times 150 + 9\% \times 1\,600}{400+150+1\,600} = \frac{173}{2\,150} = 8.05\%。$$

▲【考点子题——举一反三，真枪实练】

[18]（历年真题·单选题）为反映现时资本成本水平，计算平均资本成本最适宜采用的价值权数是（ ）。

A. 账面价值权数　　　　　　　　　B. 目标价值权数

C. 市场价值权数　　　　　　　　　D. 历史价值权数

[19]（历年真题·多选题）平均资本成本计算涉及到对个别资本的权重选择问题，对于有关价值权数，下列说法正确的有（ ）。

A. 账面价值权数不适合评价现时的资本结构合理性

B. 目标价值权数一般以历史账面价值为依据

C. 目标价值权数更适用于企业未来的筹资决策

D. 市场价值权数能够反映现时的资本成本水平

[20]（经典子题·计算题）某公司目前的资本来源状况如下：债务资本为公司债券，该债券的票面利率为 8%，每年付息一次，10 年后到期，每张债券面值 1 000 元，当前市价 800 元，共发行 100 万张；股权资本为普通股，流通在外的普通股共 10 000 万股，每股面值 1 元，市价 25.6 元，β 系数 1.5。当前的无风险收益率为 4.5%，预期市场风险溢酬为 5%。公司的所得税税率为 25%。（计算结果保留两位小数）。

要求：（1）根据一般模式计算债券资本成本率；（2）计算普通股资本成本率；（3）以市场价值为权重，计算平均资本成本。

考点 8　边际资本成本

▲▲【考点母题——万变不离其宗】边际资本成本

下列关于边际资本成本的表述中，正确的有（　　）。

A. 边际资本成本是企业追加筹资的成本

B. 边际资本成本是企业进行追加筹资的决策依据

C. 筹资方案组合时，边际资本成本的权数采用目标价值权数

[21]（历年真题·判断题）边际资本成本作为企业进行追加筹资决策的依据，计算筹资组合的边际资本成本，一般应选择目标价值作为权数。（　　）

考点 9　项目资本成本

▲▲【考点母题——万变不离其宗】使用企业当前综合（加权平均）资本成本作为投资项目的资本成本

（1）使用企业当前综合资本成本作为项目的资本成本，应同时具备的条件有（　　）。

A. 项目的风险与企业当前资产的平均风险相同

B. 公司继续采用相同的资本结构为项目筹资

（2）【判断金句】等经营风险假设或资本结构不变假设明显不成立时，不能使用企业当前综合资本成本作为投资项目资本成本。

▲▲【考点子题——举一反三，真枪实练】

[22]（经典子题·判断题）如果某投资项目的风险与企业当期资产的平均风险相同，可以使用企业当前的综合资本成本作为该项目的折现率。（　　）

【考点母题——万变不离其宗】运用可比公司法估计投资项目的资本成本计算题

含义	可比公司法是寻找一个经营业务与待评价项目类似的上市公司，以该上市公司的 β 值作为待评价项目的 β 值。 运用可比公司法时，应注意可比公司的资本结构已反映在其 β 值中。如果可比公司的资本结构与项目所在企业显著不同，那么在估计项目的 β 值时，应针对资本结构差异作出相应调整。
考点	（1）计算可比公司 β $_{资产}$；（2）计算投资项目 β $_{权益}$；（3）计算项目股东权益成本；（4）计算项目的资本成本。

公式		
	（1）卸载可比公司财务杠杆	β $_{资产}$＝β $_{权益}$÷[1+（1－税率）×（负债/股东权益）]
	（2）加载待估计的投资项目财务杠杆	β $_{权益}$＝β $_{资产}$×[1+（1－税率）×（负债/股东权益）]
	（3）根据得出的投资项目 β $_{权益}$计算股东权益成本	股东权益成本＝股东要求的报酬率＝无风险报酬率＋β $_{权益}$×（市场组合平均报酬率－无风险报酬率）
	（4）计算投资项目的综合资本成本	综合资本成本＝负债利率×（1－税率）×负债/资本＋股东权益成本×股东权益/资本

【注】β $_{资产}$是假设全部用权益资本融资的 β 值，此时没有财务风险。或者说，此时股东权益的风险与资产的风险相同，股东只承担经营风险即资产的风险。

示例	某房地产公司计划投资一个保健品项目 A，预计该项目债务资金占30%，债务资金年利率为6%。保健品上市公司代表企业为 B 公司，β $_{权益}$为0.9，债务/权益为1/1，企业所得税税率为25%。假设无风险报酬率为6%，市场组合的平均报酬率为11%。 要求：计算投资项目 A 的资本成本。 **【答案】** （1）可比公司 B 公司不含负债的 β 值（β $_{资产}$） β $_{资产}$=0.9÷[1+（1－25%）×（1/1）]=0.51 （2）计算项目 A 含有负债的 β 值（β $_{权益}$） β $_{权益}$（项目 A）=0.51×[1+（1－25%）×（0.3/0.7）]=0.67 （3）根据 β $_{权益}$计算项目 A 的股东权益成本 股东权益成本=6%+0.67×（11%－6%）=9.35% （4）计算项目 A 的资本成本 项目 A 的资本成本=6%×（1－25%）×（30/100）+9.35%×（70/100）=7.9%。

【考点子题——举一反三，真枪实练】

[23]（历年真题·计算题）甲公司是一家电池生产企业，计划投资一个新能源电池项目。该项目拟按照负债与权益比为3:5的目标资本结构进行筹资，债务资金年利率为10%。甲公司运用可比公司法估计该投资项目的资本成本。可比公司乙公司是新能源电池领域的代表性企业，乙公司的负债与权益比为2:3，含有负债的 β 值（β $_{权益}$）为2.7。假定无风险报酬率为3%，市场组合的平均报酬率为8%。甲公司和乙公司的企业所得税税率均为25%。

要求：（1）计算可比公司乙公司不含负债的 β 值（$\beta_{资产}$）。（2）计算甲公司新能源电池项目含有负债的 β 值（$\beta_{权益}$）。（3）计算甲公司新能源电池项目的股东权益成本。（4）计算甲公司新能源电池项目的综合资本成本。

【说明】金融工具价值评估内容合并到第六章第四节证券投资管理

第三节　杠杆效应

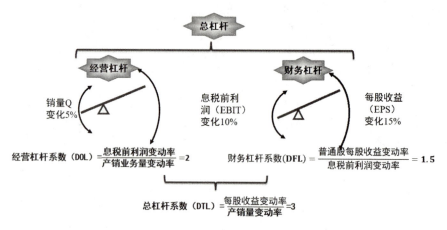

考点10　经营杠杆效应

经营杠杆：由于固定性经营成本的存在，而使得企业的资产收益（息税前利润）变动率大于业务量变动率的现象。

⚠ 【考点母题——万变不离其宗】经营杠杆系数计算题

考点	（1）计算基期边际贡献;（2）计算基期息税前利润;（3）计算经营杠杆系数;（4）计算为实现目标息税前利润应达到的销售增长率;（5）根据经营杠杆系数和预计销售增长率预测息税前利润。
公式	（1）边际贡献 = 销售收入 − 变动成本总额 =（单价 − 单位变动成本）× 销售量 　　　　= 销售收入 × 边际贡献率 = 销售收入 ×（1− 变动成本率） （2）息税前利润 = 边际贡献 − 固定成本 （3）经营杠杆系数：DOL= 息税前利润变动率 / 产销业务量变动率 $$DOL = \frac{基期边际贡献}{基期息税前利润} = \frac{基期息税前利润+基期固定成本}{基期息税前利润} = \frac{EBIT_0+F_0}{EBIT_0}$$ （4）为实现目标息税前利润增长 　　　应达到的销售增长率 $= \dfrac{目标息税前利润增长率}{DOL}$ （5）预计息税前利润增长率 = 预计销售增长率 × 经营杠杆系数 　　　预计息税前利润 = 基期息税前利润 ×（1+ 预计息税前利润增长率）

续表

示例	甲公司 2021 年销售额为 5 000 万元，固定成本为 500 万元，变动成本率为 70%。假设 2022年该公司成本性态不变。公司 2022 年息税前利润计划增长 30%。 要求：（1）计算 2021 年边际贡献。（2）计算 2021 年息税前利润。（3）以 2021 年为基期计算经营杠杆系数。（4）假设公司 2022 年息税前利润计划增长 30%，计算为实现目标息税前利润应达到的销售增长率。（5）假设 2022 年预计销售增长率为 10%，计算预计息税前利润。 【答案】 （1）边际贡献 = 销售收入 × 边际贡献率 = 销售收入 ×（1– 变动成本率）=5 000 ×（1–70%） 　　　　=1 500（万元） （2）息税前利润 = 边际贡献 – 固定成本 = 1 500–500=1 000（万元） （3）经营杠杆系数（DOL）= $\dfrac{基期边际贡献}{基期息税前利润}$ = $\dfrac{5\ 000\times30\%}{1\ 000}$ =1.5 （4）为实现目标息税前利润应达到的销售增长率 = 目标息税前利润增长率 / 经营杠杆系数 　　　　　　　　　　　　　　　　　　　　　=30%/1.5=20% （5）预计息税前利润增长率 = 预计销售增长率 × 经营杠杆系数 =10% × 1.5=15% 　　　　预计息税前利润 =1 000 ×（1+15%）=1 150（万元）。

▲【考点母题——万变不离其宗】经营杠杆效应

经营杠杆及其效应	（1）下列关于经营杠杆的表述中，正确的有（　　）。
	A. 只要企业存在固定性经营成本，就存在经营杠杆效应 B. 经营杠杆反映了资产收益的波动性，用以评价企业的经营风险 C. 经营杠杆本身并不是资产收益波动的根源，只是资产收益波动的表现，经营杠杆放大了市场和生产等因素变化对利润波动的影响 D. 经营杠杆系数越高，经营风险也就越大 E. 在息税前利润为正的前提下，经营杠杆系数最低为 1，不会为负数 F. 在息税前利润为正的前提下，只要有固定性经营成本存在，经营杠杆系数总是大于 1
经营杠杆系数影响因素	（2）下列各项中，与经营杠杆系数同向变化的有（　　）。
	A. 固定成本　　　B. 变动成本
	（3）下列各项中，与经营杠杆系数反向变化的有（　　）。
	A. 销售量　　　　B. 销售价格
	（4）某企业生产 A 产品，固定成本 100 万元，变动成本率 60%，使经营杠杆系数最大的销售额是（　　）万元。 A. 250 【解析】$DOL_{250}=\dfrac{250-250\times60\%}{250-250\times60\%-100}\to\infty$ 在不同的销售量水平上，经营杠杆系数的水平并不相同。在盈亏平衡点，公司经营杠杆系数达到最大。盈亏平衡点 =100/（1–60%）=250（万元）。

▲【考点子题——举一反三，真枪实练】

[24]（历年真题·单选题）若企业基期固定成本为 200 万元，基期息税前利润为 300 万元，则经营杠杆系数是（　　）。

A. 2.5　　　　　　B. 1.67　　　　　　C. 1.5　　　　　　D. 0.67

[25]（历年真题·多选题）在息税前利润为正的前提下，下列因素中，与经营杠杆系数保持同向变化的有（　　）。

A. 固定成本　　B. 销售价格　　C. 销售量　　D. 单位变动成本

[26]（历年真题·多选题）关于企业经营杠杆系数，下列表述正确的有（　　）。

A. 只要企业存在固定性经营成本，经营杠杆系数总是大于 1

B. 若经营杠杆系数为 1，则企业不存在经营风险

C. 经营杠杆系数就是息税前利润对销售量的敏感系数

D. 经营杠杆系数等于息税前利润除以边际贡献

考点 11　财务杠杆效应

财务杠杆：由于固定性资本成本的存在，而使得企业的普通股收益（或每股收益）变动率大于息税前利润变动率的现象。

▲【考点母题——万变不离其宗】财务杠杆系数计算题

考点	（1）计算基期息税前利润；（2）计算基期每股收益；（3）计算财务杠杆系数；（4）计算为实现目标每股收益应达到的息税前利润增长率；（5）根据财务杠杆系数和预计息税前利润增长率预测每股收益。
公式	（1）息税前利润 = 边际贡献 − 固定成本 （2）每股收益 =（息税前利润 − 利息）（1− 所得税税率）/ 股数 （3）财务杠杆系数：DFL = 普通股每股收益变动率 / 息税前利润变动率 $$DFL = \frac{基期息税前利润}{基期税前利润} = \frac{基期息税前利润}{基期息税前利润 - 基期利息} = \frac{EBIT_0}{EBIT_0 - I_0}$$ $$DFL = \frac{基期息税前利润}{基期息税前利润 - 基期利息 - \dfrac{优先股股息}{(1-所得税税率)}} = \frac{EBIT_0}{EBIT_0 - I_0 - \dfrac{D_P}{(1-T)}}$$ （4）为实现目标每股收益应达到的息税前利润增长率 = 目标每股收益增长率 / 财务杠杆系数 （5）预计每股收益增长率 = 预计息税前利润增长率 × 财务杠杆系数 　　　预计每股收益 = 基期每股收益 ×（1+ 预计每股收益增长率）
示例	甲公司 2021 年息税前利润为 1 000 万元。该公司 2021 年总资产为 10 000 万元，负债率为 50%，年均利率为 6%；优先股 2 000 万元，年息率为 7.5%。公司发行在外普通股总股数为 1 500 万股。公司适用所得税税率为 25%。

续表

示例	要求： （1）计算 2021 年每股收益； （2）以 2021 年为基期计算财务杠杆系数； （3）假设甲公司 2022 年每股收益计划达到 0.5 元，计算为实现目标每股收益应达到的息税前利润增长率； （4）假设息税前利润增长率为 10%，预测 2022 预计每股收益。 【答案】 （1）每股收益 =[（1 000−10 000×50%×6%）×（1−25%）−2 000×7.5%]/1 500=0.25（元 / 股） （2）财务杠杆系数 =1 000/[1 000−10 000×50%×6%−2 000×7.5%/（1−25%）]=2 （3）为实现目标每股收益应达到的息税前利润增长率 = 目标每股收益增长率 / 财务杠杆系数 　　　　　　　　　　　　　　　　　　　=[（0.5−0.25）/0.25]/2=50% （4）预计每股收益增长率 =10%×2=20% 　　　预计每股收益 =0.25×（1+20%）=0.3（元 / 股）。

▲【考点母题——万变不离其宗】财务杠杆效应

财务杠杆及其效应	（1）下列关于财务杠杆的表述中，正确的有（　　）。
	A. 固定性资本成本是产生财务杠杆效应的原因 B. 财务杠杆反映了权益资本收益的波动性，用以评价企业的财务风险 C. 固定资本成本所占比重越大，财务杠杆系数就越大 D. 财务杠杆放大了资产收益变化对普通股收益的影响 E. 在企业有正的税后利润的前提下，财务杠杆系数最低为 1，不会为负数 F. 在企业有正的税后利润的前提下，只要有固定性资本成本存在，财务杠杆系数总是大于 1
	（2）下列各项中，会导致财务杠杆系数增大的有（　　）。
	A. 息税前利润降低　　　　　　　B. 所得税税率上升 C. 利息（优先股股息）提高　　　D. 企业资本结构中债务资金比重上升

▲【考点子题——举一反三，真枪实练】

[27] （历年真题·单选题）某公司基期息税前利润为 1 000 万元，基期利息费用为 400 万元。假设与财务杠杆计算相关的其他因素保持不变，则该公司计划期的财务杠杆系数是（　　）。

A. 1.25　　　　　　B. 1.67　　　　　　C. 1.88　　　　　　D. 2.50

[28] （历年真题·单选题）下列各项中，影响财务杠杆系数而不影响经营杠杆系数的是（　　）。

A. 产销量　　　B. 固定利息费用　　　C. 销售单价　　　D. 固定经营成本

[29] （经典子题·单选题）下列关于财务杠杆的说法中，不正确的是（　　）。

A. 债务资本比率越高，财务杠杆系数越大

B. 息税前利润水平越低，财务杠杆系数越大，财务风险越大

C. 固定的优先股股息越高，财务杠杆系数越大

D. 财务杠杆系数可以反映每股收益随着产销量的变动而变动的幅度

考点 12 总杠杆效应

总杠杆：由于固定经营成本和固定资本成本的存在，导致普通股每股收益变动率大于产销业务量变动率的现象。

▲【考点母题——万变不离其宗】总杠杆系数计算题

考点	（1）计算总杠杆系数；（2）预测每股收益增长率。
公式	（1）总杠杆系数 = 每股收益变动率 / 产销量变动率 　　　总杠杆系数 = 基期边际贡献 / 基期利润总额 = 经营杠杆系数 × 财务杠杆系数 =DOL×DFL （2）预计每股收益变动率 =DTL× 产销业务量变动率
示例	甲公司 2022 年经营杠杆系数为 1.5，财务杠杆系数为 2。预计 2022 年销售增长率为 20%。 要求： （1）计算 2022 年总杠杆系数。 （2）预计 2022 年息税前利润增长率。 （3）预计 2022 年每股收益增长率。 【答案】 （1）总杠杆系数 =1.5×2=3 （2）息税前利润增长率 = 经营杠杆系数（DOL）× 产销业务量变动率 =1.5×20%=30% （3）每股收益增长率 = 财务杠杆系数（DFL）× 息税前利润增长率 =2×30%=60% 　　　　　　　　　 = 总杠杆系数（DTL）× 产销业务量变动率 =3×20%=60%。

▲【考点母题——万变不离其宗】总杠杆效应

总杠杆及其效应	（1）下列关于总杠杆的表述中，正确的有（　　）。
	A. 总杠杆反映权益资本收益与产销业务量之间的变动关系 B. 固定性经营成本和固定性资本成本的存在产生了总杠杆效应 C. 总杠杆系数是经营杠杆系数和财务杠杆系数的乘积 D. 总杠杆系数是普通股收益变动率与产销量变动率的倍数 E. 总杠杆系数反映了经营杠杆和财务杠杆之间的关系，用以评价企业整体的风险水平
行业特征与杠杆效应	（2）下列关于行业特征与杠杆效应的表述中，正确的有（　　）。
	A. 一般来说，固定资产比重较大的资本密集型企业，经营杠杆系数高，经营风险大，企业筹资主要依靠权益资本，以保持较小的财务杠杆系数和财务风险 B. 变动成本比重较大的劳动密集型企业，经营杠杆系数低，经营风险小，企业筹资可以主要依靠债务资金，保持较大的财务杠杆系数和财务风险

续表

企业生命周期与杠杆效应	（3）下列关于企业生命周期与杠杆效应的表述中，正确的有（　　）。
	A. 一般来说，在企业初创阶段，产品市场占有率低，产销业务量小，经营杠杆系数大，此时企业筹资主要依靠权益资本，在较低程度上使用财务杠杆 B. 在企业扩张成熟期，产品市场占有率高，产销业务量大，经营杠杆系数小，此时，企业资本结构中可扩大债务资本比重，在较高程度上使用财务杠杆

🔺【考点子题——举一反三，真枪实练】

[30]（历年真题·判断题）如果企业的全部资本来源于普通股权益资本，则其总杠杆系数与经营杠杆系数相等。（　　）

[31]（历年真题·多选题）某企业的经营杠杆系数为 2，总杠杆系数为 5，下列说法中，正确的有（　　）。

　　A. 如果销售量增加 10%，则普通股每股收益增加 20%

　　B. 如果销售量增加 15%，则息税前利润增加 30%

　　C. 如果普通股每股收益增加 50%，则表明息税前利润增加了 20%

　　D. 如果息税前利润增加 10%，则普通股每股收益增加 25%

[32]（历年真题·判断题）总杠杆系数反映了经营杠杆和财务杠杆之间的关系，在维持一定的总杠杆系数情形下，经营杠杆系数和财务杠杆系数可以有不同的组合。（　　）

[33]（历年真题·计算题）甲公司是一家制造业股份有限公司，生产销售一种产品，产销平衡。2020 年度销售量为 100 000 件，单价为 0.9 万元 / 件，单位变动成本为 0.5 万元 / 件，固定成本总额为 30 000 万元。2020 年度的利息费用为 2 000 万元。公司预计 2021 年产销量将增长 5%，假设单价、单位变动成本与固定成本总额保持稳定不变。

要求：

（1）计算 2020 年度的息税前利润。

（2）以 2020 年为基期，计算下列指标：①经营杠杆系数；②财务杠杆系数；③总杠杆系数。

（3）计算 2021 年下列指标：①预计息税前利润；②预计每股收益增长率。

第 5 章

第四节 资本结构

考点 13 资本结构理论

（一）资本结构的含义

⚠️ **【考点母题——万变不离其宗】资本结构的含义**

资本结构的含义	（1）【判断金句】广义资本结构是指全部债务与股东权益的构成比例；狭义的资本结构则是指长期负债与股东权益的构成比例。
最佳资本结构	（2）下列关于最佳资本结构的表述中，正确的有（　　）。
	A. 最佳资本结构是指在一定条件下使企业平均资本成本率最低、企业价值最大的资本结构
	B. 企业必须权衡财务风险和资本成本的关系，确定最佳的资本结构
	C. 评价企业资本结构最佳状态的标准应该是既能够提高股权收益或降低资本成本，又能控制财务风险，最终目的是提升企业价值
	D. 最佳资本结构理论上存在，动态保持最佳资本结构十分困难

▲ **【考点子题——举一反三，真枪实练】**

[34]（**历年真题·单选题**）下列关于最佳资本结构的表述中，错误的是（　　）。

    A. 最佳资本结构在理论上是存在的

    B. 资本结构优化的目标是提高企业价值

    C. 企业平均资本成本最低时资本结构最佳

    D. 企业的最佳资本结构应当长期固定不变

[35]（**历年真题·判断题**）使企业税后利润最大的资本结构是最佳资本结构。（　　）

（二）资本结构理论

⚠️ **【考点母题——万变不离其宗】资本结构理论**

MM 理论	（1）标志着现代资本结构理论建立的资本结构理论是（　　）。
	A. MM 理论
	（2）下列各项中，属于无税下的 MM 理论观点的有（　　）。

续表

MM 理论	A. 不考虑企业所得税，有无负债不改变企业的价值，即企业价值不受资本结构的影响 B. 有负债企业的股权成本随着负债程度的增大而增大
	（3）下列各项中，属于修正的 MM 理论观点的有（　　）。
	A. 因为负债利息带来避税利益，有负债企业可利用财务杠杆增加企业价值 B. 有负债企业的价值大于无负债企业的价值 C. 有负债企业的股权成本大于无负债企业的股权成本
权衡理论	（4）MM 资本结构理论认为有负债企业的价值等于无负债企业价值加上税赋节约现值，再减去财务困境成本现值。该理论是（　　）。
	A. 权衡理论
代理理论	（5）下列各项中，属于代理理论观点的有（　　）。
	A. 企业资本结构会影响经理人员的工作水平和其他行为选择，从而影响企业未来现金收入和企业市场价值 B. 债权筹资有很强的激励作用，债务作为一种担保机制能够促使经理多努力工作，少个人享受，并且做出更好的投资决策，从而降低由于两权分离而产生的代理成本【股权代理成本】 C. 负债筹资可能导致另一种代理成本，即企业接受债权人监督而产生的成本【债务代理成本】
优序融资理论	（6）【判断金句】从成熟的证券市场来看，企业的筹资优序模式首先是内部筹资，其次是借款、发行债券、可转换债券，最后是发行新股筹资。
资本结构是否影响企业价值	（7）下列各种资本结构理论中，认为资本结构影响企业价值的有（　　）。
	A. 修正 MM 理论　　　B. 权衡理论　　　C. 代理理论　　　D. 优序融资理论

🔺【考点子题——举一反三，真枪实练】

[36]（历年真题·单选题）下列各项中，属于修正的 MM 理论观点的是（　　）。

　　A. 企业有无负债均不改变企业价值

　　B. 企业负债有助于降低两权分离所带来的的代理成本

　　C. 企业可以利用财务杠杆增加企业价值

　　D. 财务困境成本会降低有负债企业的价值

[37]（历年真题·多选题）关于资本结构理论，下列说法正确的有（　　）。

　　A. 修正的 MM 理论认为，企业价值与企业的资产负债率无关

　　B. 根据优序融资理论，当企业需要外部筹资时，债务筹资优于股权筹资

　　C. 根据代理理论，债务筹资可能带来债务代理成本

　　D. 最初的 MM 理论认为，有负债企业的股权资本成本随着资产负债率的增大而增大

[38] (历年真题·单选题) 有一种资本结构理论认为,有负债企业的价值等于无负债企业价值加上税赋节约现值,再减去财务困境成本的现值,这种理论是( )。

    A. 代理理论   B. 权衡理论   C. MM 理论   D. 优序融资理论

考点 14 影响资本结构的因素

🔺【考点母题——万变不离其宗】影响资本结构的因素

(1) 影响资本结构的因素有( )。	
A. 企业经营状况的稳定性和成长率	B. 企业的财务状况和信用等级
C. 企业的资产结构	D. 企业投资人和管理当局的态度
E. 行业特征和企业发展周期	F. 经济环境的税务政策和货币政策
(2) 下列各种情形中,可以采用高负债资本结构的有( )。	(3) 下列各种情形中,企业应该采用低负债比率资本结构的有( )。
A. 企业的财务状况良好信用等级高 B. 维护少数股东控制权 C. 企业发展成熟阶段,产品产销业务量稳定和持续增长 D. 所得税税率较高	A. 产销业务量和盈余有周期性 B. 企业的财务状况欠佳信用等级不高 C. 企业股权分散 D. 稳健的管理当局 E. 高新技术企业产品、技术、市场尚不成熟 F. 企业初创阶段,经营风险高 G. 企业收缩阶段上,产品市场占有率下降 H. 国家执行了紧缩的货币政策

🔺【考点子题——举一反三,真枪实练】

[39] (历年真题·多选题) 下列各项因素中,影响企业资本结构决策的有( )。

    A. 企业的经营状况   B. 企业的信用等级

    C. 国家的货币供应量   D. 管理者的风险偏好

[40] (历年真题·单选题) 在通常情况下,适宜采用较高负债比例的企业发展阶段是( )。

    A. 初创阶段   B. 破产清算阶段

    C. 收缩阶段   D. 发展成熟阶段

考点 15 资本结构优化

🔺【考点母题——万变不离其宗】每股收益分析法

考点	(1) 计算每股收益无差别点(业务量或息税前利润);(2) 计算每股收益无差别点时的每股收益;(3) 判断筹资方案哪个更优,并说明理由。

续表

公式	【每股收益无差别点计算】 （1）一般公式 $$\frac{(\overline{EBIT}-I_1)\times(1-T)-DP_1}{N_1}=\frac{(\overline{EBIT}-I_2)\times(1-T)-DP_2}{N_2}$$ 式中：$\overline{EBIT}$为息税前利润平衡点，即每股收益无差别点；I_1，I_2表示两种筹资方式下的债务利息；DP_1，DP_2表示两种筹资方式下的优先股股利；N_1，N_2表示两种筹资方式下普通股股数；T表示所得税税率。 （2）简化公式 每股收益无差别点息税前利润 =（大股数 × 大利息 – 小股数 × 小利息）/（大股数 – 小股数） 决策原则：预期息税前利润或业务量水平大于每股收益无差别点时，应当选择债务筹资方案； 预期息税前利润或业务量水平小于每股收益无差别点时，应当选择股权筹资方案。
示例	某企业现有资本总额 10 000 万元，其结构为：平均利率10% 的长期债券 4 000 万元，普通股6 000 万元（600 万股）。现拟追加筹资 5 000 万元，有以下 2 种方案可供选择。 方案一：发行长期债券 5 000 万元，年利率为 12%； 方案二：发行长期债券 3 000 万元，年利率为 12%，发行普通股 2 000 万元（200 万股）。 假定该企业预计的息税前利润 1 800 万元，所得税率为 25%。 要求： （1）计算方案一和方案二的每股收益无差别点（以息税前利润表示）。 （2）计算每股收益无差别点的每股收益。 （3）运用每股收益分析法判断该企业应选择哪一种筹资方案，并说明理由。 【答案】 （1）$\frac{(\overline{EBIT}-方案1的利息)\times(1-所得税税率)}{方案1的普通股股数}=\frac{(\overline{EBIT}-方案2的利息)\times(1-所得税税率)}{方案2的普通股股数}$ $\frac{(\overline{EBIT}-5\,000\times12\%-4\,000\times10\%)\times(1-25\%)}{600}=\frac{(\overline{EBIT}-3\,000\times12\%-4\,000\times10\%)\times(1-25\%)}{600+200}$ 得出$\overline{EBIT}$ =1 720（万元） 利用简化公式计算： 每股收益无差别点息税前利润 =（大股数 × 大利息 – 小股数 × 小利息）/（大股数 – 小股数） =（800 × 1 000–600 × 760）/（800–600） =1 720（万元） （2）每股收益无差别点的每股收益 = $\frac{(\overline{EBIT}-方案1的利息)\times(1-所得税税率)}{方案1的普通股股数}$ =（1 720–4 000 × 10%–5 000 × 12%）×（1–25%）/600=0.9（元） 或：每股收益无差别点的每股收益 = $\frac{(\overline{EBIT}-方案2的利息)\times(1-所得税税率)}{方案2的普通股股数}$ =（1 720–3 000 × 12%–4 000 × 10%）×（1–25%）/（600+ 200） =0.9（元） （3）应选择方案一。 理由：该公司预期息税前利润 1 800 万元大于每股收益无差别点的息税前利润。

⚠️【考点母题——万变不离其宗】平均资本成本比较法

考点	（1）计算平均资本成本；（2）作出最优资本结构选择，并说明理由。
公式	平均资本成本 $=\sum$（个别资本成本率×该资本在全部资本中的比重）

示例	

长达公司需筹集 10 000 万元长期资本，可以从贷款、发行债券、发行普通股三种方式筹集，其个别资本成本率已分别测定，有关资料如下表所示：

长达公司资本成本与资本结构数据表　　　　　　　单位：%

筹资方式	资本结构			个别资本成本率
	A 方案	B 方案	C 方案	
贷款	40	30	20	6
债券	10	15	20	8
普通股	50	55	60	9
合计	100	100	100	

要求：（1）分别计算三个方案的平均资本成本；（2）根据计算结果判断哪个方案最优，并说明理由。

【答案】

（1）A 方案平均资本成本 $=40\%×6\%+10\%×8\%+50\%×9\%=7.7\%$

B 方案平均资本成本 $=30\%×6\%+15\%×8\%+55\%×9\%=7.95\%$

C 方案平均资本成本 $=20\%×6\%+20\%×8\%+60\%×9\%=8.2\%$

（2）A 方案最优，因为其平均资本成本最低。

⚠️【考点母题——万变不离其宗】公司价值分析法

考点	（1）计算债务资本成本；（2）计算股权资本成本；（3）计算平均资本成本（4）计算股票的市场价值；（5）计算公司的总价值；（6）作出最优资本结构选择，并说明理由。
公式	公司价值 = 权益资本价值 + 债务资金价值 假设公司各期的息税前利润（EBIT）各期保持不变（即永续年金），则 $$权益资本价值 = \frac{（息税前利润-利息）×（1-所得税税率）}{股权资本成本} = \frac{(\text{EBIT}-I)×(1-T)}{K_S}$$ 股权资本成本 = 无风险利率 + β ×（市场平均收益率 - 无风险利率）$=R_f+β×（R_m-R_f）$ 平均资本成本 = 债务资本成本 × 债务资金价值 / 公司总价值 + 股权资本成本 × 股权资本价值 / 公司总价值
示例	甲公司是一家上市公司，适用的企业所得税税率为 25%，当年息税前利润为 800 万元，预计未来年度保持不变。为简化计算，假定净利润全部分配，债务资本的市场价值等于其账面价值，确定债务资本成本时不考虑筹资费用。证券市场平均收益率为 10%，无风险收益率为 5%，两种不同的债务水平下的税前利率和 β 系数如表 1 所示。公司价值和平均资本成本如表 2 所示：

续表

示例	表1　不同债务水平下的税前利率和 β 系数					

表1　不同债务水平下的税前利率和 β 系数

债务账面价值（万元）	税前利率	β 系数
1 200	8%	1.5
1 500	10%	2

表2　公司价值和平均资本成本

债务市场价值（万元）	股票市场价值（万元）	公司总价值（万元）	税后债务资本成本	权益资本成本	平均资本成本
1 200	4 224	5 424	A	B	C
1 500	D	E	*	15%	12.63%

注：表中的"*"表示省略的数据。

要求：

（1）确定表2中英文字母代表的数值。

（2）依据公司价值分析法，确定上述两种债务水平的资本结构哪种更优，并说明理由。

【答案】

（1）A= 税前利率 ×（1- 所得税税率）=8%×（1–25%）=6%

B=R_f+ β ×（R_m–R_f）=5%+1.5×（10%–5%）=12.5%

C=6%×（1 200/5 424）+12.5%×（4 224/5 424）=11.06%

D=$\dfrac{净利润}{股权资本成本}$=$\dfrac{（EBIT-I）×（1-T）}{K_s}$=$\dfrac{（800-1\,500×10\%）×（1-25\%）}{15\%}$=3 250（万元）

E= 债务市场价值 + 股票市场价值 =1 500+3 250=4 750（万元）

（2）债务市场价值为 1 200 万元时的资本结构更优。

理由：债务市场价值为 1 200 万元时，公司总价值最大，平均资本成本最低。

▲【考点母题——万变不离其宗】资本结构优化

目标	（1）【判断金句】资本结构优化的目标是降低平均资本成本率或提高企业价值。
方法	（2）下列各项中，属于资本结构优化方法的有（　　）。
	A．每股收益分析法　　　　B．平均资本成本比较法　　　　C．公司价值分析法
	（3）下列资本结构决策方法中，考虑了市场风险因素的是（　　）。
	A．公司价值分析法
	（4）下列资本结构决策方法中，侧重于从资本投入的角度对筹资方案和资本结构进行优化的是（　　）。
	A．平均资本成本比较法

【总结记忆】资本结构优化方法

优化方法	每股收益分析法	平均资本成本比较法	公司价值分析法
基本观点	能够提高普通股每股收益的资本结构，就是合理的资本结构	能够降低平均资本成本的资本结构，就是合理的资本结构	能够提升公司价值的资本结构，就是合理的资本结构
关键指标	每股收益无差别点	平均资本成本	公司价值
计算公式	$$\frac{(\overline{EBIT}-I_1)\times(1-T)-DP_1}{N_1}$$ $$=\frac{(\overline{EBIT}-I_2)\times(1-T)-DP_2}{N_2}$$ $\overline{EBIT}$为息税前利润平衡点，即每股收益无差别点；I_1，I_2表示两种筹资方式下的债务利息；DP_1，DP_2表示两种筹资方式下的优先股股利；N_1，N_2表示两种筹资方式下普通股股数；T表示所得税税率。	$K_w=\sum_{i=1}^{n}K_jW_j$ K_w表示平均资本成本；K_j表示第j种个别资本成本率；W_j表示第j种个别资本在全部资本中的比重。	$V=S+B$ $$S=\frac{(EBIT-I)\times(1-T)}{K_S}$$ $K_s=R_f+\beta\ (R_m-R_f)$ $K_w=K_b\times\dfrac{B}{V}+K_s\times\dfrac{S}{V}$ V表示公司价值，B表示债务资金价值，S表示权益资本价值，K_s表示股权资本成本，K_b表示债务资本成本。
决策原则	预期息税前利润或业务量水平大于每股收益无差别点时，应当选择债务筹资方案，反之选择股权筹资方案	选择平均资本成本的方案	选择公司价值最大的方案

【考点子题——举一反三，真枪实练】

[41]（历年真题·单选题）下列各种财务决策方法中，可以用于确定最优资本结构且考虑了市场反应和风险因素的是（ ）。

A. 现值指数法
B. 每股收益分析法
C. 公司价值分析法
D. 平均资本成本比较法

[42]（历年真题·多选题）下列财务决策方法中，可用于资本结构优化决策的有（ ）。

A. 安全边际分析法
B. 每股收益分析法
C. 公司价值分析法
D. 平均资本成本比较法

[43]（历年真题·判断题）平均资本成本比较法侧重于从资本投入角度对筹资方案和资本结构进行优化分析。（ ）

[44]（历年真题·综合题部分）资料一：乙公司适用的企业所得税税率为25%，不考虑其他相关税金。

资料二：乙公司目前资本结构（按市场价值计算）为：总资本 40 000 万元，其中债务资本 16 000 万元（市场价值等于其账面价值，平均年利率为 8%），普通股股本 24 000 万元（市价 6 元 / 股，4 000 万股）。

资料三：乙公司投资所需资金 7 200 万元需要从外部筹措，有两种方案可供选择：方案一为全部增发普通股，增发价格为 6 元 / 股。方案二为全部发行债券，债券年利率为 10%，按年支付利息，到期一次性归还本金。假设不考虑筹资过程中发生的筹资费用。乙公司预期的年息税前利润为 4 500 万元。

要求：根据资料一，资料二和资料三：①计算方案一和方案二的每股收益无差别点（以息税前利润表示）；②计算每股收益无差别点的每股收益；③运用每股收益分析法判断乙公司应选择哪一种筹资方案，并说明理由。

考点 16　双重股权结构

▲【考点母题——万变不离其宗】双重股权结构

（1）下列关于双重股权结构的说法，正确的有（　　）。		
A. 双重股权结构，也称 AB 股制度，即同股不同权结构，股票的投票权和分红权相分离 B. A 类股票通常由投资人和公众股东持有，B 类股票通常由创业团队持有 C. 双重股权结构可以实现控制权不流失的目的，降低公司被恶意收购的可能性 D. 双重股权结构一般适用于科技创新企业		
优点	（2）下列各项中，属于双重股权结构优点的有（　　）。	
	A. 同股不同权制度能避免企业内部股权纷争，保障企业创始人或管理层对企业的控制权，防止公司被恶意收购 B. 提高企业运行效率，有利于企业的长期发展	
缺点	（3）下列各项中，属于双重股权结构缺点的有（　　）。	
	A. 容易导致管理中独裁行为的发生 B. 控股股东为自己谋利而损害非控股股东的利益，不利于非控股股东利益的保障 C. 可能加剧实际经营者的道德风险和逆向选择	

▲【考点子题——举一反三，真枪实练】

[45]（历年真题·单选题）关于双重股权结构，下列说法错误的是（　　）。

A. 有助于降低公司被恶意收购的可能性

B. 有利于避免控股股东为自己谋利而损害非控股股东利益的行为

C. 有利于保障企业创始人或管理层对企业的控制权

D. 可能加剧实际经营者的道德风险和逆向选择

〔本章考点子题答案及解析〕

[1]【答案：A】销售增长率＝（900–1 000）/1 000=-10%，资金需要量＝（基期资金平均占用额 – 不合理资金占用额）×（1+ 预测期销售增长率）÷（1+ 预测期资金周转速度增长率）＝（5 000–400）×（1–10%）÷（1–1%）=4 181.82（万元）。选项 A 正确。

[2]【答案：D】外部融资需求 =1 000×20%×（50%–10%）–1 000×（1+20%）×10%×30%=44（万元）。选项 D 正确。

[3]【答案：C】经营性负债是指随销售收入变动而变动的经营性短期债务，长期借款属于筹资性的长期债务，不包括在内。选项 C 正确。

[4]【答案：CD】利润留存率提高，销售净利率提高，使预计留存收益额提高，即增加内部资金来源，所以会减少外部融资需求量。选项 CD 正确。

[5]【答案】（1）因销售增加而增加的资产额＝经营性资产占销售额百分比（A/S_1）× 销售增加额（$\triangle S$）

=45%×40 000×30%=5 400（万元）

（2）因销售增加而增加的负债额＝经营性负债占销售额百分比（B/S_1）× 销售增加额（$\triangle S$）

=25%×40 000×30%=3 000（万元）

（3）因销售增加而需要增加的资金量＝因销售增加而增加的资产额 – 因销售增加而增加的负债额 + 非经营性资产增加额 =5 400–3 000=2 400（万元）

（4）预计利润的留存额＝预测期销售收入（S_2）× 预计销售净利率（P）× 利润留存率（E）

=40 000×（1+30%）×10%×40%=2 080（万元）

（5）外部融资需求量＝资金需求总量 – 利润留存增加额 =5 400–3 000–2 080=320（万元）

[6]【答案：B】采用高低点法来计算现金占用项目中不变资金和变动资金的数额，应该采用销售收入的最小值和最大值作为最低点和最高点，故应该选择（760，19）和（1 100，21）。所以选项 B 正确。

[7]【答案：ABC】变动资金是指随着产销量的变动而同比例变动的那部分资金，它一般包括直接构成产品实体的原材料、外购件等占用的资金。在最低储备以外的现金、存货、应收账款等也具有变动资金的性质。必要的成品储备属于不变资金。选项 ABC 正确。

[8]【答案：B】筹资费是指企业在资本筹措过程中为获取资本而付出的代价，如向银行支付的借款手续费，因发行股票、公司债券而支付的发行费等。选项 B 正确。

[9]【答案：A】资本成本是企业进行投资要求达到的最低投资收益率，选项 A 错误。

[10]【答案：C】资本市场条件包括资本市场的效率和风险。如果资本市场缺乏效率，证券的市场流动性低，投资者投资风险大，要求的预期收益率高，那么通过资本市场融通的资本，其成本水平就比较高。选项 C 正确。

[11]【答案：错误】当国家执行紧缩货币政策导致市场利率上升时，企业债务资本成本将会上升。

[12]【答案：A】只有债务筹资方式利息可以抵税，所以资本成本需要考虑企业所得税因素影响。选项 A 正确。

[13]【答案：B】银行借款的资本成本率 $= \dfrac{\text{年利率}\times(1-\text{所得税税率})}{1-\text{手续费率}} = \dfrac{8\%\times(1-25\%)}{1-0.5\%} = 6.03\%$，选项 B 正确。

[14]【答案：BCD】资本成本是指企业为筹集和使用资本而付出的代价，包括筹资费用和占用费用，选项 A 表述正确，选项 B 表述错误。无风险收益率也称无风险利率，它是指无风险资产的收益率，

它的大小由纯粹利率（资金的时间价值）和通货膨胀补贴两部分组成。而银行借款的资本成本是存在风险的，所以选项 C 表述错误。还本付息方式会影响银行借款的利息费用，进而影响资本成本的计算，选项 D 表述错误。

[15]【答案：错误】优先股资本成本 $=D/[P_0(1-f)]$，可知优先股的发行价格越高，资本成本率越低。

[16]【答案：B】留存收益的资本成本率 $=2\times(1+2\%)/10+2\%=22.4\%$。选项 B 正确。

[17]【答案：错误】普通股不一定支付股利，说明普通股股东投资的风险大，投资者要求更高的补偿，使用该资本的代价更高，所以普通股资本成本大于债务资本成本。

[18]【答案：C】市场价值权数以各项个别资本的现行市价为基础计算资本权数，确定各类资本占总资本的比重。其优点是能够反映现时的资本成本水平，有利于进行资本结构决策。选项 C 正确。

[19]【答案：ACD】目标价值权数的确定，可以选择未来的市场价值，也可以选择未来的账面价值，选项 B 表述错误。选项 ACD 正确。

[20]【答案】（1）债券资本成本率 $=\dfrac{1\ 000\times8\%\times(1-25\%)}{800}=7.5\%$

（2）普通股资本成本率 $=4.5\%+1.5\times5\%=12\%$

（3）平均资本成本 $=7.5\%\times\dfrac{800\times100}{80\ 000+256\ 000}+12\%\times\dfrac{25.6\times10\ 000}{80\ 000+256\ 000}=10.93\%$。

[21]【答案：正确】边际资本成本是企业进行追加筹资的决策依据。筹资方案组合时，边际资本成本的权数采用目标价值权数。

[22]【答案：错误】使用企业当前的资本成本作为项目的折现率，应同时具备两个条件：一是项目的风险与企业当前资产的经营风险相同；二是公司继续采用相同的资本结构为新项目筹资，该表述错误。

[23]【答案】（1）$\beta_{资产}=2.7\div[1+(1-25\%)\times(2/3)]=1.8$

（2）$\beta_{权益}=1.8\times[1+(1-25\%)\times(3/5)]=2.61$

（3）股东权益成本 $=3\%+2.61\times(8\%-3\%)=16.05\%$

（4）综合资本成本 $=10\%\times(1-25\%)\times3/8+16.05\%\times5/8=12.84\%$

[24]【答案：B】经营杠杆系数 = 基期边际贡献 / 基期息税前利润 $=(200+300)/300=1.67$。选项 B 正确。

[25]【答案：AD】影响经营杠杆的因素包括：企业成本结构中的固定成本比重；息税前利润水平。其中，息税前利润水平又受产品销售数量、销售价格、成本水平（单位变动成本和固定成本总额）高低的影响。固定成本、单位变动成本与经营杠杆系数同向变化，销售价格、销售量与经营杠杆系数反向变化。选项 AD 正确。

[26]【答案：AC】若经营杠杆系数为 1，则企业不存在经营杠杆，并不标明不存在经营风险，选项 B 错误；经营杠杆系数 = 基期边际贡献 / 基期息税前利润，选项 D 错误。选项 AC 正确。

[27]【答案：B】$DFL=EBIT_0/(EBIT_0-I_0)=1\ 000/(1\ 000-400)=1.67$。选项 B 正确。

[28]【答案：B】财务杠杆系数 = 基期息税前利润 / 基期利润总额 = 基期息税前利润 /（基期息税前利润 – 利息费用）；经营杠杆系数 = 基期边际贡献 / 基期息税前利润。固定利息费用只影响财务杠杆系数而不影响经营杠杆系数，选项 B 正确。

[29]【答案：D】影响财务杠杆的因素包括：企业资本结构中债务资金比重、优先股资金的比重；普通股盈余水平；所得税税率水平。普通股盈余水平又受息税前利润、固定性资本成本高低的影响。债务成本比重越高、优先股资金的比重越高，固定的资本成本支付额越高，息税前利润水平越低，财务

杠杆效应越大。财务杠杆系数反映的是每股收益随息税前利润变动而变动的幅度。选项 D 正确。

[30]【答案：正确】如果企业的全部资本来源于普通股权益资本，则没有债务利息支出，财务杠杆系数为 1，总杠杆系数与经营杠杆系数相等。

[31]【答案：BCD】总杠杆系数为 5，如果销售量增加 10%，则普通股每股收益增加 50%（10%×5），选项 A 错误；经营杠杆系数为 2，如果销售量增加 15%，则息税前利润增加 30%（15%×2），选项 B 正确；总杠杆系数 = 经营杠杆系数 × 财务杠杆系数，所以财务杠杆系数 =5/2=2.5。如果普通股每股收益增加 50%，则表明息税前利润增加了 20%（50%/2.5），选项 C 正确；如果息税前利润增加 10%，则普通股每股收益增加 25%（10%×2.5），选项 D 正确。

[32]【答案：正确】在总杠杆系数一定的情况下，经营杠杆系数与财务杠杆系数此消彼长。在维持一定的总杠杆系数情形下，经营杠杆系数和财务杠杆系数可以有不同的组合。

[33]【答案】（1）2020 年度的息税前利润 =（0.9–0.5）×100 000–30 000=10 000（万元）

（2）①经营杠杆系数 =（0.9–0.5）×100 000/10 000=4

②财务杠杆系数 =10 000/（10 000–2 000）=1.25

③总杠杆系数 =4×1.25=5

（3）①预计息税前利润增长率 =5%×4=20%

预计息税前利润 =10 000×（1+20%）=12 000（万元）

②预计每股收益增长率 =5%×5=25%

[34]【答案：D】从理论上讲，最佳资本结构是存在的，但由于企业内部条件和外部环境的经常性变动，动态地保持最佳资本结构十分困难。选项 D 正确。

[35]【答案：错误】所谓最佳资本结构，是指在一定条件下使企业平均资本成本率最低，企业价值最大的资本结构。

[36]【答案：C】选项 A 属于 MM 理论的观点，选项 B 属于代理理论的观点，选项 D 属于权衡理论的观点。选项 C 正确。

[37]【答案：BCD】修正的 MM 理论认为企业可以利用财务杠杆增加企业价值，因负债利息可以带来避税利益，企业价值会随着资产负债率的增加而增大，选项 A 错误。选项 BCD 正确。

[38]【答案：B】权衡理论认为，有负债企业的价值等于无负债企业价值加上税赋节约现值，再减去财务困境成本的现值。选项 B 正确。

[39]【答案：ABCD】影响资本结构的因素有：企业经营状况的稳定性和成长率；企业的财务状况和信用等级；企业的资产结构；企业投资人和管理当局的态度；行业特征和企业发展周期；经济环境的税务政策和货币政策，选项 ABCD 都是正确答案。

[40]【答案：D】一般来说，在企业初创阶段，产品市场占有率低，产销业务量小，经营杠杆系数大，此时企业筹资主要依靠权益资本，在较低程度上使用财务杠杆，在企业扩张成熟期，产品市场占有率高，产销业务量大，经营杠杆系数小，此时，企业资本结构中可扩大债务资本，在较高程度上使用财务杠杆。故选项 A 错误。同样企业在破产清算阶段和收缩阶段都不宜采用较高负债比例，故选项 BC 错误，选项 D 正确。

[41]【答案：C】每股收益分析法、平均资本成本比较法都是从账面价值的角度进行资本结构的优化分析，没有考虑市场反应，也即没有考虑风险因素。公司价值分析法，是在考虑市场风险基础上，以

公司市场价值为标准，进行资本结构优化，选项 C 正确。

[42]【答案：BCD】资本结构优化的方法有三种，即每股收益分析法、平均资本成本比较法和公司价值分析法。选项 BCD 正确。

[43]【答案：正确】平均资本成本比较法，是通过计算和比较各种可能的筹资组合方案的平均资本成本，选择平均资本成本率最低的方案。即能够降低平均资本成本的资本结构，就是合理的资本结构。这种方法侧重于从资本投入的角度对筹资方案和资本结构进行优化分析。

[44]【答案】①

$$\frac{(\overline{\text{EBIT}} - \text{方案1的利息}) \times (1 - \text{所得税税率})}{\text{方案1的普通股股数}} = \frac{(\overline{\text{EBIT}} - \text{方案2的利息}) \times (1 - \text{所得税税率})}{\text{方案2的普通股股数}}$$

$$\frac{(\overline{\text{EBIT}} - 16\,000 \times 8\%) \times (1 - 25\%)}{4\,000 + 7\,200/6} = \frac{(\overline{\text{EBIT}} - 16\,000 \times 8\% - 7\,200 \times 10\%) \times (1 - 25\%)}{4\,000}$$

$\overline{\text{EBIT}} = 4\,400$（万元）

②每股收益无差别点的每股收益 $= \dfrac{(4\,400 - 16\,000 \times 8\%) \times (1 - 25\%)}{4\,000 + 7\,200/6} = 0.45$（元）

③应该选择财务杠杆较大的方案二（即债券筹资）。

理由：该公司预期息税前利润 4 500 万元大于每股收益无差别点的息税前利润。

[45]【答案：B】双重股权结构的优点：同股不同权制度能避免企业内部股权纷争，保障企业创始人或管理层对企业的控制权，选项 C 正确；防止公司被恶意收购，选项 A 正确；提高企业运行效率，有利于企业的长期发展。双重股权结构的缺点：容易导致管理中独裁行为发生；控股股东为自己谋利而损害非控股股东的利益，不利于非控股股东利益的保障，选项 B 表述错误；可能加剧企业治理中实际经营者的道德风险和逆向选择，选项 D 正确。

第6章　投资管理

本章是投资管理，主要介绍了投资管理概述、投资项目财务评价指标、项目投资管理、证券投资管理、基金投资与期权投资等五个方面的内容，具体知识结构分布图如下：

本章思维导图

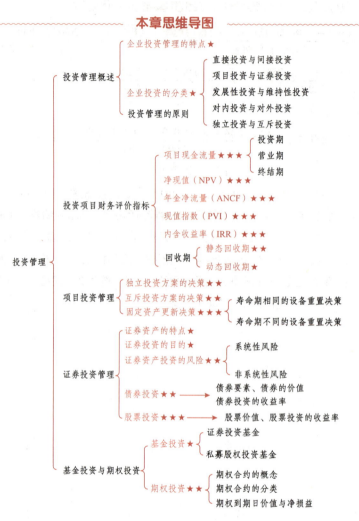

近三年本章考试题型及分值分布

题　型	2020年		2021年		2022年	
	试卷Ⅰ	试卷Ⅱ	试卷Ⅰ	试卷Ⅱ	试卷Ⅰ	试卷Ⅱ
单项选择题	2题3分	2题3分	2题3分	3题4.5分	4题6分	4题6分
多项选择题	—	1题2分	1题2分	1题2分	1题2分	1题2分
判断题	—	—	—	1题1分	—	—
计算分析题	2分	—	3分	—	—	—
综合题	6分	3分	11分	5分	11分	10分
合计	11分	8分	19分	12.5分	19分	18分

第一节　投资管理概述

考点1　企业投资的分类

分类	含义
直接投资和间接投资	直接投资，是指将资金直接投放于形成生产经营能力的实体性资产，直接谋取经营利润的企业投资。
	间接投资，是指将资金投放于股票、债券等资产上的企业投资，基金投资也是间接投资。
项目投资与证券投资	企业可以通过投资，购买具有实质内涵的经营资产，包括有形资产和无形资产，形成具体的生产经营能力，称为项目投资。项目投资属于直接投资。
	企业可以通过投资，购买证券资产，通过证券资产上所赋予的权利，间接控制被投资企业的生产经营活动，获取投资收益。证券投资属于间接投资。
发展性投资与维持性投资	发展性投资，是指对企业未来的生产经营发展全局有重大影响的企业投资。发展性投资也可以称为战略性投资，如企业间兼并合并的投资、转换新行业和开发新产品投资、大幅度扩大生产规模的投资等。
	维持性投资，是为了维持企业现有的生产经营正常顺利进行，不会改变企业未来生产经营发展全局的企业投资。维持性投资也可以称为战术性投资，如更新替换旧设备的投资、配套流动资金投资、生产技术革新的投资等。
对内投资与对外投资	对内投资，是指在本企业范围内部的资金投放，用于购买和配置各种生产经营所需的经营性资产。对内投资都是直接投资。
	对外投资，是指向本企业范围以外的其他单位的资金投放。对外投资多以现金、有形资产、无形资产等资产形式，通过联合投资、合作经营、换取股权、购买证券资产等投资方式，向企业外部其他单位投放资金。对外投资主要是间接投资，也可能是直接投资。
独立投资与互斥投资	独立投资是相容性投资，各个投资项目之间互不关联、互不影响，可以同时并存。
	互斥投资是非相容性投资，各个投资项目之间相互关联、相互替代，不能同时并存。

⚠ 【考点母题——万变不离其宗】企业投资的分类

直接投资与间接投资	（1）下列各项中，属于直接投资的有（　　）。

续表

直接投资与间接投资	A. 项目投资　　　　　　B. 兼并收购
	（2）下列各项中，属于间接投资的有（　　）。
	A. 股票投资　　　　　　B. 债券投资
项目投资与证券投资	（3）【判断金句】项目投资属于直接投资，证券投资属于间接投资。
发展性投资与维持性投资	（4）下列各项中，属于发展性投资的有（　　）。
	A. 企业间兼并合并的投资 B. 转换新行业和开发新产品的投资 C. 大幅度扩大生产规模的投资
	（5）下列各项中，属于维持性投资的有（　　）。
	A. 更新替换旧设备的投资 B. 配套流动资金的投资 C. 生产技术革新的投资
对内投资与对外投资	（6）【判断金句】对内投资都是直接投资，对外投资主要是间接投资，也可能是直接投资。

【考点子题——举一反三，真枪实练】

[1] （历年真题·单选题）下列投资活动中，属于间接投资的是（　　）。

　　A. 建设新的生产线　　　　　B. 开办新的子公司

　　C. 购买公司债券　　　　　　D. 吸收合并其他企业

[2] （历年真题·多选题）按照企业投资的分类，下列各项中，属于发展性投资的有（　　）。

　　A. 开发新产品的投资　　　　B. 更新替换旧设备的投资

　　C. 企业间兼并收购的投资　　D. 大幅度扩大生产规模的投资

[3] （历年真题·判断题）某投资者进行间接投资，与其交易的筹资者是在进行直接筹资；某投资者进行直接投资，与其交易的筹资者是在进行间接筹资。（　　）

第二节　投资项目财务评价指标

考点 2　项目现金流量

由一项长期投资方案所引起的在未来一定期间所发生的现金收支，叫做项目现金流量（Cash Flow）。其中，现金收入称为现金流入量，现金支出称为现金流出量，现金流入量与现金流出量相抵后的余额，称为现金净流量（Net Cash Flow，NCF）。

（一）投资期（建设起点——投产日）

▲【考点母题——万变不离其宗】项目现金流量

投资期	（1）下列各项中，属于投资期现金流出量（原始投资）的有（　　）。
	A. 长期资产投资　　　　　　　　　　　　　　B. 垫支营运资金
	【说明】垫支营运资金 = 追加的流动资产扩大量 – 结算性流动负债扩大量
	（2）下列各项中，属于长期资产投资的有（　　）。
	A. 固定资产购置成本、运输费、安装费　　　B. 无形资产支出　　　C. 递延资产支出
	（3）假定某公司拟购建一条生产线，建设期为 2 年。该项目需投资固定资产 200 万元，建设期内每年年初分别投入 100 万元；第二年末完工时需投入存货等流动资产 100 万元，同时产生应付账款 40 万元，第二年末的现金净流量是（　　）万元。
	A. -60
	【解析】NCF_0=-100（万元）；NCF_1=-100（万元）；NCF_2=-（100–40）=-60（万元）。
营业期	（4）下列计算营业期现金净流量的算式中，正确的有（　　）。
	A. 营业收入 – 付现成本 – 所得税 B. 税后营业利润 + 非付现成本 C. 营业收入 ×（1– 所得税税率）– 付现成本 ×（1– 所得税税率）+ 非付现成本 × 所得税税率
	（5）下列各项中，属于非付现成本的内容有（　　）。
	A. 固定资产年折旧费用　　　　　B. 长期资产摊销费用　　　　C. 资产减值准备

终结期	（6）下列各项中，属于终结期现金流量的有（　　）。
	A. 固定资产变价净收入（净残值） B. 固定资产变现净损益对现金净流量的影响 C. 垫支营运资金的收回
	【示例】甲公司固定资产报废净残值收入 6 000 元，税法规定残值 4 000 元，所得税税率 25%。则： 固定资产报废净残值收入 =6 000（元）　　　　① 固定资产变现净损益对现金净流量的影响 =（账面价值 – 变价净收入）× 所得税税率 　　　　　　　　　　　　　　　　=（4 000–6 000）×25%=-500（元）　　　② 固定资产清理的现金流入量 =①+② =6 000–500=5 500（元）。

【提示】最后一期现金净流量 = 营业期现金净流量 + 终结期现金净流量

▲【考点母题——万变不离其宗】项目现金流量计算题

考点	（1）计算年折旧额；（2）计算原始投资额；（3）计算投资期现金净流量；（4）计算营业期各年现金净流量；（5）计算终结期现金净流量。 【提示】本考点不仅考核现金净流量的计算，还考核现金净流量的分布时间。
公式	（1）年折旧额 =（固定资产原值 – 预计残值）/ 折旧年限 （2）原始投资额 = 长期资产投资 + 垫支营运资金 （3）投资期现金净流量 =-（长期资产投资 + 垫支营运资金） （4）营业期各年现金净流量 = 营业收入 – 付现成本 – 所得税 　　或 :=（营业收入 – 付现成本）×（1– 所得税税率）+ 非付现成本 × 所得税税率 　　或 := 税后营业利润 + 非付现成本 （5）终结期现金净流量 = 固定资产变价净收入（净残值）+ 固定资产变现净损益对现金净流量的影响 + 垫支营运资金的收回 其中 : 固定资产变现净损益对现金净流量的影响 =（账面价值 – 变价净收入）× 所得税税率 【提示】如果（账面价值 – 变价净收入）> 0，则意味着发生了变现净损失，可以抵税，减少现金流出，增加现金净流量。 如果（账面价值 – 变价净收入）< 0，则意味着实现了变现净收益，应该纳税，增加现金流出，减少现金净流量。
示例	（1）甲方案需要投资 75 万元，预计使用寿命为 5 年，采用直线法计提折旧，方案预计残值为 3 万元。预计年销售收入为 140 万元，年付现成本为 105 万元。项目投入营运时，需垫支营运资金 25 万元。公司所得税税率为 25%。 要求 : 计算该方案各年现金净流量。 【答案】 折旧 =（75–3）/5=14.4（万元） NCF_0=-（75+25）=-100（万元） NCF_{1-4}=（140–105）×（1–25%）+14.4×25%=29.85（万元） 或 : NCF_{1-4}=（140–105–14.4）×（1–25%）+14.4=29.85（万元）

续表

示例	NCF$_5$=（140−105−14.4）×（1−25%）+14.4+3+25=57.85（万元）
	（2）某投资项目需要 3 年建成，每年年初投入建设资金 90 万元，共投入 270 万元。建成投产之时，需投入营运资金 140 万元，以满足日常经营活动需要。项目投产后，估计每年可获税后营业利润 60 万元。固定资产使用年限为 7 年，使用后第 5 年末预计进行一次改良，估计改良支出 80 万元，次年开始分两年平均摊销。资产使用期满后，估计有残值净收入 11 万元，使用年限法折旧。项目期满时，垫支营运资金全额收回。 要求：计算各年现金净流量。 【答案】 折旧=(270−11)/7=37

(time line diagram)

0	1	2	3	4	5	6	7	8	9	10
−90	−90	−90	−140	60+37	60+37	60+37	60+37	60+37	60+37	60+37
								−80	40	40
										140+11

NCF$_0$=−90；NCF$_1$=−90；NCF$_2$=−90；NCF$_3$=−140；

NCF$_4$=NCF$_5$=NCF$_6$=NCF$_7$=97

NCF$_8$=17；NCF$_9$=137；NCF$_{10}$=137+151=288

▲【考点子题——举一反三，真枪实练】

[4]（历年真题·单选题）某投资项目某年的营业收入为 600 000 元，付现成本为 400 000 元，折旧额为 100 000 元，所得税税率为 25%，则该年营业现金净流量是（　）元。

A. 250 000　　　　B. 175 000　　　　C. 75 000　　　　D. 100 000

[5]（历年真题·单选题）某公司预计 M 设备报废时的净残值为 3 500 元，税法规定的净残值为 5 000 元，该公司适用的所得税税率为 25%，则该设备报废引起的预计现金净流量是（　）元。

A. 3 125　　　　B. 3 875　　　　C. 4 625　　　　D. 5 375

[6]（历年真题·多选题）在考虑所得税影响的情况下，下列可用于计算营业现金净流量的算式中，正确的有（　）。

A. 税后营业利润＋非付现成本

B. 营业收入－付现成本－所得税

C.（营业收入－付现成本）×（1−所得税税率）

D. 营业收入×（1−所得税税率）+非付现成本×所得税税率

考点3　净现值（NPV）

净现值就是一个投资项目未来现金净流量现值与原始投资额现值的差额。

▲【考点母题——万变不离其宗】净现值法计算题

考点	（1）计算净现值；（2）作出决策，并说明理由。
公式	净现值（NPV）＝未来现金净流量现值－原始投资额现值
决策原则	NPV ≥ 0，方案可行；NPV<0，方案不可行。
示例	甲公司拟投资建设一条生产线，企业要求的最低收益率为10%，现有3个方案可供选择，相关的净现金流量数据如表1所示： **表1 投资项目相关的净现金流量**　　　　单位：万元 （见下表） 注：表中"*"代表省略的年份和数值，其数值与前后期相同。 相关的时间价值系数如表2所示。 **表2　相关的时间价值系数** （见下表） **要求：** （1）分别计算A、B、C三个方案的净现值。 （2）判断A、B、C三个方案是否可行，并说明原因。 （3）比较A、C两个方案哪个更优，并说明原因。 （4）说明净现值法是否可以用于A、B两个方案的比较决策，为什么？ 【答案】 （1）A方案的净现值＝275×（P/A，10%，10）（P/F，10%，1）－1 100 　　　　　　　　　＝275×6.1446×0.9091－1 100＝436.17（万元） B方案的净现值＝245×（P/A，10%，10）－1 100＝245×6.1446－1 100＝405.43（万元） C方案的净现值＝275×6.1446×0.9091－550×0.9091－550＝486.16（万元） （2）A、B、C三个方案均可行，因为其净现值大于0。 （3）C方案更优，因为C方案净现值大于A方案。 （4）净现值法不能用于A、B两个方案的比较决策，因为两个方案的项目期限不同。

表1 投资项目相关的净现金流量　　　　单位：万元

方案	T	0	1	2	3	4	5	…	9	10	11
A	NCF_t	-1 100	0	275	275	275	275	…	275	275	275
B	NCF_t	-1 100	245	245	245	245	245	…	245	245	
C	NCF_t	-550	-550	275	275	275	275	…	275	275	275

表2　相关的时间价值系数

N	(P/F，10%，n)	(P/A,10%，n)
1	0.9091	0.9091
10	0.3855	6.1446

▲【考点母题——万变不离其宗】净现值法

确定贴现率的参考标准	（1）计算净现值时，确定贴现率的参考标准有（　　）。
	A. 企业平均资本成本率　　B. 投资者预期的最低投资收益率　　C. 市场利率
决策原则	（2）【判断金句】净现值大于等于0，说明方案的实际收益率高于等于所要求的收益率，方案可行；净现值为负，说明方案的实际收益率低于所要求的收益率，方案不可行。

续表

评价		（3）下列各项中，属于净现值法特点的有（　）。
	优点	（4）净现值法的优点有（　）。
		A．适用性强，能基本满足项目年限相同的互斥投资方案决策 B．能灵活地考虑投资风险
	缺点	（5）净现值法的缺点有（　）。
		A．所采用的贴现率不易确定 B．不适用于原始投资现值不同的独立投资方案的比较决策 C．不能直接对寿命期不同的互斥投资方案进行直接决策
		（6）【判断金句】净现值法不适用于原始投资现值不同的独立投资方案的比较决策，不能对寿命期不同的互斥投资方案进行直接决策。

▲【考点子题——举一反三，真枪实练】

[7]（历年真题·判断题）投资项目是否具有财务可行性，完全取决于该项目在整个寿命周期内获得的利润总额是否超过整个项目投资成本。（　）

[8]（历年真题·多选题）采用净现值法评价投资项目的可行性时，贴现率选择的依据通常有（　）。

A．市场利率　　　　　　　　　　B．期望最低投资收益率

C．企业平均资本成本率　　　　　　D．投资项目的内含收益率

[9]（历年真题·多选题）作为投资项目财务评价方法，下列关于净现值法的表述中，正确的有（　）。

A．净现值大于0说明投资方案的实际收益率大于折现率

B．可以用于项目年限相同的互斥投资方案的决策

C．计算净现值所采用的折现率容易确定

D．能够根据项目投资风险选择不同的折现率

[10]（历年真题·综合题部分）甲公司计划在2021年初购建一条生产线，现有A，B两个互斥投资方案，有关资料如下：

资料一：A方案需要一次性投资30 000 000元，建设期为0，该生产线可用3年，按直线计提折旧，净残值为0。第一年可取得税后营业利润10 000 000元，以后每年递增20%。

资料二：B方案需要一次性投资50 000 000元，建设期为0，该生产线可用5年，按直线计提折旧，净残值为0，投产后每年可获得营业收入35 000 000元，每年付现成本为8 000 000元，在投产期初需垫支营运资金5 000 000元，并于营业期满时一次性收回。

资料三：甲公司适用的企业所得税税率为25%，项目折现率为8%，有关货币时间价值系数如下：（P/A，8%，3）=2.5771，（P/A，8%，4）=3.3121，（P/A，8%，5）=3.9927，（P/F，8%，1）=0.9259，（P/F，8%，2）=0.8573，（P/F，8%，3）=0.7938，（P/F，8%，5）=0.6806。

要求：

（1）计算A方案的下列指标：①第1年的营业现金净流量；②净现值。

（2）不考虑利息费用及其影响，计算B方案的下列指标：①投资时点的现金净流量；②第1~4年的营业现金净流量；③第5年的现金净流量；④净现值。

［11］（历年真题·判断题）净现值法不适宜于独立投资方案的比较决策，但是能够对寿命期不同的互斥投资方案进行直接决策。（　　）

考点4　年金净流量（ANCF）

年金净流量就是项目期间内全部现金净流量总额的总现值或总终值折算为等额年金的平均现金净流量。

⚠【考点母题——万变不离其宗】年金净流量法计算题

考点	（1）计算年金净流量；（2）作出投资决策，并说明理由。
公式	年金净流量＝现金流量总现值/年金现值系数＝现金流量总终值/年金终值系数 年金净流量≥0，方案可行；年金净流量<0，方案不可行；
决策原则	在两个以上寿命期不同的互斥投资方案比较时，或在两个以上寿命期不同但投资额相同的独立投资方案比较时，年金净流量越大，方案越好。
示例	甲方案需一次性投资10 000元，可用8年，残值2 000元，每年取得税后营业利润3 500元；乙方案需一次性投资10 000元，可用5年，无残值，第一年获税后营业利润3 000元，以后每年递增10%。假设资本成本率为10%。 要求：（1）计算甲方案和乙方案的净现值；（2）计算甲方案和乙方案的年金净流量；（3）作出投资方案选择，并说明理由。 附： 现值系数表 现值系数表格如下

现值系数	1	2	3	4	5	6	7	8
（P/F，10%，n）	0.9091	0.8264	0.7513	0.6830	0.6209	0.5645	0.5132	0.4665
（P/A，10%，n）	0.9091	1.7335	2.4869	3.1699	3.7908	4.3553	4.8684	5.3349

【解析】

（1）甲方案和乙方案的净现值：

甲方案折旧＝（10 000–2 000）/8＝1 000（元）

续表

示例	甲方案每年营业现金流量 =3 500+1 000=4 500（元） 甲方案终结期现金流量 =2 000（元） 甲方案净现值 =4 500×（P/A，10%，8）+2 000×（P/F，10%，8）–10 000=14 940.05（元） 或：=4 500×（P/A，10%，7）+6 500×（P/F，10%，8）–10 000=14 940.05（元） 乙方案营业期各年 NCF： 第一年 =3 000+10 000/5=5 000（元） 第二年 =3 000×（1+10%）+10 000/5=5 300（元） 第三年 =3 000×（1+10%）^{2}+10 000/5=5 630（元） 第四年 =3 000×（1+10%）^{3}+10 000/5=5 993（元） 第五年 =3 000×（1+10%）^{4}+10 000/5=6 392.30（元） 乙方案净现值 =5 000×0.9091+5 300×0.8264+5 630×0.7513+5 993×0.6830+6 392.30×0.6209 　　　　　　–10 000=11 217.44（元） （2）甲方案和乙方案的年金净流量： 甲方案年金净流量 =14 940.05/（P/A，10%，8）=2 800.43（元） 乙方案年金净流量 =11 217.44/（P/A，10%，5）=2 959.12（元） （3）应选乙方案，因为乙方案年金净流量大于甲方案。

▲【考点母题——万变不离其宗】年金净流量法

下列关于年金净流量法的表述中，正确的有（　　）。

A. 年金净流量指标大于等于零，方案可行，说明方案的实际收益率高于等于所要求的收益率

B. 年金净流量指标小于零，方案不可行，说明方案的实际投资收益率低于所要求的收益率

C. 对同一方案的决策，年金净流量法和净现值法的结论是一致的

D. 在两个以上寿命期不同的互斥投资方案比较时，年金净流量越大，方案越好

▲【考点子题——举一反三，真枪实练】

[12]（历年真题·单选题）对于寿命期不同的互斥投资方案，下列各项中，最为适用的决策指标是（　　）。

　　A. 年金净流量　　　B. 净现值　　　　C. 内含收益率　　　D. 动态回收期

[13]（历年真题·单选题）某投资项目需要在第一年年初投资 840 万元，寿命期为 10 年，每年可带来营业现金流量 180 万元，已知按照必要收益率计算的 10 年期年金现值系数为 7.0，则该投资项目的年金净流量是（　　）万元。

　　A. 96　　　　　　　B. 60　　　　　　　C. 120　　　　　　　D. 126

[14]（历年真题·综合题部分）乙公司现有生产线已满负荷运转，鉴于其产品在市场上供不应求，公司准备购置一条生产线，公司及生产线的相关资料如下：

资料一：乙公司生产线的购置有两个方案可供选择：

A 方案生产线的购买成本为 7 200 万元，预计使用 6 年，采用直线法计提折旧，预计净残值率为 10%。生产线投产时需要投入营运资金 1 200 万元，以满足日常经营

活动需要，生产线运营期满时垫支的营运资金全部收回。生产线投入使用后，预计每年新增营业收入 11 880 万元，每年新增付现成本 8 800 万元，假定生产线购入后可立即投入使用。

B 方案生产线的购买成本为 6 000 万元，预计使用 8 年。当设定贴现率为 12% 时，净现值为 3 228.94 万元。

资料二：乙公司适用的企业所得税税率为 25%，不考虑其他相关税费，公司要求的最低投资收益率为 12%，部分时间价值系数如下表所示：

年份（n）	1	2	3	4	5	6	7	8
（P/F，12%，n）	0.8929	0.7972	0.7118	0.6355	0.5674	0.5066	0.4523	0.4039
（P/A，12%，n）	0.8929	1.6901	2.4018	3.0373	3.6048	4.1114	4.5638	4.9676

要求：

（1）根据资料一和资料二，计算 A 方案的下列指标：

①投资期现金净流量；②年折旧额；③生产线投入使用后第 1–5 年每年的营业现金净流量；④生产线投入使用后第 6 年的现金净流量；⑤净现值。

（2）分别计算 A、B 方案的年金净流量，据以判断乙公司应选择哪个方案，并说明理由。

考点 5 现值指数（PVI）

现值指数是指投资项目的未来现金净流量现值与原始投资额现值之比。

▲【考点母题——万变不离其宗】现值指数法计算题

考点	（1）计算现值指数； （2）作出投资决策，并说明理由。
公式	现值指数 $=\dfrac{未来现金净流量现值}{原始投资额现值}=1+\dfrac{净现值}{原始投资额现值}$ 现值指数大于等于 1，方案可行；现值指数小于 1，方案不可行； 在两个以上寿命期相同、投资额不同的独立投资方案比较时，现值指数越大，方案越好。
示例	甲公司现有 A、B 两个方案，投资期限相同，投资额分别为 1 000 万元和 800 万元，净现值分别为 430 万元和 405 万元。 要求：（1）分别计算 A、B 方案的现值指数；（2）判断 A、B 方案哪个更可优，并说明原因。 【答案】 （1）A 方案的现值指数 =1+430/1 000=1.43（万元） 　　　B 方案的现值指数 =1+405/800=1.51（万元） （2）B 方案更优，因为 B 方案现值指数大于 A 方案。

🔺 **【考点母题——万变不离其宗】现值指数法**

	下列关于现值指数法的表述中，正确的有（　　）。
决策原则	A. 现值指数大于或等于 1，方案可行，说明方案实施后的投资收益率高于或等于必要收益率 B. 现值指数小于 1，方案不可行，说明方案实施后的投资收益率低于必要收益率 C. 对同一方案的决策，现值指数法和净现值法的结论是一致的
评价	D. 现值指数能够反映投资效率 E. 现值指数适用于对原始投资额不相等、寿命期相同的独立投资方案的比较决策 F. 在两个以上寿命期相同的独立投资方案比较时，现值指数越大，方案越好 G. 考虑了货币时间价值，考虑了投资风险

🔺 **【考点子题——举一反三，真枪实练】**

[15]（*历年真题·单选题*）已知某投资项目的原始投资额现值为 100 万元，净现值为 25 万元，则该项目的现值指数是（　　）。

A. 0.25　　　　　　B. 0.75　　　　　　C. 1.05　　　　　　D. 1.25

[16]（*历年真题·单选题*）在项目投资决策中，下列关于现值指数法的表述错误的是（　　）。

A. 现值指数可以反映投资效率

B. 现值指数法适用于对原始投资额现值不同的独立投资方案进行比较和评价

C. 现值指数小于 1，则方案可行

D. 现值指数考虑了货币时间价值

考点6　内含收益率（IRR）

内含收益率是指对投资方案未来的每年现金净流量进行贴现，使所得的现值恰好与原始投资额现值相等，从而使净现值等于零时的贴现率。

🔺 **【考点母题——万变不离其宗】内含收益率法计算题**

考点	（1）计算内含收益率；（2）作出投资决策，并说明理由。
公式	1. 未来每年现金净流量相等时 净现值 = 未来每年现金净流量 × 年金现值系数 – 原始投资额现值 =0 计算出净现值为零时的年金现值系数后，通过查年金现值系数表，使用插值法计算出内含收益率。 2. 未来每年现金净流量不相等时 采用逐次测试法，找到使净现值大于 0 和小于 0 的两个贴现率，使用插值法计算出内含收益率。

第 6 章

续表

示例	某投资方案，当折现率为 16% 时，其净现值为 338 万元；当折现率为 18% 时，其净现值为 -22 万元，则该方案的内含收益率为（ ）。 A．15.88%　　　B．16.12%　　　C．17.88%　　　D．18.14% 【答案】C 【解析】运用插值法计算内含收益率： $\dfrac{IRR-16\%}{18\%-16\%}=\dfrac{0-338}{(-22)-338}$ 　　$IRR \approx 17.88\%$。

▲【考点母题——万变不离其宗】内含收益率法

内涵及决策原则	（1）下列关于内含收益率法的表述中，正确的有（ ）。 A．内含收益率是使净现值等于零时的贴现率 B．内含收益率是使未来现金净流量现值与原始投资额现值相等的贴现率 C．内含收益率反映了投资项目可能达到的收益率 D．内含收益率高于或等于必要收益率，方案可行 E．内含收益率小于必要收益率，方案不可行 F．内含收益率的计算不受投资者要求的必要收益率（资本成本率）的影响	
评价	（2）下列各项中，属于内含收益率法特点的有（ ）。	
	优点	（3）内含收益率法的优点有（ ）。 A．内含收益率反映了投资项目可能达到的收益率 B．易于被高层决策人员理解 C．适用于原始投资额现值不同的独立投资方案的比较决策
	缺点	（4）内含收益率法的缺点有（ ）。 A．计算复杂，不易直接考虑投资风险大小 B．无法用于原始投资额现值不相等的互斥投资方案的比较决策

【比较记忆】运用评价指标进行投资方案评价

评价指标	独立方案比较
净现值（NPV）	投资额现值相同、期限相同
年金净流量（ANCF）	投资额现值相同、期限不同
现值指数（PVI）	投资额现值不同、期限相同
内含收益率（IRR）	投资额现值不同、期限不同
评价指标	互斥方案比较
净现值（NPV）	投资额现值不同、期限相同
年金净流量（ANCF）	投资额现值不同、期限不同

第6章

【考点子题——举一反三，真枪实练】

[17]（历年真题·单选题）某投资项目在折现率为 10% 时，净现值为 100 万元；折现率为 14% 时，净现值为 -150 万元。则该项目的内含收益率是（　　）。

A. 12.4%　　　　B. 11.33%　　　　C. 11.6%　　　　D. 12.67%

[18]（历年真题·单选题）下列各项中，不影响项目投资内含收益率大小的是（　　）。

A. 原始投资额　　B. 资本成本率　　C. 项目寿命期　　D. 经营现金净流量

[19]（历年真题·单选题）在对某投资方案进行分析时发现，当折现率为 8% 时，净现值为 25 万元，当折现率为 10% 时，净现值为 8 万元，当折现率为 12% 时，净现值为 -12 万元。若该投资方案只存在一个内含收益率，则其内含收益率的数值区间是（　　）。

A. 介于 10% 与 12% 之间　　　　　　B. 大于 12%

C. 小于 8%　　　　　　　　　　　　D. 介于 8% 与 10% 之间

[20]（历年真题·多选题）某项目需要在第一年年初投资 76 万元，寿命期为 6 年，每年末产生现金净流量 20 万元。已知（P/A，14%，6）=3.8887，（P/A，15%，6）=3.7845。若公司根据内含收益率法认定该项目具有可行性，则该项目的必要投资收益率不可能是（　　）。

A. 13%　　　　B. 14%　　　　C. 15%　　　　D. 16%

考点7　回收期（PP）

回收期是指原始投资额通过未来现金流量回收所需要的时间。静态回收期没有考虑货币时间价值，直接用未来现金净流量累计到原始投资数额时所经历的时间；动态回收期是将投资引起的未来现金净流量进行贴现，以未来现金净流量的现值等于原始投资额现值时所经历的时间。

【考点母题——万变不离其宗】回收期法计算题

考点	计算静态回收期、动态回收期
公式	**静态回收期：** 1. 未来每年现金净流量相等时 静态回收期 = $\dfrac{原始投资额}{每年现金净流量}$ 2. 未来每年现金净流量不相等时 在这种情况下，应把未来每年的现金净流量逐年加总，根据累计现金流量来确定回收期。 静态回收期 =M+ 第 M 年的尚未收回额 / 第（M+1）年的现金净流量 （M 是收回原始投资额的前一年）

公式	动态回收期： 1. 未来每年现金净流量相等时 在这种年金形式下，假定动态回收期为 n 年，则： $(P/A，i，n)=\dfrac{原始投资额现值}{每年现金净流量}$ 计算出年金现值系数后，通过查年金现值系数表，利用插值法，即可推算出动态回收期 n。 2. 未来每年现金净流量不相等时 在这种情况下，应把每年的现金净流量逐一贴现并加总，根据累计现金流量现值来确定回收期。 动态回收期 =M+ 第 M 年的尚未收回额的现值 / 第（M+1）年的现金净流量现值 （M 是收回原始投资额现值的前一年）

示例	甲公司资本成本率为 5%，计划投资一个项目，有 2 个备选方案： A 方案一次投资 30 000 万元，项目投产后每年产生现金净流量 8 000 万元。 B 方案在开始时一次性固定资产投资 45 000 万元，并垫支营运资金 5 000 万元，没有建设期。 各年营业现金净流量分别为 10 000 万元、12 000 万元、16 000 万元、20 000 万元、21 600 万元、14 500 万元。B 方案各年现金流量如表 1 所示： **表1　B方案各年现金流量** （见下表）

项目	0	1	2	3	4	5	6
现金净流量	-50 000	10 000	12 000	16 000	20 000	21 600	14 500
累计净流量	-50 000	-40 000	-28 000	-12 000	8 000	29 600	44 100
净流量现值	-50 000	9 524	10 884	13 821	16 454	16 924	10 820
累计现值	-50 000	-40 476	-29 592	-15 771	683	17 607	28 427

要求：（1）计算 A 方案的静态回收期、动态回收期。（2）计算 B 项目的静态回收期、动态回收期。

【答案】

（1）A 方案的静态回收期 =30 000/8 000=3.75（年）

A 方案的动态回收期：

（P/A，5%，n）=30 000/8 000=3.75，查表可知，（P/A，5%，4）=3.5460，（P/A，5%，5）=4.3295，运用插值法得出 A 方案动态回收期：

$$\frac{n-4}{5-4}=\frac{3.75-3.5460}{4.3295-3.5460} \qquad n=4.26（年）$$

（2）B 方案的静态回收期 =3+12 000/20 000=3.6（年）

　　 B 方案的动态回收期 =3+15 771/16 454=3.96（年）。

▲▲【考点母题——万变不离其宗】回收期法

内涵	（1）下列关于回收期法的表述中，正确的有（　　）。 A. 投资项目的净现值大于零，说明其动态回收期短于项目寿命期 B. 投资回收期越短，所冒风险越小

续表

内涵	（2）【判断金句】内含收益率等于项目折现率时，项目动态回收期等于项目寿命期。
	（3）下列投资决策方法中，没有考虑货币时间价值的是（　　）。
	A．静态回收期法
	（4）下列投资决策方法中，考虑了货币时间价值的有（　　）。
	A．净现值法　　　　　B．年金净流量法　　　　C．现值指数法 D．动态回收期法　　　E．内含收益率法

评价		（5）下列各项中，属于投资回收期法特点的有（　　）。
	优点	（6）投资回收期法的优点有（　　）。
		A．计算简便、易于理解
	缺点	（7）投资回收期法的缺点有（　　）。
		A．没有考虑回收期以后的现金流量 B．静态回收期没有考虑货币的时间价值

【总结记忆】投资项目评价指标总结

指标名称	计算方式	方法评价
净现值（NPV）	NPV＝未来现金净流量现值－原始投资额现值	优点：适用性强；能灵活考虑投资风险 缺点：折现率确定困难；不适用于独立投资方案的比较决策；较难对寿命期不同的互斥方案进行直接决策
年金净流量（ANCF）	ANCF＝现金净流量总现（终）值／年金现（终）值系数	净现值法的辅助方法 优点：适用于寿命不同的互斥方案决策 缺点：不便于对原始投资额现值不等的独立投资方案进行决策
现值指数（PVI）	PVI＝未来现金净流量总现值／原始投资额现值	净现值法的辅助方法 优点：有助于反映投资效率，便于对初始投资额不同的独立投资方案进行比较决策 缺点：仅代表获得收益的能力，不能等价于项目本身的实际收益率
内含收益率（IRR）	NPV＝0时的贴现率	优点：反映了项目实际可能的投资报酬率，易于理解，便于对独立投资方案进行比较决策 缺点：计算复杂
回收期（PP）	静态投资回收期：未来现金流量累计至原始投资额时所用的时间 动态投资回收期：未来现金流量累计现值等于原始投资额现值所用的时间	优点：计算简单，容易理解 缺点：未考虑回收期以后的现金流量

⚠️【考点子题——举一反三，真枪实练】

[21]（历年真题·单选题）在对某独立投资项目进行财务评价时，下列各项中，不能据以判断该项目具有财务可行性的是（　　）。

A. 以必要收益率作为折现率计算的项目净现值大于 0

B. 以必要收益率作为折现率计算的项目现值指数大于 1

C. 以必要收益率作为折现率计算的年金净流量大于 0

D. 项目静态投资回收期小于项目寿命期

[22]（历年真题·单选题）如果项目的投资总额为 450 万元，建设期为 0，预计投产后第 1~3 年每年现金净流量为 65 万元，第 4~6 年每年现金净流量为 70 万元，第 7~10 年每年现金净流量为 55 万元。则该项目的静态回收期是（　　）。

A. 8.18 年　　　　　B. 6.43 年　　　　　C. 6.82 年　　　　　D. 6.92 年

[23]（历年真题·单选题）某投资项目只有第一年年初产生现金净流出，随后各年均产生现金净流入，且其动态回收期短于项目的寿命期，则该投资项目的净现值（　　）。

A. 大于 0　　　　B. 无法判断　　　　C. 等于 0　　　　D. 小于 0

[24]（历年真题·多选题）下列各项中，会随着贴现率下降而上升的指标有（　　）。

A. 动态回收期　　　B. 净现值　　　C. 内含收益率　　　D. 现值指数

[25]（历年真题·单选题）在项目投资决策中，下列关于年金净流量法的表述错误的是（　　）。

A. 年金净流量等于投资项目的现金净流量总现值除以年金现值系数

B. 年金净流量大于零时，单一投资方案可行

C. 年金净流量法适用于期限不同的投资方案决策

D. 当各投资方案寿命期不同时，年金净流量法与净现值决策结果是一样的

[26]（历年真题·计算题）甲公司是一家上市公司，适用的企业所得税税率为 25%。公司现阶段基于发展需要，拟实施新的投资计划，有关资料如下：

资料一：公司项目投资的必要收益率为 15%，有关货币时间价值系数如下：

（P/A，15%，2）=1.6257；（P/A，15%，3）=2.2832；（P/A，15%，6）=3.7845；

（P/F，15%，3）=0.6575；（P/F，15%，6）=0.4323。

资料二：公司的资本支出预算为 5 000 万元，有 A、B 两种互斥投资方案可供选择。

A 方案的建设期为 0 年，需要于建设起点一次性投入资金 5 000 万元，运营期为 3 年，无残值，现金净流量每年均为 2 800 万元。

B 方案的建设期为 0 年，需要于建设起点一次性投入资金 5 000 万元，其中：固定资产投资 4 200 万元，采用直线法计提折旧，无残值；垫支营运资金 800 万元，于第 6 年末收回。预计投产后第 1~6 年每年营业收入为 2 700 万元，每年付现成本

为 700 万元。

资料三：经测算，A 方案的年金净流量为 610.09 万元。要求：

（1）根据资料一和资料二，计算 A 方案的静态回收期、动态回收期、净现值、现值指数。

（2）根据资料一和资料二，计算 B 方案的净现值、年金净流量。

（3）根据资料二，判断公司在选择 A、B 两种方案时，应采用净现值法还是年金净流量法，并说明原因。

（4）根据要求（1）、要求（2）、要求（3）的计算结果和资料三，判断公司应选择 A 方案还是 B 方案，并说明原因。

第三节　项目投资管理

考点 8　独立投资方案的决策

【考点母题——万变不离其宗】独立投资方案的决策

独立投资方案的决策	（1）独立投资方案项目可行的决策标准有（　　）。
	A. 净现值≥0　　　　　　　　　 B. 年金净流量≥0 C. 现值指数≥1　　　　　　　　D. 内含收益率≥投资人期望的最低投资收益率
	（2）【判断金句】对同一独立项目进行评价时，净现值、年金净流量、内含收益率和现值指数会得出相同的结论。
独立投资方案的排序决策	（3）下列投资决策指标中，可以作为独立投资方案排序决策依据的有（　　）。
	A. 内含收益率　　　　　　　　 B. 现值指数
	（4）【判断金句】排序分析时，以各独立方案的获利程度作为评价标准，一般采用内含收益率法进行比较决策。

【考点子题——举一反三，真枪实练】

[27]（历年真题·判断题）对单个投资项目进行财务可行性评价时，利用净现值法和现值指数法所得出的结论是一致的。（　　）

考点 9　互斥投资方案的决策

【考点母题——万变不离其宗】互斥投资方案的决策

寿命期相同	（1）项目的寿命期相等时，进行项目优选的最优方法是（　　）。
	A. 净现值法
寿命期不同	（2）项目的寿命期不等时，进行项目优选的最恰当的决策方法是（　　）。
	A. 年金净流量法
	（3）在两个寿命期不等的互斥投资项目比较时，可选用的方法有（　　）。
	A. 共同年限法　　　　　　　　 B. 年金净流量法

【考点母题——万变不离其宗】年金净流量法计算题

要求	（1）计算年金净流量；（2）进行决策，并说明理由。
公式	年金净流量 = 净现值 / 年金现值系数
示例	现有甲、乙两个机床购置方案，所要求的最低投资收益率为10%。甲机床投资额10 000元，可用2年，无残值，每年产生8 000元现金净流量。乙机床投资额20 000元，可用3年，无残值，每年产生10 000元现金净流量。经计算，甲方案净现值为3 888元，乙方案净现值为4 870元。已知：（P/A，10%，2）=1.736，（P/A，10%，3）=2.487；（P/F，10%，2）=0.826，（P/F，10%，3）=0.751。 要求：（1）计算甲乙两方案的年金净流量；（2）判断哪个方案更优，并说明理由。 **【答案】** （1）甲方案年金净流量 =3 888/（P/A，10%，2）=3 888/1.736=2 239.63（元） 乙方案年金净流量 =4 870/（P/A，10%，3）=4 870/2.487=1 958.18（元） （2）甲方案优于乙方案，因为甲方案年金净流量大于乙方案。

【考点子题——举一反三，真枪实练】

[28]（历年真题·单选题）下列投资决策方法中，最适用于项目寿命期不同的互斥投资方案决策的是（　　）。

A. 净现值法　　　B. 静态回收期法　　　C. 动态回收期法　　　D. 年金净流量法

考点10　固定资产更新决策

（一）寿命期相同的设备重置决策的方法——净现值法【净现金流出现值法】

注意问题：（1）替换重置方案中，所发生的现金流量主要是现金流出量；（2）旧设备的初始投资额应为其变现价值及对所得税影响；（3）旧设备的使用年限应按尚可使用年限考虑。

【考点母题——万变不离其宗】固定资产更新决策计算题：寿命期相同——净现值法【净现金流出现值法】

考点	（1）旧设备现金净流出量现值：①旧设备的变现收入；②旧设备的变现收入的所得税影响；③垫支营运资金；④税后营运成本（付现成本）；⑤折旧抵税；⑥税后大修理费用；⑦旧设备残值变价收入；⑧旧设备残值变价收入的所得税影响；⑨营运资金回收。 （2）新设备现金净流出量现值：①设备投资；②垫支营运资金；③税后营运成本（付现成本）；④折旧抵税；⑤税后大修理费用；⑥残值变价收入；⑦残值变价收入的所得税影响；⑧营运资金回收。 （3）做出是否更新设备的决策，并说明理由。
公式	现金净流出量现值 =Σ 各年现金流出量现值

某公司现有一台旧机床是四年前购进的，目前准备用一新机床替换。该公司所得税税率为25%，资本成本率为10%，其余资料如表1所示。

表1 新旧设备相关资料　　金额单位：万元

项目	旧设备	新设备
原价	22 000	63 500
税法残值	2 000	3 500
税法使用年限（年）	10年	6年
已使用年限（年）	4年	0年
尚可使用年限（年）	6年	6年
垫支营运资金	1 000	1 500
大修理支出	3 000（第2年末）	4 000（第4年末）
每年折旧费（直线法）	2 000	10 000
每年营运成本	7 000	4 000
目前变现价值	12 000	63 500
最终报废残值	2 500	4 000

表2 货币时间价值系数

N	1	2	3	4	5	6
（P/F，10%，n）	0.9091	0.8264	0.7513	0.6830	0.6209	0.5645
（P/A，10%，n）	0.9091	1.7355	2.4869	3.1699	3.7908	4.3553

示例

要求：（1）计算旧设备各年现金净流量及净现值。（2）计算新设备各年现金净流量及净现值。（3）做出是否更新设备的决策，并说明理由。

【答案】

（1）旧设备各年现金净流量及净现值

①投资期现金净流量：

■ 长期资产投资（旧设备的投资额应为其目前的变现价值及对所得税影响，继续使用旧设备丧失的潜在收益，即机会成本）

旧设备折旧 =（22 000–2 000）/10=2 000（万元）

旧设备账面净值 = 原价 – 累计折旧 =22 000–2 000×4=14 000（万元）

变现净损失抵税 =（账面净值 – 变价净收入）× 所得税税率

$\qquad$ =（14 000–12 000）×25%=500（万元）

旧设备的投资额（继续使用旧设备的机会成本）= 变价净收入 + 变现净损失抵税

$\qquad$ =12 000+500=12 500（万元）

■ 营运资本垫支→1 000 万元

NCF_0= –（长期资产投资 + 营运资本垫支）= –（12 500+1 000）=-13 500（万元）

②营业期现金净流量

=（营业收入 – 营运成本 – 大修理支出）×（1– 所得税税率）+ 折旧费 × 所得税税率

NCF_1=（0–7 000）×（1–25%）+2 000×25%=-4 750（万元）

NCF_2=（0–7 000–3 000）×（1–25%）+2 000×25%=-7 000（万元）

NCF_{3-5}=（0–7 000）×（1–25%）+2 000×25%=-4 750（万元）

续表

示例	③终结期现金净流量 ＝残值变价收入＋残值变价净损益对所得税的影响＋垫支营运资金的收回 ＝2 500+（2 000−2 500）×25%+1 000=3 375（万元） 最后一年现金净流量＝营业期现金净流量＋终结期现金净流量 NCF$_6$=−4 750+3 375=−1 375（万元） ④评价指标——净现值计算 NPV=−13 500−4 750×（P/F，10%，1）−7 000×（P/F，2）−4 750×（P/A，10%，3） （P/F，10%，2）−1 375×（P/F，10%，6）=−34 141（万元） **（2）新设备各年现金净流量及净现值** NCF$_0$=−63 500−1 500=−65 000（万元） NCF$_{1-3}$=（0−4 000）×（1−25%）+10 000×25%=−500（万元） NCF$_4$=（0−4 000−4 000）×（1−25%）+10 000×25%=−3 500（万元） NCF$_5$=（0−4 000）×（1−25%）+10 000×25%=−500（万元） NCF$_6$=（0−4 000）×（1−25%）+10 000×25%+1 500+4 000+（3 500−4 000）×25% 　　=4 875（万元） NPV=−65 000−500（P/A，10%，3）−3 500（P/F，10%，4）−500（P/F，10%，5）+4 875 （P/F，10%，6）=−66 192（万元） **（3）不应该进行设备更新，因为新设备的净现金流出量现值更大。** 或者： 新旧设备相关现金流量如表3和表4所示：

表3　旧设备相关现金流量金额

金额单位：万元

项目	现金流量	年份
1. 每年营运成本	A	1~6
2. 每年折旧抵税	B	1~6
3. 大修理费	C	2
4. 残值变价收入	D	6
5. 残值净收益纳税	E	6
6. 营运资金收回	F	6
7. 目前变价收入	G	0
8. 变现净损失减税	H	0
9. 垫支营运资金	I	0

表4　新设备相关现金流量

金额单位：万元

项目	现金流量	年份
1. 设备投资	J	0
2. 垫支营运资金	K	0
3. 每年营运成本	L	1~6
4. 每年折旧抵税	M	1~6
5. 大修理费	N	4
6. 残值变价收入	O	6
7. 残值净收益纳税	P	6
8. 营运资金收回	Q	6

要求：（1）确定表3和表4中字母所代表的数值。（2）计算旧设备的净现值。（3）计算新设备的净现值。（4）做出是否更新设备的决策，并说明理由。（计算结果保留整数位）

示例	【答案】 （1）A（每年营运成本）=-7 000×（1-25%）=-5 250 　　　B（每年折旧抵税）=2 000×25%=500 　　　C（大修理费）=-3 000×（1-25%）=-2 250 　　　D（残值变价收入）=2 500 　　　E（残值净收益纳税）=（2 000-2 500）×25%=-125 　　　F（垫支营运资金收回）=1 000 　　　G（目前变价收入）=-12 000 　　　H（变现净损失减税）=-（14 000-12 000）×25%=-500 　　　I（垫支营运资金）=-1 000 　　　J（设备投资）=-63 500 　　　K（垫支营运资金）=-1 500 　　　L（每年营运成本）=-4 000×（1-25%）=-3 000 　　　M（每年折旧抵税）=10 000×25%=2 500 　　　N（大修理费）=-4 000×（1-25%）=-3 000 　　　O（残值变价收入）=4 000 　　　P（残值净收益纳税）=（3 500-4 000）×25%=-125 　　　Q（垫支营运资金收回）=1 500 （2）旧设备的现金净流量现值（净现值）=- 旧设备的投资额 - 垫支营运资金 - 每年税后营运成本现值 + 每年折旧抵税现值 - 大修理费现值 +（残值变价收入 + 残值净收益纳税 + 垫支营运资金收回）现值 -12 000-500-1 000-5 250×（P/A，10%，6）+500×（P/A，10%，6）-2 250×（P/F，10%，2）+（2 500-125+1 000）×（P/F，10%，6）=-34 141（万元） （3）新设备的现金净流量现值（净现值）=- 新设备初始投资 - 垫支营运资金 - 每年营运成本现值 + 每年折旧抵税现值 - 大修理费现值 +（残值变价收入 + 残值净收益纳税 + 垫支营运资金收回）现值 =-63 500-1 500-3 000×（P/A，10%，6）+2 500×（P/A，10%，6）-3 000×（P/F，10%，4）+（4 000-125+1 500）×（P/F，10%，6）=-66 192（万元） （4）不应该进行设备更新，因为新设备的净现金流出量现值更大。

▲【考点母题——万变不离其宗】互斥方案选择：寿命期相同——净现值法【净现金流出现值法】

考点	（1）方案1现金净流出量现值；（2）方案2现金净流出量现值；（3）做出哪个方案更优的决策，并说明理由。
公式	现金净流出量现值 =Σ 各年现金流出量现值
示例	某城市二环路已不适应交通需要、市政府决定加以改造。现有两种方案可供选择： A 方案是在现有基础上拓宽，需一次性投资 3 000 万元，以后每年需投入维护费 60 万元，每5 年年末翻新路面一次需投资 300 万元，永久使用。

续表

示例	B 方案是全部重建，需一次性投资 7 000 万元，以后每年需投入维护费 70 万元，每 8 年年末翻新路面一次投资 420 万元，永久使用，原有旧路面设施残料收入 2 500 万元。 假设为贴现率为 14%，（F/A，14%，5）=6.6101，（F/A，14%，8）=13.233 要求：（1）计算方案 A 的现金流出现值。（2）计算方案 B 的现金流出现值。（3）比较哪个方案更优？并说明理由。 【答案】 （1）A 方案现金流出总现值 $= 3\,000 + \dfrac{60}{14\%} + \dfrac{300/(\text{F/A},14\%,5)}{14\%} = 3\,752.76$（万元） （2）B 方案现金流出总现值 $=（7\,000-2\,500）+ \dfrac{70}{14\%} + \dfrac{420/(\text{F/A},14\%,8)}{14\%} = 5\,226.71$（万元） （3）A 方案更优，因为 A 方案的现金流出现值小于 B 方案。

（二）寿命期不同的设备重置决策

▲【考点母题——万变不离其宗】固定资产更新决策

寿命期相同	（1）下列关于寿命期相同的固定资产更新决策的表述中，正确的是（　　）。
	A. 寿命期相同的固定资产更新决策主要采用净现值法和年金净流量法
寿命期不同	（2）【判断金句】寿命期不同的设备重置方案，用净现值指标可能无法得出正确决策结果，应当采用年金净流量法决策。
	（3）【判断金句】如果设备重置方案不会引起营业现金流入量变化，可采用年金成本（即年金净流出量）法进行决策。

▲【考点母题——万变不离其宗】固定资产更新决策计算题：寿命期不同——年金成本法【年金净流（出）量法】

考点	（1）旧设备的年金成本；（2）新设备的年金成本；（3）作出决策，并说明理由。 具体考点同寿命期相同时的固定资产更新决策计算题。 【说明】如果使用新旧设备的现金流入量不同，则使用年金净流量法进行决策。
公式	$\text{年金成本} = \dfrac{\sum（\text{各项目现金净流出现值}）}{（\text{P/A},i,n）}$
示例	甲公司现有旧设备一台，由于节能减排的需要，准备予以更新。当期贴现率为 15%，假设所得税税率为 25%，（P/F，15%，6）=0.4323，（P/A，15%，6）=3.7845，（P/F，15%，10）=0.2472，（P/A，15%，10）=5.0188，其他有关资料下表所示：（计算结果保留整数）

第6章

	甲公司新旧设备资料	金额单位（万元）
项目	**旧设备**	**新设备**
原价	35 000	36 000
预计使用年限（年）	10	10
已经使用年限（年）	4	0
税法残值	5 000	4 000
最终报废残值	3 500	4 200
目前变现价值	10 000	36 000
每年折旧费（直线法）	3 000	3 200
每年营运成本	10 500	8 000

第一种情况：不考虑所得税（原始投资额一次性投入），分别计算新旧设备的年金成本。

【答案】

$$年金成本=\frac{\sum（各项目现金净流出现值）}{（P/A，i，n）}$$

$$=\frac{原始投资额-残值收入×（P/F，i，n）+年营运成本×（P/A，i，n）}{（P/A，i，n）}$$

$$=\frac{原始投资额-残值收入×（P/F，i，n）}{（P/A，i，n）}+年营运成本 \qquad 公式①$$

$$=\frac{原始投资额-残值收入}{（P/A，i，n）}+残值收入×i+年营运成本 \qquad 公式②$$

（1）旧设备年金成本

$$旧设备年金成本=\frac{10\ 000-3\ 500×（P/F，15\%，6）}{（P/A，15\%，6）}+10\ 500=12\ 743（万元）\qquad（公式①得出）$$

$$=\frac{10\ 000-3\ 500}{（P/A，15\%，6）}+3\ 500×15\%+10\ 500=12\ 743（万元）\qquad（公式②得出）$$

（2）新设备年金成本

$$新设备年金成本=\frac{3\ 600-4\ 200×（P/F，15\%，10）}{（P/A，15\%，10）}+8\ 000=14\ 966（万元）\qquad（公式①得出）$$

$$=\frac{3\ 600-4\ 200}{（P/A，15\%，10）}+4\ 200×15\%+8\ 000≈14\ 966（万元）\qquad（公式②得出）$$

第二种情况：考虑所得税（原始投资额一次性投入），分别计算新旧设备的年金成本。根据计算结果，对甲公司是否进行设备更新进行决策，并说明理由。

$$年金成本=\frac{\sum（各项目现金净流出现值）}{（P/A，i，n）}$$

示例

第6章

续表

$$= \frac{原始投资额-税后残值收入\times(P/F,i,n)+年税后营运成本\times(P/A,i,n)-年折旧抵税额\times(P/A,i,n)}{(P/A,i,n)}$$

$$= \frac{原始投资额-税后残值收入\times(P/F,i,n)}{(P/A,i,n)}+年税后营运成本-年折旧抵税率 \qquad 公式①$$

$$= \frac{原始投资额-税后残值收入}{(P/A,i,n)}+税后残值收入\times i+年税后营运成本-年折旧抵税额 \qquad 公式②$$

（1）旧设备年金成本

旧设备的投资额 =10 000+（23 000-10 000）×25%=13 250（万元）

税后残值收入 =3 500+（5 000-3 500）×25%=3 875（万元）

每年税后营运成本 =10 500×（1-25%）=7 875（万元）

年折旧抵税额 =3 000×25%=750（万元）

根据公式①：

旧设备年金成本 =[13 250-3 875×（P/F，15%，6））]/（P/A，15%，6）+7 875-750=10 183（万元）

其中：每年税后投资净额 =[13 250-3 875×（P/F，15%，6））]/（P/A，15%，6）=3 058（万元）

【或者】根据公式②：

$$旧设备年金成本 = \frac{13\,250-3\,875}{(P/A,15\%,6)}+3\,875\times15\%+7\,875-750 \approx 10\,183（万元）$$

（2）新设备年金成本

原始投资额 =36 000（万元）

税后残值收入 =4 200+（4 000-4 200）×25%=4 150（万元）

每年税后营运成本 =8 000×（1-25%）=6 000（万元）

每年折旧抵税额 =3 200×25%=800（万元）

根据公式①：

新设备年金成本 =[36 000-4 150×（P/F，15%，10）]/（P/A，15%，10）+6 000-800
=12 169（万元）

【或者】根据公式②

$$新设备年金成本 = \frac{36\,000-4\,150}{(P/A,15\%,10)}+4\,150\times15\%+6\,000-800 \approx 12\,169（万元）$$

不应进行更新，因为新设备的年金成本大于旧设备。

【总结记忆】项目投资决策

决策类型		决策方法
独立投资方案决策	可行	净现值≥0；年金净流量≥0；现值指数≥1；内含收益率≥投资人期望的最低投资收益率
	不可行	净现值＜0；年金净流量＜0；现值指数＜1；内含收益率＜投资人期望的最低投资收益率
互斥投资方案决策	寿命期相同	应选择净现值大的项目
	寿命期不同	应选择年金净流量大的项目

续表

固定资产更新决策	寿命期相同	如果设备更新后会引起营业现金流入与流出的变动，应选择净现值最大的方案 如果设备更新后不会引起营业现金流入的变动，应选择投资支出现值最小的方案
	寿命期不同	如果设备更新后会引起营业现金流入与流出的变动，应选择年金净流量最大的方案 如果设备更新后不会引起营业现金流入的变动，应选择年金成本最小的方案

▲【考点子题——举一反三，真枪实练】

[29]（历年真题·多选题）运用年金成本法对设备重置方案进行决策时，应考虑的现金流量有（　　）。

A. 旧设备年运营成本　　　　　　B. 旧设备残值变价收入

C. 旧设备的初始购置成本　　　　D. 旧设备目前的变现价值

[30]（历年真题·计算题）甲公司拟购置一套监控设备，有 X 和 Y 两种设备可供选择，二者具有同样的功用。X 设备的购买成本为 480 000 元，每年付现成本为 40 000 元，使用寿命为 6 年。该设备采用直线法折旧，年折旧额为 80 000 元，税法残值为 0，最终报废残值为 12 000 元。Y 设备使用寿命为 5 年，经测算，年金成本为 105 000 元。投资决策采用的折现率为 10%，公司适用的企业所得税税率为 25%。有关货币时间价值系数如下：$(P/F, 10\%, 6) = 0.5645$；$(P/A, 10\%, 6) = 4.3553$；$(F/A, 10\%, 6) = 7.7156$。

要求：（1）计算 X 设备每年的税后付现成本。

（2）计算 X 设备每年的折旧抵税额和最后一年末的税后残值收入。

（3）计算 X 设备的年金成本。

（4）运用年金成本方法，判断公司应选择哪一种设备并说明理由。

第四节 证券投资管理

考点 11 证券交易市场及证券资产的特点

【考点母题——万变不离其宗】——证券交易市场及证券资产的特点

（1）按证券投资的市场可以分为（ ）。	
A. 场内市场	是指在证券交易所、期货交易所和全国中小企业股份转让系统（又称"新三板"）开展证券业务。
B. 场外市场	是指在场内市场以外开展证券业务。
（2）下列各项中，属于证券资产的特点有（ ）。	
A. 价值虚拟性	证券资产不能脱离实体资产而完全独立存在，但证券资产的价值不是完全由实体资本的现实生产经营活动决定的，而是取决于契约性权利所能带来的未来现金流量。
B. 可分割性	实体项目投资的经营资产一般具有整体性要求，证券资产可以分割为一个最小的投资单位。
C. 持有目的多元性	①为未来积累现金即为未来变现而持有；②为谋取资本利得即为销售而持有；③为取得对其他企业的控制权而持有。
D. 强流动性	①变现能力强；②持有目的可以相互转换。
E. 高风险性	证券资产是一种虚拟资产，决定了金融投资受公司风险（非系统性风险）和市场风险（系统性风险）的双重影响。

【考点子题——举一反三，真枪实练】

[31]（历年真题·多选题）下列各项中，属于证券资产特点的有（ ）。

    A. 可分割性   B. 高风险性   C. 强流动性   D. 持有目的多元性

[32]（历年真题·判断题）证券资产不能脱离实体资产而独立存在，因此，证券资产的价值取决于实体资产的现实经营活动所带来的现金流量。（ ）

考点 12 证券投资的目的

【考点母题——万变不离其宗】证券投资的目的

证券投资的目的	（1）下列各项中，属于证券投资目的的有（ ）。
	A. 分散资金投向，降低投资风险 B. 利用闲置资金，增加企业收益
	C. 稳定客户关系，保障生产经营 D. 提高资产的流动性，增强偿债能力
短期债券投资	（2）企业利用闲置资金进行债券投资的主要目的是（ ）。
	A. 获取收益

第 6 章

【考点子题——举一反三，真枪实练】

[33]（历年真题·单选题）一般认为，企业利用闲置资金进行债券投资的主要目的是
（　　）。

A．控制被投资企业　　　　　　　　B．谋取投资收益

C．降低投资风险　　　　　　　　　D．增强资产流动性

考点 13　证券投资的风险

按性质划分
- 系统风险（不可分散风险）
  - 价格风险 → 由于市场利率上升，而使证券资产价格普遍下跌的可能性。
  - 再投资风险 → 由于市场利率下降，而造成的无法通过再投资而实现预期收益的可能性。
  - 购买力风险 → 由于通货膨胀而使货币购买力下降的可能性。
- 非系统风险（可分散风险）
  - 违约风险 → 证券资产发行者无法按时兑付证券资产利息和偿还本金的可能性。
  - 变现风险 → 证券资产持有者无法在市场上以正常的价格平仓出货的可能性。
  - 破产风险 → 证券资产发行者破产清算时投资者无法收回应得权益的可能性。

【考点母题——万变不离其宗】证券投资的风险

系统风险	A．价格风险【或：利率风险】	（1）下列各项中，属于证券投资系统风险的有（　　）。
		（2）【判断金句】价格风险是指由于市场利率上升，而使证券资产价格普遍下跌的可能性。
		（3）下列关于利率风险的表述中，正确的有（　　）。 A．市场利率的变动会造成证券资产价格的反向变化 B．市场利率上升，证券资产价格下跌 C．市场利率下降，证券资产价格上升
	B．再投资风险	（4）【判断金句】再投资风险是由于市场利率下降，而造成的无法通过再投资而实现预期收益的可能性。
		（5）【判断金句】投资者投资短期证券资产会面临市场利率下降的再投资风险。
	C．购买力风险	（6）【判断金句】购买力风险对具有收款权利性质的资产影响很大，债券投资的购买力风险远大于股票投资。
		（7）【判断金句】如果通货膨胀长期延续，投资人会把资本投向实体性资产以求保值，对证券资产的需求量减少，引起证券资产价格下跌。
非系统风险		（8）下列各项中，属于证券投资非系统风险的有（　　）。
		A．违约风险　　B．变现风险　　C．破产风险
		（9）证券资产发行者无法按时兑付证券资产利息和偿还本金的可能性是（　　）。
		A．违约风险

续表

非系统风险	（10）证券资产持有者无法在市场上以正常的价格平仓出货的可能性是（　　）。
	A. 变现风险

▲【考点子题——举一反三，真枪实练】

[34]（历年真题·单选题）下列各项中，属于证券资产的系统风险的是（　　）。

　　A. 违约风险　　　B. 再投资风险　　　C. 公司研发风险　　　D. 破产风险

[35]（历年真题·单选题）对债券持有人而言，债券发行人无法按期支付债券利息或偿付本金的风险是（　　）。

　　A. 流动性风险　　　B. 系统风险　　　C. 违约风险　　　D. 购买力风险

考点 14　债券投资

　　债券是依照法定程序发行的约定在一定期限内还本付息的有价证券，它反映证券发行者与持有者之间的债权债务关系。

▲【考点母题——万变不离其宗】债券价值

债券要素	（1）下列各项中，属于债券基本要素的有（　　）。	
	A. 债券面值　　B. 债券期限　　C. 票面利率	
债券价值计算	（2）下列各项因素中，影响债券价值的有（　　）。	
	A. 债券面值　　B. 债券期限　　C. 票面利率　　D. 市场利率　　E. 计息周期	
	（3）典型债券	**特点：固定利率、每年计算并支付利息、到期归还本金。** 计算公式： $V=I/(1+i)^1+I/(1+i)^2+\cdots+I/(1+i)^n+M/(1+i)^n$ $=$ 年利息 $\times$（P/A, i, n）+ 面值 $\times$（P/F, i, n） 式中：V 为债券的价值；I 为每年的利息，M 为面值，i 为贴现率，一般采用市场利率或投资人要求的最低（必要）收益率；n 为债券到期期限。
		【举例】某债券面值 1 000 元，期限 20 年，每年付息一次，到期归还本金，以市场利率 10% 作为评估债券价值的贴现率。如果票面利率分别为 8%、10% 和 12%，（P/A, 10%, 20）=8.5136，（P/F, 10%, 20）=0.1486，则债券价值分别为多少？ 【答案】 票面利率 =8%，V=80×（P/A, 10%, 20）+1 000×（P/F, 10%, 20） 　　　　　　　　=829.69（元） 票面利率 =10%，V=100×（P/A, 10%, 20）+1 000×（P/F, 10%, 20） 　　　　　　　　=999.96（元）

债券价值计算	（3）典型债券	票面利率 =12%，V=120×（P/A，10%，20）+1 000×（P/F，10%，20） =1 170.23（元）
	（4）纯贴现债券	**特点：到期按面值兑付的债券。** 计算公式： $V=M/(1+i)^n=$ 面值 ×（P/F，i，n）
		【举例】某债券面值 1 000 元，5 年期，纯贴现发行。当时市场利率为 8%，该债券的价值为多少？ 【答案】V=1 000×（P/F，8%，5）=1 000×0.6806=680.6（元）
	（5）永续债券	**特点：每年利息相同，没有到期日。** 计算公式： $V=I/i$
		【举例】有一永续债券，每年支付利息 50 元，市场利率为 10%，则其价值为多少？ 【答案】V=50/10%=500（元）
决策原则		当债券价值高于购买价格，可以投资。

▲【考点母题——万变不离其宗】债券投资的收益率

含义	（1）下列各项中，属于债券收益来源的有（ ）。 A. 名义利息收益　　　　　B. 利息再投资收益　　　　　C. 价差收益
	（2）【判断金句】债券的内部收益率是指按当前市场价格购买债券并持有至到期日或转让日所产生的预期收益率，也就是债券投资项目的内含收益率。
债券内部收益率计算	用债券的购买价格代替内在价值，倒求贴现率，即债券的内部收益率。 【举例】假定投资者目前以 1 075.92 元的价格购买一份面值为 1 000 元、每年付息一次、到期归还本金、票面利率为 12% 的 5 年期债券，投资者将该债券持有至到期日，市场利率为 12%。要求计算该债券的内部收益率，并判断是否应该购买该债券。已知（P/A，8%，5）=3.9927，（P/A，12%，5）=3.6048，（P/F，8%，5）=0.6806，（P/F，12%，5）=0.5674。 【答案】 1 075.92=1 000×12%×（P/A，R，5）+1 000×（P/F，R，5） 当 R=12% 时，1 000×12%×（P/A，12%，5）+1 000×（P/F，12%，5）=999.98 当 R=8% 时，1 000×12%×（P/A，8%，5）+1 000×（P/F，8%，5）=1 159.72 运用插值法计算：R=8%+（1 075.92-1 159.72）/（999.98-1 159.72）×（10%-8%）=10.1% 不应该购买该债券，因为该债券内部收益率小于市场利率。
决策原则	债券内部收益率大于等于市场利率，可以投资。
影响因素	（3）下列各项中，影响债券投资收益率的有（ ）。 A. 债券市价　　　　B. 债券期限　　　　C. 票面利率　　　　D. 债券面值

▲【考点母题——万变不离其宗】债券价值敏感性分析

债券发行价	（1）下列关于债券发行价格的表述中，正确的有（　）。
	A. 当票面利率＞市场利率时，债券溢价发行 B. 当票面利率＝市场利率时，债券平价发行 C. 当票面利率＜市场利率时，债券折价发行
债券期限对债券价值的敏感性	（2）关于债券价值对债券期限敏感性的下列表述中，正确的有（　）。
	A. 引起债券价值随债券期限的变化而波动的原因，是债券票面利率与市场利率的不一致 B. 债券期限越短，债券票面利率对债券价值的影响越小 C. 票面利率偏离市场利率的情况下，债券期限越长，债券价值越偏离于债券面值 D. 超长期债券的期限差异，对债券价值的影响不大
市场利率对债券价值的敏感性	（3）下列关于债券价值对市场利率敏感性的表述中，正确的有（　）。
	A. 市场利率的上升会导致债券价值的下降，市场利率的下降会导致债券价值的上升 B. 长期债券对市场利率的敏感性会大于短期债券，在市场利率较低时，长期债券的价值远高于短期债券，在市场利率较高时，长期债券的价值远低于短期债券 C. 市场利率低于票面利率时，债券价值对市场利率的变化较为敏感，市场利率稍有变动，债券价值就会发生剧烈的波动 D. 市场利率超过票面利率后，债券价值对市场利率变化的敏感性减弱，市场利率的提高，不会使债券价值过分降低

▲【考点子题——举一反三，真枪实练】

[36]（历年真题·单选题）债券内部收益率的计算公式中不包含的因素是（　）。

　　A. 债券面值　　　B. 债券期限　　　C. 市场利率　　　D. 票面利率

[37]（历年真题·单选题）市场利率和债券期限对债券价值都有较大的影响。下列相关表述中，不正确的是（　）。

　　A. 市场利率上升会导致债券价值下降

　　B. 长期债券的价值对市场利率的敏感性小于短期债券

　　C. 债券期限越短，债券票面利率对债券价值的影响越小

　　D. 债券票面利率与市场利率不同时，债券面值与债券价值存在差异

[38]（历年真题·多选题）在票面利率小于市场利率的情况下，根据债券估价基本模型，下列关于债券价值的说法中，正确的有（　）。

　　A. 票面利率上升，债券价值上升

　　B. 付息周期增加，债券价值下降

　　C. 市场利率上升，债券价值下降

　　D. 期限变长，债券价值下降

第6章

[39]（历年真题·判断题）由于债券的面值、期限和票面利息通常是固定的，因此债券给持有者所带来的未来收益仅仅为利息收益。（　　）

[40]（历年真题·单选题）关于债券价值其他因素不变时，下列表述错误的是（　　）。

A. 债券的年内付息次数越多，则债券价值越大

B. 长期债券的价值对市场利率的敏感性小于短期债券

C. 市场利率的上升会导致债券价值下降

D. 若票面利率偏离市场利率，债券期限越长，则债券价值越偏离于债券面值

[41]（历年真题·判断题）对于票面利率固定、每期支付利息、到期归还本金的公司债券，当票面利率大于投资者期望的最低投资收益率时，该债券将溢价发行。（　　）

[42]（经典子题·计算题）甲公司计划于2022年1月1日进行债券投资，目前有三种债券可供选择：

（1）计划购买1 000张乙公司当日发行的面值1 000元、票面利率10%、期限5年、每年付息一次的债券。此时市场利率为8%，债券市价为1 050元。相关货币时间价值系数如下：

I	6%	8%	10%
（P/F, i, 5）	0.7473	0.6806	0.6209
（P/A, i, 5）	4.2124	3.9927	3.7908

（2）购买丙公司发行的纯贴现债券，债券面值为1 000元，期限5年，市场利率为8%，该债券目前的市场价格为710元。

（3）购买丁公司发行的永续债，债券面值为1 000元，票面利率为5%，每年付息一次，市场利率为8%，该债券目前的市场价格为640元。

要求：

（1）①计算乙公司债券的价值；②如果以1 050元购买了该债券并持有至到期，计算该债券的内部收益率；③判断是否应该购买该债券，并说明理由。

（2）计算丙公司债券的价值，判断是否应该购买该债券，并说明理由。

（3）计算丁公司债券的价值，判断是否应该购买该债券，并说明理由。

考点 15　股票投资

股票的价值	投资于股票预期获得的未来现金流量的现值，即为股票的价值或内在价值、理论价格。

续表

股票的估值模型	零成长股票的估值	模式： $$V_s=\frac{D}{R_s}=\frac{每年股利}{投资者要求的必要收益率}$$
		【举例】某公司优先股股票，每年每股股利为 12 元，投资该股票的必要收益率为 10%，则该股票的价值为： V=12/10%=120（元）
	固定成长股票的估值	模式： 计算公式：$V=\dfrac{D_0\times(1+g)}{R_s-g}=\dfrac{D_1}{R_s-g}=\dfrac{下一期股利}{投资者要求的必要收益率-股利增长率}$
		【举例】假定某投资者准备购买 A 公司的股票，并且准备长期持有，要求达到 12% 的收益率，该公司今年每股股利 0.8 元，预计未来股利会以 9% 的速度增长，则 A 股票的价值为多少？ 【答案】 A股票的价值$=\dfrac{0.8\times(1+9\%)}{12\%-9\%}=29.07$（元）
股票投资的收益率	收益来源	（1）下列各项中，属于股票收益来源的有（　　）。 A．股利收益　　　　B．股利再投资收益　　　C．转让价差收益
	计算	（2）【判断金句】股票内部收益率是使股票投资净现值为零时的贴现率。 零增长模式：$R=\dfrac{D_0}{P_0}=\dfrac{当前的股利}{当前的股价}$
		固定增长模式：$R=\dfrac{D_1}{P_0}+g=\dfrac{第一年末的股利}{当前的股价}+$股利增长率 　　　　　　＝预期股利收益率＋股利增长率
		【提示】根据固定股利增长模型，股票投资内部收益率由两部分构成：一部分是预期股利收益率 D_1/P_0；另一部分是股利增长率 g。
	示例	1. 某公司股票的当前市场价格为 20 元／股，今年发放的现金股利为 2 元／股（即 $D_0=2$），预计未来每年股利都相等，投资者准备永久持有，投资者要求的必要收益率为 8%，则该股票的内部收益率为多少？投资者是否会购买该股票？ 【答案】内部收益率$=\dfrac{D_0}{P_0}=\dfrac{当前的股利}{当前的股价}=\dfrac{2}{20}=10\%$ 由于该股票的内部收益率 10% 大于投资者要求的必要收益率 8%，应该购买。

第6章

续表

| 股票投资的收益率 | 示例 | 2. 某公司股票的当前市场价格为 25 元 / 股，今年发放的现金股利为 1.5 元 / 股，预计计未来每年股利增长率为 5%，则该股票的内部收益率为多少？
【答案】
内部收益率 = $\dfrac{\text{第一年末的股利}}{\text{当前的股价}}$ + 股利增长率 = $\dfrac{1.5 \times (1 + 5\%)}{25}$ + 5% = 11.3%。 |
| | | 3. 某投资者 2018 年 5 月购入 A 公司股票 1 000 股，每股购价 3.2 元，A 公司 2019 年、2020 年、2021 年分别派分现金股利每股 0.25 元、0.32 元、0.45 元；该投资者 2021 年 5 月以每股 3.5 元的价格售出该股票，则 A 股票投资收益率的计算为：
$$NPV = -3.2 + \dfrac{0.25}{1+R} + \dfrac{0.32}{(1+R)^2} + \dfrac{0.45}{(1+R)^3} + \dfrac{3.5}{(1+R)^3} = 0$$
当 R=12% 时，NPV=0.0898 ；当 R=14% 时，NPV=-0.0682
用插值法计算：R=12%+2% × 0.0898/（0.0898+0.0682）
=13.14%。 |

🔺【考点子题——举一反三，真枪实练】

[43]（历年真题·单选题）某公司当期每股股利为 3.30 元，预计未来每年以 3% 的速度增长，假设投资者的必要收益率为 8%，则该公司每股股票的价值是（　　）元。

A. 41.25　　　　B. 67.98　　　　C. 66.00　　　　D. 110.00

[44]（历年真题·判断题）根据固定股利增长模型，股票投资内部收益率由两部分构成，一部分是预期股利收益率 D_1/P_0，另一部分是股利增长率 g。（　　）

[45]（历年真题·单选题）某公司股票的当前市场价格为 10 元 / 股，今年发放的现金股利为 0.2 元 / 股（即 $D_0=0.2$），预计未来每年股利增长率为 5%，则该股票的内部收益率是（　　）。

A. 7.1%　　　　B. 7%　　　　C. 5%　　　　D. 2%

[46]（经典子题·计算题）某投资者准备购买甲公司的股票，并打算长期持有。甲公司股票当前的市场价格为 40 元 / 股，当期每股股利为 2 元，预计未来股利年增长率为 10%。甲公司股票的 β 系数为 2，当前无风险收益率为 5%，市场平均收益率为 10%。有关货币时间价值系数如下：

（P/F, 10%, 3）=0.7513，（P/A, 10, 3）=2.4869 ；（P/F, 15%, 3）=0.6575，（P/A, 15%, 3）=2.2832。

要求：

（1）采用资本资产定价模型计算甲公司股票的必要收益率。

（2）以要求（1）的计算结果作为投资者要求的收益率，采用股票估价模型计算甲公司股票的价值。

（3）根据要求（2）的计算结果，判断甲公司股票是否值得购买，并说明理由。

第五节 基金投资与期权投资

考点 16 基金投资

🔺【考点母题——万变不离其宗】投资基金的概念和分类

概念	（1）下列各项中，属于集合投资方式的是（　　）。	
	A. 投资基金	
分类	证券投资基金	（2）下列各项中，属于证券投资基金的有（　　）。
		A. 股票基金　　　　　　B. 债券基金
	另类投资基金	（3）下列各项中，属于另类投资基金的有（　　）。
		A. 私募股权基金　　　　B. 风险投资基金
		C. 对冲基金　　　　　　D. 实物资产投资基金

🔺【考点母题——万变不离其宗】证券投资基金的概念和特征

概念	（1）下列关于证券投资基金概念的表述中，正确的有（　　）。
	A. 它以股票、债券等金融证券为投资对象
	B. 它反映了一种信托关系
	C. 它是一种受益凭证
特征	（2）下列各项中，属于证券投资基金特征的有（　　）。
	A. 集合理财实现专业化管理
	B. 通过组合投资实现分散风险的目的
	C. 投资者利益共享且风险共担
	D. 基金管理人和基金托管人无权参与基金收益的分配，不承担基金投资的风险
	E. 权力隔离的运作机制（基金操作权利与资金管理权利相互隔离）
	F. 严格的监管制度

🔺【考点母题——万变不离其宗】证券投资基金的分类

依据法律形式分类	（1）依据法律形式不同，证券投资基金可以分为（　　）。	
	A. 契约型基金	依据基金管理人、基金托管人之间签署的基金合同设立，合同规定了参与基金运作各方的权利与义务。
	B. 公司性基金	依据基金公司章程设立，基金投资者是基金公司的股东，按持有股份比例承担有限责任，分享投资收益。

依据运作 方式分类	（2）依据运作方式不同，证券投资基金可以分为（　　）。	
	A. 封闭式基金	基金份额持有人不得在基金约定的运作期内赎回基金。
	B. 开放式基金	可以在合同约定的时间和场所对基金进行申购或赎回，即基金份额不固定。
依据投资 对象分类	（3）依据投资对象不同，证券投资基金可以分为（　　）。	
	A. 股票基金	股票基金为基金资产 80% 以上投资于股票的基金。
	B. 债券基金	债券基金为基金资产 80% 以上投资于债券的基金。
	C. 货币市场基金	仅投资于货币市场工具的为货币市场基金。
	D. 混合基金	混合基金是指投资于股票、债券和货币市场工具，但股票投资和债券投资的比例不符合股票基金、债券基金规定的基金。
依据投资 目标分类	（4）依据投资目标不同，证券投资基金可以分为（　　）。	
	A. 增长型基金	主要投资于具有较好增长潜力的股票，投资目标为获得资本增值，较少考虑当期收入。
	B. 收入型基金	更加关注能否取得稳定的经常性收入，投资对象集中于风险较低的蓝筹股、公司及政府债券等。
	C. 平衡型基金	集合了增长型基金和收入型基金投资的目标，既关注是否能够获得资本增值，也关注收入问题。
	【注意】三者在风险与收益的关系上往往表现为：增长型基金风险 > 平衡型基金风险 > 收入型基金风险，增长型基金收益 > 平衡型基金收益 > 收入型基金收益。	
依据投资 理念分类	（5）依据投资理念不同，证券投资基金可以分为（　　）。	
	A. 主动型基金	由基金经理主动操盘寻找超越基准组合表现的投资组合进行投资。
	B. 被动（指数）型基金	期望通过复制指数的表现，选取特定的指数成分股作为投资对象，不期望能够超越基准组合，只求能够与所复制的指数表现同步。
依据募集 方式分类	（6）依据募集方式不同，证券投资基金可以分为（　　）。	
	A. 私募基金	采取非公开方式发售，面向特定的投资者，他们往往风险承受能力较高，单个投资者涉及的资金量较大。
	B. 公募基金	面向社会公众公开发售，募集对象不确定，投资金额较低，适合中小投资者，由于公募基金涉及的投资者数量较多，因此受到更加严格的监管并要求更高的信息透明度。

考点讲解：证券投资基金业绩评价指标

（1）绝对收益	①持有期间收益率=$\dfrac{期末资产价格-期初资产价格+持有期间红利收入}{期初资产价格}\times100\%$ ②现金流和时间加权收益率 =（1+第1阶段收益率）×（1+第2阶段收益率）…（1+第n阶段收益率）-1 ③平均收益率 算术平均收益率：$R_A=\dfrac{\sum\limits_{t=1}^{n}R_t}{n}\times100\%$ 几何平均收益率：$R_G=[\sqrt[n]{\prod\limits_{i=1}^{n}(1+R_i)}-1]\times100\%$
（2）相对收益	基金相对于一定业绩比较基准的收益。

▲ **【考点母题——万变不离其宗】证券投资基金业绩评价指标**

绝对收益	（1）某股票基金年初资产每份价格为1元，年末资产每份价格为1.05元，一年红利收入为每份0.02元，则该基金持有期间收益率是（　）。
	A. 7% 【解析】持有期间收益率=$\dfrac{1.05-1+0.02}{1}\times100\%$=7%
	（2）某股票基金在2021年由于申购和发放红利，发生了现金流变动，全年分为三个区间，收益率分别为-6%，5%和4%，则该基金当年的现金流和时间加权收益率是（　）。
	A. 2.65% 【解析】（1-6%）×（1+5%）×（1+4%）-1=2.65%
	（3）某基金近三年的收益率分别为5%、8%、11%，其三年的算术平均收益率是（　）。
	A. 8% 【解析】（5%+8%+11%）÷3×100%=8%
	（4）某基金近三年的收益率分别为5%、8%、11%，其三年的几何平均收益率是（　）。
	A. 7.97% 【解析】{[（1+5%）×（1+8%）×（1+11%）]$^{1/3}$-1}×100%=7.97% 【提示】一般来说，收益率波动越明显，算数平均收益率相比几何平均收益率越大。
相对收益	（5）某基金以上证50指数作为业绩比较基准，当上证50指数收益率为7%，该基金收益率为5%时，则该基金相对收益是（　）。
	A. -2% 【解析】5%-7%=-2%

▲ **【考点子题——举一反三，真枪实练】**

[47]（**历年真题·单选题**）某基金的全部资产中，有10%投资于股票，5%投资于短期国债，85%投资于公司债券。则该基金被认定是（　）。

A. 货币市场基金   B. 股票基金   C. 混合基金   D. 债券基金

[48] (历年真题·单选题) 私募基金与公募基金对比，下列选项中不属于公募基金特点的是（   ）。

A. 监管宽松   B. 发行对象不确定

C. 投资金额较低   D. 要求更高的信息透明度

[49] (经典子题·单选题) 某股票基金在2021年由于申购和发放红利，发生了现金流变动，全年分为三个区间，收益率分别为-2%、5%和4%，则该基金当年的现金流和时间加权收益率是（   ）。

A. 2.33%   B. 7%   C. 7.02%   D. 9%

⚠ 【考点母题——万变不离其宗】私募股权投资基金

特点	（1）下列各项中，属于私募股权投资基金特点的有（ ）。
	A. 具有较长的投资周期（投资对象为未上市企业的股权或非公开交易的股权） B. 较大的投资收益波动性（高风险、高期望收益） C. 对投资决策与管理的专业要求较高，投后需进行非财务资源注入
退出	（2）下列各项中，属于私募股权投资基金退出方式的有（ ）。
	A. 股份上市转让或挂牌转让 B. 股权转让 C. 清算退出

⚠ 【考点子题——举一反三，真枪实练】

[50] (经典子题·多选题) 下列关于私募股权投资基金的说法，正确的有（   ）。

A. 较大投资收益波动性和较好的流动性

B. 投资对象主要是拟上市公司

C. 首次公开发行上市是私募股权投资基金优先考虑的退出方式

D. 我国的股权投资基金只能以非公开方式募集

考点17 期权投资

⚠ 【考点母题——万变不离其宗】期权合约的概念

	（1）下列各项中，关于期权合约表述正确的有（ ）。
期权买方 （多头）	A. 期权买方即购买期权的一方，在支付期权费后，就拥有了在期权合约规定的时间内，行使其购买或出售标的资产的权利，也可以不行使这个权利，同时不承担任何义务。
期权卖方 （空头）	B. 期权卖方即出售期权的一方，在获得买方支付期权费后，就承担着在规定的时间内根据买方的要求履行该期权合约的义务，只要期权买方要求执行期权，卖方则无条件履行义务。

续表

期权费	C. 期权费是期权买方为获取合约的选择权而向期权卖方支付的费用。无论买方未来是否行权，期权费都归卖方所有。（天下没有免费的午餐）
执行价格	D. 期权合约所规定的、期权买方在行使权利时所实际执行的价格，这一价格一旦确定，则在期权有效期内，无论期权标的物的市场价格如何变化，只要期权买方要求执行期权，期权卖方就必须以执行价格履行合约。
到期日	E. 也称为履约日，在这一天如果期权买方不提出执行交易，其所享有的权利就自动终止。
损益	F. 期权买方最大的损失是放弃行权而损失的期权费，而期权卖方最大的收益则是收取的期权费，零和博弈，二者盈亏正好相反。

▲【考点子题——举一反三，真枪实练】

［51］（经典子题·多选题）下列关于期权概念的表述中，正确的有（　　）。

　　A. 期权买方是指买入标的资产的一方

　　B. 期权合约买方可以选择在期权有效期内按执行价格买入或卖出标的资产

　　C. 期权到期时买方和卖方双方必须进行标的物的实物交割

　　D. 期权卖方收取权利金后就有无条件履约的义务

［52］（经典子题·多选题）下列关于期权买卖双方权利与义务的说法中，正确的有（　　）。

　　A. 期权卖方只享有权利而不承担相应的义务

　　B. 期权卖方仅在执行期权有利时才会利用它

　　C. 期权买方有是否履行合约的权利，但不承担必须履行的义务

　　D. 期权买方必须支付期权费，作为不承担义务的代价

▲【考点母题——万变不离其宗】期权合约的分类

欧式期权与美式期权	（1）买方仅能在到期日执行期权，不可推迟或提前的期权合约是（　　）。
	A. 欧式期权
	（2）允许买方在期权到期前的任何时间执行合约的是（　　）。
	A. 美式期权
看涨期权与看跌期权	（3）下列关于看涨期权（买入期权）的说法，正确的有（　　）。
	A. 看涨期权（买入期权）赋予了期权买方在到期日或到期日之前，以固定价格（执行价格）购买标的资产的权利 B. 标的资产的市价大于执行价格时，对看涨期权买方有利
看涨期权与看跌期权	（4）下列关于看跌期权（卖出期权）的说法，正确的有（　　）。
	A. 看跌期权（卖出期权）赋予了期权买方在到期日或到期日之前，以固定价格（执行价格）卖出标的资产的权利 B. 标的资产的市价小于执行价格时，对看跌期权买方有利

▲【考点子题——举一反三，真枪实练】

[53]（经典子题·单选题）下列关于欧式期权和美式期权特征的表述中，正确的是（　　）。

A. 欧式看涨期权卖方拥有在到期日以固定价格购买标的资产的权利

B. 欧式看跌期权买方拥有在到期日以固定价格购买标的资产的权利

C. 美式看涨期权卖方可以在到期日或到期日之前的任何时间执行以固定价格出售标的资产的权利

D. 美式看跌期权买方拥有在到期日或到期日之前的任何时间执行以固定价格出售标的资产的权利

▲【考点母题——万变不离其宗】期权到期价值与净损益计算

考点	（1）买入和卖出看涨期权合约的到期价值与净损益；（2）买入和卖出看跌期权合约的到期价值与净损益。 【提示】期权的到期日价值是到期时期权行权取得的净收入，如未行权，则该值为零。期权净损益则指在到期日价值基础上考虑期权费用后的损益值。假设期权均持有至到期，并忽略其他各项交易成本。	
公式	买入看涨期权（买入标的资产） 到期价值 $=\begin{cases} 市价-执行价格 & 市价>执行价格 \\ 0 & 市价<执行价格 \end{cases}$ 净损益 = 到期价值 - 期权费 （买方最大净损失是期权费，净收益无上限）	卖出看涨期权（卖出标的资产） 到期价值 $=\begin{cases} -（市价-执行价格） & 市价>执行价格 \\ 0 & 市价<执行价格 \end{cases}$ 净损益 = 到期价值 + 期权费 （卖方最大净收益是期权费，净损失无下限）
	买入看跌期权（卖出标的资产） 到期价值 $=\begin{cases} 执行价格-市价 & 市价<执行价格 \\ 0 & 市价>执行价格 \end{cases}$ 净损益 = 到期价值-期权费 （买方最大净损失是期权费，净收益上限是执行价格 - 期权费，即市价降为 0）	卖出看跌期权（买入标的资产） 到期价值 $=\begin{cases} -（执行价格-市价） & 市价<执行价格 \\ 0, & 市价>执行价格 \end{cases}$ 净损益 = 到期价值 + 期权费 （卖方最大净收益是期权费，净损失下限执行价格 - 期权费，即市价降为 0）
示例	某期权交易所在 2021 年 3 月 2 日给出了一份期权报价，标的资产为股票，该期权的到期日为 6 月 2 日，期权合约规定的标的股票执行价格为 27 元，其看涨期权价格为 2.5 元，看跌期权价格为 6.4 元。甲购买了看涨期权，该股票在期权到期日时的市场价格为 37 元，此时期权到期日价值和净损益为多少？如果市场价格不变，甲卖出了一份看跌期权，那么期权到期日价值和净损益为多少？ 【答案】 （1）买入看涨期权情形： 市价 =37 元，执行价格 =27 元，市价>执行价格，到期价值 = 市价 - 执行价格 =37-27=10（元） 期权净损益 = 到期价值 - 期权费 =10-2.5=7.5（元） （2）卖出看跌期权情形： 市价 =37 元，执行价格 =27 元，市价>执行价格，看跌期权的买方不会行权，期权到期日价值为 0。期权净损益为赚取的期权费用 6.4 元。	

◢【考点子题——举一反三，真枪实练】

[54] （经典子题·多选题）下列关于看涨期权的说法中，正确的有（   ）。

    A. 买入看涨期权的到期日价值随标的资产市场价格上升而上升

    B. 如果在到期日标的资产市场价格低于执行价格，则买入看涨期权没有价值

    C. 如果标的资产市场价格下降，对于卖出看涨期权的投资者有利

    D. 看涨期权到期日价值大于期权价格时，期权买方获得正收益

[55] （经典子题·多选题）下列关于期权损益的说法中，正确的有（   ）。

    A. 买入看涨期权，到期日股票市价高于执行价格时，净损益大于0

    B. 买入看跌期权，到期日股票市价高于执行价格时，净损益大于0

    C. 买入看涨期权的最大净损失为期权价格

    D. 卖出看涨期权的最大净收益为期权价格

[56] （经典子题·多选题）假设一份执行价格为100元的M公司股票看涨期权，期权费为每股6元，到期时如果M公司的股票价格为110元，则下列计算结果正确的有（   ）。

    A. 买入看涨期权到期日价值为10元

    B. 卖出看涨期权到期日价值为-10元

    C. 买入看涨期权的净损益为6元

    D. 卖出看涨期权净损益为-4元

[57] （历年真题·综合题部分内容）Y股票看涨期权，期权到期日为2022年9月30日，期权合约规定的标的股票执行价格为3.9元/股，每份看涨期权当前价格为0.14元，在期权到期日可以购买1股标的股票，假设标的股票在期权到期日的市场价格为4.2元/股。

    要求：计算一份Y股票看涨期权的到期日价值。

[本章考点子题答案及解析]

[1] 【答案：C】直接投资是将资金直接投放于形成生产经营能力的实体性资产，直接谋取经营利润的企业投资；间接投资是将资金投放于股票、债券等权益性资产上的企业投资。选项C正确。

[2] 【答案：ACD】发展性投资也可以称为战略性投资，如企业间兼并合并的投资、转换新行业和开发新产品投资和大幅度扩大生产规模的投资等。选项ACD正确。

[3] 【答案：错误】直接筹资是企业直接与资金供应者协商融通资金的筹资活动；间接筹资是企业借助于银行和非银行金融机构而筹集的资金。直接投资是将资金直接投放于形成生产经营能力的实体性资产，直接谋取经营利润的企业投资；间接投资是将资金投放于股票、债券等权益性资产上的企业投资。

[4]【答案：B】年营业现金净流量 =（收入 – 付现成本）×（1– 所得税税率）+ 非付现成本 × 所得税税率 =（600 000–400 000）×（1–25%）+100 000×25%=175 000（元），或者年营业现金净流量 = 税后营业利润 + 非付现成本 =（600 000–400 000–100 000）×（1–25%）+100 000=175 000（元）。

[5]【答案：B】该设备报废引起的预计现金净流量 = 报废时净残值 +（税法规定的净残值 – 报废时净残值）× 所得税税率 =3 500+（5 000–3 500）×25%=3 875（元）。

[6]【答案：AB】考虑所得税对投资项目现金流量的影响时，营业现金净流量 = 营业收入 – 付现成本 – 所得税 = 税后营业利润 + 非付现成本 =（收入 – 付现成本）×（1– 所得税税率）+ 非付现成本 × 所得税税率，选项 AB 正确。

[7]【答案：错误】对于投资方案财务可行性来说，取决于该项目在整个寿命周期内获得的现金流量的现值是否超过整个项目的投资成本。

[8]【答案：ABC】确定贴现率的参考标准可以是：（1）以市场利率为标准；（2）以投资者希望获得的预期最低投资收益率为标准；（3）以企业平均资本成本率为标准，选项 ABC 正确。

[9]【答案：ABD】净现值法采用的贴现率不容易确定，选项 C 错误。

[10]【答案】（1）① NCF_1=10 000 000+30 000 000/3=20 000 000（元）

② NCF_2=10 000 000×（1+20%）+30 000 000/3=2 200 0000（元）

NCF_3=10 000 000×（1+20%）^{2}+30 000 000/3=24 400 000（元）

NPV=20 000 000×（P/F，8%，1）+22 000 000×（P/F，8%，2）+24 400 000×（P/F，8%，3）– 30 000 000=26 747 320（元）

（2）① NCF_0=-50 000 000–5 000 000=-55 000 000（元）

② NCF_{1-4}=（35 000 000–8 000 000）×（1–25%）+50 000 000/5×25%=22 750 000（元）

③ NCF_5=22 750 000+5 000 000=27 750 000（元）

④ NPV=-55 000 000+22 750 000×（P/A，8%，4）+27 750 000×（P/F，8%，5）=39 236 925（元）

[11]【答案：错误】净现值法不适宜于独立投资方案的比较决策，也不能对寿命期不同的投资互斥方案进行直接决策。

[12]【答案：A】在两个寿命期不等的互斥投资项目比较时，应选择年金净流量法。

[13]【答案：B】年金净流量 = 现金流量总现值 / 年金现值系数 =（-840+180×7）/7=60（万元）。

[14]【答案】（1）①投资期现金净流量 NCF_0=-（7 200+1 200）=-8 400（万元）

②年折旧额 =7 200×（1–10%）/6=1 080（万元）

③生产线投入使用后第 1–5 年每年的营业现金净流量

NCF_{1-5}=（11 880–8 800）×（1–25%）+1 080×25%=2 580（万元）

④生产线投入使用后第 6 年的现金净流量

NCF_6=2 580+1 200+7 200×10%=4 500（万元）

⑤净现值 =-8 400+2 580×（P/A，12%，5）+4 500×（P/F，12%，6）

= -8 400+2 580×3.6048+4 500×0.5066

= 3 180.08（万元）

（2）A 方案的年金净流量 =3 180.08/（P/A，12%，6）=3 180.08/4.1114=773.48（万元）

B 方案的年金净流量 =3 228.94/（P/A，12%，8）=3 228.94/4.9676=650（万元）

乙公司应选择 A 方案，因为 A 方案的年金净流量大于 B 方案的年金净流量。

[15]【答案：D】现值指数 = 未来现金净流量现值 / 原始投资额现值 =（100+25）/100=1.25。

[16]【答案：C】现值指数 = 未来现金净流量现值 ÷ 原始投资额现值，若现值指数大于或等于 1，方案可行，说明方案实施后的投资收益率高于或等于必要收益率；若现值指数小于 1，方案不可行，说明方案实施后的投资收益率低于必要收益率，选项 C 表述错误。

[17]【答案：C】用插值法计算内含收益率：

（IRR−10%）/（14%−10%）=（0−100）/（−150−100）

IRR=（0−100）/（−150−100）×（14%−10%）+10%=11.6%。

[18]【答案：B】内含收益率，是指对投资方案未来的每年现金净流量进行贴现，使所得的现值恰好与原始投资额现值相等，从而使净现值等于零时的贴现率。计算结果不受资本成本的影响，选项 B 是正确的。

[19]【答案：A】内含收益率是净现值等于 0 时的折现率，当折现率为 10%，净现值为正数，说明投资方案的内含收益率高于 10%。当折现率为 12%，净现值为负数，说明投资方案的内含收益率低于 12%。因此内含收益率的数值区间介于 10% 与 12% 之间，选项 A 正确。

[20]【答案：CD】由于（P/A，IRR，6）=3.8，说明 IRR 介于 14% 与 15% 之间，又由于项目具有可行性，说明 IRR 大于项目必要收益率，因此必要收益率不可能是 15% 和 16%。

[21]【答案：D】回收期越短，项目风险越小，但是项目静态投资回收期小于项目寿命期并不能说明项目具有财务可行性。选项 D 正确。

[22]【答案：C】静态回收期 =6+（450−65×3−70×3）/55=6.82（年）。

[23]【答案：A】动态回收期是未来现金净流量的现值等于原始投资额现值时所经历的时间。本题中动态回收期短于项目的寿命期，所以项目未来现金净流量现值大于项目原始投资额现值。净现值 = 未来现金净流量现值 − 原始投资额现值 >0。选项 A 正确。

[24]【答案：BD】动态回收期是收回原始投资额现值对应的年数，贴现率下降，回收的现金净量现值数额增加，动态回收期变小，选项 A 错误。内含收益率是净现值为 0 对应的折现率，与贴现率无关，选项 C 错误。选项 BD 正确。

[25]【答案：D】当各投资方案寿命期相同时，年金净流量法与净现值决策结果是一样的，选项 D 表述错误。

[26]【答案】（1）A 方案的静态回收期 =5 000/2 800=1.79（年）

A 方案动态回收期：净现值 =2 800×（P/A，15%，n）−5 000=0

则：（P/A，15%，n）=1.7857

由于（P/A，15%，2）=1.6257；（P/A，15%，3）=2.2832；按插值法计算

$$\frac{n-2}{3-2}=\frac{1.7857-1.6257}{2.2832-1.6257} \quad n=2.24（年）$$

A 方案净现值 =2 800×（P/A，15%，3）−5 000=1 392.96（万元）

A 方案现值指数 =2 800×（P/A，15%，3）/5 000=1.28

（2）B 方案的年折旧额 =4 200/6=700（万元）

B 方案每年现金净流量如下：

NCF_0=-5 000（万元）

NCF_{1-5}=（2 700–700）×（1–25%）+700×25%=1 675（万元）

NCF_6=1 675+800=2 475（万元）

B 方案净现值 =-5 000+1 675×（P/A，15%，6）+800×（P/F，15%，6）=1 684.88（万元）

B 方案年金净流量 =1 684.88/（P/A，15%，6）=445.21（万元）

（3）应选择年金净流量法，因为 A、B 两个方案的年限不同。

（4）应选择 A 方案，因为 A 方案的年金净流量为 610.09 万元 >B 方案的年金净流量 445.21 万元。

[27]【答案：正确】对单个投资项目进行财务可行性评价时，净现值大于 0、现值指数大于 1，则项目可行，反之，则不可行。

[28]【答案：D】项目寿命期不同的互斥投资方案决策适于采用年金净流量法，净现值适于项目寿命期相同的项目。

[29]【答案：ABD】设备重置方案运用年金成本方式决策时，应考虑的现金流量主要有：（1）新旧设备目前市场价值;（2）新旧价值残值变价收入;（3）新旧设备的年营运成本，即年付现成本。旧设备的初始购置成本是沉没成本，不需要考虑，选项 ABD 正确。

[30]【答案】（1）X 设备每年的税后付现成本 =40 000×（1–25%）=30 000（元）

（2）X 设备每年的折旧抵税额 =80 000×25%=20 000（元）

最后一年末的税后残值收入 =12 000–12 000×25%=9 000（元）

（3）

$$X设备年金成本 = \frac{原始投资额 - 税后残值收入}{（P/A，i，n）} + 税后残值收入 \times i + 年税后营运成本 - 年折旧抵税额$$

[480 000–9 000]/（P/A，10%，6）+9 000×10%+30 000–80 000×25%=119 044.10（元）

（4）选择 Y 设备。

理由：Y 设备的年金成本为 105 000 元小于 X 设备的年金成本 119 044.10 元。

[31]【答案：ABCD】证券资产的特点包括：价值虚拟性、可分割性、持有目的多元性、强流动性和高风险性。选项 ABCD 正确。

[32]【答案：错误】证券资产不能脱离实体资产而完全独立存在，但证券资产的价值不是完全由实体资产的现实生产经营活动决定的，而是取决于契约性权利所能带来的未来现金流量，是一种未来现金流量折现的资本化价值。

[33]【答案：B】企业将闲置的资金投资于股票、债券等有价证券，是为了谋取投资收益，这些投资收益主要表现在股利收入、债息收入、证券买卖差价等方面，选项 B 正确。

[34]【答案：B】证券投资系统风险包括利率风险、再投资风险、购买力风险；违约风险、破产风险、公司研发风险是公司的特有风险，属于证券投资的非系统风险。选项 B 正确。

[35]【答案：C】违约风险是指证券资产发行者无法按时兑付证券资产利息和偿还本金的可能性，选项 C 正确。

[36]【答案：C】债券的内部收益率，是指按当前市场价格购买债券并持有至到期日或转让日所产生的预期收益率，也就是债券投资项目的内含收益率不受市场利率的影响。选项 C 正确。

[37]【答案：B】长期期债券对市场利率的敏感性会大于短期债券，在市场利率较低时，长期债券的价值

远高于短期债券，在市场利率较高时，长期债券的价值远低于短期债券。选项 B 正确。

[38]【答案：ABCD】债券价值是未来债券利息和本金折现后的现值合计数。票面利率上升，利息的现值增加，付息周期增加，债券利息的现值减少，选项 AB 正确；计算债券价值时，折现率为市场利率，折现率与现值是反向关系，所以，市场利率上升会导致债券价值下降选项 C 正确。期限变长，债券价值下降，选项 D 正确。

[39]【答案：错误】债券投资的收益是投资于债券所获得的全部投资收益，这些投资收益来源于三个方面：（1）名义利息收益；（2）利息再投资收益；（3）价差收益。

[40]【答案：B】长期债券对市场利率的敏感性会大于短期债券，在市场利率较低时，长期债券的价值远高于短期债券，在市场利率较高时，长期债券的价值远低于短期债券。选项 B 正确。

[41]【答案：正确】当票面利率大于投资者期望的最低投资收益率时，债券价值大于债券票面价值，因此在债券实际发行时就要溢价发行。

[42]【答案】（1）①乙公司债券的价值 $=1\,000 \times 10\% \times$（P/A，8%，5）$+1\,000 \times$（P/F，8%，5）

$=100 \times 3.9927 + 1\,000 \times 0.6806 = 1\,079.87$（元）

②$1\,000 \times 10\% \times$（P/A，R，5）$+1\,000 \times$（P/F，R，5）$=1\,050$

因为 i=8% 时，该债券的价值 $=1\,079.87$，大于 1050，说明债券的内部收益率大于 8%，因此试 R=10%：

$1\,000 \times 10\% \times$（P/A，10%，5）$+1\,000 \times$（P/F，10%，5）$=1\,000$

按插值法计算：R=8%+（$1\,050 - 1\,079.87$）/（$1\,000 - 1\,079.87$）$\times$（10%–8%）=8.75%

③应该购买该债券，因为该债券的价值大于其价格或内部收益率大于市场利率。

（2）丙公司债券价值 $=1\,000/$（1+8%）$^5 = 1\,000 \times$（P/F，8%，5）=680.6（元）

不应该购买，因为该债券的价值小于其价格。

（3）丁公司债券价值 $=1\,000 \times 5\%/8\% = 625$（元）

不应该购买，因为该债券的价值小于其价格。

[43]【答案：B】该公司每股股票的价值 $=D_0(1+g) \div (R-g) = 3.30 \times$（1+3%）$\div$（8%–3%）=67.98（元）。

[44]【答案：正确】依据固定增长股票价值模型 "D_1/P_0+g" 可以看出，股票投资内部收益由两部分构成：（1）预期股利收益率 D_1/P_0；（2）股利增长率 g。

[45]【答案：A】股票的内部收益率 $=D_1/P_0+g = 0.2 \times$（1+5%）/10+5%=7.1%。

[46]【答案】（1）甲公司股票的必要收益率 $=5\%+2 \times$（10%–5%）=15%

（2）甲公司股票的价值 $=2 \times$（1+10%）/（15%-10%）= 44（元/股）

（3）甲公司股票的价值 44 元/股大于股票当前的市场价格 40 元/股，甲公司股票值得投资。

[47]【答案：D】债券基金为基金资产 80% 以上投资于债券的基金。

[48]【答案：A】公募基金可以面向社会公众公开发售，募集对象不确定，投资金额较低，适合中小投资者，由于公募基金涉及的投资者数量较多，因此受到更加严格的监管并要求更高的信息透明度。选项 A 正确。

[49]【答案：C】（1–2%）（1+5%）（1+4%）–1=7.02%。

[50]【答案：BCD】私募股权投资基金具有较大投资收益波动性和较差的流动性。选项 A 错误。

[51]【答案：BD】期权买方是指买入选择权的一方，在支付期权费后，则有权买入或卖出标的资产，选项 A 错误；期权到期时出售人和持有人双方不一定进行标的物的实物交割，而只需按价差补足价

第 6 章

款即可，选项 C 错误。

[52]【答案: CD】期权卖方只能按照期权买方的选择来行事，卖方没有选择权，只有履约义务，选项 AB 错误。

[53]【答案: D】期权的特权是针对多头而言的。看跌期权是卖权，即卖出标的资产的权利；看涨期权是买权，即买入标的资产的权利。欧式期权只能在到期日行权，美式期权可以在到期日或到期日之前的任何时间执行。选项 D 正确。

[54]【答案: ABCD】当标的资产到期日价格高于执行价格时，看涨期权的到期日价值随标的资产价格上升而上升，选项 A 正确。如果在到期日股票价格低于执行价格，则看涨期权没有价值，选项 B 正确。如果标的股票的价格下降，对于卖出看涨期权的投资者有利，选项 C 正确。多头看涨期权净损益 = 多头看涨期权到期日价值 – 期权价格，选项 D 正确。

[55]【答案: CD】买入看涨期权净损益 = 买入看涨期权到期日价值 – 期权价格。买入看涨期权，到期日股票市价高于执行价格时，到期日价值大于 0，但净损益不一定大于 0，选项 A 错误。买入看跌期权，到期日股票市价高于执行价格时，到期日价值等于 0，净损益小于 0，选项 B 错误。对于买入看涨期权而言，最大净损失为期权价格，而净收益没有上限，选项 C 正确。卖出看涨期权最大净损益为期权价格，选项 D 正确。

[56]【答案: ABD】买入看涨期权到期日价值 =110–100=10（元），卖出看涨期权到期日价值 =-10（元），选项 AB 正确。买入看涨期权净损益 = 买入看涨期权到期日价值 – 期权价格 =10–6=4（元）。卖出看涨期权净损益 = 到期日价值 + 期权价格 =-10+6=-4（元），选项 C 错误，选项 D 正确。

[57]【答案】看涨期权到期价值 = 市价 – 执行价格 =4.2–3.9=0.3（元）。

第7章 营运资金管理

　　本章是营运资金管理，主要介绍了营运资金管理概述、现金管理、应收账款管理、存货管理和流动负债管理等五个方面的内容，具体知识结构分布图如下：

━━━━━━━━━━━ **本章思维导图** ━━━━━━━━━━━

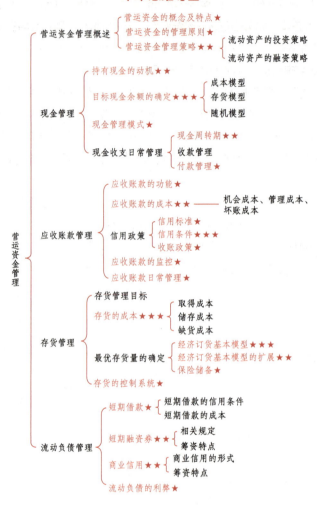

━━━━━━━ **近三年本章考试题型及分值分布** ━━━━━━━

题 型	2020年		2021年		2022年	
	试卷Ⅰ	试卷Ⅱ	试卷Ⅰ	试卷Ⅱ	试卷Ⅰ	试卷Ⅱ
单项选择题	3题3分	3题3分	3题4.5分	2题3分	2题3分	1题1.5分
多项选择题	—	3题6分	1题2分	2题4分	2题4分	1题2分
判断题	3题3分	2题2分	1题1分	2题2分	—	1题1分
计算分析题	5分	5分	—	5分	5分	—
综合题	—	—	—	4分	—	10
合计	11分	16分	7.5分	18分	12分	14.5分

第一节　营运资金管理概述

考点 1　营运资金的概念与特点

▲【考点母题——万变不离其宗】营运资金的概念与特点

营运资金的概念	（1）狭义的营运资金是指（　　）。
	A．流动资产减去流动负债后的余额
营运资金的特点	（2）营运资金的特点有（　　）。
	A．来源具有多样性　　　　B．数量具有波动性
	C．周转具有短期性　　　　D．实物形态具有变动性和易变现性

▲【考点子题——举一反三，真枪实练】

［1］（历年真题·多选题）企业采取的下列措施中，能够减少营运资本需求的有（　　）。

    A．加速应收账款周转　　　　　　　　B．加速存货周转

    C．加速应付账款的偿还　　　　　　　D．加速固定资产周转

［2］（历年真题·判断题）营运资金具有多样性、波动性、短期性、变动性和不易变现性等特点。（　　）

考点 2　营运资金管理策略

流动资产的投资策略 （需要拥有多少流动资产）	紧缩的流动资产投资策略
	宽松的流动资产投资策略
流动资产的融资策略 （如何为需要的流动资产融资）	期限匹配的融资策略
	保守的融资策略
	激进的融资策略

第7章

（一）流动资产的投资策略

流动资产投资策略的两种类型

特点＼类型	紧缩的流动资产投资策略	宽松的流动资产投资策略
流动资产与销售收入的比率	低水平	高水平
风险收益水平	高风险、高收益	低风险、低收益
持有成本	节约	提高
对管理水平的要求	较高	较低

【考点母题——万变不离其宗】流动资产投资水平的决定因素

（1）【判断金句】如果销售既稳定又可预测，则只需维持较低的流动资产投资水平。销售额越不稳定，越不可预测，则投资于流动资产上的资金就应越多。

（2）【判断金句】如果管理者偏向于为了更高的盈利能力而愿意承担风险，那么它将保持一个低水平的流动资产与销售收入比率。

【考点母题——万变不离其宗】流动资产投资策略的类型

紧缩的流动资产投资策略	（1）紧缩的（较低）流动资产投资策略特点有（　　）。
	A. 流动资产与销售收入比率较低 B. 流动资产持有成本较低 C. 风险较高 D. 收益水平较高 【说明】采用紧缩的流动资产投资策略对企业的管理水平有较高的要求。
宽松的流动资产投资策略	（2）宽松的（较高）流动资产投资策略特点有（　　）。
	A. 流动资产与销售收入比率较高 B. 资产的流动性较高 C. 财务与经营风险较小 D. 流动资产持有成本较高 E. 资金成本较高 F. 收益水平较低

【考点母题——万变不离其宗】影响流动资产投资策略的因素

（1）下列关于流动资产投资策略表述正确的有（　　）。

A. 增加流动资产会增加持有成本，降低资产收益性，但会提高资产流动性，所以制定流动资产投资策略时，需要权衡资产的收益性与风险性

B. 从理论上来说，最优的流动资产投资应该是使流动资产的持有成本与短缺成本之和最低

C. 融资困难的企业，通常采用紧缩的流动资产投资策略

D. 保守的管理者更倾向于宽松的流动资产投资策略，而风险承受能力较强的管理者则倾向于紧缩的流动资产投资策略

【考点子题——举一反三，真枪实练】

[3]（*历年真题·多选题*）下列关于营运资金管理的表述中，正确的有（　　）。

A. 销售稳定并可预测时，投资于流动资产的资金可以相对少一些

B. 加速营运资金周转时，有助于降低资金使用成本

C. 管理者偏好高风险高收益时，通常会保持较低的流动资产投资水平

D. 销售变数较大而难以预测时，通常要维持较低的流动资产与销售收入比率

[4] （历年真题·判断题）在紧缩型流动资产投资策略下，企业一般会维持较高水平的流动资产与销售收入比率，因此财务风险与经营风险较小。（　　）

[5] （历年真题·判断题）如果销售额不稳定且难以预测，则企业应保持较高的流动资产水平。（　　）

[6] （历年真题·多选题）不考虑其他因素，企业采用宽松的流动资产投资策略将导致（　　）。

A. 较低的流动资产　　　　　　　　B. 较低的偿债能力

C. 较低的流动资产短缺成本　　　　D. 较低的收益水平

（二）流动资产的融资策略

种类	内容			特点
保守融资策略	· 长期资金来源（自发性流动负债、长期负债和股东权益资本）支持非流动资产、永久性流动资产和部分波动性流动资产，即			高成本、低收益
	非流动资产	永久性流动资产	波动性流动资产	
	长期来源		短期来源	
激进融资策略	· 长期资金来源（自发性流动负债、长期负债和股东权益资本）支持非流动资产和部分永久性流动资产，即			低成本、高收益
	非流动资产	永久性流动资产	波动性流动资产	
	长期来源	短期来源		
期限匹配融资策略	· 长期资金来源（自发性流动负债、长期负债和股东权益资本）支持非流动资产和永久性流动资产，即			风险收益适中
	非流动资产	永久性流动资产	波动性流动资产	
	长期来源		短期来源	

▲【考点母题——万变不离其宗】流动资产的融资策略

永久性流动资产与波动性流动资产	（1）【判断金句】永久性流动资产是指满足企业长期最低需求的流动资产，其占有量通常相对稳定。
	（2）下列各项中，属于永久性流动资产的有（　　）。
	A. 最低现金持有量　　　　　　B. 存货保险储备

续表

永久性流动资产与波动性流动资产	（3）【判断金句】波动性流动资产或称临时性流动资产，是指那些由于季节性或临时性的原因而形成的流动资产，其占用量随当时的需求而波动。
	（4）下列各项中，属于波动性流动资产的有（　　）。
	A. 因季节性增加的存货　　　　　　B. 因销售旺季增加的应收账款
长期资金来源	（5）根据流动资产的融资策略相关原理，下列各项中，属于企业长期资金来源的有（　　）。
	A. 自发性流动负债　　　　　B. 长期负债　　　　　C. 股东权益资本
期限匹配融资策略	（6）期限匹配融资策略特点有（　　）。
	A. 永久性流动资产和非流动资产以长期融资方式融通 B. 波动性流动资产用短期资金来源融通 C. 资金来源的有效期与资产的有效期匹配 D. 风险和收益适中
保守融资策略	（7）保守融资策略特点有（　　）。
	A. 长期融资支持非流动资产、永久性流动资产和部分波动性流动资产 B. 长期融资＞（非流动资产＋永久性流动资产） C. 短期融资＜波动性流动资产 D. 成本较高、收益较低、风险较低
激进融资策略	（8）激进融资策略的特点有（　　）。
	A. 非流动资产和一部分永久性流动资产使用长期融资方式融资 B. 长期融资＜（非流动资产＋永久性流动资产） C. 短期融资＞波动性流动资产 D. 成本较低、收益较高、风险较高

【提示】保守型融资策略的**风险和收益均较低**，激进的融资策略的**风险和收益均较高**，期限匹配融资策略的风险和收益居中。

▲【考点子题——举一反三，真枪实练】

［7］（历年真题·单选题）某公司资产总额为 9 000 万元，其中永久性流动资产为 2 400 万元，波动性流动资产为 1 600 万元，该公司长期资金来源金额为 8 100 万元，不考虑其他情形，可以判断该公司的融资策略是（　　）。

A. 期限匹配融资策略　　　　　　　B. 保守融资策略

C. 激进融资策略　　　　　　　　　D. 风险匹配融资策略

［8］（历年真题·单选题）下列流动资产融资策略中，收益和风险均较低的是（　　）。

A. 保守融资策略　　　　　　　　　B. 激进融资策略

C. 产权匹配融资策略　　　　　　　D. 期限匹配融资策略

[9]（历年真题·单选题）某公司用长期资金来源满足全部非流动资产和部分永久性流动资产的需要，而用短期资金来源满足剩余部分永久性流动资产和全部波动性流动资产的需要，则该公司的流动资产融资策略是（　　）。

　　A. 激进融资策略　　　　　　　　B. 保守融资策略

　　C. 折中融资策略　　　　　　　　D. 期限匹配融资策略

[10]（历年真题·判断题）一般而言，企业依靠大量短期负债来满足自身资金需求的做法体现出一种较为保守的融资策略。（　　）

[11]（历年真题·单选题）关于保守型流动资产融资策略，下列表述正确的是（　　）。

　　A. 长期资金来源 = 非流动资产 + 永久性流动资产

　　B. 长期资金来源 > 非流动资产 + 永久性流动资产

　　C. 短期资金来源 > 波动性流动资产

　　D. 长期资金来源 < 非流动资产 + 永久性流动资产

[12]（历年真题·多选题）企业在制定流动资产融资策略时，下列各项中被视为长期资金来源的有（　　）。

　　A. 临时性流动负债　　　　　　　B. 股东权益资本

　　C. 自发性流动负债　　　　　　　D. 长期负债

第二节　现金管理

现金是变现能力最强的资产，代表着企业直接的支付能力和应变能力，可以用来满足生产经营开支的各种需要，也是还本付息和履行纳税义务的保证。**但现金的收益性最弱。**

考点3　持有现金的动机

▲【考点母题——万变不离其宗】持有现金的动机

（1）持有现金的动机有（　）。		
A. 交易性需求	维持日常周转及正常商业活动所需要	（2）因下列支付需要而持有现金，属于交易性需求的有（　）。 A. 采购商品　　　B. 提供商业信用　　　C. 季节性增加存货
B. 预防性需求	应付突发事件	（3）确定预防性需求的现金数额时，需要考虑的因素有（　）。 A. 企业愿冒现金短缺风险的程度 B. 企业预测现金收支可靠的程度　　　C. 企业临时融资的能力
		（4）下列各项中，属于满足预防性需求持有现金的有（　）。 A. 企业的某大客户违约导致企业突发性偿付 B. 社会经济环境变化导致突发性支付
C. 投机性需求	抓住突然出现的获利机会	（5）因下列支付需要而持有现金，属于投机性需求的是（　）。 A. 证券价格大幅下跌而买入

▲【考点子题——举一反三，真枪实练】

[13]（历年真题·多选题）下列各项中，决定预防性现金需求数额的因素有（　）。

  A. 企业临时融资的能力   B. 企业预测现金收支的可靠性

  C. 金融市场上的投资机会   D. 企业愿意承担短缺风险的程度

[14]（历年真题·多选题）企业持有现金主要出于交易性、预防性和投机性三大需求。下列各项中，体现了交易性需求的有（　）。

  A. 为在证券价格下跌时买入证券而持有现金

  B. 为满足季节性库存的需求而持有现金

  C. 为提供更长的商业信用期而持有现金

  D. 为避免因客户违约导致的资金链意外断裂而持有现金

[15]（历年真题·单选题）企业在销售旺季为方便向客户提供商业信用而持有更多现金，

该现金持有动机主要表现为（　　）。

  A．交易性需求　　　　B．投资性需求　　　　C．投机性需求　　　　D．预防性需求

［16］（历年真题·单选题）某公司发现某股票的价格因突发事件而大幅度下降，预判有很大的反弹空间，但苦于没有现金购买。这说明该公司持有的现金未能满足（　　）。

  A．投机性需求　　　　B．预防性需求　　　　C．决策性需求　　　　D．交易性需求

［17］（历年真题·判断题）不考虑其他因素的影响，如果企业临时融资能力较强，则其预防性需求的现金持有量一般较低。（　　）

［18］（历年真题·判断题）企业为应对未来可能出现的大客户违约导致经营紧张而持有一定的现金，该现金的持有目的在于满足投机性需求。（　　）

考点 4　目标现金余额的确定

（一）成本分析模型

⚠ **【考点母题——万变不离其宗】目标现金余额确定的成本分析模型**

持有成本	（1）根据成本分析模型确定目标现金余额，需要考虑的现金成本有（　　）。 A．机会成本　　　　B．管理成本　　　　C．短缺成本
机会成本	（2）因持有一定现金余额而丧失的再投资收益是（　　）。 A．机会成本
短缺成本	（3）现金持有量不足而又无法及时通过有价证券变现加以补充而给企业造成的损失是（　　）。 A．短缺成本
最佳现金持有量下现金总成本	（4）【判断金句】最佳现金持有量下的现金持有总成本 =min（管理成本 + 机会成本 + 短缺成本）。
持有成本与现金持有量关系	机会成本与现金持有量正相关；短缺成本与现金持有量负相关；管理成本基本保持固定，与现金持有量无关
图示	

【考点子题——举一反三，真枪实练】

[19] (历年真题·单选题) 运用成本分析模型计算最佳现金持有量时，下列公式中，正确的是（ ）。

　A. 最佳现金持有量 =min（管理成本＋机会成本＋转换成本）

　B. 最佳现金持有量 =min（管理成本＋机会成本＋短缺成本）

　C. 最佳现金持有量 =min（机会成本＋经营成本＋转换成本）

　D. 最佳现金持有量 =min（机会成本＋经营成本＋短缺成本）

[20] (历年真题·多选题) 运用成本分析模型确定企业最佳现金持有量时，现金持有量与持有成本之间的关系表现为（ ）。

　A. 现金持有量越小，总成本越大　　　B. 现金持有量越大，机会成本越大

　C. 现金持有量越小，短缺成本越大　　D. 现金持有量越大，管理成本越大

[21] (历年真题·单选题) 在利用成本分析模型进行最佳现金持有量决策时，下列成本因素中未被考虑在内的是（ ）。

　A. 机会成本　　B. 交易成本　　　C. 短缺成本　　　D. 管理成本

[22] (历年真题·判断题) 企业持有现金的机会成本主要是指企业为了取得投资机会而发生的佣金、手续费等有关成本。（ ）

（二）存货模型

【考点母题——万变不离其宗】目标现金余额确定的存货模型

现金持有成本	（1）根据存货模型确定目标现金余额，需要考虑的现金成本有（ ）。	
	A. 机会成本	是因持有一定现金余额而丧失的再投资收益
	B. 交易成本	是有价证券转换回现金所付出的代价（如支付手续费用）
最佳现金持有量	（2）【判断金句】机会成本与交易成本相等时，持有现金总成本最低，此时现金持有量是最佳现金持有量	
持有成本与现金持有量关系	（3）【判断金句】存货模型下，交易成本与现金持有量反向变化，机会成本与现金持有量正向变化	
图示		

⚠️【考点母题——万变不离其宗】存货模型计算题

考点	（1）计算最佳现金持有量；（2）计算最佳交易次数；（3）计算现金交易成本；（4）计算持有现金的机会成本；（5）计算相关总成本。
公式	（1）最佳现金持有量（C^*）$=\sqrt{\dfrac{2\times现金总需求量\times每次交易成本}{机会成本率}}=\sqrt{\dfrac{2TF}{K}}$ （2）最佳交易次数 = 全年总需求量 / 最佳现金持有量 $=T/C^*$ （3）交易成本 =（现金总需求量 / 现金持有量）× 每次的交易成本 =（T/C）$\times F$ （4）机会成本 =（现金持有量 $/2$）× 机会成本率 =（$C/2$）$\times K$ （5）最低相关总成本 = 交易成本 + 机会成本 $=\sqrt{2\times现金总需求量\times每次交易成本\times机会成本率}=\sqrt{2TFK}$ 或者：最低相关总成本 $=2\times$ 机会成本 $=2\times$ 交易成本
示例	某公司的现金收支情况比较稳定，全年现金需求量为 100 000 元，现金与有价证券一次转换交易成本为 200 元，持有现金的机会成本率为 10%。 要求：（1）计算最佳现金持有量。（2）计算最佳交易次数。（3）计算现金交易成本。（4）计算持有现金的机会成本。（5）计算最低相关总成本。 【答案】 （1）最佳现金持有量 $=\sqrt{\dfrac{2TF}{K}}=\sqrt{\dfrac{2\times100\,000\times200}{10\%}}=20\,000$（元） （2）最佳交易次数 = 全年总需求量 / 最佳现金持有量 $=T/C^*=100\,000/20\,000=5$（次） （3）交易成本 =（现金总需求量 / 现金持有量）× 每次的交易成本 =（T/C）$\times F$ $\qquad\quad=$（$100\,000/20\,000$）$\times200=1\,000$（元） （4）持有现金的机会成本 =（现金持有量 $/2$）× 机会成本率 =（$20\,000/2$）$\times10\%=1\,000$（元） （5）最低相关总成本 = 机会成本 + 交易成本 $=1\,000+1\,000=2\,000$（元）。

⚠️【考点子题——举一反三，真枪实练】

[23]（经典子题·单选题）某公司根据存货模型确定的最佳现金持有量为 100 000 元，有价证券的年利率为 10%。在目标现金持有量下，该公司与现金持有量相关的现金总成本是（　　）元。

　　A. 5 000　　　　　　B. 10 000　　　　　　C. 15 000　　　　　　D. 20 000

[24]（历年真题·单选题）某公司当年的资本成本率为 10%，现金平均持有量为 30 万元，现金管理费用为 2 万元，现金与有价证券之间的转换成本为 1.5 万元，则该公司当年持有现金的机会成本是（　　）万元。

　　A. 3.0　　　　　　B. 3.5　　　　　　C. 5.0　　　　　　D. 6.5

[25]（历年真题·多选题）在确定目标现金余额的存货模型中，需要考虑的相关现金成本有（　　）。

　　A. 机会成本　　　B. 管理成本　　　C. 交易成本　　　D. 短缺成本

[26]（经典子题·判断题）现金持有量越少，进行证券变现的次数越多，相应的转换成本也越小。（　　）

（三）随机模型

▲【考点母题——万变不离其宗】确定目标现金余额的随机模型

基本原理	（1）根据历史经验和现实需要制定一个现金控制区间，定出上限（H）和下限（L），将现金流量控制在上下限之间的方法是（　）。
	A．随机模型
适用情况	（2）【判断金句】随机模型适合于现金未来需求总量和收支不可预测情况的现金持有量的测算。
持有成本	（3）根据随机模型确定目标现金余额，需要考虑的现金成本有（　）。
	A．机会成本　　　　　　　　　　B．交易成本
最低控制线L和最高控制线H	（4）根据随机模型，确定最低控制线L需要考虑的因素有（　）。
	A．短缺现金的风险程度　　　　　B．企业借款能力 C．企业日常周转所需资金　　　　D．银行要求的补偿性余额
	（5）【判断金句】当现金余额达到上限时，则将部分现金转换为有价证券；当现金余额下降到下限时，则卖出部分证券。

▲【考点母题——万变不离其宗】随机模型计算题

考点	（1）计算最高控制线H；（2）计算需要买入的有价证券金额；（3）计算需要卖出的有价证券金额。
公式	（1）最高控制线H的计算公式：$H=3R-2L$ （2）需要买入的有价证券金额 = 现金余额 –R （3）需要卖出的有价证券金额 =R– 现金余额 式中：R表示回归线，H表示现金余额的上限，L表示现金余额的下限。 【图解公式】 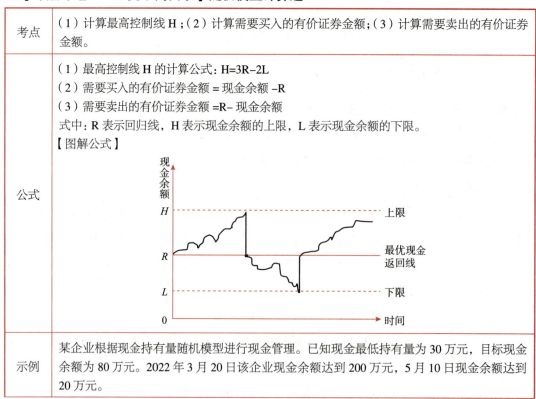
示例	某企业根据现金持有量随机模型进行现金管理。已知现金最低持有量为30万元，目标现金余额为80万元。2022年3月20日该企业现金余额达到200万元，5月10日现金余额达到20万元。

续表

示例	要求： （1）计算最高控制线 H。 （2）计算 3 月 20 日该企业需要买入的有价证券金额。 （3）计算 5 月 10 日需要卖出的有价证券金额。 【答案】 （1）最高控制线 H=3R−2L=3×80−2×30=180（万元） （2）3 月 20 日需要买入的有价证券金额 =200−80=120（万元） （3）5 月 10 日需要卖出的有价证券金额 =80−20=60（万元）。

▲【考点子题——举一反三，真枪实练】

[27]（历年真题•判断题）在随机模型下，当现金余额在最高控制线和最低控制线之间波动时，表明企业现金持有量处于合理区域，无需调整。（　）

[28]（历年真题•单选题）某公司采用随机模型计算得出目标现金余额为 200 万元，最低限额为 120 万元，则根据该模型计算的现金上限是（　）万元。

A. 280　　　　　B. 360　　　　　C. 240　　　　　D. 320

[29]（历年真题•单选题）某企业根据现金持有量随机模型进行现金管理。已知现金最低持有量为 15 万元，现金余额回归线为 80 万元。如果公司现有现金 220 万元，此时应当投资于有价证券的金额是（　）万元。

A. 65　　　　　B. 95　　　　　C. 140　　　　　D. 205

[30]（经典子题•单选题）在确定目标现金持有量时，成本分析模型、存货模型和随机模型均需考虑的因素是（　）。

A. 持有现金的机会成本　　　　　　　　B. 现金转换成本

C. 现金短缺成本　　　　　　　　　　　D. 现金管理成本

[31]（历年真题•单选题）某公司采用随机模型确定目标现金余额，若现金余额的最低控制线（下限）为 3 000 万元，最高控制线（上限）为 15 000 万元，则该公司的目标现金余额是（　）万元。

A. 6 000　　　　　B. 5 000　　　　　C. 9 000　　　　　D. 7 000

考点 5　现金管理模式

▲【考点母题——万变不离其宗】现金管理模式

现金管理模式	（1）企业集团资金集中管理模式有（　）。
	A. 统收统支模式　　　　　B. 拨付备用金模式　　　　　C. 结算中心模式 D. 内部银行模式　　　　　E. 财务公司模式

续表

现金管理模式	（2）下列资金集中管理模式中，适用于规模比较小的企业集团的有（　　）。
	A．统收统支模式　　　　　B．拨付备用金模式
结算中心模式	（3）【判断金句】结算中心通常设于财务部门内，是一个独立运行的职能机构。
财务公司模式	（4）财务公司模式的特点有（　　）。
	A．财务公司是一种经营部分银行业务的非银行金融机构 B．财务公司需要经过人民银行审核批准才能设立 C．集团各子公司具有完全独立的财权，可以自行经营自身的现金 D．集团公司经营者（或最高决策机构）不再直接干预子公司的现金使用和取得

考点6　现金周转期

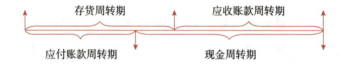

▲▲【考点母题——万变不离其宗】现金周转期

现金周转期计算	（1）下列计算现金周转期的算式，正确的有（　　）。
	A．现金周转期 = 存货周转期 + 应收账款周转期 – 应付账款周转期 B．现金周转期 = 经营周期 – 应付账款周转期
缩短现金周转期的措施	（2）缩短现金周转期的措施有（　　）。
	A．降低存货周转期　　　　　　　　B．降低应收账款周转期 C．扩大应付账款周转期

▲▲【考点母题——万变不离其宗】现金周转期计算题

考点	（1）计算营运资金；（2）计算应收账款周转期、应付账款周转期和存货周转期；（3）计算企业经营周期以及现金周转期；（4）企业采取某项措施对现金周转期的影响。
公式	营运资金 = 流动资产 – 流动负债 存货周转期 = 存货平均余额 / 每天的销货成本（营业成本） 应收账款周转期 = 应收账款平均余额 / 每天的销货收入（营业收入） 应付账款周转期 = 应付账款平均余额 / 每天的购货成本 经营周期 = 存货周转期 + 应收账款周转期 现金周转期 = 经营周期 – 应付账款周转期 = 存货周转期 + 应收账款周转期 – 应付账款周转期
示例	D 公司是一家服装加工企业，2021 年营业收入为 3 600 万元，营业成本为 1 800 万元，日购货成本为 5 万元。该公司与经营有关的购销业务均采用赊账方式。假设一年按 360 天计算。D 公司简化的资产负债表如下表所示：

续表

资产	金额	负债和所有者权益	金额
货币资金	211	应付账款	120
应收账款	600	应付票据	200
存货	150	应付职工薪酬	255
流动资产合计	961	流动负债合计	575
固定资产	850	长期借款	300
非流动资产合计	850	负债合计	875
		实收资本	600
		留存收益	336
		所有者权益合计	936
资产合计	1 811	负债和所有者权益合计	1 811

要求:

(1)计算 D 公司 2021 年的营运资金数额。

(2)计算 D 公司 2021 年的应收账款周转期、应付账款周转期、存货周转期以及现金周转期(为简化计算,应收账款、存货、应付账款的平均余额均以期末数据代替)。

(3)在其他条件相同的情况下,如果 D 公司利用供应商提供的现金折扣,则对现金周转期会产生何种影响?

(4)在其他条件相同的情况下,如果 D 公司增加存货,则对现金周转期会产生何种影响?

【答案】

(1)2021 年营运资金数额 = 流动资产 – 流动负债 =961–575=386(万元)

(2)应收账款周转期 =600/(3 600/360)=60(天)

应付账款周转期 =120/5=24(天)

存货周转期 =150/(1 800/360)=30(天)

现金周转期 =60+30–24=66(天)

(3)利用现金折扣会缩短应付账款的周转期,则现金周转期增加。

(4)增加存货会延长存货周转期,则现金周转期增加。

示例

▲【考点子题——举一反三,真枪实练】

[32](历年真题·单选题)关于现金周转期的计算,下列公式中正确的是( )。

A. 现金周转期 = 存货周转期 + 应收账款周转期 + 应付账款周转期

B. 现金周转期 = 存货周转期 + 应收账款周转期 – 应付账款周转期

C. 现金周转期 = 存货周转期 + 应付账款周转期 – 应收账款周转期

D. 现金周转期 = 应收账款周转期 + 应付账款周转期 – 存货周转期

[33](历年真题·单选题)某公司存货周转期为 160 天,应收账款周转期为 90 天,应付款周转期为 100 天,则该公司现金周转期是( )天。

A. 30 　　　　　　B. 60 　　　　　　C. 150 　　　　　　D. 260

[34]（历年真题·多选题）下列管理措施中，可以缩短现金周转期的有（　　）。

A. 加快制造和销售产品

B. 提前偿还短期融资券

C. 加大应收账款催收力度

D. 利用商业信用延期付款

[35]（经典子题·判断题）所谓现金周转天数是指从现金投入企业生产经营开始，到产成品出售为止的时期。（　　）

考点7 付款管理

⚠【考点母题——万变不离其宗】付款管理

> 下列各项中，属于控制现金支出有效措施的有（　　）。
>
> A. 使用现金浮游量　　　　　B. 推迟应付款的支付　　　　C. 汇票代替支票
> D. 改进员工工资支付模式　　E. 透支　　　　　　　　　　F. 争取现金流出与现金流入同步
> G. 使用零余额账户

🔺【考点子题——举一反三，真枪实练】

[36]（经典子题·多选题）下列各项措施中，能够有效控制现金支出的有（　　）。

A. 运用坐支　　B. 使用透支　　C. 提前支付账款　　D. 使用现金浮游量

第三节　应收账款管理

　应收账款的成本

♦【考点母题——万变不离其宗】应收账款的成本

（1）下列各项中，属于应收账款成本构成的有（　　）。	
A. 机会成本	（2）【判断金句】因投放于应收账款而放弃其他投资所带来的收益，即为应收账款的机会成本。
B. 管理成本	（3）下列各项中，属于应收账款管理成本的有（　　）。
	A. 调查顾客信用状况的费用　　B. 收集各种信息的费用　　C. 账簿的记录费用 D. 收账费用　　　　　　　　　E. 数据处理成本　　　　　F. 相关管理人员成本 G. 从第三方购买信用信息的成本
C. 坏账成本	（4）【判断金句】应收账款的坏账成本＝赊销额 × 预计坏账损失率。

♦【考点母题——万变不离其宗】应收账款的机会成本计算题

考点	（1）应收账款平均余额；（2）应收账款占用资金；（3）应收账款占用资金的应计利息（即机会成本）。
公式	（1）应收账款平均余额 = 日销售额 × 平均收现期 　　　　　　　　　　 = 全年销售额 /360 × 平均收现期 【注意】平均收现期指的是各种收现期的加权平均数。 （2）应收账款占用资金 = 应收账款平均余额 × 变动成本率 （3）应收账款占用资金的应计利息（即机会成本） 　　 = 应收账款占用资金 × 资本成本 　　 = 应收账款平均余额 × 变动成本率 × 资本成本 　　 = 日销售额 × 平均收现期 × 变动成本率 × 资本成本 　　 = 全年销售额 /360 × 平均收现期 × 变动成本率 × 资本成本
示例	某企业预计 2021 年度销售净额为 1 800 万元，应收账款的信用期为 90 天（一年按 360 天计算），预计平均有 80% 的客户选择在第 90 天付款，20% 的客户选择在第 100 天付款，变动成本率为 60%，资本成本为 10%。 要求计算：（1）应收账款平均余额。（2）应收账款占用资金。（3）应收账款占用资金的应计利息（即机会成本）。

续表

示例	【答案】 （1）平均收现期 =90×80%+100×20%=92（天） 　　应收账款平均余额 =1 800/360×92=460（万元） （2）应收账款占用资金 =460×60%=276（万元） （3）应收账款占用资金的应计利息（即机会成本）=276×10%=27.6（万元）。

⚠️【考点子题——举一反三，真枪实练】

[37]（**历年真题·单选题**）企业将资金投放于应收账款而放弃其他投资项目，就会丧失这些投资项目可能带来的收益，则该收益是（　　）。

A. 应收账款的管理成本
B. 应收账款的机会成本
C. 应收账款的坏账成本
D. 应收账款的短缺成本

[38]（**历年真题·计算题**）甲公司 2018 年度全年营业收入为 4 500 万元（全部为赊销收入），应收账款平均收现期为 60 天。公司产品销售单价为 500 元/件，单位变动成本为 250 元/件，若将应收账款所占用的资金用于其他风险投资，可获得的收益率为 10%。假定全年按 360 天计算。

要求：

（1）计算 2018 年应收账款平均余额。

（2）计算 2018 年变动成本率。

（3）计算 2018 年应收账款的机会成本。

考点 9　信用政策

⚠️【考点母题——万变不离其宗】信用政策

信用政策 的内容	（1）下列各项中，属于信用政策内容的有（　　）。		
	A. 信用标准	B. 信用条件	C. 收账政策
信用标准	（2）下列关于信用标准的表述中，正确的是（　　）。		
	A. 信用标准严格，可能会减少坏账损失，减少应收账款的机会成本，但会降低赊销额，不利于扩大销售		
信用条件	（3）信用条件是销货企业要求赊购客户支付货款的条件。下列各项中，属于信用条件构成要素的有（　　）。		
	A. 信用期	公司为客户规定的最长付款时间	
	B. 折扣期	公司为客户规定的可享受现金折扣的付款时间	
	C. 现金折扣	在客户提前付款时给予的优惠	

续表

信用条件	（4）下列关于信用条件的表述中，正确的是（　　）。 A．提供现金折扣主要目的在于吸引顾客为享受优惠而提前付款，缩短企业的平均收款期
收账政策	（5）【判断金句】企业如果采取较积极的收账政策，可能会减少应收账款投资，减少坏账损失，但要增加收账成本。如果采取较消极的收账政策，则可能会增加应收账款投资，增加坏账损失，但会减少收账费用。企业需要作出适当的权衡。

▲【考点母题——万变不离其宗】信用条件改变决策计算题

考点	（1）计算信用条件改变导致的盈利增加（不考虑信用成本） 盈利增加 = 增加的边际贡献 – 增加的固定成本 （2）计算增加的成本费用：①现金折扣成本的增加；②信用条件改变后的应收账款平均收现期；③计算应收账款机会成本的增加；④存货增加占用资金的应计利息；⑤计算收账费用的增加；⑥计算坏账损失增加。 （3）计算增加的税前损益。 （4）判断是否应该改变信用政策，并说明理由。
公式	（1）计算盈利增加：盈利增加 = 增加的边际贡献 – 增加的固定成本 （2）增加的成本费用： ①现金折扣成本的增加 = 信用条件改变后的现金折扣成本 – 信用条件改变前的现金折扣成本 **其中：现金折扣成本 = 预计销售额 × 享受现金折扣客户百分比 × 现金折扣率** ②应收账款机会成本的增加 = 信用政策改变后的应收账款机会成本 – 信用政策改变前的应收账款机会成本 　　应收账款机会成本 = 日销售额 × 平均收现期 × 变动成本率 × 资本成本 **其中：信用条件改变后的应收账款平均收现期 = 享受现金折扣客户百分比 × 享受现金折扣客户的付款期 + 放弃享受现金折扣客户百分比 × 放弃享受现金折扣客户的付款期** ③收账费用的增加 = 信用政策改变后的收账费用 – 信用政策改变前的收账费用 ④坏账损失的增加 = 信用政策改变后的坏账损失 – 信用政策改变前的坏账损失 　　坏账损失 = 预计销售（营业）收入 × 坏账损失率 ⑤信用条件改变导致的存货增加所增加的机会成本 = 增加的存货占用资金（变动成本部分）× 机会成本率 （3）增加的税前损益 = 盈利的增加 – 成本费用的增加 （4）判断提供现金折扣的信用条件是否可行，并说明理由。 改变信用条件增加的税前损益大于 0，则应改变信用政策。反之，则不改变信用政策。
示例	甲公司生产销售 A 产品，为扩大销售。并加强应收账款管理，公司计划对信用政策作出调整，有关资料如下： （1）A 产品单价为 100 元 / 件，单位变动成本为 60 元 / 件，固定成本总额为 700 万元，假定产品单价、单位变动成本及固定成本总额不因信用政策改变而改变，应收账款、存货占用资金用于等风险投资的最低收益率为 15%，一年按 360 天计算。 （2）公司目前采用 30 天按发票全额付款的信用政策，平均有 90%（指销售量占比，下同）的客户能在信用期满时付款，10% 的客户在信用期满后 20 天付款，在现有信用政策下，年销售量为 27 万件，年平均存货水平为 6 万件。

续表

示例	（3）公司计划改变信用政策，即向客户提供一定的现金折扣，折扣条件为"1/10，n/30"。经测算，采用该政策后，预计年销售量将增加20%，预计平均有70%的客户选择在第10天付款，20%的客户选择在第30天付款，其余10%的客户在信用期满后20天付款。因改变信用政策，收账费用将减少15万元。此外，因销售量增加，预计年平均存货水平将增加到8万件。不考虑其他因素的影响。 要求： （1）计算现有信用政策下的如下指标（以万元为单位） ①应收账款平均余额；②应收账款的机会成本。 （2）计算新信用政策下应收账款的机会成本。 （3）计算公司改变信用政策的影响（以万元为单位）：①增加的应收账款机会成本（减少用负数表示，下同）；②存货增加占用资金的应计利息；③增加的现金折扣成本；④增加的税前损益，并据此判断改变信用政策是否有利。 【答案】 （1）平均收现期 $=30×90\%+（30+20）×10\%=32$（天） 　　　①应收账款平均余额 $=27×100/360×32=240$（万元） 　　　②应收账款的机会成本 $=240×60/100×15\%=21.6$（万元） （2）新信用政策下的平均收现期 $=10×70\%+30×20\%+（30+20）×10\%=18$（天） 　　　新信用政策下的应收账款机会成本 $=27×（1+20\%）×100/360×18×60\%×15\%$ 　　　　　　　　　　　　　　　　　　　$=14.58$（万元） （3）①增加的应收账款机会成本 $=14.58-21.6=-7.02$（万元） 　　　②存货增加占用资金的应计利息 $=（8-6）×60\%×15\%=18$（万元） 　　　③增加的现金折扣成本 $=27×1.2×100×70\%×1\%=22.68$（万元） 　　　④增加的盈利 $=27×0.2×（100-60）=216$（万元） 　　　增加的成本费用 $=-7.02+18+22.68-15=18.66$（万元） 　　　增加的税前损益 $=216-18.66=197.34$（万元） 　　　增加的税前损益大于0，改变信用政策有利。

【考点子题——举一反三，真枪实练】

[39]（经典子题·单选题）下列各项中，不属于信用条件构成要素的是（　　）。

A. 现金折扣

B. 信用期限

C. 折扣期限

D. 商业折扣

[40]（历年真题·单选题）某公司信用条件为"0.8/10，N/30"，预计有25%（按销售额计算）的客户选择现金折扣优惠，其余客户在信用期满时付款，则平均收现期是（　　）。

A. 15天　　　B. 25天　　　C. 30天　　　D. 20天

 **考点 10 应收账款的监控**

▲ 【考点母题——万变不离其宗】应收账款的监控

应收账款周转天数	公式	平均日销售额（或日赊销额）= 销售总额（或赊销额）/ 计算期天数 应收账款周转天数 = 应收账款平均余额 / 平均日销售额（或日赊销额） 应收账款平均逾期天数 = 应收账款周转天数 – 信用期天数
	（1）某企业今年全年销售额为 720 000 元，应收账款平均余额为 150 000 元，信用条件为在 60 天内按全额付清款项，假设一年 360 天。则应收账款平均逾期天数是（　）天。	
	A. 15 【解析】平均日销售额 = 销售总额（或赊销额）/ 计算期天数 =720 000/360=2 000（元） 应收账款周转天数 = 应收账款平均余额 / 平均日销售额 =150 000/2 000=75（天） 平均逾期天数 =75–60=15（天）	
应收账款余额控制模式	（2）应收账款余额控制模式的作用体现在（　）。	
	A. 计划应收账款金额水平　　　　　　B. 衡量应收账款的收账效率 C. 预测未来的现金流	
	某企业的 1—4 月份的赊销情况如下：1 月份销售 250 000 元，2 月份销售 300 000 元，3 月份销售 400 000 元，4 月份销售 500 000 元。销售模式如下：销售的当月收回销售额的 5%；销售后的第一个月收回销售额的 40%；销售后的第二个月收回销售额的 35%；销售后的第三个月收回销售额的 20%。则 3 月底未收回应收账款余额及 4 月份现金流入合计分别是（　）元。	
	A. 595 000、340 000 【解析】3 月底未收回应收账款余额 =250 000×20%+300 000×55%+400 000×95% 　　　　　　　　　　　　　　=595 000（元） 4 月份现金流入合计 =500 000×5%+250 000×20%+300 000×35%+400 000×40% 　　　　　　　　　=340 000（元）	
ABC 分析法	（3）根据 ABC 分析法，下列类别的客户，应被重点催收的是（　）。	
	A. A 类客户	

▲ 【考点子题——举一反三，真枪实练】

[41]（历年真题·单选题）某公司 2017 年 3 月的应收账款平均余额为 480 万元，信用条件为 N/30，过去三个月的赊销情况为：1 月份 240 万元；2 月份 180 万元；3 月份 320 万元，每月按 30 天计算，则应收账款的平均逾期天数是（　）天。

　A. 28.39　　　　　　B. 36.23　　　　　　C. 58.39　　　　　　D. 66.23

[42]（历年真题·多选题）利用应收账款余额控制模式进行应收账款管理可以发挥的作用有（　）。

　A. 预测公司的现金流量　　　　　　　B. 预计应收账款的水平

　C. 反映应付账款的周转速度　　　　　D. 评价应收账款的收账效率

考点 11 应收账款日常管理

⚠【考点母题——万变不离其宗】应收账款保理

（1）【判断金句】应收账款保理是企业将赊销形成的未到期应收账款，在满足一定条件的情况下转让给保理商，以获得流动资金，加快资金的周转。		
（2）应收账款保理的类型包括（ ）。		（3）下列关于应收账款保理的表述中，正确的有（ ）。
按照保理商是否有追索权权	A. 有追索权保理	供应商将债权转让给保理商，供应商向保理商融通货币资金后，只要有关款项到期未能收回，保理商都有权向供应商进行追索。
	B. 无追索权保理	保理商将销售合同完全买断，并承担全部的收款风险。 【注意】无追索权保理对保理商而言，风险更大。
按是否通知购货商保理情况	C. 明保理	保理商和供应商需要将销售合同被转让的情况通知购货商，并签订保理商、供应商、购货商之间的三方合同。
	D. 暗保理	暗保理是指供应商为了避免让客户知道自己因流动资金不足而转让应收账款，并不将债权转让情况通知客户，货款到期时仍由供应商出面催款，再向银行偿还借款。
按是否提供预付账款融资	E. 折扣保理	又称为融资保理，即在销售合同到期前，保理商将剩余未收款部分先预付给销售商，一般不超过全部合同额的70%~90%。
	F. 到期保理	保理商并不提供预付账款融资，而是在赊销到期时才支付，届时不管货款是否收到，保理商都必须向销售商支付货款。
（4）应收账款保理的作用有（ ）。		
A. 融资功能 C. 减少坏账损失、降低经营风险		B. 减轻企业应收账款的管理负担 D. 改善企业的财务结构

⚠【考点子题——举一反三，真枪实练】

[43]（历年真题·单选题）在应收账款保理业务中，保理商和供应商将应收账款被转让的情况通知购货商，并签订三方合同，同时，供应商向保理商融通资金后，如果购货商拒绝付款，保理商有权向供应商要求偿还融通的资金，则这种保理是（ ）。

    A. 暗保理，且是无追索权的保理　　　　B. 明保理，且是有追索权的保理

    C. 暗保理，且是有追索权的保理　　　　D. 明保理，且是无追索权的保理

[44]（历年真题·多选题）关于应收账款保理的作用，下列表述正确的有（ ）。

    A. 增强企业资产的流动性　　　　　　　B. 降低企业的经营风险

    C. 优化企业的股权结构　　　　　　　　D. 减轻企业应收账款的管理负担

第7章

第四节　存货管理

考点 12　存货管理的目标和成本

存货的成本
- 取得成本
  - 订货成本
    - 固定订货成本—与订货次数无关（如常设采购机构的基本开支）
    - 变动订货成本—与订货次数相关（如差旅费，邮资）
      =每次订货的变动成本×年需要量/每次进货量
  - 购置成本—与订货次数无关
    =年需要量×单价
- 储存成本
  - 固定储存成本—与存货数量无关（如仓库折旧、仓库职工的固定工资)
  - 变动储存成本—与存货数量相关（如存货资金的应计利息、存货的破损和变质损失、存货的保险费用）
    =单位变动储存成本×库存量/2
- 缺货成本
  - 由于存货供应中断而造成的损失，包括材料供应中断造成的停工损失、产成品库存缺货造成的拖欠发货损失和丧失销售机会的损失及造成的商誉损失等。

▲【考点母题——万变不离其宗】存货管理的目标与存货成本

存货的管理目标	（1）【判断金句】存货管理的目标，就是在保证生产或销售经营需要的前提下，最大限度地降低存货成本。
存货成本的内容	（2）下列各项中，属于存货成本构成的有（　　）。 A．取得成本　　　　　B．储存成本　　　　　C．缺货成本 【注意】存货的取得成本包括购置成本和订货成本。
	（3）经济订货批量模型下的存货成本，与订货批量、批次相关的有（　　）。 A．变动订货成本　　　　B．变动储存成本
	（4）经济订货批量基本模型下的存货成本，与订货批量、批次无关的有（　　）。 A．固定订货成本　　　　B．固定储存成本　　　　C．购置成本

续表

订货成本	（5）下列各项中，属于固定订货成本内容的是（　　）。	
	A. 常设采购机构的基本开支	
	（6）下列各项中，属于变动订货成本内容的有（　　）。	
	A. 每次订货的差旅费	B. 每次订货的邮资
	C. 每次订货的电话费	D. 每次订货的运输费
储存成本	（7）下列各项中，属于固定储存成本内容的有（　　）。	
	A. 仓库折旧	B. 仓库职工的固定工资
	（8）下列各项中，属于变动储存成本内容的有（　　）。	
	A. 存货资金的应计利息　　B. 存货的破损和变质损失　　C. 存货的保险费用		
缺货成本	（9）下列各项属于缺货成本的有（　　）。	
	A. 材料供应中断造成的停工损失　　　　B. 产成品库存缺货造成的拖欠发货损失	
	C. 因缺货丧失销售机会的损失　　　　　D. 因缺货造成的商誉损失	
	E. 紧急额外购入成本	

【考点子题——举一反三，真枪实练】

[45]（历年真题·单选题）下列各项中，不属于存货储存成本的是（　　）。

    A. 存货仓储费用　　　　　　　　　　B. 存货破损和变质损失

    C. 存货储备不足而造成的损失　　　　D. 存货占用资金的应计利息

[46]（历年真题·多选题）下列成本费用中，一般属于存货变动储存成本的有（　　）。

    A. 库存商品保险费　　　　　　　　　B. 存货资金应计利息

    C. 存货毁损和变质损失　　　　　　　D. 仓库折旧费

[47]（经典子题·多选题）下列各项中，属于存货缺货成本的有（　　）。

    A. 商誉（信誉）损失　　　　　　　　B. 延期交货的损失

    C. 紧急采购发生的超额费用　　　　　D. 存货的破损和变质损失

[48]（经典子题·多选题）下列各项中，属于存货取得成本内容的有（　　）。

    A. 订货成本　　　B. 储存成本　　　C. 购置成本　　　D. 缺货成本

[49]（历年真题·判断题）存货管理的目标是在保证生产和销售需要的前提下，最大限度地降低存货成本。（　　）

[50]（经典子题·判断题）订货成本与企业每次订货的数量呈同向变化。（　　）

考点 13　最优存货量的确定

【考点母题——万变不离其宗】经济订货基本模型

经济订货基本模型的假设	（1）经济订货基本模型的基本假设包括（　　）。 A. 存货总需求量是已知常数　　　　　　 B. 不存在订货提前期，可以随时补充存货 C. 货物是一次性入库　　　　　　　　　 D. 单位货物成本为常数，无批量折扣 E. 库存储存成本与库存水平呈线性关系 F. 货物是一种独立需求的物品，不受其他货物影响 G. 不允许缺货，即无缺货成本
经济订货基本模型	（2）根据经济订货基本模型，下列各项中，影响存货经济订货批量计算结果的有（　　）。 A. 存货年需要量　　　　　　 B. 单位变动储存成本　　　　　　 C. 每次订货的变动成本

【考点母题——万变不离其宗】经济订货基本模型计算题

考点	（1）计算经济订货批量；（2）计算每年最佳订货次数；（3）计算经济订货批量下的变动订货成本、变动储存成本和相关存货总成本；（4）计算最佳订货周期（年）或：计算最佳订货周期（天数）；（5）计算经济订货量平均占用资金。
公式	（1）经济订货批量=$\sqrt{\dfrac{2\times 年需求总量\times 每次变动订货成本}{单位变动储存成本}}$　即$EOQ=\sqrt{2KD/K_c}$ （2）每年最佳订货次数 = 存货年需求总量 / 经济订货批量 （3）相关存货总成本=$\sqrt{2\times 年需求总量\times 每次变动订货成本\times 单位变动储存成本}$ 　　　$TC(EOQ)=\sqrt{2KDK_c}$ 　　　变动订货成本=$\dfrac{年需求总量}{经济订货批量}\times 每次变动订货成本=\dfrac{D}{Q}K$ 　　　变动储存成本=单位储存成本$\times \dfrac{经济订货批量}{2}=K_c\dfrac{Q}{2}$ 　　　或：变动订货成本 = 变动储存成本 = 存货总成本 $/2=\sqrt{2KDK_c}/2$ （4）最佳订货周期（年）=1/ 每年最佳订货次数 　　　最佳订货周期（天）=360/ 每年最佳订货次数 （5）经济订货量平均占用资金 = 经济订货批量 /2× 存货单价
示例	某企业每年所需的原材料为 80 000 千克，单位成本为 15 元 / 千克。每次订货的变动成本为 20 元，单位变动储存成本为 0.8 元 / 千克。一年按 360 天计算。 要求：（1）计算经济订货批量。（2）计算每年最佳订货次数。（3）计算经济订货批量下的变动订货成本、变动储存成本和相关存货总成本。（4）计算最佳订货天数。（5）经济订货量平均占用资金。

第
7
章

示例	【答案】 （1）经济订货批量=$\sqrt{2\times80\,000\times20/0.8}$=2 000（千克） （2）每年最佳订货次数 =80 000/2 000=40（次） （3）变动订货成本 =40×20=800（元） 　　　变动储存成本 =2 000/2×0.8=800（元） 　　　与经济订货批量相关的存货总成本=$\sqrt{2\times80\,000\times20\times0.8}$=1 600（元） 　　　　　　　　　　　　　　　　　　或 =800+800=1 600（元） （4）最佳订货周期 =360/40=9（天） （5）经济订货量平均占用资金 =2 000/2×15=15 000（元）。

▲【考点母题——万变不离其宗】再订货点计算题

考点	（1）计算每日平均需用量；（2）计算预计交货期内的平均需用量；（3）计算再订货点。
公式	（1）每日平均需用量 = 年需要量 / 计划开工期 （2）预计交货期内的平均需用量 = 预计交货期 × 每日平均需用量 （3）再订货点 = 预计交货期内的平均需用量 + 保险储备
示例	某企业甲材料预计年需要量为 10 800 千克，计划开工 360 天。交货期平均为 3 天，保险储备为 50 千克。 要求：（1）计算预计交货期内的平均需用量。（2）计算再订货点。 【答案】 （1）预计交货期内的平均需用量 =10 800/360×3=90（千克） （2）再订货点 =90+50=140（千克）。

▲【考点母题——万变不离其宗】存货陆续供应和使用模型计算题

考点	（1）计算存货陆续供应和使用的经济订货量； （2）计算存货陆续供应和使用的经济订货量相关总成本、变动储存成本、变动订货成本。
公式	假设 Q 为每批订货量，P 为每日送货量，d 为每日耗用量，K 为每次订货变动成本，K_c 为单位变动储存成本，D 为存货年需求量。 （1）送货期、送货期耗用量、送货期平均库存量 送货期$=\dfrac{Q}{P}$　　送货期耗用量$=\dfrac{Q}{P}\times d$　　送货期内平均库存量$=\dfrac{1}{2}(Q-\dfrac{Q}{P}\times d)$ （2）存货陆续供应和使用的经济订货量公式： $$EOQ=\sqrt{\dfrac{2KD}{K_c}\times\dfrac{P}{P-d}}$$ （3）存货陆续供应和使用的经济订货量相关总成本公式为： $$TC（EOQ）=\sqrt{2KDK_c\times(1-\dfrac{d}{p})}$$ 变动储存成本 = 变动订货成本 $=\sqrt{2KDK_c\times(1-\dfrac{d}{p})}/2$

续表

示例	某零件年需用量（D）为 3 600 件，每日送货量（P）为 30 件，每日耗用量（d）为 10 件，单价（U）为 20 元，一次订货成本（K）为 25 元，单位变动储存成本（K_c）为 2 元。 要求： （1）计算存货陆续供应和使用的经济订货量。 （2）计算存货陆续供应和使用的相关总成本、变动储存成本、变动订货成本、送货期内的平均库存量。 【答案】 （1）经济订货量 $EOQ = \sqrt{\dfrac{2\times25\times3600}{2}\times\dfrac{30}{30-10}} = 367$（件） （2）相关总成本 $TC（EOQ）= \sqrt{2\times25\times3600\times2\times(1-\dfrac{10}{30})} = 490$（元） 变动储存成本 = 变动订货成本 = 490/2 = 245（元） 送货期内平均库存量 $= \dfrac{1}{2}(Q-\dfrac{Q}{P}\times d) = \dfrac{1}{2}(367-\dfrac{367}{30}\times10) = 122$（件）。

▲【考点母题——万变不离其宗】保险储备

保险储备的含义	（1）下列关于保险储备的表述中，正确的有（　　）。 A. 保险储备多，会减少缺货成本，但是会增加保险储备的储存成本 B. 保险储备少，会增加缺货成本，但是会减少保险储备的储存成本 C. 最佳的保险储备应该是使缺货损失和保险储备的储存成本之和达到最低
相关公式	（1）再订货点 = 预计交货期内的需求 + 保险储备 （2）与保险储备相关的总成本 = 缺货成本 + 保险储备的储存成本 　　　　　= 每次的缺货量 × 单位缺货成本 × 订货次数 + 保险储备 × 单位变动储存成本 （3）保险储备量 = 估计延误时间 × 平均每日耗用量

▲【考点子题——举一反三，真枪实练】

[51]（历年真题·单选题）下列各项因素中，不影响存货经济订货批量计算结果的是（　　）。

  A. 保险储备   B. 存货年需要量

  C. 每次订货变动成本   D. 单位变动储存成本

[52]（历年真题·单选题）下列关于存货保险储备的表述中，正确的是（　　）。

  A. 较低的保险储备可降低存货缺货成本

  B. 保险储备的多少取决于经济订货量的大小

  C. 最佳保险储备能使缺货损失和保险储备的储存成本之和达到最低

  D. 较高的保险储备可降低存货储存成本

[53]（经典子题·多选题）在依据经济订货基本模型，下列表述中正确的有（　　）。

A. 存货总成本与每次订货批量呈反方向变化

B. 相关储存成本的高低与每次订货批量成正比

C. 相关订货成本的高低与每次订货批量成反比

D. 年相关储存成本与年相关订货成本相等时的采购批量，即为经济订货批量

[54]（历年真题·单选题）基于经济订货扩展模型进行存货管理，若每批订货数为600件，每日送货量为30件，每日耗用量为10件，则进货期内平均库存量是（   ）。

A. 400件　　　　B. 300件　　　　C. 200件　　　　D. 290件

[55]（历年真题·单选题）某公司全年（按360天计）材料采购量预计为7 200吨，假定材料日耗均衡，从订货到送达正常需要3天，鉴于延迟交货会产生较大损失，公司按照延误天数2天建立保险储备。不考虑其他因素，材料再订货点是（   ）吨。

A. 80　　　　　　B. 40　　　　　　C. 60　　　　　　D. 100

[56]（历年真题·计算题）甲公司是一家标准件分销商，主要业务是采购并向固定客户供应某种标准件产品。有关资料如下：

（1）该标准件上一年订货次数为60次，全年订货成本为80万元，其中固定成本总额为26万元，其余均为变动成本。单位变动成本和固定成本总额不变。

（2）该标准件仓储总费用中，每年固定租金为120万元，每增加一件标准件就增加1元仓储费。每件标准件的占用资金为50元，资金利息率为6%。

（3）该标准件年需要量为180万件。一年按照360天计算。

（4）该标准件从发出订单到货物送达需要5天。

要求：

（1）计算每次订货变动成本。

（2）计算单位变动储存成本。

（3）根据经济订货模型，计算该标准件的经济订货批量和最佳订货周期（按天表示）。

（4）计算再订货点。

考点 14　存货的控制系统

▲▲【考点母题——万变不离其宗】存货的控制系统

ABC 控制系统	（1）品种数量约占整个存货的 10%~15%，但价值约占全部存货的 50%~70% 的存货类别是（ ）。
	A. A 类存货

续表

ABC 控制系统	（2）【判断金句】A **类存货应作为管理的重点**，实行重点控制、严格管理；而对 B 类和 C 类存货的重视程度则可依次降低，采取一般管理。
适时制库存控制系统	（3）适时制库存控制系统的特点是（　　）。
	A. 适时制库存控制系统减少甚至消除对存货的需求，即零存货管理

▲【考点子题——举一反三，真枪实练】

[57]（历年真题·单选题）采用 ABC 控制法进行存货管理时，应该重点控制的存货类别是（　　）。

　　A. 品种较多的存货　　　　　　　　B. 数量较多的存货

　　C. 库存时间较长的存货　　　　　　D. 单位价值较大的存货

[58]（历年真题·判断题）某公司推行适时制（JIT），对公司管理水平提出了更高的要求，因此该公司应采用宽松的流动资产投资策略。（　　）

第五节　流动负债管理

考点 15　短期借款

（一）短期借款的信用条件

♦ 【考点母题——万变不离其宗】短期借款的信用条件

信贷额度	（1）【判断金句】在信贷额度内，企业可以随时按需要支用借款。但是，银行并**不承担必须支付全部信贷数额的义务**。【非法定义务】
周转信贷协定	（2）【判断金句】在周转信贷协定的有效期内，只要企业借款总额未超过最高限额，银行必须满足企业任何时候提出的借款要求。【法定义务】
补偿性余额	（3）【判断金句】对于银行来说，补偿性余额有助于降低贷款风险，补偿其可能遭受的损失；对贷款企业来说，补偿性余额则提高了贷款的实际利率，加重了企业的负担。
偿还条件	（4）【判断金句】在贷款期内定期等额偿还会提高实际年利率。

♦ 【考点母题——万变不离其宗】周转信贷协定计算题

考点	（1）企业应向银行支付的承诺费；（2）当年实际的借款成本；（3）当年借款的实际利率。
公式	企业应向银行支付的承诺费 =（年周转信贷额度 – 年实际使用数）× 承诺费率
示例	某企业与银行商定的周转信贷额度为 5 000 万元，借款利率为 6%，承诺率为 0.5%。年度内实际使用了 2 800 万元。 要求：（1）计算企业应向银行支付的承诺费。（2）计算当年实际的借款成本。（3）计算当年借款的实际利率。 【答案】 （1）企业应向银行支付的承诺费 =（5 000–2 800）×0.5% =11（万元） （2）当年实际的借款成本 =2 800×6% +11=179（万元） （3）当年借款的实际利率 =179/2 800=6.39%。

♦ 【考点母题——万变不离其宗】补偿性余额计算题

考点	（1）计算需要贷款的金额；（2）存在补偿性余额情况下的贷款实际利率。
公式	（1）需要贷款的金额 = 企业资金需要量 /（1– 补偿性余额比率） （2）贷款实际利率 = 贷款名义利率 /（1– 补偿性余额比率）

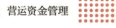

续表

示例	某企业需要短期资金 720 万元，计划向银行申请短期贷款，银行要求保留 10% 的补偿性余额，利率为 6%。 要求：（1）计算需要向银行贷款的金额。（2）计算该笔贷款的实际利率。 【答案】 （1）需要向银行贷款的金额 =720/（1–10%）=800（万元） （2）贷款实际利率 =6%/（1–10%）=6.67%。

（二）短期借款的成本

条件	含义	实际利率的计算公式	实际利率与名义利率的关系
收款法	借款到期时向银行支付利息的方法	贷款的实际利率 = 名义利率	贷款的实际利率 = 名义利率
贴现法	银行向企业发放贷款时，先从本金中扣除利息部分，到期时借款企业偿还全部贷款本金的一种利息支付方法	贷款实际利率 = 贷款名义利率 /（1– 贷款名义利率）	贷款的实际利率 > 名义利率
加息法	银行发放分期等额偿还贷款时采用的利息收取方法	贷款实际利率 =2× 名义利率	贷款的实际利率 > 名义利率

▲【考点母题——万变不离其宗】短期借款的成本

下列关于短期借款实际利率的表述中，正确的有（　　）。

A. 采用收款法付息时，短期贷款的实际利率就是名义利率
B. 采用贴现法付息时，短期贷款的实际利率要高于名义利率
C. 采用加息法付息时，短期贷款的实际利率是名义利率的 2 倍

▲【考点母题——万变不离其宗】贴现法下贷款的实际利率计算题

考点	贴现法下贷款的实际利率。
公式	贷款实际利率 = 贷款名义利率 /（1– 贷款名义利率）
示例	某企业从银行取得贷款 200 万元，期限 1 年，利率 6%，按贴现法付息。 要求：计算该贷款的实际利率。 【答案】贷款实际利率 =6% /（1–6%）=6.38%。

▲【考点母题——万变不离其宗】加息法下贷款的实际利率计算题

考点	加息法下贷款的实际利率。
公式	贷款实际利率 =2× 贷款名义利率
示例	某企业借入（名义）年利率为 12% 的贷款 2000 万元，分 12 个月等额偿还本息。 要求：计算该贷款的实际利率。 【答案】借款的实际利率 $=\dfrac{2000\times12\%}{2000\div2}=24\%$。

△【考点子题——举一反三，真枪实练】

[59]（历年真题·单选题）某企业向银行借款500万元，利率为5.4%，银行要求保留10%的补偿性余额，则该借款的实际利率是（　　）。

    A. 5.4%　　　　　B. 4.86%　　　　　C. 6%　　　　　D. 4.91%

[60]（经典子题·单选题）某企业向银行取得一年期借款4 000万元，年利率为6%，银行要求贷款本息分12个月等额偿还，则该项借款的实际利率大约是（　　）。

    A. 6%　　　　　B. 10%　　　　　C. 12%　　　　　D. 18%

[61]（历年真题·单选题）下列各项中，不会导致短期借款的实际利率高于名义利率的是（　　）。

    A. 按贴现法支付利息

    B. 按收款法支付利息

    C. 按加息法支付利息

    D. 按实际借用额保持一定比例的补偿性余额

[62]（历年真题·判断题）企业向银行借款时，如果银行要求一定比例的补偿性余额，则提高了借款的实际利率水平。（　　）

考点 16　短期融资券

△【考点母题——万变不离其宗】短期融资券

相关规定	（1）关于发行短期融资券的表述，正确的有（　　）。	
	A. 发行人为非金融企业并需要信用评级	B. 不向社会公众发行和交易
	C. 金融机构承销，企业不得自行销售融资券	D. 直接融资方式
	E. 发行利率、发行价格和所涉及费率以市场化方式确定	
筹资特点	（2）短期融资券的筹资特点有（　　）。	
	A. 筹资成本较低（与公司债券相比）	B. 筹资数额较大（与银行借款相比）
	C. 发行条件较严格（信用等级要求较高）	

△【考点子题——举一反三，真枪实练】

[63]（历年真题·多选题）在我国，关于短期融资券，下列说法正确的有（　　）。

    A. 短期融资券是有担保债券

    B. 短期融资券不向社会公众发行和交易

    C. 利用短期融资券筹资属于直接融资方式

    D. 发行短期融资券相对于发行企业债券而言筹资成本较低

[64]（历年真题·多选题）在我国，关于短期融资券的下列表述中，正确的有（　　）。

    A. 相对于银行借款，其信用等级要求较高

B.　相对于商业信用，其偿还方式比较灵活

C.　相对于企业债券，其筹资成本较高

D.　相对于银行借款，其一次性筹资金额较大

考点 17　商业信用

商业信用是指企业在商品或劳务交易中，以延期付款或预收货款方式进行购销活动而形成的借贷关系，是企业之间的直接信用行为，也是企业短期资金的重要来源。

▲▲【考点母题——万变不离其宗】商业信用

商业信用的形式	（1）下列各项中，属于商业信用形式的有（　　）。
	A.　应付账款　　　　　　　　B.　应付票据　　　　　　　　C.　预收账款 D.　应计未付款【主要包括应付职工薪酬、应交税费或应付股利等】
应付账款	（2）【判断金句】如果企业将应付账款额用于短期投资，**所获得的投资收益率高于放弃现金折扣的成本**，则应当放弃现金折扣。如果**小于放弃折扣的信用成本率**，则不应该放弃折扣。
	（3）【判断金句】在资金匮乏的情况下，如果贷款的利息率高于放弃现金折扣成本，则应该放弃现金折扣；如果贷款的利息率低于放弃现金折扣成本，则应该向银行借钱支付货款，享受现金折扣。
	（4）【判断金句】利用应付账款筹资是有成本的。
	（5）下列各项中，影响放弃折扣信用成本率的有（　　）。
	A.　现金折扣百分比　　　　　B.　付款期　　　　　　　　　C.　折扣期
商业信用筹资的特点	（6）商业信用筹资的特点有（　　）。
	（7）商业信用筹资的优点有（　　）。	（8）商业信用筹资的缺点有（　　）。
	A.　商业信用容易获得 B.　企业有较大的机动权 C.　企业一般不用提供担保	A.　商业信用筹资成本高（如有现金折扣条件） B.　容易恶化企业的信用水平 C.　受外部环境影响较大

▲▲【考点母题——万变不离其宗】放弃折扣的信用成本率计算题

考点	（1）计算放弃折扣的信用成本率；（2）做出是否放弃现金折扣的决策，并说明理由。
公式	放弃折扣的信用成本率 $= \dfrac{折扣百分比}{1-折扣百分比} \times \dfrac{360}{付款期-折扣期}$ 决策原则： ★放弃现金折扣的信用成本率大于短期借款利率（或短期投资报酬率），应选择享受折扣； ★放弃现金折扣的信用成本率小于短期借款利率（短期投资报酬率），应选择放弃折扣。

| 示例 | 甲企业采购一批材料，供应商报价为100 000元，付款条件为（3/10，2.5/30，n/90）。目前企业用于支付账款的资金需要在90天时才能周转回来，如果在90天内付款，只能通过银行贷款解决，银行贷款利率为12%。
要求：
（1）计算第10天付款的付款金额、借款利息、净收益和放弃现金折扣的信用成本率。
（2）计算第30天付款的付款金额、借款利息、净收益和放弃现金折扣的信用成本率。
（3）为该企业做出付款时间的决策，并说明理由。
【答案】
（1）第10天付款的付款金额=100 000×（1−3%）=97 000（元）
第10天付款的借款利息=97 000×12%/360×（90−10）=2 586.67（元）
第10天付款净收益=100 000×3%−2 586.67=413.33（元）
放弃现金折扣的信用成本率=3%/（1−3%）×360/（90−10）=13.92%
（2）第30天付款的付款金额=100 000×（1−2.5%）=97 500（元）
第30天付款的借款利息=97 500×12%/360×（90−30）=1 950（元）
第30天付款净收益=100 000×2.5%−1 950=550（元）
放弃现金折扣的信用成本率=2.5%/（1−2.5%）×360/（90−30）
　　　　　　　　　　　=15.38%
（3）应该第30天付款，因为净收益最大。 |

🔺【考点子题——举一反三，真枪实练】

[65]（历年真题·多选题）商业信用作为企业短期资金的一种来源，主要表现形式有（　　）。

　　A. 应付票据　　　　　　　　　　B. 季节性周转贷款

　　C. 应付账款　　　　　　　　　　D. 预收账款

[66]（历年真题·单选题）某企业拟以"3/15，N/35"的信用条件购进原料一批，一年按360天计算，则企业放弃现金折扣的信用成本率是（　　）。

　　A. 2%　　　　　B. 36.73%　　　　C. 18%　　　　D. 55.67%

[67]（历年真题·多选题）一般而言，与短期借款相比，商业信用融资的优点有（　　）。

　　A. 融资数额较大　　　　　　　　B. 融资条件宽松

　　C. 融资机动权大　　　　　　　　D. 不需提供担保

[68]（历年真题·判断题）企业利用商业信用筹资比较机动、灵活，而且期限较短，不会恶化企业的信用水平。（　　）

 **考点 18　流动负债的利弊**

🔺【考点母题——万变不离其宗】流动负债的利弊

经营优势	（1）下列各项中，属于流动负债经营优势的有（　　）。		
	A. 容易获得　　　　　　　 B. 具有灵活性　　　　　　　 C. 比长期借款约束性条款少		
	D. 创造了需要融资和获得融资之间的同步性　　　 E. 满足临时性的、季节性的融资需要		
经营劣势	（2）下列各项中，属于流动负债经营劣势的有（　　）。		
	A. 风险大　　　　　　　 B. 需要持续地重新谈判　　　　　　　 C. 需要滚动安排负债		

🔺【考点子题——举一反三，真枪实练】

[69]（经典子题·判断题）与长期负债融资相比，流动负债融资的期限短、成本低，其偿债风险也相对较小。（　　）

[本章考点子题答案及解析]

[1]【答案：AB】加速应收账款周转会减少应收账款，减少营运资本需求；加速存货周转会减少存货，减少营运资本需求；加速应付账款的偿还，会减少应付账款，增加营运资本需求；加速固定资产周转，会减少固定资产，不影响营运资本需求。选项 AB 正确。

[2]【答案：错误】营运资金一般具有如下特点：营运资金的来源具有多样性，营运资金的数量具有波动性；营运资金的周转具有短期性；营运资金的实物形态具有变动性和易变现性。

[3]【答案：ABC】如果销售额不稳定而且难以预测，就会存在显著的风险，从而必须维持一个较高的流动资产存量水平，保持较高的流动资产与销售收入比率，选项 D 错误。

[4]【答案：错误】紧缩型流动资产投资策略，一般会维持较低水平的流动资产与销售收入比率，因此财务风险与经营风险较高。

[5]【答案：正确】如果销售额是不稳定而且难以预测，就会存在显著的风险，从而必须保证一个高的流动资产水平，维持较高的流动资产与销售收入比率。

[6]【答案：CD】在宽松的流动资产投资策略下，企业将保持较高的流动资产，增加流动资产投资会增加流动资产的持有成本，降低资产的收益性，但会提高资产的流动性，短缺成本会降低，会提高偿债能力。选项 CD 正确。

[7]【答案：B】在保守融资策略中，长期融资支持非流动资产、永久性流动资产和部分波动性流动资产。永久性流动资产为 2 400 万元，波动性流动资产为 1 600 万元，所以非流动资产 =9 000－2 400－1 600=5 000（万元），非流动资产 + 永久性流动资产 =5 000+2 400=7 400（万元）< 长期资金来源（8 100 万元），说明有 700 万元的长期资金支持波动性流动资产，所以属于保守融资策略。

[8]【答案：A】保守型融资策略的风险和收益均较低，激进融资策略的风险和收益均较高，期限匹配融资策略的风险和收益居中。选项 A 正确。

[9]【答案：A】激进融资策略的特点：长期融资 <（非流动资产 + 永久性流动资产），短期融资 > 波动性流动资产，收益和风险较高。选项 A 正确。

[10]【答案：错误】一般而言，企业依靠大量短期负债来满足自身资金需求的做法体现出一种较为激进的融资策略。

[11]【答案：B】在保守融资策略中，长期资金来源（自发性流动负债、长期负债和股东权益资本）支持非流动资产、永久性流动资产和部分波动性流动资产，所以长期资金来源 > 非流动资产 + 永久性流动资产。选项 B 正确。

[12]【答案：BCD】长期资金来源自发性流动负债、长期负债和股东权益资本。选项 BCD 正确。

[13]【答案：ABD】企业确定预防性需求的现金数额时，需要考虑以下因素：（1）企业愿冒缺少现金风险的程度；（2）企业预测现金收支可靠的程度；（3）企业临时融资的能力。选项 ABD 正确。

[14]【答案：BC】为在证券价格下跌时买入证券而持有现金是投机性动机，为避免因客户违约导致的资金链意外断裂而持有现金是预防性动机，选项 BC 正确。

[15]【答案：A】企业的交易性需求是指企业为了维持日常周转及正常商业活动所需持有的现金额。企业向客户提供的商业信用条件和它从供应商那里获得的信用条件不同，使企业必须持有现金属于满足交易性需要。如供应商提供的信用条件是 30 天付款，而企业迫于竞争压力，则向顾客提供 45 天的信用期，这样，企业必须筹集满足 15 天正常运营的资金来维持企业运转。选项 A 正确。

[16]【答案：A】投机性需求是企业需要持有一定的现金以抓住突然出现的获利机会。这种机会大多是一闪即逝的，如证券价格的突然下跌，企业若没有用于投机的现金，就会错过这一机会。选项 A 正确。

[17]【答案：正确】预防性需求是指企业需要持有一定量的现金，以应付突发事件。企业临时融资的能力较强，当发生突发事件时，可以进行临时筹资，所以预防性需求的现金持有量一般较低。

[18]【答案：错误】预防性需求是指企业需要持有一定量的现金，以应付突发事件，本题目为了避免未来可能出现大客户的违约，应属于预防性需求。

[19]【答案：B】成本分析模型是根据现金有关成本，分析预测其总成本最低时现金持有量的一种方法。其总成本包括管理成本、机会成本和短缺成本。选项 B 正确。

[20]【答案：BC】机会成本与现金持有量呈正相关，短缺成本与现金持有量呈负相关，选项 BC 正确。管理成本属于固定成本，总成本随现金持有量的增加先低后高，选项 AD 错误。

[21]【答案：B】成本分析模型强调的是：持有现金是有成本的，最优的现金持有量是使得现金持有成本最小化的持有量。成本分析模型考虑的现金持有成本包括：机会成本、管理成本和短缺成本。选项 B 正确。

[22]【答案：错误】现金的机会成本，是指企业因持有一定现金余额丧失的再投资收益。转换成本是指企业用现金购入有价证券以及用有价证券换取现金时付出的交易费用，即现金同有价证券之间相互转换的成本，如买卖佣金、手续费、证券过户费、印花税、实物交割费等。

[23]【答案：B】在存货模型下，达到目标现金持有量时，机会成本等于交易成本，即与现金持有量相关的现金总成本应为机会成本的 2 倍，机会成本 = 现金持有量 /2 × 机会成本率 =100 000/2 × 10%= 5 000（元），所以，与目标现金持有量相关的现金总成本 =2 × 5 000=10 000（元）。

[24]【答案：A】持有现金的机会成本 =30 × 10%=3（万元）。

[25]【答案：AC】在确定目标现金余额的存货模型中，需要考虑的相关现金成本有机会成本和交易成本。选项 AC 正确。

第 7 章

[26]【答案：错误】现金持有量越少，进行证券变现的次数越多，相应的转换成本也越大。

[27]【答案：正确】在随机模型下，当现金余额在最高控制线和最低控制线之间波动时，表明企业现金持有量处于合理区域，无需调整。

[28]【答案：B】H=3R−2L=3×200−2×120=360（万元）。

[29]【答案：C】最高控制线 H=3R−2L，可以得出 H=3×80−2×15=210，由于现金持有量 220 高于上限，则投资于有价证券的金额 =220−R=220−80=140（万元）。

[30]【答案：A】成本分析模型考虑持有现金的机会成本、管理成本和短缺成本；存货模型考虑持有现金的机会成本和交易成本；随机模型考虑持有现金的机会成本、转换成本，所以持有现金的机会成本是均需要考虑的因素。选项 A 正确。

[31]【答案：D】目标现金余额 =（15 000+2×3 000）÷3=7 000（万元）。

[32]【答案：B】现金周转期 = 存货周转期 + 应收账款周转期 − 应付账款周转期。

[33]【答案：C】现金周转期 = 存货周转期 + 应收账款周转期 − 应付账款周转期 =160+90−100=150（天），选项 C 正确。

[34]【答案：ACD】现金周转期 = 存货周转期 + 应收账款周转期 − 应付账款周转期。所以减少现金周转期的措施有：（1）加快制造与销售产成品来减少存货周转期；（2）加速应收账款的回收来减少应收账款周转期；（3）减缓支付应付账款来延长应付账款周转期。选项 ACD 正确。

[35]【答案：错误】所谓现金周转天数是指从现金投入企业生产经营开始，到收回现金为止的时间段。

[36]【答案：BD】现金支出管理的主要任务是尽可能延缓现金的支出时间，延期支付账款的方法一般有：使用现金浮游量、推迟应付款的支付、汇票代替支票、改进员工工资支付模式、透支、争取现金流出与现金流入同步、使用零余额账户等。选项 BD 正确。

[37]【答案：B】应收账款会占用企业一定量的资金，而企业若不把这部分资金投放于应收账款，便可以用于其他投资并可能获得收益，例如投资债券获得利息收入。这种因投放于应收账款而放弃其他投资所带来的收益，即为应收账款的机会成本。选项 B 正确。

[38]【答案】（1）2018 年应收账款平均余额 = 全年销售额 /360× 平均收现期 =4 500/360×60=750（万元）
（2）2018 年变动成本率 =250/500=50%
（3）2018 年应收账款的机会成本 =750×50%×10%=37.5（万元）

[39]【答案：D】信用条件构成要素包括现金折扣、信用期限和折扣期限。

[40]【答案：B】平均收现期 =25%×10+（1−25%）×30=25（天）。

[41]【答案：A】平均日赊销额 =（240+180+320）/90=8.22（万元）
应收账款周转天数 = 应收账款平均余额 / 平均日赊销额 =480/8.22=58.39（天）
平均逾期天数 = 应收账款周转天数 − 信用期天数 =58.39−30=28.39（天）

[42]【答案：ABD】企业可以运用应收账款账户余额的模式来计划应收账款金额水平，衡量应收账款的收账效率以及预测未来的现金流。选项 ABD 正确。

[43]【答案：B】明保理是指保理商和供应商需要将销售合同被转让的情况通知购货商，并签订保理商、供应商、购货商之间的三方合同。暗保理是指供应商为了避免让客户知道自己因流动资金不足而转让应收账款，并不将债权转让情况通知客户，货款到期时仍由销售商出面催款，再向银行偿还借款。有追索权保理指供应商将债权转让给保理商，供应商向保理商融通货币资金后，如果购货商拒

绝付款或无力付款，保理商有权向供应商要求偿还预付的货币资金，如购货商破产或无力支付，只要有关款项到期末能收回，保理商都有权向供应商进行追索，因而保理商具有全部"追索权"。故本题属于明保理，且是有追索权的保理，选项 B 正确。

[44]【答案：ABD】应收账款保理的作用主要体现在：融资功能；减轻企业应收账的管理负担；减少坏账损失、降低经营风险；改善企业的财务结构。企业通过出售应收账款，将流动性稍弱的应收账款置换为具有高度流动性的货币资金，增强了企业资产的流动性，提高了企业的债务清偿能力。应收账款保理不影响股权结构，选项 ABD 正确。

[45]【答案：C】储存成本指为保持存货而发生的成本，包括存货占用资金所应计的利息、仓库费用、保险费用、存货破损和变质损失等。选项 C 属于缺货成本。

[46]【答案：ABC】储存成本也分为固定储存成本和变动储存成本。固定储存成本与存货数量的多少无关，如仓库折旧、仓库职工的固定工资等。变动储存成本与存货的数量有关，如存货资金的应计利息、存货的破损和变质损失、存货的保险费用等。选项 ABC 正确。

[47]【答案：ABC】缺货成本指由于存货供应中断而造成的损失，包括材料供应中断造成的停工损失、产成品库存短缺造成的拖欠发货损失和丧失销售机会的损失（还应包括需要主观估计的商誉损失）；如果生产公司以紧急采购代用材料解决库存材料中断之急，那么短缺成本表现为紧急额外购入成本（紧急额外购入的开支会大于正常采购的开支）。存货的破损和变质损失属于储存成本。选项 ABC 正确。

[48]【答案：AC】取得成本包括订货成本与购置成本。存货的总成本包括取得成本、储存成本和缺货成本。选项 AC 正确。

[49]【答案：正确】存货管理的目标，就是在保证生产和销售经营需要的前提下，最大限度地降低存货成本。

[50]【答案：错误】订货成本 = 全年需求量 / 每次订货批量 × 每次订货成本，因此订货成本与企业的每次订货的数量呈反向变化。

[51]【答案：A】根据存货经济订货批量的公式 $EOQ = \sqrt{2KD/Kc}$，可以看出保险储备不影响存货经济订货批量的计算结果。

[52]【答案：C】较高的保险储备可降低缺货损失，但也增加了存货的储存成本。因此，最佳的保险储备应该是缺货损失和保险储备的储存成本之和达到最低。

[53]【答案：BCD】存货总成本与每次订货批量不呈反方向变化，选项 A 错误；相关订货成本 =（存货全年需要量 / 每次订货批量）× 每次变动订货成本，相关订货成本与每次订货批量成反比，选项 C 是正确的；相关储存成本 =（每次订货批量 /2）× 单位存货的年变动储存成本，相关储存成本与每次订货批量成正比，选项 B 正确；年变动储存成本与年变动订货成本相等时，存货总成本最低，所以能使两者相等的采购批量为经济订货批量，选项 D 正确。

[54]【答案：C】送货期内平均库存量 $= \frac{1}{2} \times \left(订货量 - \frac{订货量}{每日送货量} \times 每日耗用量\right) = \frac{1}{2} \times \left(600 - \frac{600}{30} \times 10\right) = 200$（件）。

[55]【答案：D】每日平均需用量 d=7 200/360=20（吨），再订货点 = 预计交货期内的需求 + 保险储备 = 2×20+ 3×20=100（吨）。

[56]【答案】（1）每次订货变动成本 =（80−26）/60=0.9（万元）或者 9 000（元）

（2）单位变动储存成本 =1+50×6%=4（元 / 件）

（3）

$$经济订货批量 = \sqrt{\frac{2 \times 9\,000 \times 1\,800\,000}{4}} = 90\,000（件）$$

每年最佳订货次数 $= 1\,800\,000/90\,000 = 20$（次）

最佳订货周期 $= 360/20 = 18$（天）

（4）

每日平均需用量 $= 1\,800\,000/360 = 5\,000$（件）

再订货点 $= 5 \times 5\,000 = 25\,000$（件）

[57]【答案：D】ABC 控制法就是把企业种类繁多的存货，依据其重要程度、价值大小或者资金占用等标准分为三大类：A 类高价值存货，品种数量约占整个存货的 10% 至 15%，价值约占全部存货的 50% 至 70%。A 类存货应作为管理的重点，选项 D 正确。

[58]【答案：错误】适时制库存控制系统减少甚至消除对存货的需求，即零存货管理，所以适合采用紧缩的流动资产投资策略。

[59]【答案：C】借款的实际利率 $= 500 \times 5.4\% / [500 \times (1-10\%)] = 6\%$。

[60]【答案：C】实际利率 $= \dfrac{4000 \times 6\%}{4000/2} = 12\%$。

[61]【答案：B】收款法付息随本清，名义利率与实际利率相等。

[62]【答案：正确】对借款企业来说，补偿性余额提高了借款的实际利率，加重了企业负担。

[63]【答案：BCD】短期融资券是一种信用债券，凭公司自身信用发行的，没有抵押品担保的债券，不是有担保债券。

[64]【答案：AD】只有具备一定的信用等级的实力强的企业，才能发行短期融资券筹资。相对于银行借款，其信用等级要求较高，选项 A 正确；利用商业信用筹资，企业能够根据需要，选择决定筹资的金额大小和期限长短。而短期融资券需要按期付息，到期还本，选项 B 错误；相对于发行企业债券筹资而言，发行短期融资券的筹资成本较低，选项 C 错误；相对于银行借款筹资而言，短期融资券一次性的筹资数额比较大，选项 D 正确。

[65]【答案：ACD】商业信用的形式：应付账款、应付票据、预收货款和应计未付款。

[66]【答案：D】放弃现金折扣的信用成本率 = 现金折扣百分比 / （1- 现金折扣百分比）×360 天 / （付款期 – 折扣期 ）$= 3\% / (1-3\%) \times 360/(35-15) = 55.67\%$。

[67]【答案：BCD】商业信用筹资的优点有：商业信用容易获得、企业有较大的机动权和企业一般不用提供担保。

[68]【答案：错误】商业信用的期限短，还款压力大，对企业现金流量管理的要求很高。如果长期和经常性地拖欠账款，会造成企业的信誉恶化。

[69]【答案：错误】与长期负债融资相比，流动负债融资的期限短，需要持续的重新谈判或滚动安排负债，所以其偿债风险也相对较大。

扫码畅听增值课

第 8 章　成本管理

　　本章是成本管理，主要介绍了成本管理概述、本量利分析与应用、标准成本控制与分析、作业成本和责任成本等四个方面的内容，具体知识结构分布图如下：

本章思维导图

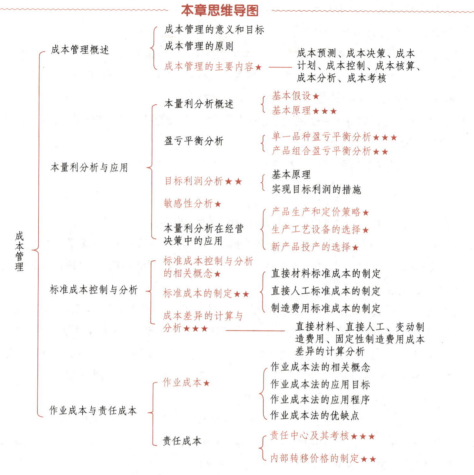

近三年本章考试题型及分值分布

题　型	2020 年		2021 年		2022 年	
	试卷 I	试卷 II	试卷 I	试卷 II	试卷 I	试卷 II
单项选择题	1 题 1.5 分	2 题 3 分	2 题 3 分	2 题 3 分	1 题 1.5 分	3 题 4.5 分
多项选择题	1 题 2 分	—	1 题 2 分	1 题 2 分	—	2 题 4 分
判断题	—	1 题 1 分	1 题 1 分	—	—	—
计算分析题	5 分	5 分	5 分	—	5 分	—
综合题	—	5 分	6 分	5 分	2 分	5 分
合计	8.5 分	14 分	17 分	10 分	8.5 分	13.5 分

第一节　成本管理概述

考点 1　成本管理的目标、原则和内容

▲【考点母题——万变不离其宗】成本管理的目标、原则和内容

成本管理的目标	（1）下列关于成本管理目标的表述中，正确的有（　　）。 A. 成本领先战略中，成本管理的总体目标是追求成本水平的绝对降低 B. 差异化战略中，成本管理的总体目标则是在保证实现产品、服务等方面差异化的前提下，对产品全生命周期成本进行管理，实现成本的持续降低
成本管理的内容	（2）下列各项中属于成本管理内容的有（　　）。 A. 成本预测　　B. 成本决策　　C. 成本计划　　D. 成本控制 E. 成本核算　　F. 成本分析　　G. 成本考核
	（3）成本管理的起点是（　　）。
	A. 成本预测
	（4）运用定性与定量方法对各个成本方案进行分析并选择最优方案的成本管理是（　　）。
	A. 成本决策
	（5）下列各项中，属于成本控制方法的有（　　）。
	A. 标准成本法　　B. 目标成本法　　C. 作业成本法　　D. 责任成本法
	（6）【判断金句】成本考核指标可以是财务指标，也可以是非财务指标。

▲【考点子题——举一反三，真枪实练】

［1］（历年真题·单选题）在企业的日常经营管理工作中，成本管理工作的起点是（　　）。

　　A. 成本预测　　　　　　　　　　　B. 成本核算

　　C. 成本控制　　　　　　　　　　　D. 成本分析

［2］（经典子题·判断题）差异化战略中，成本管理的总体目标是追求成本水平的绝对降低。（　　）

第二节　本量利分析与应用

考点 2　本量利分析的基本假设和基本原理

本量利分析是指以成本性态分析和变动成本法为基础，运用数学模型和图表，对成本、利润、业务量与单价等因素之间的依存关系进行分析，发现变动的规律，为企业进行预测、决策、计划和控制等活动提供支持的一种方法。其中"本"是指成本，包括固定成本和变动成本；"量"是指业务量，一般指销售量；"利"一般指息税前利润。本量利分析主要包括盈亏平衡分析、目标利润分析、敏感性分析、边际分析等内容。

【考点母题——万变不离其宗】本量利分析的基本假设

本量利分析的基本假设包括（　　）。

A. 总成本由固定成本和变动成本两部分组成　　B. 销售收入与业务量呈完全线性关系
C. 产销平衡　　　　　　　　　　　　　　　D. 产品产销结构稳定

本量利分析的基本原理：

1. 基本关系式：

$$（息税前）利润 = 收入 - 变动成本 - 固定成本$$
$$= 单价 \times 销量 - 单位变动成本 \times 销量 - 固定成本$$
$$= （单价 - 单位变动成本）\times 销售量 - 固定成本$$

2. 边际贡献

$$边际贡献 = 销售收入 - 变动成本$$
$$= （单价 - 单位变动成本）\times 销量$$
$$单位边际贡献 = 单价 - 单位变动成本$$

3. 拓展

$$边际贡献率 = 边际贡献 / 销售收入 = 单位边际贡献 / 单价$$
$$变动成本率 = 变动成本 / 销售收入 = 单位变动成本 / 单价$$
$$变动成本率 + 边际贡献率 = 1$$

【总结】变动成本与边际贡献

	变动成本		边际贡献	
总额	变动成本总额	单位变动成本 × 销量	边际贡献总额	单位边际贡献 × 销量
单位	单位变动成本	变动成本总额 / 销量	单位边际贡献	边际贡献总额 / 销量
比率	变动成本率	变动成本总额 / 销售收入	边际贡献率	边际贡献总额 / 销售收入
		单位变动成本 / 单价		单位边际贡献 / 单价
关系	收入 – 变动成本总额 = 边际贡献总额		单价 – 单位变动成本 = 单位边际贡献	
	变动成本率 + 边际贡献率 =1		1– 变动成本率 = 边际贡献率	

【总结】息税前利润

息税前利润	= 收入 – 变动成本总额 – 固定成本总额
	= 边际贡献总额 – 固定成本总额
	= （单价 – 单位变动成本）× 销量 – 固定成本总额
	= 边际贡献率 × 收入 – 固定成本总额

▲【考点母题——万变不离其宗】本量利分析计算题

考点	（1）计算边际贡献总额、单位边际贡献和边际贡献率；（2）计算变动成本率；（3）计算利润（息税前利润）。

公式	（1）边际贡献（总额）= 销售收入 – 变动成本 = 销售量 × 单位边际贡献
	               = 销售收入 × 边际贡献率 = 销售收入 ×（1– 变动成本率）
	   单位边际贡献 = 单价 – 单位变动成本 = 单价 × 边际贡献率
	   边际贡献率 = 边际贡献总额 / 销售收入 = 单位边际贡献 / 单价
	（2）变动成本率 = 变动成本总额 / 销售收入 = 单位变动成本 / 单价 =1– 边际贡献率
	（3）息税前利润 = 边际贡献 – 固定成本 = 销售收入 × 边际贡献率 – 固定成本
	【注意】变动成本率 + 边际贡献率 =1

示例	某企业产销甲、乙、丙、丁四种产品，有关资料如下： （见下表）

产品	甲	乙	丙	丁
销量（件）	10 000	5 000	1 000	*
单价	100	（K）	*	*
单位变动成本	60	（J）	*	*
销售收入	（A）	20 000	（L）	40 000
变动成本总额	（B）	（I）	*	（O）
边际贡献	（C）	（H）	30 000	（P）
固定成本	200 000	*	（M）	10 000
利润（息税前利润）	（D）	*	20 000	（Q）
单位边际贡献	*	*	（N）	*
变动成本率	（E）	（G）	*	40%
边际贡献率	（F）	55%	50%	（R）

续表

示例	要求：确定表中字母所代表的数值（不需列出计算过程）。 【答案】 A（销售收入）=10 000×100=1 000 000（元） B（变动成本总额）=10 000×60=600 000（元） C（边际贡献）=1 000 000–600 000=400 000（元） D（利润）=400 000–200 000=200 000（元） E（变动成本率）=60/100=600 000/1 000 000=60% F（边际贡献率）=400 000/1 000 000=（100–60）/100=1–60%=40% G（变动成本率）=1–55%=45% H（边际贡献）=20 000×55%=11 000（元） I（变动成本总额）=20 000×45%=9 000（元） J（单位变动成本）=9 000/5 000=1.8（元） K（单价）=20 000/5 000=4（元） L（销售收入）=30 000/50%=60 000（元） M（固定成本）=30 000–20 000=10 000（元） N（单位边际贡献）=30 000/1 000=30（元） O（变动成本总额）=40 000×40%=16 000（元） P（边际贡献）=40 000–16 000=24 000（元） Q（利润）=24 000–10 000=14 000（元） R（边际贡献率）=1–40%=60%

▲【考点子题——举一反三，真枪实练】

[3]（历年真题·单选题）某企业生产单一产品，年销售收入为 100 万元，变动成本总额为 60 万元，固定成本总额为 16 万元，则该产品的边际贡献率为（   ）。

A. 40%   B. 76%   C. 24%   D. 60%

[4]（历年真题·单选题）下列关于本量利分析基本假设的表述中，不正确的是（   ）。

A. 产销平衡   B. 产品产销结构稳定

C. 销售收入与业务量呈完全线性关系   D. 总成本由营业成本和期间费用两部分组成

[5]（经典子题·多选题）下列各项算式中，计算结果等于边际贡献率的有（   ）。

A. 单位边际贡献 / 单价   B. 1– 变动成本率

C. 边际贡献 / 销售收入   D. （单价 – 单位变动成本）/ 单价

[6]（历年真题·判断题）不考虑其他因素的影响，固定成本每增加 1 元，边际贡献就减少 1 元。（   ）

[7]（历年真题·计算题部分）2016 年度公司产品产销量为 2 000 万件，产品销售单价为 50 元，单位变动成本为 30 元，固定成本总额为 20 000 万元。要求：计算 2016 年边际贡献总额和息税前利润。

第8章

考点3　盈亏平衡分析

（一）单一品种盈亏平衡分析

1. 盈亏平衡点和盈亏平衡作业率

▲【考点母题——万变不离其宗】盈亏平衡分析计算题

考点	（1）计算盈亏平衡点销售量；（2）计算盈亏平衡点销售额；（3）计算盈亏平衡作业率。
公式	$\text{盈亏平衡点销售量}=\dfrac{\text{固定成本}}{\text{单价}-\text{单位变动成本}}=\dfrac{\text{固定成本}}{\text{单位边际贡献}}$ $\text{盈亏平衡点销售额}=\text{盈亏平衡点销售量}\times\text{单价}=\dfrac{\text{固定成本}}{\dfrac{\text{单位边际贡献}}{\text{单价}}}=\dfrac{\text{固定成本}}{\text{边际贡献率}}$ $\text{盈亏平衡作业率}=\dfrac{\text{盈亏平衡点销售量}}{\text{正常经营销售量（或实际销售量、预计销售量）}}\times100\%$ $=\dfrac{\text{盈亏平衡点销售额}}{\text{正常经营销售额（或实际销售额、预计销售额）}}\times100\%$
示例	某企业只生产一种甲产品，单位价格为 100 元，单位变动成本为 60 元，固定成本总额为 100 000 元。该企业正常经营条件下的销售量为 5 000 件。 要求：（1）计算边际贡献率。（2）计算盈亏平衡点销售量。（3）计算盈亏平衡点销售额。（4）计算盈亏平衡作业率。 【答案】 （1）边际贡献率 =（单价 – 单位变动成本）/ 单价 =（100–60）/100=40% （2）盈亏平衡点销售量 = 固定成本 /（单价 – 单位变动成本）=100 000/（100–60）=2 500（件） （3）盈亏平衡点销售额 = 盈亏平衡点销售量 × 单价 =2 500 ×100=250 000（元） 或：= 固定成本 / 边际贡献率 =100 000/40%=250 000（元） （4）盈亏平衡作业率 = 盈亏平衡点销售量 / 正常销售量 =2 500/5 000=50%。

▲【考点母题——万变不离其宗】盈亏平衡分析

盈亏平衡点	（1）下列关于盈亏平衡点的表述中，正确的有（　　）。 A. 实际销售量不影响盈亏平衡点的大小 B. 企业的盈亏平衡点越低越好　　C. 盈亏平衡点越低，企业的经营风险就越小
降低盈亏平衡点的途径	（2）降低盈亏平衡点的途径有（　　）。 A. 降低固定成本总额　　B. 降低单位变动成本　　C. 提高销售单价
与盈亏平衡点同向变化	（3）与盈亏平衡点同向变化的有（　　）。 A. 固定成本总额　　　　B. 单位变动成本
【注意】预计销量、目标利润等不会影响盈亏平衡点的销售量或销售额。	

⚠ 【考点子题——举一反三，真枪实练】

[8]（历年真题·多选题）下列各项指标中，与盈亏平衡点呈同向变化关系的有（   ）。

　　A．单位售价　　　　B．预计销量　　　　C．固定成本总额　　　D．单位变动成本

2. 本量利关系图

本量利关系图有多种表现形式，按照数据的特征和目的可以分为传统式、边际贡献式和利量式三种图形。

3. 安全边际分析

⚠ 【考点母题——万变不离其宗】安全边际分析计算题

考点	（1）计算安全边际量、安全边际额和安全边际率；（2）利用安全边际计算利润和销售利润率；（3）利用安全边际率计算盈亏平衡作业率；（4）根据安全边际率，判断企业经营的安全程度。	
公式	安全边际量	安全边际量＝实际或预期销售量－盈亏平衡点销售量
	安全边际额	安全边际额＝实际或预期销售额－盈亏平衡点销售额 ＝安全边际量×单价
	安全边际率	安全边际率＝安全边际量/实际或预期销售量 ＝安全边际额/实际或预期销售额
	盈亏平衡作业率与安全边际率的关系	盈亏平衡点销售量＋安全边际量＝正常销售量 盈亏平衡作业率＋安全边际率＝1
	安全边际与利润的关系	利润＝安全边际量×单位边际贡献＝安全边际额×边际贡献率 销售利润率＝安全边际率×边际贡献率
示例	某企业只生产一种甲产品，单位价格为100元，单位变动成本为60元。该企业正常经营条件下的销售量为5 000件。经计算，该产品盈亏平衡点销售量为2 000件，盈亏平衡点销售额为200 000元。 要求： （1）计算安全边际量、安全边际额和安全边际率。 （2）利用安全边际计算利润和销售利润率。 （3）利用安全边际率计算盈亏平衡作业率。 【答案】 （1）安全边际量＝实际或预期销售量－盈亏平衡点销售量＝5 000－2 000＝3 000（件） 安全边际额＝安全边际量×单价＝3 000×100＝300 000（元） 安全边际率＝安全边际量/实际或预期销售量＝3 000/5 000＝60% （2）利润＝安全边际量×单位边际贡献＝3 000×（100－60）＝120 000（元） 或：＝安全边际额×边际贡献率＝300 000×[（100－60）/100]＝120 000（元） 销售利润率＝安全边际率×边际贡献率＝60%×[（100－60）/100]＝24% （3）盈亏平衡作业率＝1－安全边际率＝1－60%＝40%。	

▲【考点母题——万变不离其宗】营运风险

（1）下列各项指标中，可以反映营运风险大小的有（　　）。	
（2）下列指标中，与营运风险反向变化的有（　　）。	（3）下列指标中，与营运风险同向变化的有（　　）。
A．安全边际　　　　　B．安全边际率	A．盈亏平衡点　　　　B．盈亏平衡作业率

【总结】盈亏平衡分析与安全边际分析

表示方法		盈亏平衡点	安全边际
实物量	指标	盈亏平衡点销售量	安全边际量
	公式	$盈亏平衡点销售量 = \dfrac{固定成本}{单价 - 单位变动成本} = \dfrac{固定成本}{单位边际贡献}$	安全边际量 = 实际或预期销售量 - 盈亏平衡点销售量
金额	指标	盈亏平衡点销售额	安全边际额
	公式	$盈亏平衡点销售额 = 盈亏平衡点销售量 × 单价 = \dfrac{固定成本}{边际贡献率}$	安全边际额 = 实际或预期销售额 - 盈亏平衡点销售额 = 安全边际量 × 单价
相对数	公式	$盈亏平衡作业率 = \dfrac{盈亏平衡点销售量}{正常经营销售量（或实际销售量、预计销售量）} × 100\%$	安全边际率 = 安全边际量 / 实际或预期销售量 = 安全边际额 / 实际或预期销售额
	关系	盈亏平衡点销售量 + 安全边际量 = 实际或预期销售量 盈亏平衡点销售额 + 安全边际额 = 实际或预期销售额 盈亏平衡作业率 + 安全边际率 = 1	

【总结】安全边际与利润关系

指标	关系
利润	利润 = 安全边际量 × 单位边际贡献
	利润 = 安全边际额 × 边际贡献率
销售利润率	销售利润率 = 安全边际率 × 边际贡献率

▲【考点子题——举一反三，真枪实练】

[9]（历年真题·多选题）在单一产品本量利分析中，下列算式成立的有（　　）。

　　A．盈亏平衡作业率 + 安全边际率 = 1

　　B．变动成本率 × 营业毛利率 = 边际贡献率

　　C．安全边际率 × 边际贡献率 = 销售利润率

　　D．变动成本率 + 边际贡献率 = 1

[10]（历年真题·单选题）下列各项指标中，能直接体现企业营运风险程度的是（   ）。

    A. 安全边际率
                      B. 边际贡献率

    C. 净资产收益率
                     D. 变动成本率

[11]（历年真题·单选题）某产品实际销售量为 8 000 件，单价为 30 元，单位变动成本为 12 元，固定成本总额为 36 000 元。则该产品的安全边际率为（   ）。

    A. 25%
        B. 40%
        C. 60%
        D. 75%

[12]（历年真题·多选题）根据单一产品的量本利分析模式，下列关于利润的计算公式中，正确的有（   ）。

    A. 利润＝安全边际量×单位边际贡献

    B. 利润＝盈亏平衡点销售量×单位安全边际

    C. 利润＝实际销售额×安全边际率

    D. 利润＝安全边际额×边际贡献率

[13]（历年真题·单选题）某企业生产销售 A 产品，且产销平衡。其销售单价为 25 元/件。单位变动成本为 18 元/件，固定成本为 2 520 万元。若 A 产品的正常销售量为 600 万件，则安全边际率为（   ）。

    A. 30%
        B. 50%
        C. 60%
        D. 40%

[14]（历年真题·单选题）根据本量利分析原理，若其他因素不变，下列措施中，能够提高安全边际且不会降低保本点的是（   ）。

    A. 提高销售单价
                   B. 降低固定成本总额

    C. 增加销售量
                       D. 提高单位变动成本

[15]（历年真题·多选题）关于安全边际，下列表述正确的有（   ）。

    A. 安全边际率可以用 1 减去保本点作业率求得

    B. 安全边际额是指实际或预期销售额超过保本点销售额的部分

    C. 安全边际率越大，企业发生亏损的可能性就越小

    D. 其他因素不变时，安全边际额越大，利润就越大

（二）产品组合盈亏平衡分析

▲【考点母题——万变不离其宗】多种产品盈亏平衡分析

下列各项中，属于多品种盈亏平衡分析方法的有（ ）。			
A. 加权平均法	B. 联合单位法	C. 分算法	D. 主要产品法

⚜【考点母题——万变不离其宗】多种产品盈亏平衡分析计算题——加权平均法

含义	在各种产品边际贡献的基础上，以各种产品的预计销售收入占总收入的比重为权数，确定企业加权平均的边际贡献率，进而分析多品种条件下盈亏平衡点销售额的是（　　）。 A．加权平均法
考点	（1）计算综合边际贡献率；（2）计算综合盈亏平衡点的销售额； （3）计算各品种盈亏平衡点的销售额和盈亏平衡点的业务量。
公式	综合边际贡献率 $=\dfrac{\sum(\text{某种产品销售额}-\text{某种产品变动成本})}{\sum\text{各种产品销售额}}\times100\%$ 或：综合边际贡献率 $=\sum$（某产品的边际贡献率 × 该产品销售额权重） 或：综合边际贡献率 =1– 综合变动成本率 盈亏平衡点的销售额 $=\dfrac{\text{固定成本总额}}{\text{综合边际贡献率}}$ 某产品销售额权重 = 该产品销售额 ÷ 各种产品的销售额合计 某品种盈亏平衡点的销售额 = 盈亏平衡点的销售额 × 该产品销售额权重

示例	某公司生产销售甲、乙、丙三种产品，品种结构稳定。预计固定成本总额为 150 000 元。甲、乙、丙三种产品相关数据如下表所示：

甲、乙、丙三种产品相关数据　　　　　　金额单位：元

项目	销售量（件）	单价（元）	单位变动成本（元）	销售收入（元）	销售比重	单位边际贡献（元）	边际贡献率
甲产品	100 000	10	8.5	1 000 000	50%	1.5	15%
乙产品	25 000	20	16	500 000	25%	4	20%
丙产品	10 000	50	25	500 000	25%	25	50%
合计				2 000 000			

要求：（1）计算综合边际贡献率。（2）计算综合盈亏平衡点销售额。（3）分别计算甲、乙、丙三种产品的盈亏平衡点销售额。

【答案】

（1）综合边际贡献率 =（1.5×100 000+4×25 000+25×10 000）/2 000 000=25%

　　　或：综合边际贡献率 =15%×50%+20%×25%+50%×25%=25%

（2）综合盈亏平衡点销售额 =150 000/25%=600 000（元）

（3）甲产品盈亏平衡点销售额 =600 000×50%=300 000（元）

　　　乙产品盈亏平衡点销售额 =600 000×25%=150 000（元）

　　　丙产品盈亏平衡点销售额 =600 000×25%=150 000（元）。

⚜【考点母题——万变不离其宗】多种产品盈亏平衡分析计算题——联合单位法

含义	在事先确定各种产品间产销实物量比例的基础上，将各种产品产销实物量的最小比例作为一个联合单位，确定每一联合单位的单价、单位变动成本，进行本量利分析的是（　　）。

含义	A. 联合单位法 【注】所谓联合单位，是指固定实物比例构成的一组产品。比如甲、乙、丙三种产品的产销量比为1：2：3，即1件甲产品、2件乙产品和3件丙产品构成一组产品。
考点	（1）确定联合单位；（2）计算联合单价；（3）计算联合单位变动成本；（4）计算联合盈亏临界点业务量；（5）计算某产品盈亏平衡点业务量。
公式	联合单价 =Σ 一个联合单位中包含的该产品的数量 × 该产品单价 联合单位变动成本 =Σ 一个联合单位中包含的该产品的数量 × 该产品单位变动成本 联合盈亏平衡点的业务量 $=\dfrac{固定成本总额}{联合单价-联合单位变动成本}$ 联合盈亏平衡点的销售额 = 联合盈亏平衡点业务量 × 联合单价 某产品盈亏平衡点的业务量 = 联合盈亏平衡点的业务量 × 一个联合单位中包含的该产品的数量

示例	某公司生产销售甲、乙、丙三种产品，品种结构稳定，预计固定成本总额为180 000元。甲、乙、丙三种产品相关数据如下表所示： **甲、乙、丙三种产品相关数据** （表见下） 要求： （1）确定联合单位。（2）计算联合单价。（3）计算联合单位变动成本。（4）计算联合盈亏平衡点的业务量。（5）计算各产品盈亏平衡点的业务量。 【答案】 （1）联合单位（产品销量比）= 甲：乙：丙 =30 000：20 000：10 000=3：2：1 （2）联合单价 =20×3+30×2+40×1=160（元） （3）联合单位变动成本 =12×3+24×2+28×1=112（元） （4）联合盈亏平衡点的业务量 $=\dfrac{180\ 000}{160-112}$=3 750（件） （5）甲产品盈亏平衡点的业务量 =3 750×3=11 250（件） 乙产品盈亏平衡点的业务量 =3 750×2=7 500（件） 丙产品盈亏平衡点的业务量 =3 750×1=3 750（件）。

甲、乙、丙三种产品相关数据

项目	销售量（件）	单价（元）	单位变动成本（元）
甲产品	30 000	20	12
乙产品	20 000	30	24
丙产品	10 000	40	28

🔺【考点母题——万变不离其宗】多种产品盈亏平衡分析计算题——分算法

含义	在一定的条件下，将全部固定成本按一定标准在各种产品之间进行合理分配，确定每种产品应补偿的固定成本数额，然后再对每一种产品按单一品种条件下的情况分别进行本量利分析的是（ ）。
	A. 分算法

续表

考点	（1）计算固定成本分配率;（2）计算分配给各产品的固定成本;（3）计算各品种盈亏平衡点的业务量;（4）计算各品种盈亏平衡点的销售额。
公式	（1）固定成本分配率 = 固定成本 / 分配标准（如销售额、边际贡献、工时、产品重量、长度、体积等）总量 （2）某产品分配的固定成本 = 该产品分配标准的数量 × 固定成本分配率 其他计算如单一品种盈亏平衡分析

某公司生产销售甲、乙、丙三种产品，品种结构稳定。预计固定成本总额为 180 000 元，假设固定成本按边际贡献的比重分配。甲、乙、丙三种产品相关数据如下表所示：

甲、乙、丙三种产品相关数据

项目	销售量 （件）	单价 （元）	单位变动成本 （元）	单位边际贡献 （元）	边际贡献 （元）
甲产品	30 000	20	12	8	240 000
乙产品	20 000	30	24	6	120 000
丙产品	10 000	40	28	12	120 000

示例

要求：（1）计算固定成本分配率。（2）计算分配给各产品的固定成本。（3）计算各品种盈亏平衡点的业务量和盈亏平衡点的销售额。

【答案】

（1）固定成本分配率 =180 000/（240 000+120 000+120 000）=0.375

（2）分配给甲产品的固定成本 =240 000×0.375=90 000（元）

分配给乙产品的固定成本 =120 000×0.375=45 000（元）

分配给丙产品的固定成本 =120 000×0.375=45 000（元）

（3）甲产品的盈亏平衡点的业务量 =90 000/（20−12）=11 250（件）

甲产品的盈亏平衡点的销售额 =11 250×20=225 000（元）

同理，乙产品和丙产品的盈亏平衡点的业务量分别为 7 500 件、3 750 件，它们的盈亏平衡点的销售额分别为 225 000 元、150 000 元。

▲▲▲【考点母题——万变不离其宗】多种产品盈亏平衡分析计算题——主要产品法

含义	在企业产品品种较多的情况下，以边际贡献为标志，选择一种主要产品，固定成本由该产品负担，按该主要产品的有关资料进行本量利分析的是（　　）。
	A．主要产品法

▲▲▲【考点子题——举一反三，真枪实练】

[16]（经典子题·判断题）在产品组合盈亏平衡分析法下，如果采用主要产品法，应以边际贡献率最大的产品作为主要产品。（　　）

[17]（历年真题·多选题）如果采用加权平均法计算盈亏平衡点，下列各项中，将会影响综合盈亏平衡点大小的有（　　）。

A. 固定成本总额 　　　　　　　B. 销售结构

C. 单价 　　　　　　　　　　　D. 单位变动成本

[18]（历年真题·单选题）在产品组合盈亏平衡分析方法中，需要将全部固定成本按照一定标准在各种产品之间进行合理分配的是（　　）。

A. 加权平均法 　　　　　　　　B. 联合单位法

C. 分算法 　　　　　　　　　　D. 主要产品法

[19]（历年真题·计算题）丙公司生产并销售 A、B、C 三种产品，固定成本总额为 270 000 元，其他有关信息如下表所示。

产品销售信息表

项目	销售量（件）	单价（元）	边际贡献率
A 产品	15 000	30	40%
B 产品	10 000	45	20%
C 产品	5 000	60	30%

要求：假设运用加权平均法进行本量利分析，计算：①综合边际贡献率；②综合盈亏平衡点销售额。

考点 4 目标利润分析

▲【考点母题——万变不离其宗】目标利润分析计算题

考点	（1）计算目标利润销售量和销售额；（2）计算实现目标利润应达到的单价、单位变动成本和固定成本。	
公式	（1）计算目标利润销售量和销售额 目标利润销售量 =（固定成本 + 目标利润）/ 单位边际贡献 目标利润销售额 =（固定成本 + 目标利润）/ 边际贡献率 或 目标利润销售额 = 目标利润销售量 × 单价 【注意】如果目标利润为净利润需换算成息税前利润，公式如下：息税前利润 = 净利润 /（1– 所得税税率）+ 利息	（2）计算实现目标利润应达到的单价、单位变动成本和固定成本 实现目标利润的单价 = 单位变动成本 +（固定成本 + 目标利润）/ 销售量 实现目标利润的单位变动成本 = 单价 –（固定成本 + 目标利润）/ 销售量 实现目标利润的固定成本 = 边际贡献 – 目标利润
示例	某企业 2021 年销售量为 10 000 件，销售单价为 2 000 元，单位变动成本为 1 200 元，固定成本总额为 4 000 000 元。该企业 2022 年目标利润为 6 000 000 元。 要求:（1）假设 2022 年成本性态不变，计算目标利润销售量和销售额。（2）计算实现目标利润应达到单价、单位变动成本和固定成本。 【答案】 （1）目标利润销售量 =（4 000 000+6 000 000）/（2 000–1 200）=12 500（件）	

续表

示例	目标利润销售额 =12 500×2 000=25 000 000（元） （2）实现目标利润应达到单价=1 200+（4 000 000+6 000 000）/10 000=2 200（元） 　　实现目标利润的单位变动成本 =2 000–（4 000 000+6 000 000）/10 000=1 000（元） 　　实现目标利润的固定成本 =（2 000–1 200）×10 000–6 000 000 　　　　　　　　　　　　　=2 000 000（元） 或者：实现目标利润应达到单价：6 000 000=（单价 –1 200）×10 000 –4 000 000 　　　单价 =2 200（元） 　　　实现目标利润的单位变动成本：6 000 000=（2 000– 单位变动成本）×10 000 –4 000 000 　　　单位变动成本 =1 000（元） 　　　实现目标利润的固定成本：6 000 000=（2 000–1 200）×10 000– 固定成本 　　　固定成本 =2 000 000。 【提示】以上计算公式皆来自于本量利分析基本模型： 　　　　利润 =（单价 – 单位成本）× 销售量 – 固定成本 【注意】如果题目中给的是目标税后利润，则需要把目标税后利润换算成息税前利润。

🔺【考点母题——万变不离其宗】实现目标利润的措施

企业实现目标利润的措施有（　　）。

A. 扩大销售数量　　　　B. 提高销售价格　　　　C. 降低固定成本　　　　D. 降低单位变动成本

🔺【考点子题——举一反三，真枪实练】

[20]（历年真题·单选题）某公司生产和销售一种产品，产销平衡，单价为 60 元 / 件，单位变动成本为 20 元 / 件，固定成本总额为 60 000 元。假设目标利润为 30 000 元，则实现目标利润的销售量为（　　）。

A. 1 500 件　　　　B. 4 500 件　　　　C. 2 250 件　　　　D. 1 000 件

 **考点5　敏感性分析**

🔺【考点母题——万变不离其宗】敏感性分析

　　利润敏感性分析，就是研究本量利分析中影响利润的诸因素发生微小变化时，对利润的影响方向和程度。

（1）下列关于利润敏感性分析的表述中，正确的有（　　）。

A. 敏感系数绝对值越大，说明利润对该因素越敏感

B. 敏感系数小于 0，说明因素变化与利润变化呈反方向

C. 对销售量进行敏感分析，实质上就是分析经营杠杆现象，利润对销售量的敏感系数其实就是经营杠杆系数

D. 当目标利润有所变化时，各因素允许升降幅度在计算上表现为敏感系数的倒数

（2）下列利润敏感系数中，其实质就是经营杠杆系数的是（　　）。

A. 利润对销售量的敏感系数

⚑【考点母题——万变不离其宗】敏感性分析计算题

考点	计算利润对销量、价格、单位变动成本、固定成本的敏感系数。
公式	敏感系数 = $\dfrac{利润变动百分比}{因素变动百分比}$

示例	某企业生产和销售单一产品，计划年度内有关数据预测如下：销售量 100 000 件，单价 30 元，单位变动成本为 20 元，固定成本为 200 000 元。假设销售量、单价、单位变动成本和固定成本均分别增长了 10%。 要求：计算各因素的敏感系数。

【答案】预计的利润 =（30-20）×100 000-200 000=800 000（元）

①销售量 =100 000×（1+10%）=110 000（件） 利润 =（30-20）×100 000×（1+10%）-200 000=900 000（元） 利润变动百分比 = $\dfrac{900\,000-800\,000}{800\,000}$ =12.5% 销售量的敏感系数 = $\dfrac{12.5\%}{10\%}$ =1.25	②单价 =30×（1+10%）=33（元） 利润 =（33-20）×100 000-200 000=1 100 000（元） 利润变化的百分比 = $\dfrac{1\,100\,000-800\,000}{800\,000}$ =37.5% 单价的敏感系数 = $\dfrac{37.5\%}{10\%}$ =3.75
③单位变动成本 =20×（1+10%）=22（元） 利润 =（30-22）×100 000-200 000 　　=600 000（元） 利润变化的百分比 = $\dfrac{600\,000-800\,000}{800\,000}$ =-25% 单位变动成本的敏感系数 =- $\dfrac{25\%}{10\%}$ =-2.5	④固定成本 =200 000×（1+10%）=220 000（元） 利润 =（30-20）×100 000-220 000 　　=780 000（元） 利润变化的百分比 = $\dfrac{780\,000-800\,000}{800\,000}$ =-2.5% 固定成本的敏感系数 = $\dfrac{2.5\%}{10\%}$ =-0.25

⚑【考点子题——举一反三，真枪实练】

[21]（历年真题·单选题）某公司生产和销售单一产品，该产品单位边际贡献为 2 元，2019 年销售量为 40 万件，利润为 50 万元。假设成本性态保持不变，则销售量的利润敏感系数是（　　）。

A. 0.60　　　　　B. 0.80　　　　　C. 1.25　　　　　D. 1.60

[22]（历年真题·单选题）基于本量利分析模式，各相关因素变动对于利润的影响程度的大小可用敏感系数来表达，其数值等于经营杠杆系数的是（　　）。

A.利润对销售量的敏感系数　　　　　B.利润对单位变动成本的敏感系数

C.利润对单价的敏感系数　　　　　　D.利润对固定成本的敏感系数

[23]（历年真题·单选题）某公司生产和销售单一产品，预计计划年度销售量为 10 000 件，单价为 300 元，单位变动成本为 200 元，固定成本为 200 000 元。假设销售单

价增长了 10%，则销售单价的敏感系数（即息税前利润变化百分比相当于单价变化百分比的倍数）为（　　）。

A. 0.1　　　　　　　B. 3.75　　　　　　　C. 1　　　　　　　D. 3

考点 6　本量利分析在经营决策中的应用

⚠ **【考点母题——万变不离其宗】生产工艺设备选择计算题**

考点	（1）计算两个方案利润相同时的产量；（2）判断哪个方案更优。
公式	（单价 – 单位变动成本$_旧$）× 销量 – 固定成本$_旧$ =（单价 – 单位变动成本$_新$）× 销量 – 固定成本$_新$ 销量 =（固定成本$_新$ – 固定成本$_旧$）/（单位变动成本$_旧$ – 单位变动成本$_新$）
决策原则	预计产品销量大于利润无差别点，则采用新工艺（固定成本高，单位变动成本低） 预计产品销量小于利润无差别点，则采用旧工艺（固定成本低，单位变动成本高）
示例	甲公司在原有生产线使用年限到期之后，面临着更换生产线的选择。可以选择购买与原来一样的生产线，也可以购买一条自动化程度较高的生产线。原有生产线的价格为 150 000 元，而新的生产线的价格为 300 000 元，两种生产线的使用年限均为 5 年，无残值。两种生产线生产出来的产品型号、质量相同，市场售价为 50 元 / 件。有关数据如表 1 所示： **表 1　资料数据** （见下表） 公司预计产销量稳定，每年预计 20 000 件。 要求：（1）计算使用原来生产线时的固定成本和单位变动成本。（2）计算使用新生产线时的固定成本和单位变动成本。（3）计算两个方案利润相同时的产销量。（4）判断哪个方案更优，并说明理由。 **【答案】** （1）使用原来生产线时的固定成本 =30 000+10 000+10 000=50 000（元） 　　使用原来生产线时的单位变动成本 =15+12+10+5=42（元）

表 1　资料数据

项目		原来生产线	新生产线
直接材料		15	15
直接人工		12	10
变动制造费用		10	10
固定制造费用（假设只包含折旧）		30 000	60 000
年销售费用	固定成本	10 000	
	单位变动成本	5	
年管理费用（假设全部为固定费用）		10 000	

续表

示例	（2）使用新生产线时的固定成本 =60 000+10 000+10 000=80 000（元） 使用新生产线时的单位变动成本 =15+10+10+5=40（元） （3）设产销量为 X，原生产线利润 =（50–42）X–50 000 设产销量为 X，新生产线利润 =（50–40）X–80 000 （50–42）X–50 000=（50–40）X–80 000 X=15 000 （4）新生产线方案更优。理由：预计产销量 20 000 件大于两个方案无差别点产销量 15 000 件。

▲【考点母题——万变不离其宗】新产品投产选择的计算题

考点	（1）计算新产品投产导致的原有产品减产损失（边际贡献的减少）；（2）计算新产品投产增加的息税前利润；（3）做出新产品投产决策，并说明理由。
公式	（1）新产品投产导致的原有产品减产损失（边际贡献的减少）=（原产品单价 – 原产品单位变动成本）× 新产品投产减少的原有产品销量 （2）新产品投产增加的息税前利润 = 增加的边际贡献 – 增加的固定成本 – 原有产品减产损失
决策原则	新产品投产增加的息税前利润大于 0，就可以投产新产品。多个方案备选时，选增加的息税前利润最大的方案。
示例	甲企业面临新产品投产决策，有以下三种方案可供选择： 方案一：投产新产品 M，M 产品将达到 20 000 件的产销量，并使原有产品的产销量减少 25%； 方案二：投产新产品 N，N 产品将达到 9 000 件的产销量，并使原有产品的产销量减少 20%； 方案三：M、N 两种新产品一起投产，由于相互之间的影响，产销量将分别为 10 000 件和 7 000 件，并使原有产品的产销量减少 40%。 另外，投产新产品还需要增加额外的辅助生产设备，将导致 M 产品每年的固定成本增加 25 000 元，N 产品每年的固定成本增加 20 000 元。其他相关资料如表所示： 表格见下 要求：计算三种方案企业新增的息税前利润，选择最优方案，并说明理由。

项目	原有产品	新产品甲 M	新产品 N
年销售量（件）	20 000	20 000	9 000
单价（元）	110	130	160
单位变动成本（元）	90	100	110
年固定成本（元）	160 000	25 000	20 000

续表

	【答案】			
示例	项目	投产新产品 M	投产新产品 N	投产新产品 M 和 N
	年销售量（件）	20 000	9 000	M 产品 10 000 件 N 产品 7 000 件
	单价（元）	130	160	
	单位变动成本（元）	100	110	
	单位边际贡献	30	50	
	边际贡献总额	600 000	450 000	10 000×30+7 000×50 =650 000
	原有产品减产损失	20 000×25%× （110−90）= 100 000	20 000×20%× （110−90）= 80 000	20 000×40%× （110−90）=160 000
	增加的固定成本	25 000	20 000	25 000+20 000=45 000
	增加的息税前利润	475 000	350 000	445 000
	应选择方案一（或投产 M 产品），因为方案一增加的息税前利润最高。			

▲【考点子题——举一反三，真枪实练】

[24]（历年真题·计算题）丙公司目前仅生产 L 产品，计划开发一种新产品，现有 M、N 两个品种可供选择，相关资料如下：

资料一：L 产品单位售价为 600 元，单位变动成本为 450 元，年产销量为 2 万件。

资料二：M 产品的预计单价为 1 000 元，边际贡献率为 30%，预计年产销量为 2.2 万件。开发 M 产品需要增加一台新设备，这将导致公司每年的固定成本增加 100 万元。

资料三：N 产品的年边际贡献总额预计为 630 万元。开发 N 产品可以利用 L 产品的现有生产设备，但是将使现有 L 产品的年产销量减少 10%。

丙公司拟运用本量利分析法作出新产品开发决策。不考虑增值税及其他因素的影响。

要求：

（1）根据资料二，计算 M 产品的年边际贡献总额。

（2）根据要求（1）的计算结果和资料二，计算开发 M 产品后丙公司年息税前利润的增加额。

（3）根据资料一和资料三，计算开发 N 产品导致 L 产品年边际贡献总额的减少额。

（4）根据要求（3）的计算结果和资料三，计算开发 N 产品后丙公司年息税前利润的增加额。

（5）判断丙公司应该开发哪种产品，并说明理由。

[25]（经典子题·计算题）某企业生产 A 产品，每月固定成本为 150 000 元，销售单价为 300 元，单位变动成本为 60 元，假设每月正常销售量为 700 件。

要求：（1）若计划销售 800 件，计算预期的利润；（2）计算该企业目前的单位边际贡献和盈亏平衡点销售量；（3）计算目前的安全边际额；（4）其他条件不变下，计算目标利润为 50 000 元时的固定成本；（5）计算单位变动成本的敏感系数；（6）如果计划目标税前利润达到 200 000 元且销售量达到 1 000 件，计算可接受的最低售价。

第三节　标准成本控制与分析

 标准成本及其分类

△ 【考点母题——万变不离其宗】标准成本及其分类

标准成本	（1）下列关于标准成本概念的相关表述中，正确的有（ 　 ）。 A. 标准成本是指在正常的生产技术水平和有效的经营条件下，经努力所能达到的产品成本水平 B. 标准成本主要用来控制成本开支，衡量实际工作效率 C. 理想标准成本小于正常标准成本 D. 正常标准成本具有客观性、现实性、激励性等特点
理想标准 成本	（2）【判断金句】理想标准成本，这是一种理论标准，它是指在现有条件下所能达到的最优成本水平，即在生产过程无浪费、机器无故障、人员无闲置、产品无废品等假设条件下制定的成本标准。
正常标准 成本	（3）【判断金句】正常标准成本，是指在正常情况下，企业经过努力可以达到的成本标准，这一标准考虑了生产过程中不可避免的损失、故障、偏差等。

▲ 【考点子题——举一反三，真枪实练】

［26］（历年真题·判断题）理想标准成本考虑了生产过程中不能避免的损失、故障和偏差，属于企业经过努力可以达到的成本标准。（ 　 ）

考点 8　标准成本的制定

标准成本包括用量标准和价格标准两部分。具体构成如下表：

成本项目	用量标准	价格标准
直接材料	材料用量标准	材料价格标准
直接人工	工时用量标准	标准工资率
制造费用	工时用量标准	标准制造费用分配率

单位产品的标准成本 = 直接材料标准成本 + 直接人工标准成本 + 制造费用标准成本

=∑（用量标准 × 价格标准）

⚠️【考点母题——万变不离其宗】标准成本制定

标准成本制定中，属于价格标准的有（   ）。

A. 材料价格标准　　　　B. 标准工资率　　　　C. 标准制造费用分配率

⚠️【考点母题——万变不离其宗】标准成本制定的计算题

考点	（1）计算直接材料标准成本；（2）计算直接人工标准成本； （3）计算制造费用标准成本；（4）计算单位产品标准成本。
直接材料	直接材料标准成本 =∑（材料用量标准 × 材料价格标准）
直接人工	标准工资率= $\dfrac{标准工资总额}{标准总工时}$ 　　直接人工标准成本 = 工时用量标准 × 标准工资率
制造费用	标准制造费用分配率= $\dfrac{标准制造费用总额}{标准总工时}$ 制造费用标准成本 = 单位产品标准工时 × 标准制造费用分配率
单位产品成本	单位产品的标准成本 = 直接材料标准成本 + 直接人工标准成本 + 制造费用标准成本 =∑（用量标准 × 价格标准）
示例	某企业只生产一种 M 产品，标准成本相关资料如表 1、2、3 所示：

表1　M 产品直接材料标准成本

项目	标准		
	甲材料	乙材料	丙材料
价格标准	45 元 / 千克	15 元 / 千克	*
用量标准	*	6 千克 / 件	9 千克 / 件
标准成本	135 元 / 件	（A）	270 元 / 件
单位产品直接材料标准成本	（B）		

注：表中"*"代表省略的数值。

表2　M 产品直接人工标准成本

项目	标准
月标准总工时	15 600 小时
月标准总工资	168 480 元
标准工资率	（C）
单位产品工时用量标准	1.5 小时 / 件
直接人工标准成本	（D）

	表 3　M 产品制造费用标准成本	

	项目	标准
工时	月标准总工时	15 600
	单位产品工时标准	1.5
变动制造费用	标准变动制造费用总额	56 160 元
	标准变动制造费用分配率	（E）
	变动制造费用标准成本	（F）
固定制造费用	标准固定制造费用总额	187 200 元
	标准固定制造费用分配率	（G）
	固定制造费用标准成本	18 元 / 件
单位产品制造费用标准成本		（H）

注：表中"*"代表省略的数值。

示例

要求：（1）确定表中字母所代表的数值。（2）计算 M 产品单位标准成本。

【答案】

（1）A（M 产品使耗用乙材料的标准成本）＝价格标准 × 用量标准 =15×6=90（元 / 件）

B（M 产品直接材料成本）＝甲材料的标准成本 + 乙材料的标准成本 + 丙材料的标准成本

＝135+90+270=495（元 / 件）

C（标准工资率）＝标准工资总额 / 标准总工时 =168 480/15 600=10.8（元 / 小时）

D（直接人工标准成本）＝工时用量标准 × 标准工资率 =1.5×10.8=16.2（元 / 件）

E（标准变动制造费用分配率）＝标准变动制造费用总额 / 标准总工时

＝56 160/15 600=3.6（元 / 小时）

F（变动制造费用标准成本）＝工时用量标准 × 变动制造费用分配率

＝3.6×1.5=5.4（元 / 件）

G（标准固定制造费用分配率）＝固定制造费用标准总成本 / 预算总工时

＝187 200/15 600=12（元 / 小时）

H（单位产品制造费用标准成本）＝变动制造费用标准成本 + 固定制造费用标准成本

＝5.4+18=23.4（元 / 件）

（2）M 产品单位标准成本 = 直接材料标准成本 + 直接人工标准成本 + 制造费用标准成本

＝495+16.2+23.4=534.6（元 / 件）。

▲【考点子题——举一反三，真枪实练】

[27]（历年真题·判断题）在标准成本法下，制造费用分配率属于标准成本计算中的用量标准。（　　）

考点 9   成本差异的计算及分析

总差异 = 实际产量下实际成本 – 实际产量下标准成本

= 实际用量 × 实际价格 – 实际产量下标准用量 × 标准价格

=（实际用量 – 实际产量下标准用量）× 标准价格 + 实际用量 ×（实际价格 – 标准价格）

= 用量差异 + 价格差异

直接材料、直接人工、变动制造费用成本差异的计算分析如下表：

项目	总差异	用量差异	价格差异
直接材料成本差异	实际产量下实际成本 – 实际产量下标准成本	（实际用量 – 实际产量下标准用量）× 标准价格	实际用量 ×（实际价格 – 标准价格）
直接人工成本差异	实际成本 – 实际产量下标准成本	（实际工时 – 实际产量下标准工时）× 标准工资率	实际工时 ×（实际工资率 – 标准工资率）
变动制造费用成本差异	实际总变动制造费用 – 实际产量下标准变动制造费用	（实际工时 – 实际产量下标准工时）× 变动制造费用标准分配率	实际工时 ×（变动制造费用实际分配率 – 变动制造费用标准分配率）

（一）直接材料差异

▲【考点母题——万变不离其宗】直接材料成本差异的计算及分析

成本总差异	（1）下列关于计算成本差异的算式中，正确的有（ ）。 A. 成本总差异 = 实际产量下实际成本 – 实际产量下标准成本 B. 成本总差异 = 数量（用量）差异 + 价格差异 C. 数量（用量）差异 =（实际用量 – 实际产量下标准用量）× 标准价格 D. 价格差异 = 实际用量 ×（实际价格 – 标准价格）
材料成本差异的形成原因	（2）导致材料耗用量差异的原因有（ ）。 A. 产品设计结构 B. 原料质量 C. 工人的技术熟练程度 D. 废品率的高低 （3）导致材料价格差异的原因有（ ）。 A. 市场价格 B. 供货厂商 C. 运输方式 D. 采购批量 （4）一般来说，下列部门中，应对材料耗用量差异负主要责任的是（ ）。 A. 生产部门 （5）一般来说，下列部门中，应对材料价格差异负主要责任的是（ ）。 A. 采购部门

✦【考点母题——万变不离其宗】直接材料差异计算题

考点	（1）计算直接材料成本差异，并说明是超支差还是节约差；（2）计算直接材料用量差异，并说明是超支差还是节约差；（3）计算直接材料价格差异，并说明是超支差还是节约差。
公式	（1）直接材料成本差异 = 实际产量下实际成本 – 实际产量下标准成本 　　　　　　　　　　 = 直接材料数量差异 + 直接材料价格差异 （2）直接材料数量差异 = （实际用量 – 实际产量下标准用量）× 标准价格 （3）直接材料价格差异 = 实际用量 ×（实际价格 – 标准价格）
示例	生产 M 产品需耗用甲材料，甲材料的标准价格为 45 元 / 千克，用量标准为 3 千克 / 件。假定企业本月投产 M 产品 8 000 件，领用甲材料 32 000 千克，其实际价格为 40 元 / 千克。 要求：（1）计算直接材料成本差异，并说明是超支差还是节约差。（2）计算直接材料用量差异，并说明是超支差还是节约差。（3）计算直接材料价格差异，并说明是超支差还是节约差。 【答案】 （1）直接材料成本差异 =32 000×40–8 000×3×45=200 000（元）（超支） （2）直接材料数量差异 = （32 000–8 000×3）×45=360 000（元）（超支） （3）直接材料价格差异 =32 000×（40–45）=-160 000（元）（节约）。

▲【考点子题——举一反三，真枪实练】

[28]（历年真题·单选题）在标准成本管理中，成本总差异是成本控制的重要内容。其计算公式是（　　）。

A. 实际产量下实际成本 – 实际产量下标准成本

B. 实际产量下标准成本 – 预算产量下实际成本

C. 实际产量下实际成本 – 预算产量下标准成本

D. 实际产量下实际成本 – 标准产量下标准成本

[29]（历年真题·单选题）某产品本期产量为 60 套，直接材料标准用量为 18 千克 / 套，直接材料标准价格为 270 元 / 千克，直接材料实际用量为 1 200 千克，实际价格为 280 元 / 千克。则该产品的直接材料用量差异为（　　）元。

A. 33 600　　　　B. 32 400　　　　C. 12 000　　　　D. 10 800

[30]（历年真题·单选题）在标准成本法下，下列各项中，不属于直接材料用量差异形成原因的是（　　）。

A. 产品废品率的高低　　　　　　　B. 直接材料运输方式的不同

C. 产品设计结构的变化　　　　　　D. 工人的技术熟练程度

（二）直接人工成本差异分析

✦【考点母题——万变不离其宗】直接人工成本差异

差异形成原因	（1）导致直接人工效率差异的原因有（　　）。

差异形成原因	A. 工人技术状况　　　　　B. 工作环境　　　　　C. 设备条件的好坏
	（2）导致直接人工工资率差异的原因有（　　）。
	A. 工资制度的变动　　　　B. 工人的升降级　　　　C. 加班或临时工的增减
差异责任人	（3）【判断金句】直接人工效率差异是用量差异，其主要责任在生产部门。
	（4）【判断金句】工资率差异是价格差异，劳动人事部门应承担主要责任。

▲▲▲【考点母题——万变不离其宗】直接人工成本差异计算题

考点	（1）计算直接人工成本差异，并说明是超支差还是节约差；（2）计算直接人工效率差异，并说明是超支差还是节约差；（3）计算直接人工工资率差异，并说明是超支差还是节约差。
公式	（1）直接人工成本差异 = 实际成本 – 实际产量下标准成本 　　　　　　　　　 = 直接人工效率差异 + 直接人工工资率差异 （2）直接人工效率差异 =（实际工时 – 实际产量下标准工时）× 标准工资率 （3）直接人工工资率差异 = 实际工时 ×（实际工资率 – 标准工资率）
示例	M 产品标准工资率为 10.8 元 / 小时，工时标准为 1.5 小时 / 件。假定企业本月实际生产 A 产品 8 000 件，用工 10 000 小时，实际应付直接人工工资 110 000 元。 要求： （1）计算直接人工成本差异，并说明是超支差还是节约差。 （2）计算直接人工效率差异，并说明是超支差还是节约差。 （3）计算直接人工工资率差异，并说明是超支差还是节约差。 【答案】 （1）直接人工成本差异 =110 000–8 000×1.5×10.8=-19 600（元）（节约） （2）直接人工效率差异 =（10 000–8 000×1.5）×10.8=-21 600（元）（节约） （3）直接人工工资率差异 =10 000×（110 000÷10 000–10.8）=2 000（元）（超支）。

▲▲▲【考点子题——举一反三，真枪实练】

[31]（历年真题·单选题）下列因素中，一般不会导致直接人工工资率差异的是（　　）。

　　A. 工资制度的变动　　　　　　　　　B. 工作环境的好坏

　　C. 工资级别的升降　　　　　　　　　D. 加班或临时工的增减

[32]（历年真题·单选题）某公司月成本考核例会上，各部门经理正在讨论、认定直接人工效率差异的责任部门。根据你的判断，该责任部门应是（　　）。

　　A. 生产部门　　　B. 销售部门　　　C. 供应部门　　　D. 管理部门

[33]（历年真题·多选题）在标准成本法下，关于直接人工成本及其差异的计算，下列表述正确的有（　　）。

　　A. 直接人工标准成本 = 预算产量下标准工时 × 标准分配率

B.　直接人工工资率差异＝标准工时 ×（实际工资率－标准工资率）

C.　直接人工效率差异＝（实际工时－标准工时）× 标准工资率

D.　直接人工实际成本＝实际产量下实际工时 × 实际工资率

[34]（历年真题·计算题）甲公司是一家生产经营比较稳定的制造企业，假定只生产一种产品，并采用标准成本法进行成本计算分析。单位产品用料标准为 6 千克／件，材料标准单价为 1.5 元／千克。2019 年 1 月份实际产量为 500 件，实际用料 2 500 千克，直接材料实际成本为 5 000。另外，直接人工实际成本为 9 000 元，实际耗用工时为 2 100 小时，经计算，直接人工效率差异为 500 元，直接人工工资率差异为 － 1 500 元。

要求：（1）计算单位产品直接材料标准成本。（2）计算直接材料成本差异，直接材料数量差异和直接材料价格差异。（3）计算该产品的直接人工单位标准成本。

（三）变动制造费用成本差异分析

▲【考点母题——万变不离其宗】变动制造费用成本差异

下列关于变动制造费用成本差异的表述中，正确的有（　　　）。

A.　变动制造费用效率差异是用量差异　　　　　　B.　变动制造费用耗费差异属于价格差异

C.　变动制造费用效率差异的形成原因与直接人工效率差异的形成原因基本相同

▲【考点母题——万变不离其宗】变动制造费用成本差异计算题

考点	（1）计算变动制造费用成本差异，并说明是超支差还是节约差； （2）计算变动制造费用效率差异，并说明是超支差还是节约差； （3）计算变动制造费用耗费差异，并说明是超支差还是节约差。
公式	变动制造费用成本差异＝实际总变动制造费用 － 实际产量下标准变动制造费用 　　　　　　　　　　　＝变动制造费用效率差异＋变动制造费用耗费差异 变动制造费用效率差异＝（实际工时 － 实际产量下标准工时）× 变动制造费用标准分配率 变动制造费用耗费差异＝实际工时 ×（变动制造费用实际分配率 － 变动制造费用标准分配率）
示例	M 产品标准变动制造费用分配率为 3.6 元／小时，工时标准为 1.5 小时／件。假定企业本月实际生产 M 产品 8 000 件，用工 10 000 小时，实际发生变动制造费用 40 000 元。 要求：（1）计算变动制造费用成本差异，并说明是超支差还是节约差。（2）计算变动制造费用效率差异，并说明是超支差还是节约差。（3）计算变动制造费用耗费差异，并说明是超支差还是节约差。 【答案】 （1）变动制造费用成本差异 ＝40 000－8 000×1.5×3.6=-3 200（元）（节约） （2）变动制造费用效率差异 ＝（10 000－8 000×1.5）×3.6=-7 200（元）（节约） （3）变动制造费用耗费差异 ＝10 000×（40 000÷10 000－3.6）=4 000（元）（超支）。

【考点子题——举一反三，真枪实练】

[35]（历年真题·单选题）企业生产 X 产品，工时标准为 2 小时/件，变动制造费用标准分配率为 24 元/小时，当期实际产量为 600 件，实际变动制造费用为 32 400 元，实际工时为 1 296 小时，则在标准成本法下，当期变动制造费用效率差异为（　）元。

    A. 1 200　　　　　B. 2 304　　　　　C. 2 400　　　　　D. 1 296

[36]（经典子题·单选题）甲公司采用标准成本法进行成本控制，某种产品的变动制造费用标准分配率为 3 元/小时，每件产品的标准工时为 2 小时，该产品的实际产量为 100 件，实际工时为 250 小时，实际发生变动制造费用为 1 000 元，变动制造费用耗费差异为（　）元。

    A. 150　　　　　B. 200　　　　　C. 250　　　　　D. 400

[37]（历年真题·多选题）在标准成本差异的计算中，下列成本差异属于价格差异的有（　　）。

    A. 直接人工工资率差异　　　　　B. 变动制造费用耗费差异

    C. 固定制造费用能量差异　　　　　D. 变动制造费用效率差异

[38]（历年真题·判断题）在标准成本法下，变动制造费用成本差异指的是实际变动制造费用与预算产量下的标准变动制作费用之间的差额。（　）

[39]（历年真题·计算题）乙公司生产 M 产品，采用标准成本法进行成本管理。月标准总工时为 23 400 小时，月标准变动制造费用总额为 84 240 元。工时标准为 2.2 小时/件。假定乙公司本月实际生产 M 产品 7 500 件，实际耗用总工时 15 000 小时，实际发生变动制造费用 57 000 元。

要求：（1）计算 M 产品的变动制造费用标准分配率；（2）计算 M 产品的变动制造费用实际分配率；（3）计算 M 产品的变动制造费用成本差异；（4）计算 M 产品的变动制造费用效率差异；（5）计算 M 产品的变动制造费用耗费差异。

（四）固定制造费用成本差异的计算分析

固定制造费用成本差异=实际产量下实际固定制造费用－实际产量下标准固定制造费用

        =实际工时×实际分配率－实际产量下标准工时×标准分配率

其中，标准分配率=固定制造费用标准成本总额（预算总额）÷预算产量下标准总工时

1.　两差异分析法

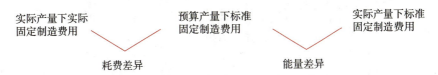

（1）耗费差异 = 实际固定制造费用 – 预算产量下标准固定制造费用

　　　　　　 = 实际固定制造费用 – 预算产量下标准工时 × 标准分配率

（2）能量差异 = 预算产量下标准固定制造费用 – 实际产量下标准固定制造费用

　　　　　　 = （预算产量下标准工时 – 实际产量下标准工时） × 标准分配率

2.　三差异分析法

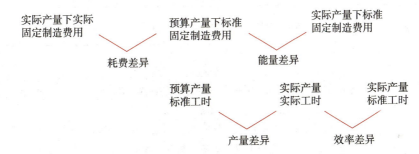

（1）耗费差异 = 实际固定制造费用 – 预算产量下标准固定制造费用

　　　　　　 = 实际固定制造费用 – 预算产量下标准工时 × 标准分配率

（2）产量差异 = （预算产量下标准工时 – 实际产量下实际工时） × 标准分配率

（3）效率差异 = （实际产量下实际工时 – 实际产量下标准工时） × 标准分配率

▲【考点母题——万变不离其宗】固定制造费用成本差异计算题——两差异分析法

考点	（1）计算固定制造费用成本差异，并说明是超支差还是节约差； （2）计算固定制造费用耗费差异，并说明是超支差还是节约差； （3）计算固定制造费用能量差异，并说明是超支差还是节约差。
公式	（1）固定制造费用成本差异 = 实际产量下实际固定制造费用 – 实际产量下标准固定制造费用 = 实际工时 × 实际分配率 – 实际产量下标准工时 × 标准分配率 其中：固定制造费用标准分配率 = 固定制造费用预算总额 ÷ 预算产量下标准总工时 固定制造费用实际分配率 = 实际固定制造费用总额 ÷ 实际产量下实际工时

公式	（2）固定制造费用耗费差异 ＝实际产量下实际固定制造费用 – 预算产量下标准固定制造费用 ＝实际产量下实际固定制造费用 – 预算产量 × 工时标准 × 标准分配率 ＝实际产量下实际固定制造费用 – 预算产量下标准工时 × 标准分配率 （3）能量差异＝预算产量下标准固定制造费用 – 实际产量下标准固定制造费用 ＝预算产量下标准工时 × 标准分配率 – 实际产量下标准工时 × 标准分配率 ＝（预算产量下标准工时 – 实际产量下标准工时）× 标准分配率
示例	M 产品固定制造费用标准分配率为 12 元 / 小时，工时标准为 1.5 小时 / 件。假定企业 M 产品预算产量为 10 400 件，实际生产 M 产品 8 000 件，用工 10 000 小时，实际发生固定制造费用 190 000 元。 要求：（1）计算固定制造费用成本差异，并说明是超支差还是节约差。（2）计算固定制造费用耗费差异，并说明是超支差还是节约差。（3）计算固定制造费用能量差异，并说明是超支差还是节约差。 【答案】 （1）固定制造费用成本差异 =190 000–8 000×1.5×12=46 000（元）（超支） （2）固定制造费用耗费差异 =190 000–10 400×1.5×12=2 800（元）（超支） （3）固定制造费用能量差异 =（10 400×1.5–8 000×1.5）×12=43 200（元）（超支）。

▲【考点母题——万变不离其宗】固定制造费用成本差异计算题——三差异分析法

考点	（1）计算固定制造费用成本差异，并说明是超支差还是节约差； （2）计算固定制造费用耗费差异，并说明是超支差还是节约差； （3）计算固定制造费用产量差异，并说明是超支差还是节约差； （4）计算固定制造费用效率差异，并说明是超支差还是节约差。
公式	（1）固定制造费用成本差异 = 实际产量下实际固定制造费用 – 实际产量下标准固定制造费用 　　　　　　　　　　　　 = 实际工时 × 实际分配率 – 实际产量下标准工时 × 标准分配率 （2）固定制造费用耗费差异 = 实际固定制造费用 – 预算产量下标准固定制造费用 　　　　　　　　　　　　 = 实际固定制造费用 – 预算产量 × 工时标准 × 标准分配率 　　　　　　　　　　　　 = 实际固定制造费用 – 预算产量下标准工时 × 标准分配率 （3）固定制造费用产量差异 =（预算产量下标准工时 – 实际产量下实际工时）× 标准分配率 （4）固定制造费用效率差异 =（实际产量下实际工时 – 实际产量下标准工时）× 标准分配率 【提示】两因素分析法下的能量差异 = 三因素分析法下的产量差异 + 效率差异
示例	N 产品固定制造费用预算总额为 187 200 元，工时标准为 1.5 小时 / 件。假定企业 N 产品预算产量为 10 400 件，实际生产 M 产品 8 000 件，用工 10 000 小时，实际发生固定制造费用 190 000 元。 要求：（1）计算固定制造费用成本差异，并说明是超支差还是节约差。（2）计算固定制造费用耗费差异，并说明是超支差还是节约差。（3）计算固定制造费用产量差异，并说明是超支差还是节约差。（4）计算固定制造费用效率差异，并说明是超支差还是节约差。 【答案】 （1）固定制造费用标准分配率 =187 200÷（10 400×1.5）=12（元 / 小时） 　　 固定制造费用成本差异 =190 000–8 000×1.5×12=46 000（元）（超支） （2）固定制造费用耗费差异 =190 000–187 200=2 800（元）（超支） （3）固定制造费用产量差异 =（10 400×1.5–10 000）×12=67 200（元）（超支） （4）固定制造费用效率差异 =（10 000–8 000×1.5）×12=-24 000（元）（节约）。

🔺【考点子题——举一反三，真枪实练】

[40]（历年真题·单选题）某产品的预算产量为 10 000 件，实际产量为 9 000 件，实际发生固定制造费用 180 000 元，固定制造费用标准分配率为 8 元 / 小时，工时标准为 1.5 小时 / 件。则固定制造费用成本差异为（ ）。

A. 超支 60 000 元

B. 节约 60 000 元

C. 超支 72 000 元

D. 节约 72 000 元

[41]（历年真题·判断题）在标准成本法下，固定制造费用成本差异是指固定制造费用实际金额与固定制造费用预算金额之间的差异。（ ）

第四节　作业成本与责任成本

考点 10　作业成本

（一）作业成本法的相关概念

作业成本计算法不仅是一种成本计算方法，更是成本计算与成本管理的有机结合。"作业耗用资源，产品耗用作业"。作业成本计算法基于资源耗用的因果关系进行成本分配：根据作业活动耗用资源的情况，将资源耗费分配给作业；再依照成本对象消耗作业的情况，把作业成本分配给成本对象。

```
                资源                作业
                动因                动因
      资源  ←----→    作业   ←----→   成本对象
```

资源费用	是指企业在一定期间内开展经济活动所发生的各项资源耗费。包括有形资源耗费（房屋及建筑物、设备、材料、商品）和无形资源耗费（信息、知识产权、土地使用权），还包括人力资源耗费以及税费支出。	
作业	是企业基于特定目的重复执行的任务或活动，是连接资源和成本对象的桥梁。作业可以是一项非常具体的任务或活动，也可以泛指一类任务或活动。例如，产品设计、材料搬运、包装、订单处理、设备调试、采购、设备运行以及质量检验。作业应当可量化。	
成本对象	成本对象是指企业追溯或分配资源费用、计算成本的对象物。	
成本动因	资源动因	引起作业成本变动的驱动因素，反映作业量与耗费之间的因果关系。【注意】作业量的多少决定着资源的耗用量，但资源耗用量的高低与最终的产品数量没有直接关系。
	作业动因	引起产品成本变动的驱动因素，反映产品产量与作业成本之间的因果关系。材料搬运作业的衡量标准是搬运的零件数量，生产调度作业的衡量标准是生产订单数量，加工作业的衡量标准是直接人工工时，自动化设备作业的衡量标准是机器作业小时数等。
作业中心	按照统一的作业动因，将各种资源耗费项目归结在一起，便形成了作业中心。	

▲【考点母题——万变不离其宗】作业成本的相关概念及目标

作业成本法的概念	（1）下列关于作业成本法的表述中，正确的有（　　）。
	A. 作业成本法的原则是"作业耗用资源，产品耗用作业"
	B. 连接资源和成本对象的桥梁是作业
	C. 作业成本法下，产品成本计算的程序是"资源→作业→产品"
成本动因	（2）下列关于成本动因的表述，正确的有（　　）。
	A. 成本动因是导致成本发生的原因　　　B. 成本动因是成本分配的依据
	C. 成本动因又可以分为资源动因和作业动因
资源动因	（3）【判断金句】驱动作业成本变动，反映作业量与耗费之间的因果关系的是资源动因。
作业动因	（4）下列关于作业动因的表述，正确的有（　　）。
	A. 产品成本变动的驱动因素　　　　　　B. 反映产品产量与作业成本之间的因果关系
	C. 作业成本的分配基础
适用条件	（5）适用作业成本的企业，一般应具备的特征有（　　）。
	A. 作业类型较多且作业链较长　　　　　B. 同一生产线生产多种产品
	C. 企业规模较大且管理层对产品成本准确性要求较高
	D. 产品、客户和生产过程多样化程度较高
	E. 间接或辅助资源费用所占比重较大
应用目标	（6）下列各项中，属于作业成本法应用目标的有（　　）。
	A. 提供全口径、多维度的更加准确的成本信息
	B. 为资源的合理配置以及作业、流程和作业链（或价值链）的持续优化提供依据
	C. 为企业更有效地开展规划、决策、控制、评价等各种管理活动奠定坚实基础

▲【考点子题——举一反三，真枪实练】

[42]（历年真题·单选题）下列关于成本动因（又称成本驱动因素）的表述中，不正确的是（　　）。

A. 成本动因可作为作业成本法中的成本分配的依据

B. 成本动因可按作业活动耗费的资源进行度量

C. 成本动因可分为资源动因和生产动因

D. 成本动因可以导致成本的发生

（二）作业中心设计

作业中心	含义	特点	形式
产量级作业	指明确地为个别产品（或服务）实施的，使单个产品（或服务）受益的作业。	作业的数量与产品（或服务）的数量成正比例变动。	产品加工、检验

第8章

作业中心	含义	特点	形式
批别级作业	是指为一组（或一批）产品（或服务）实施的，使该批该组产品（或服务）受益的作业。	作业的数量与产品（或服务）的批量数成正比变动。	设备调试、生产准备等
品种级作业	是指为生产或销售某种产品（或服务）实施的、使该种产品（或服务）的每个单位都受益的作业。	作业的数量与品种的多少成正比例变动。	新产品设计、现有产品质量与功能改进、生产流程监控、工艺变换需要的流程设计、产品广告等
顾客级作业	是指为服务特定客户所实施的作业。	作业本身与产品（或服务）数量独立。	向个别客户提供的技术支持活动、咨询活动、独特包装等
设施级作业	是指为提供生产产品（或服务）的基本能力而实施的作业。	使所有产品（或服务）都受益，但与产量或销量无关。	管理作业、针对企业整体的广告活动等

▲【考点母题——万变不离其宗】作业中心设计

含义	（1）【判断金句】作业中心是资源费用的追溯或分配的对象，可以是某一项具体的作业，也可以是由若干个相互联系的能够实现某种特定功能的作业的集合。
产量级作业	（2）下列各项中，属于产量级作业的有（　　）。
	A. 产品加工　　　　　　　　B. 产品检验
	（3）作业的数量与产品（或服务）的数量成正比例变动的是（　　）。
	A. 产量级作业
批别级作业	（4）下列各项中，属于批别级作业的有（　　）。
	A. 设备调试　　　　　　　　B. 生产准备
	（5）作业的数量与产品（或服务）的批量数成正比变动的是（　　）。
	A. 批别级作业
品种级作业	（6）下列各项中，属于品种级作业的有（　　）。
	A. 新产品设计　　　　　　B. 现有产品质量与功能改进 C. 生产流程监控　　　　　D. 工艺变换需要的流程设计　　　E. 产品广告
	（7）为生产或销售某种产品（或服务）实施的、使该种产品（或服务）的每个单位都受益的作业是（　　）。
	A. 品种级作业
顾客级作业	（8）下列各项中，属于顾客级作业的有（　　）。
	A. 向个别客户提供的技术支持活动、咨询活动、独特包装

续表

设施级作业	（9）下列各项中，属于设施级作业的有（　）。
	A. 管理作业　　　　　　　B. 针对企业整体的广告活动
	（10）使所有产品（或服务）都受益，但与产量或销量无关的作业是（　）。
	A. 设施级作业
资源动因与作业动因	（11）【判断金句】资源动因是引起作业成本变动的驱动因素，反映作业量与耗费之间的因果关系。资源动因的选择和计量为将各项资源费用归集到作业中心提供了依据。
	（12）【判断金句】作业动因反映了作业耗用与最终产出的因果关系，是将作业成本分配到成本对象的依据。

▲【考点子题——举一反三，真枪实练】

[43]（历年真题•多选题）在作业成本法下，下列属于批次级作业的有（　）。

A. 设备调试　　　B. 生产准备　　　C. 厂房维护　　　D. 新产品设计

（三）作业成本法的优缺点

▲【考点母题——万变不离其宗】作业成本法的优缺点

优点	（1）下列关于作业成本法优点的表述中，正确的有（　）。
	A. 能够提供更加准确的各维度成本信息，有助于企业提高产品定价、作业与流程改进、客户服务等决策的准确性
	B. 改善和强化成本控制，促进绩效管理的改进和完善
	C. 推进作业基础预算，提高作业、流程、作业链（或价值链）管理的能力
缺点	（2）下列关于作业成本法缺点的表述中，正确的有（　）。
	A. 部分作业的识别、划分、合并与认定，成本动因的选择以及成本动因计量方法的选择等均存在较大的主观性
	B. 操作较为复杂，开发和维护费用较高

（四）作业成本管理

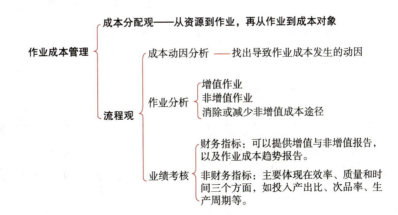

▲【考点母题——万变不离其宗】作业成本管理

作业成本管理的两个维度	（1）【判断金句】成本分配观说明成本分配过程是从资源到作业、再从作业到成本对象，这一过程正是作业成本计算的核心。		
	（2）【判断金句】流程价值分析关心的是作业的责任，包括成本动因分析、作业分析和业绩考核三个部分。		
增值作业	（3）确定增值作业需要同时满足的条件有（　　）。		
	A. 该作业导致了状态的改变　　　　　B. 该状态的变化不能由其他作业来完成 C. 该作业使其他作业得以进行		
非增值作业	（4）【判断金句】非增值作业，是指即便消除也不会影响产品对顾客服务的潜能，是不必要的或可消除的作业。		
	（5）下列各项中，属于非增值作业的有（　　）。		
	A. 检验作业　　　　　　　　　　　　B. 次品返工作业 C. 原材料从集中保管的仓库搬运到生产部门 D. 将某部门生产的零件搬运到下一个生产部门		
增值成本与非增值成本	（6）下列关于增值成本与非增值成本的表述中，正确的有（　　）。		
	A. 非增值作业发生的成本全部是非增值成本 B. 高效增值作业产生的成本是增值成本 C. 增值作业中因为低效率所发生的成本属于非增值成本 D. 划分增值作业与非增值作业的主要依据是是否增加顾客价值		
成本节约的途径	（7）作业成本管理中，成本节约的途径有（　　）。		
	A. 作业消除	【判断金句】作业消除是指消除非增值作业，降低非增值成本。	
		下列各项中，属于作业消除的是（　　）。	
		A. 将原料供应商的交货方式改变为直接送达原料使用部门	
	B. 作业选择	【判断金句】作业选择是指对所有能够达到同样目的的不同作业，选取其中最佳的方案。	
	C. 作业减少	【判断金句】作业减少是指以不断改进的方式降低作业消耗的资源或时间。	
	D. 作业共享	【判断金句】作业共享是指利用规模经济来提高增值作业的效率。	
作业业绩考核	（8）【判断金句】作业业绩考核财务指标主要集中在增值成本和非增值成本上。		
	（9）作业业绩考核非财务指标主要体现在（　　）。		
	A. 效率　　　　　　　B. 质量　　　　　　　C. 时间		

▲【考点子题——举一反三，真枪实练】

[44]（历年真题·单选题）根据作业成本管理原理，下列关于成本节约途径的表述中，不正确的是（　　）。

A. 不断改进技术降低作业消耗的时间属于作业减少

B. 新产品在设计时尽量考虑利用现有其他产品使用的零件属于作业共享

C. 将内部货物运输业务由自营转为外包属于作业选择

D. 将外购材料交货地点从厂外临时仓库变更为材料耗用车间属于作业选择

[45]（历年真题·单选题）根据作业成本管理原理，某制造企业的下列作业中，属于增值作业的是（　　）。

A. 产品检验作业　　　　　　　　B. 产品运输作业

C. 零件组装作业　　　　　　　　D. 次品返工作业

[46]（历年真题·多选题）作业成本管理的一个重要内容是寻找非增值作业，将非增值成本降至最低。下列选项中，属于非增值作业的有（　　）。

A. 零部件加工作业　　　　　　　B. 零部件组装作业

C. 从仓库到车间的材料运输作业　　D. 产成品质量检验作业

[47]（历年真题·判断题）对作业和流程的执行情况进行评价时，使用的考核指标可以是财务指标也可以是非财务指标，其中非财务指标主要用于时间、质量、效率三个方面的考核。（　　）

考点 11　责任成本

（一）责任中心及其考核

▲【考点母题——万变不离其宗】成本中心

含义	（1）【判断金句】成本中心是指有权发生并控制成本的单位。 【提示】成本中心是责任中心中应用最为广泛的一种形式，只要是对成本的发生负有责任的单位或个人都可以成为成本中心。例如车间、工段、班组等。
特点	（2）成本中心的特点有（　　）。
	A. 成本中心不考核收入，只考核成本 B. 成本中心只对可控成本负责，不负责不可控成本 C. 责任成本是成本中心考核和控制的主要内容
	（3）【判断金句】责任成本是可控成本之和。
可控成本	（4）【判断金句】可控成本和不可控成本的划分是相对的。它们与成本中心所处的管理层级别、管理权限与控制范围大小有关。对于一个独立企业而言，几乎所有的成本都是可控的。
	（5）可控成本是指成本中心可以控制的各种耗费，它应具备的条件有（　　）。
可控成本	A. 该成本的发生是成本中心可以预见的　　　　B. 该成本是成本中心可以计量的 C. 该成本是成本中心可以调节和控制的

续表

考核指标	（6）成本中心业绩评价的考核指标有（　　）。 A．预算成本节约额　　　　　　　　　　　B．预算成本节约率
公式	预算成本节约额 = 实际产量预算责任成本 – 实际责任成本 预算成本节约率 = 预算成本节约额 / 实际产量预算责任成本 ×100%
示例	某企业内部某车间为成本中心，生产甲产品，预算产量 3 500 件，单位预算成本 150 元，实际产量 4 000 件，单位实际成本 145.5 元，计算该成本中心的预算成本节约额与预算成本节约率。 【答案】预算成本节约额 =4 000×150-4 000×145.5=18 000（元） 预算成本节约率 =18 000/（4 000×150）×100%=3%（元） 结果表明，该成本中心的成本节约额为 18 000 元，节约率为 3%。

▲【考点子题——举一反三，真枪实练】

[48]（历年真题·单选题）在企业责任成本管理中，责任成本是成本中心考核和控制的主要指标，其构成内容是（　　）。

  A．产品成本之和　　　　　　　　　　　B．固定成本之和

  C．可控成本之和　　　　　　　　　　　D．不可控成本之和

[49]（历年真题·多选题）根据责任成本管理基本原理，成本中心只对可控成本负责。可控成本应具备的条件有（　　）。

  A．该成本是成本中心可计量的　　　　　B．该成本的发生是成本中心可预见的

  C．该成本是成本中心可调节和控制的　　D．该成本是成本中心取得收入而发生的

[50]（历年真题·判断题）企业对成本中心进行业绩考核时，应要求成本中心对其所发生或负担的全部成本负责。（　　）

[51]（历年真题·多选题）在责任成本管理体制下，下列关于成本中心的说法错误的有（　　）。

  A．成本中心对利润负责　　　　　　　　B．成本中心对可控成本负责

  C．成本中心对边际贡献负责　　　　　　D．成本中心对不可控成本负责

2. 利润中心及其考核

▲【考点母题——万变不离其宗】利润中心的考核指标

  利润中心是指既能控制成本，又能控制收入和利润的责任单位。利润中心有两种形式：一是自然利润中心，直接对外提供劳务或销售产品以取得收入的责任中心；二是人为利润中心，通过企业内部各责任中心之间使用内部结算价格结算半成品内部销售收入的责任中心。

考核指标	（1）利润中心业绩评价的考核指标有（　　）。
	A．边际贡献　　　　　　B．可控边际贡献　　　　　C．部门边际贡献
公式	①边际贡献＝销售收入总额－变动成本总额 ②可控边际贡献＝边际贡献－该中心负责人可控固定成本 ③部门边际贡献＝可控边际贡献－该中心负责人不可控固定成本
示例	某企业内部乙车间是人为利润中心，本期实现内部销售收入200万元，变动成本为120万元，该中心负责人可控固定成本为20万元，不可控但应由该中心负担的固定成本10万元。 要求：①计算边际贡献。②计算可控边际贡献。③计算部门边际贡献。 【答案】 ①边际贡献＝200-120=80（万元） ②可控边际贡献＝80-20=60（万元） ③部门边际贡献＝60-10=50（万元）。
考核指标运用	（2）下列业绩评价指标中，用于评价利润中心管理者业绩的理想指标是（　　）。
	A．可控边际贡献
	（3）下列业绩评价指标中，用于评价部门业绩的理想指标是（　　）。
	A．部门边际贡献

▲【考点子题——举一反三，真枪实练】

[52]（历年真题·单选题）某利润中心本期销售收入为7 000万元，变动成本总额为3 800万元，中心负责人可控的固定成本为1 300万元，其不可控但由该中心负担的固定成本为600万元，则该中心的可控边际贡献为（　　）万元。

　　A．1 900　　　　　B．3 200　　　　　C．5 100　　　　　D．1 300

[53]（历年真题·多选题）下列指标中，适用于对利润中心进行业绩考评的有（　　）。

　　A．剩余收益　　　B．投资收益率　　C．部门边际贡献　　D．可控边际贡献

[54]（历年真题·单选题）在责任绩效评价中，用于评价利润中心管理者业绩的理想指标是（　　）。

　　A．部门税前利润　　B．边际贡献　　　C．可控边际贡献　　D．部门边际贡献

3. 投资中心及其考核

▲【考点母题——万变不离其宗】投资中心

投资中心	（1）下列责任中心中，拥有最大的决策权并承担最大的责任的是（　　）。
	A．投资中心
投资中心	（2）【判断金句】投资中心是指既能控制成本、收入和利润，又能对投入的资金进行控制的责任中心，如事业部、子公司等。

续表

业绩评价指标	（3）下列各项中，属于投资中心业绩评价指标的有（　　）。
	A．投资收益率　　B．剩余收益
公式	①投资收益率 = 息税前利润 / 平均经营资产 　平均经营资产 =（期初经营资产 + 期末经营资产）/2 ②剩余收益 = 息税前利润 – 平均经营资产 × 最低投资收益率
示例	甲公司年初已投资 700 万元，预计可实现息税前利润 98 万元，现有一个投资额为 300 万元的投资机会，预计可获息税前利润 36 万元，该企业集团要求的较低投资收益率为 10%。 要求： ①计算甲公司接受新投资机会前的投资收益率和剩余收益。 ②计算甲公司接受新投资机会后的投资收益率和剩余收益。 ③根据①、②的计算结果从企业集团整体利润的角度，分析甲公司是否应接受新投资机会，并说明理由。 【答案】 ①接受新投资机会前： 　投资收益率 =98/700×100%=14% 　剩余收益 =98–700×10%=28（万元） ②接受新投资机会后： 　投资收益率 =（98+36）/（700+300）×100%=13.4% 　剩余收益 =（98+36）–（700+300）×10%=34（万元） ③从企业集团整体利益角度，甲公司应该接受新投资机会。因为接受新投资机会后，甲公司的剩余收益增加。
评价指标特点	（4）下列各项中，关于投资收益率的说法中，正确的有（　　）。
	A．导致经理人追求局部利益最大化而损害整体利益最大化目标 B．适用于不同部门之间，以及不同行业之间的比较 C．可以促使经理人员关注经营资产运用效率 D．有利于资产存量的调整，优化资源配置
	（5）作为投资中心的评价指标，剩余收益的特点有（　　）。
	A．难以在不同规模的投资中心之间进行业绩比较 B．计算剩余收益指标所使用的最低投资收益率一般等于或大于资本成本 C．弥补了投资收益率指标会使局部利益与整体利益相冲突这一不足之处 D．投资收益率与剩余收益指标都可能导致投资中心管理者的短视行为 E．使用投资收益率和剩余收益指标分别进行决策可能导致结果冲突

▲【考点子题——举一反三，真枪实练】

[55]（历年真题·单选题）下列各项中，最适用于评价投资中心业绩的指标是（　　）。

    A．边际贡献　　　　B．部门毛利　　　　C．剩余收益　　　　D．部门净利润

[56]（历年真题·单选题）下列关于投资中心业绩评价指标的说法中，错误的是（　　）。

    A．使用投资收益率和剩余收益指标分别进行决策可能导致结果冲突

B.　计算剩余收益指标所使用的最低投资收益率一般小于资本成本

C.　在不同规模的投资中心之间进行比较时不适合采用剩余收益指标

D.　采用投资收益率指标可能因追求局部利益最大化而损害整体利益

[57]（历年真题·计算题）甲公司下设 A 投资中心，该投资中心目前的投资收益率为17%，剩余收益为 300 万元，A 投资中心面临一个投资额为 1 500 万元的投资机会，若实施该投资，预计 A 投资中心会增加利润 225 万元，假定甲公司整体的预期最低投资收益率为 11%。

要求：（1）计算实施该投资后 A 投资中心的投资收益率。若甲公司用投资收益率指标考核 A 投资中心业绩，判断 A 投资中心是否应当实施该投资。（2）计算实施该投资后 A 投资中心的剩余收益。若甲公司用剩余收益指标考核 A 投资中心业绩。判断A 投资中心是否应当实施该投资。（3）从公司整体利益角度，判断甲公司应以哪个指标对 A 投资中心的业绩进行评价。

（二）内部转移价格的制定

内部转移价格是指企业内部分公司、分厂、车间、分部等责任中心之间相互提供产品（或服务）、资金等内部交易时所采用的计价标准。

▲【考点母题——万变不离其宗】内部转移价格的制定

价格型	（1）价格型内部转移价格的定价基础有（　　）。
	A.　市场价格　　　B.　生产成本加毛利
	（2）【判断金句】价格型内部转移价格一般适用于内部利润中心。外销且有市场报价采用市场价格，不对外销售且外部市场没有可靠报价的可以采用生产成本加毛利作为内部转移价格。
成本型	（3）采用以成本为基础的转移定价方法时，可以作为产品定价基础的成本类型有（　　）。
	A.　完全成本　　　B.　完全成本加成　　　　C.　变动成本　　　D.　变动成本加固定制造费用
	（4）【判断金句】成本型内部转移价格一般适用于内部转移的产品或劳务没有市场价格。
协商型	（5）【判断金句】协商价格的上限是市场价格，下限则是单位变动成本。
	（6）【判断金句】采用协商价格的前提是中间产品存在非完全竞争的外部市场，在该市场内双方有权决定是否买卖这种产品。
（7）【判断金句】企业应用内部转移定价的主要目标是界定各责任中心的经济责任，计量其绩效，为实施激励提供可靠依据。	
（8）企业应用内部转移定价工具方法，一般应遵循的原则有（　　）。	
A.　合规性原则　　　　　B.　效益型原则　　　　　C.　适应性原则	

▲【考点子题——举一反三，真枪实练】

[58]（历年真题·单选题）企业以协商价格作为内部转移价格时，该协商价格的下限一般是（　　）。

A. 单位完全成本加上单位毛利 　　B. 单位变动成本加上单位边际贡献

C. 单位完全成本 　　D. 单位变动成本

[59]（历年真题·单选题）在以成本为基础制定内部转移价格时，下列各项中，不适合作为转移定价基础的是（　　）。

A. 变动成本 　　B. 变动成本加固定制造费用

C. 固定成本 　　D. 完全成本

［本章考点子题答案及解析］

[1]【答案：A】成本预测是进行成本管理的第一步，也是组织成本决策和编制成本计划的前提，选项 A 正确。

[2]【答案：错误】成本领先战略中，成本管理的总体目标是追求成本水平的绝对降低。

[3]【答案：A】边际贡献率 =（边际贡献总额 ÷ 销售收入）×100%= [（100−60）÷100] ×100% =40%。

[4]【答案：D】本量利分析主要假设条件包括：（1）总成本由固定成本和变动成本两部分组成，（2）销售收入与业务量呈完全线性关系；（3）产销平衡；（4）产品产销结构稳定。选项 D 正确。

[5]【答案：ABCD】边际贡献率 =（单价 – 单位变动成本）/ 单价 = 单位边际贡献 / 单价

　　　　　　　　　　 = 边际贡献 / 销售收入 =1– 变动成本率。

[6]【答案：错误】边际贡献总额 = 销售收入 – 变动成本总额，固定成本不影响边际贡献。

[7]【答案】2016 年边际贡献总额 =2 000×（50−30）=40 000（万元）

2016 年息税前利润 =40 000–20 000=20 000（万元）

[8]【答案：CD】盈亏临界点销售量 = 固定成本 /（单价 – 单位变动成本），可以看出，固定成本总额和单位变动成本与盈亏平衡点销售量同向变化，单价与盈亏平衡点销售量反向变化，预计销售量与盈亏平衡点销售量无关。选项 CD 正确。

[9]【答案：ACD】盈亏平衡作业率 + 安全边际率 =1，选项 A 正确；边际贡献率 =（单价 – 单位变动成本）/ 单价 =1– 单位变动成本 / 单价 =1– 变动成本率，选项 B 错误，选项 D 正确。安全边际率 × 边际贡献率 = 销售利润率，选项 C 正确。

[10]【答案：A】通常采用安全边际率这一指标来评价企业经营是否安全，选项 A 正确。

[11]【答案：D】盈亏平衡点销售量 =36 000/（30−12）=2 000（件）；安全边际量 =8 000–2 000=6 000（件）；所以安全边际率 =6 000/8 000=75%。

[12]【答案：AD】利润 = 单位边际贡献 × 销售量 – 固定成本

　　　　　　　　 = 单位边际贡献 ×（安全边际量 + 盈亏临界点销售量）– 固定成本

　　　　　　　　 = 单位边际贡献 × 安全边际量 + 单位边际贡献 × 盈亏平衡点销售量 – 固定成本

　　　　　　　　 = 单位边际贡献 × 安全边际量

利润 = 边际贡献 – 固定成本

= 销售收入 × 边际贡献率 – 盈亏临界点销售额 × 边际贡献率

= 安全边际额 × 边际贡献率

[13]【答案：D】盈亏平衡点销售量 = 固定成本 /（单价 – 单位变动成本）=2 520/（25–18）=360（万件）

安全边际量 = 正常销售量 – 盈亏平衡点销售量 =600–360=240（万件）

安全边际率 = 安全边际量 / 正常销售量 ×100%=240/600×100%=40%

[14]【答案：C】选项 A 会降低保本点，选项 B 会降低保本点，选项 D 会降低安全边际并提高保本点。选项 C 正确。

[15]【答案：ABCD】安全边际率 =1– 盈亏平衡作业率，选项 A 正确；安全边际额是指实际或预期销售额超过保本点销售额的部分，选项 B 正确；安全边际或安全边际率的数值越大，企业发生亏损的可能性越小，选项 C 正确；其他因素不变时，安全边际额越大，利润就越大，选项 D 正确。

[16]【答案：错误】在产品组合盈亏平衡分析法下，如果采用主要产品法，应以边际贡献最大的产品作为主要产品。

[17]【答案：ABCD】综合盈亏平衡点销售额 = 固定成本总额 / 综合边际贡献率。综合边际贡献率 =∑（某产品的边际贡献率 × 该产品销售额权重）。销售结构、单价、单位变动成本都会影响综合边际贡献率，选项 ABCD 均正确。

[18]【答案：C】在产品组合盈亏平衡分析方法中，需要将全部固定成本按照一定标准在各种产品之间进行合理分配的是分算法。选项 C 正确。

[19]【答案】①A 产品销售比重 $=\dfrac{15\,000 \times 30}{15\,000 \times 30 + 10\,000 \times 45 + 5\,000 \times 60}$ =37.5%

B 产品销售比重 $=\dfrac{10\,000 \times 45}{15\,000 \times 30 + 10\,000 \times 45 + 5\,000 \times 60}$ =37.5%

C 产品销售比重 $=\dfrac{5\,000 \times 60}{15\,000 \times 30 + 10\,000 \times 45 + 5\,000 \times 60}$ =25%

综合边际贡献率 =40% × 37.5%+20% × 37.5%+30% × 25%=30%

②综合盈亏平衡点 =270 000/30%=900 000（元）

[20]【答案：C】实现目标利润业务量 =（固定成本 + 目标利润）/（单价 – 单位变动成本）

=（30 000+60 000）/（60–20）

=2 250（件）。

[21]【答案：D】单位边际贡献为 2 元，销售量为 40 万件，利润为 50 万元，根据：

销售量 ×（单价 – 单位变动成本）– 固定成本 = 利润，则有 40×2– 固定成本 =50，可以得出固定成本 =30（万元）。假设销售量上升 10%，变化后的销售量 =40×（1+10%）=44（万件），变化后的利润 =44×2–30=58（万元），利润的变化率 =（58–50）/50=16%，所以销售量的敏感系数 =16%/10%=1.60，选项 D 正确。或者，销售量的利润敏感系数就是经营杠杆系数，DOL= 基期边际贡献 / 基期息税前利润 =80/50=1.6。

[22]【答案：A】对销售量进行敏感分析，实质上就是分析经营杠杆现象，利润对销售量的敏感系数其实就是经营杠杆系数。选项 A 正确。

[23]【答案：B】单价上涨前的息税前利润 =10 000 ×（300–200）–200 000=800 000（元）；单价上涨后的息税前利润 =10 000 ×[300 ×（1+10%）–200]–200 000=1 100 000（元）；息税前利润增长率 =

（1 100 000–800 000）/800 000=37.5%。则销售单价的敏感系数 =37.5%/ 10%=3.75。

［24］【答案】（1）M 产品的年边际贡献总额 = 销售收入 × 边际贡献率 =1 000 × 2.2 × 30%=660（万元）

（2）开发 M 产品后丙公司年息税前利润的增加额 =M 产品边际贡献 – 增加的固定成本

=660–100=560（万元）

（3）L 产品年边际贡献总额的减少额 = 单位边际贡献 × 减少的产销量

=（600–450）× 2 × 10%=30（万元）

（4）开发 N 产品后丙公司年息税前利润的增加额 =N 产品边际贡献 –L 产品减产损失

=630–30=600（万元）

（5）丙公司应该开发 N 产品。

理由：开发 N 产品每年增加的息税前利润高于开发 M 产品每年增加的息税前利润。

［25］【答案】（1）预期利润 =800 ×（300–60）-150 000=42 000（元）

（2）单位边际贡献 =300–60 =240（元）

盈亏平衡点销售量 = 150 000/240=625（件）

（3）安全边际量 =700–625 =75（件）

安全边际额 =75 × 300 =22 500（元）

（4）目标利润下的固定成本 =700 ×（300 –60）–50 000 = 118 000（元）

（5）正常的利润 =700 ×（300 –60）–150 000 =18 000（元）

设单位变动成本增长 10% 时，则：

利润 =700 ×（300 –60 × 1.1）–150 000 =13 800（元）

利润变动百分比 =（13 800–18 000）/18 000 =-23.33%

单位变动成本的敏感系数 =-23.33% /10% =-2.33

（6）可接受的最低售价 =（200 000 + 150 000）/1 000 +60=410（元）

［26］【答案：错误】正常标准成本考虑了生产过程中不能避免的损失、故障和偏差，属于企业经过努力可以达到的成本标准。

［27］【答案：错误】在标准成本法下，制造费用分配率属于标准成本计算中的价格标准。

［28］【答案：A】成本总差异 = 实际产量下实际成本 – 实际产量下标准成本。

［29］【答案：B】直接材料用量差异 =（实际用量 – 实际产量下标准用量）× 标准价格

=（1 200–60 × 18）× 270=32 400（元）。

［30］【答案：B】直接材料的耗用量差异形成的原因是多方面的，有生产部门原因，也有非生产部门原因。如产品设计结构、原料质量、工人的技术熟练程度、废品率的高低等，都会导致材料耗用量的差异。

［31］【答案：B】工资率差异是价格差异，其形成原因比较复杂，工资制度的变动、工人的升降级、加班或临时工的增减等都将导致工资率差异。选项 B 正确。

［32］【答案：A】直接人工效率差异是用量差异，其主要责任还是在生产部门。

［33］【答案：CD】直接人工标准成本 = 实际产量下标准工时 × 标准分配率，选项 A 错误；直接人工工资率差异 = 实际工时 ×（实际工资率—标准工资率），选项 B 错误。

［34］【答案】（1）单位产品直接材料标准成本 =6 × 1.5=9（元 / 件）

（2）直接材料成本差异 =5 000–500×6×1.5=500（元）（超支）

直接材料数量差异 =（2 500–500×6）×1.5=-750（元）（节约）

直接材料价格差异 =2 500×（5 000/2 500–1.5）=1 250（元）（超支）

（3）直接人工成本差异 =500+（–1 500）=-1 000（元）（节约）

直接人工成本差异 = 直接人工实际总成本 – 直接人工标准成本

–1 000=9 000– 直接人工标准成本

直接人工标准成本 =10 000（元）

该产品的直接人工单位标准成本 =10 000/500=20（元 / 件）

[35]【答案：B】变动制造费用效率差异 =（实际工时 – 实际产量下标准工时）× 变动制造费用标准分配率 =（1 296–600×2）×24=2 304（元），选项 B 正确。

[36]【答案：C】变动制造费用的耗费差异 =（变动制造费用实际分配率 – 变动制造费用标准分配率）× 实际工时 =（1 000/250–3）×250=250（元）。

[37]【答案：AB】直接人工工资率差异、变动制造费用耗费差异均属于价格差异。

[38]【答案：错误】变动制造费用成本差异指的是实际变动制造费用与实际产量下的标准变动制造费用之间的差额。

[39]【答案】（1）变动制造费用标准分配率 =84 240/23 400=3.6（元 / 小时）

（2）变动制造费用实际分配率 =57 000/15 000=3.8（元 / 小时）

（3）变动制造费用成本差异 =57 000–7 500×2.2×3.6=-2 400（元）（节约）

（4）变动制造费用效率差异 =（15 000–7 500×2.2）×3.6=-5 400（元）（节约）

（5）变动制造费用耗费差异 =15 000×（3.8–3.6）=3 000（元）（超支）

[40]【答案：C】固定制造费用成本差异 = 实际产量下实际固定制造费用 – 实际产量下标准固定制造费用

= 实际工时 × 实际分配率 – 实际产量下标准工时 × 标准分配率

=180 000–9 000×8×1.5=72 000（超支）。

[41]【答案：错误】在标准成本法下，固定制造费用成本差异是指固定制造费用实际金额与其标准成本之间的差异。

[42]【答案：C】成本动因可分为资源动因和作业动因，选项 C 表述错误。

[43]【答案：AB】AB 属于批别级作业，选项 C 属于设施级作业，选项 D 属于品种级作业。

[44]【答案：D】将外购材料交货地点从厂外临时仓库变更为材料耗用车间，属于作业消除而不是作业选择，选项 D 表述错误。

[45]【答案：C】增值作业必须同时满足以下 3 个条件：（1）该作业导致状态的改变；（2）该状态的变化不能由其他作业来完成；（3）该作业使其他作业得以进行。只有选项 C 符合增值作业的条件，选项 ABD 属于非增值作业，选项 C 正确。

[46]【答案：CD】增值作业必须同时满足以下 3 个条件：（1）该作业导致状态的改变；（2）该状态的变化不能由其他作业来完成；（3）该作业使其他作业得以进行。选项 AB 符合增值作业的条件，选项 CD 属于非增值作业。

[47]【答案：正确】若要评价作业和流程的执行情况，必须建立业绩指标，可以是财务指标，也可以是非财务指标，非财务指标主要体现在效率、质重和时间三个方面，如投入产出比、次品率、生产周

期等。

[48]【答案: C】责任成本是成本中心考核和控制的主要内容。成本中心当期发生的所有的可控成本之和就是其责任成本。

[49]【答案: ABC】可控成本是指成本中心可以控制的各种耗费, 它应具备三个条件: 第一, 该成本的发生是成本中心可以预见的; 第二, 该成本是成本中心可以计量的; 第三, 该成本是成本中心可以调节和控制的, 本题的正确选项是 ABC。

[50]【答案: 错误】成本中心只对可控成本负责, 不负责不可控成本。

[51]【答案: ACD】成本中心具有以下特点: (1) 成本中心不考核收益, 只考核成本; (2) 成本中心只对可控成本负责, 不负责不可控成本。选项 ACD 正确。

[52]【答案: A】可控边际贡献 = 销售收入总额 – 变动成本总额 – 该中心负责人可控固定成本

$$=7\,000-3\,800-1\,300$$

$$=1\,900 （万元）。$$

[53]【答案: CD】选项 AB 是评价投资中心业绩的考核指标。

[54]【答案: C】可控边际贡献也称部门经理边际贡献, 它衡量了部门经理有效运用其控制下的资源的能力, 是评价利润中心管理者业绩的理想指标。选项 C 正确。

[55]【答案: C】对投资中心的业绩进行评价时, 不仅要适用利润指标, 还需要计算、分析利润与投资的关系, 主要有投资收益率和剩余收益等指标。选项 C 正确。

[56]【答案: B】计算剩余收益指标所使用的最低投资收益率一般等于或大于资本成本, 选项 B 表述错误。

[57]【答案】(1) 设原投资额为 X 万元

17%X–11%X=300, X=5 000（万元）

原投资收益 =5 000×17%=850（万元）

投资收益率 =（850+225）/（5 000+1 500）=16.54%

A 投资中心不应当实施该投资, 因为投资收益率 16.54% 小于目前的投资收益率 17%。

(2) 剩余收益 =300+225–1 500×0.11=360（万元）

以剩余收益作为评价指标, 实际上是分析该项投资是否给投资中心带来了更多的超额收入, 所以如果用剩余收益指标来衡量投资中心的业绩, 投资后剩余收益增加了 60, 则 A 投资中心应该接受这项投资。

(3) 从公司整体利益角度出发, 使用剩余收益指标更合适。

[58]【答案: D】协商价格的上限是市场价格, 下限则是单位变动成本。

[59]【答案: C】采用以成本为基础的转移定价是指所有的内部交易均以某种形式的成本价格进行结算, 它适用于内部转移的产品或劳务没有市价的情况, 包括完全成本、完全成本加成、变动成本以及变动成本加固定制造费用四种形式。选项 C 正确。

扫码畅听增值课

第9章　收入与分配管理

　　本章是收入与分配管理，主要介绍了收入与分配管理概述、收入管理、纳税管理和分配管理等四个方面的内容，具体知识结构分布图如下：

══ 本章思维导图 ══

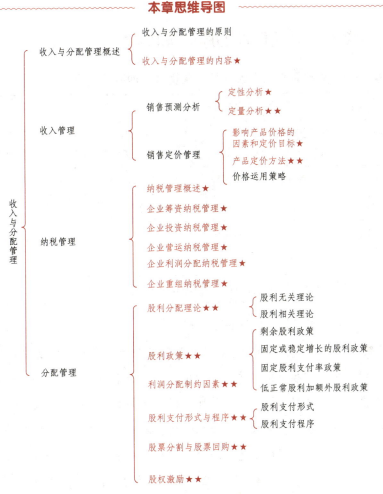

══ 近三年本章考试题型及分值分布 ══

题　型	2020 年		2021 年		2022 年	
	试卷 I	试卷 II	试卷 I	试卷 II	试卷 I	试卷 II
单项选择题	2题 3分	2题 3分	1题 1.5分	2题 3分	1题 1.5分	1题 1.5分
多项选择题	2题 4分	1题 2分	1题 2分	1题 2分	—	1题 2分
判断题	1题 1分	1题 1分	1题 1分	1题 1分	—	1题 1分
计算分析题		5分	—	—	—	5分
综合题	—	—	—	—	2分	—
合计	8分	11分	4.5分	6分	3.5分	9.5分

第一节　收入与分配管理概述

考点 1　收入与分配管理的原则与内容

▲【考点母题——万变不离其宗】收入与分配管理的原则与内容

收入与分配管理的原则	（1）收入与分配管理的原则有（　　）。	
	A. 依法分配原则	B. 分配与积累并重原则
	C. 兼顾各方利益原则	D. 投资与收入对等原则
分配管理	（2）公司净利润分配的顺序是（　　）。	
	A. 弥补以前年度亏损、提取法定公积金、提取任意公积金、向投资者分配股利	
	（3）可用于股东分配股利的是（　　）。	
	A. 公司弥补亏损和提取公积金后所余税后利润	
	（4）【判断金句】公司持有的本公司股份不得分配利润。	

▲【考点子题——举一反三，真枪实练】

［1］（历年真题·单选题）下列各项中，正确反映公司净利润分配顺序的是（　　）。

    A. 弥补以前年度亏损、提取法定公积金、提取任意公积金、向投资者分配股利

    B. 向投资者分配股利、弥补以前年度亏损、提取法定公积金、提取任意公积金

    C. 弥补以前年度亏损、向投资者分配股利、提取法定公积金、提取任意公积金

    D. 提取法定公积金、提取任意公积金、弥补以前年度亏损、向投资者分配股利

［2］（历年真题·单选题）下列净利润分配事项中，根据相关法律法规和制度，应当最后进行的是（　　）。

    A. 向股东分配股利   B. 提取任意公积金

    C. 提取法定公积金   D. 弥补以前年度亏损

第二节　收入管理

考点 2　销售预测分析

（一）销售预测的定性分析法

▲【考点母题——万变不离其宗】销售预测的定性分析法

（1）下列各项中，属于销售预测定性分析法的有（　　）。	
A. 营销员判断法	单纯靠营销人员的主观判断，具有较多的主观因素和较大的片面性
B. 专家判断法	（2）下列各项中，属于专家判断法的有（　　）。
	A. 德尔菲法　　B. 个别专家意见汇集法　　C. 专家小组法
C. 产品寿命周期分析法	（3）下列关于运用产品寿命周期分析法进行销售预测的表述中，正确的有（　　）。
	A. 推广期历史资料缺乏，可以运用定性分析法进行预测 B. 成长期可运用回归分析法进行预测 C. 成熟期销售量比较稳定，适用趋势预测分析法

（二）销售预测的定量分析法

▲【考点母题——万变不离其宗】销售预测的定量分析法

（1）下列各项中，属于销售预测定量分析法的有（　　）。	
A. 趋势预测分析法	（2）下列各项中，属于趋势预测分析法的有（　　）。
	A. 算术平均法　　B. 加权平均法　　C. 移动平均法　　D. 指数平滑法
	（3）【判断金句】在销售量波动较大或进行短期预测时，可选择较大的平滑指数；在销售量波动较小或进行长期预测时，可选择较小的平滑指数。
B. 因果预测分析法	（4）下列各项中，属于因果预测分析法的有（　　）。
	A. 回归分析法（回归直线法）

▲【考点母题——万变不离其宗】销售预测计算题——趋势分析法

考点	（1）运用算术平均法预测销售量；（2）运用加权平均法预测销售量； （3）运用移动平均法和修正的移动平均法预测销售量；（4）运用指数平滑法预测销售量。

公式	（1）算术平均法 $Y=\dfrac{\sum X_i}{n}$ 式中：Y 表示预测值；X_i 表示第 i 期的实际销售量；n 表示期数。 （2）加权平均法 $Y=\sum\limits_{i=1}^{n}W_iX_i$ 式中：Y 表示预测值；W_i 表示第 i 期的权数（$0 < W_i \leqslant W_{i+1} < 1$，且 $\sum W_i=1$）；X_i 表示第 i 期的实际销售量；n 表示期数。 【注意】权数的选取应遵循"近大远小"的原则。 （3）移动平均法 $Y_{n+1}=\dfrac{X_{n-(m-1)}+X_{n-(m-2)}+\ldots+X_{n-1}+X_n}{m}$ （修正）$\overline{Y}_{n+1}=Y_{n+1}+（Y_{n+1}-Y_n）$【注意：$Y_n$ 为第 n 期预测值】 （4）指数平滑法 $Y_{n+1}=aX_n+（1-a）Y_n$【注意：X_n 为第 n 期实际值】 一般地，平滑指数 a 的取值通常在 0.3~0.7 之间，其取值大小决定了前期实际值与预测值对本期预测值的影响。在销售量波动较大或进行短期预测时，可选择较大的平滑指数；在销售量波动较小或进行长期预测时，可选择较小的平滑指数。

示例	某公司 2014~2021 年的产品销售量资料如下表所示：
	
	（table below）
	
	要求：
	（1）运用算术平均法预测 2022 年销售量。
	（2）运用加权平均法预测 2022 年销售量。
	（3）公司预测前期（即 2021 年）的预测销售量为 3 475 吨，要求分别用移动平均法和修正的移动平均法预测公司 2022 年的销售量（假设样本期为 3 期）。
	（4）公司预测前期（即 2021 年）的预测销售量为 3 475 吨，平滑指数 a=0.5。用指数平滑法预测公司 2022 年的销售量。
	【答案】
	（1）运用算术平均法预测销售量 $=\dfrac{3\,250+3\,300+\ldots+3\,400+3\,600}{8}=3\,375$（吨）
	（2）运用加权平均法预测销售量
	  $=3\,250\times0.04+3\,300\times0.06+\ldots+3\,400\times0.18+3\,600\times0.22=3\,429$（吨）
	（3）①根据移动平均法的计算公式，公司 2022 年的预测销售量为：
	  预测销售量（Y_{n+1}）$=\dfrac{X_{n-(m-1)}+X_{n-(m-2)}+\ldots+X_{n-1}+X_n}{m}$

年度	2014	2015	2016	2017	2018	2019	2020	2021
销售量（吨）	3 250	3 300	3 150	3 350	3 450	3 500	3 400	3 600
权数	0.04	0.06	0.08	0.12	0.14	0.16	0.18	0.22

续表

示例	$$=\frac{3\,500+3\,400+3\,600}{3}=3\,500（吨）$$ ②根据修正的移动平均法计算公式，公司2022年的预测销售量为： 修正后的预测销售量$(\overline{Y}_{n+1})=Y_{n+1}+(Y_{n+1}-Y_n)$ $\qquad\qquad\qquad\qquad\quad=3\,500+（3\,500-3\,475）=3\,525（吨）$ （4）运用指数平滑法预测销售量$(Y_{n+1})=aX_n+（1-a）Y_n$ $\qquad\qquad\qquad\qquad\qquad=0.5\times3\,600+（1-0.5）\times3\,475=3\,537.5（吨）$。

总结记忆

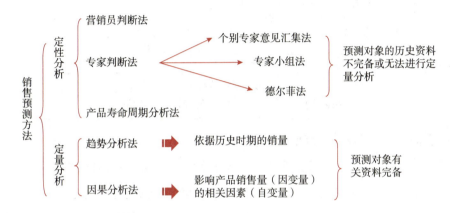

▲【考点子题——举一反三，真枪实练】

[3]（历年真题·单选题）下列各项销售预测分析方法中，属于定性分析法的是（　　）。

　　A. 加权平均法　　　　　　　　　　　B. 指数平滑法

　　C. 因果预测分析法　　　　　　　　　D. 营销员判断法

[4]（历年真题·单选题）下列销售预测方法中，属于因果预测分析法的是（　　）。

　　A. 指数平滑法　　　　　　　　　　　B. 移动平均法

　　C. 专家小组法　　　　　　　　　　　D. 回归直线法

[5]（经典子题·多选题）当历史数据不完备时，可以采用的销售预测方法有（　　）。

　　A. 德尔菲法　　　　　　　　　　　　B. 推销员判断法

　　C. 因果预测分析法　　　　　　　　　D. 产品寿命周期分析法

[6]（经典子题·单选题）某企业2020年预计销售量为1 000件，实际销售量为1 200件，公司确定的平滑指数为0.6，根据指数平滑法，该企业2021年预计销售量是（　　）件。

　　A. 1 100　　　　　B. 1 120　　　　　C. 1 080　　　　　D. 1 000

考点3 销售定价管理

（一）影响产品价格的因素和定价目标

▲【考点母题——万变不离其宗】影响产品价格的因素和定价目标

影响产品价格的因素	（1）下列因素中，影响产品价格的有（　　）。
	A. 价值因素　　　　　B. 成本因素　　　　　C. 市场供求因素 D. 竞争因素　　　　　E. 政策法规因素
	（2）决定产品价格的基本因素是（　　）。
	A. 成本因素
企业的定价目标	（3）企业的定价目标有（　　）。
	A. 实现利润最大化　　　B. 保持或提高市场占有率　　　C. 稳定价格 D. 应付和避免竞争　　　E. 树立企业形象及产品品牌

▲【考点子题——举一反三，真枪实练】

[7]（历年真题·多选题）下列各项中，可以作为企业产品定价目标的有（　　）。

　　A. 保持或提高市场占有率　　　　　　B. 应对和避免市场竞争

　　C. 实现利润最大化　　　　　　　　　D. 树立企业形象

（二）产品定价方法

1. 成本基础的选择

成本基础	构成内容	特点
变动成本	变动制造成本＋变动期间费用	变动成本可以作为增量产量的定价依据，但不能作为一般产品的定价依据。
制造成本	直接材料＋直接人工＋制造费用	不包括各种期间费用，不能正确反映企业产品的真实价值消耗和转移。利用制造成本定价不利于企业简单再生产的继续进行。
全部成本费用	制造成本＋期间费用	在此成本基础上制定价格，可以保证企业简单再生产的正常进行，又可以使劳动者为社会劳动所创造的价值得以全部实现。

2. 以成本为基础的具体定价方法

⚜ **【考点母题——万变不离其宗】产品定价方法计算题——全部成本费用加成定价法**

考点	运用全部成本费用加成定价法定价。
公式	（1）成本利润率定价：成本利润率 $=\dfrac{\text{预测利润总额}}{\text{预测成本总额}}\times100\%=\dfrac{\text{预测单位利润}}{\text{预测单位成本}}\times100\%$ 由于：单价 $\times$（1– 适用税率）– 单位成本 = 单位成本 $\times$ 成本利润率 $\qquad$ 单位产品价格 $=\dfrac{\text{单位成本}\times(1+\text{成本利润率})}{1-\text{适用税率}}$ （2）销售利润率定价： $\qquad$ 销售利润率 $=\dfrac{\text{预测利润总额}}{\text{预测销售收入总额}}\times100\%=\dfrac{\text{单位利润}}{\text{单价}}\times100\%$ 由于：单价 $\times$（1– 适用税率）– 单位成本 = 单价 $\times$ 销售利润率 $\qquad$ 单位产品价格 $=\dfrac{\text{单位成本}}{1-\text{销售利润率}-\text{适用税率}}$
示例	某企业生产甲产品，预计单位产品的制造成本为 100 元，计划销售 10 000 件，计划期的期间费用总额为 900 000 元，该产品适用的消费税税率为 5%。 要求： （1）企业要求成本利润率必须达到 20%，运用全部成本费用加成定价法测算单位甲产品的价格。 （2）企业要求销售利润率必须达到 15%，运用全部成本费用加成定价法测算单位甲产品的价格。 **【答案】** （1）单位甲产品价格 $=\dfrac{(100+\frac{900\,000}{10\,000})\times(1+20\%)}{1-5\%}=240$（元） （2）单位甲产品价格 =（100+900 000/10 000）/（1–15%–5%）=237.5（元）。

⚜ **【考点母题——万变不离其宗】产品定价方法计算题——保本点定价法**

考点	运用保本点定价法定价。
公式	由于：单价 $\times$（1– 适用税率）– 单位变动成本 – 单位固定成本 =0 单位产品价格 $=\dfrac{\text{单位固定成本}+\text{单位变动成本}}{1-\text{适用税率}}=\dfrac{\text{单位完全成本}}{1-\text{适用税率}}$
示例	某企业生产乙产品，本期计划销售量为 20 000 件，应负担的固定成本总额为 500 000 元，单位变动成本为 165 元，适用的消费税税率为 5%。 要求：根据上述资料，运用保本点定价法测算单位乙产品的价格。 **【答案】** 单位乙产品价格 $=\dfrac{\frac{500\,000}{20\,000}+165}{1-5\%}=200$（元）。

🔺【考点子题——举一反三，真枪实练】

[8]（历年真题·单选题）某企业生产乙产品，本期计划销售量为 10 000 件，应负担的固定成本总额为 250 000 元，单位产品变动成本为 70 元，适用的消费税税率为 5%，根据上述资料，运用保本点定价法测算的单位乙产品的价格应为（　　）元。

　　A. 100　　　　　　B. 70　　　　　　C. 73　　　　　　D. 95

🔺【考点母题——万变不离其宗】产品定价方法计算题——目标利润定价法

考点	运用目标利润定价法定价。
公式	由于：单价 ×（1– 适用税率）– 单位变动成本 – 单位固定成本 = 单位目标利润 单位产品价格 = $\dfrac{目标利润总额+完全成本总额}{产品销量}$ × $\dfrac{1}{(1-适用税率)}$　或 = $\dfrac{单位目标利润+单位完全成本}{1-适用税率}$
示例	某企业生产丙产品，本期计划销售量为 2 000 件，目标利润总额为 40 000 元，完全成本总额为 17 000 元，适用的消费税税率为 5%。 要求：根据上述资料，运用目标利润定价法测算单位丙产品的价格。 【答案】单位丙产品价格 = $\dfrac{40\,000+17\,000}{2\,000\times(1-5\%)}$ = 30（元）。

🔺【考点子题——举一反三，真枪实练】

[9]（历年真题·单选题）某企业生产丙产品，本期计划销售量为 10 000 件，目标利润总额为 240 000 元，完全成本总额为 520 000 元，适用的消费税税率为 5%，根据上述资料，运用目标利润定价法测算的单位丙产品的价格应为（　　）元。

　　A. 72.2　　　　　B. 80　　　　　　C. 52　　　　　　D. 76

🔺【考点母题——万变不离其宗】产品定价方法计算题——变动成本加成定价法

考点	运用变动成本加成定价法定价。
公式	由于：单价 ×（1– 适用税率）– 单位变动成本 = 单位变动成本 × 成本利润率 单位产品价格 = $\dfrac{单位变动成本\times(1+成本利润率)}{1-适用税率}$
示例	某企业生产丁产品，设计生产能力为 12 000 件，计划生产 10 000 件，预计单位变动成本为 190 元，计划期的固定成本费用总额为 950 000 元，该产品适用的消费税税率为 5%，成本利润率必须达到 20%。假定本年度接到一额外订单，订购 1 000 件丁产品，单价 300 元。 要求： （1）运用完全成本加成定价法，计算该企业计划内丁产品单位价格。 （2）运用变动成本加成定价法，计算计划外丁产品单位价格，判断该企业是否应接受这一额外订单，说明理由。

续表

示例	【答案】 （1）计划内单位丁产品价格 $=\dfrac{(190+\dfrac{950\,000}{10\,000})\times(1+20\%)}{1-5\%}=360(元)$ （2）计划外单位丁产品价格 $=\dfrac{190\times(1+20\%)}{1-5\%}=240(元)$ 应接受这一额外订单，因为额外订单单价高于其按变动成本计算的价格。

▲【考点子题——举一反三，真枪实练】

[10]（经典子题·单选题）某企业生产丁产品，设计生产能力为 15 000 件，计划生产 12 000 件，预计单位变动成本为 200 元，计划期的固定成本费用总额为 600 000 元，该产品适用的消费税税率为 5%，成本利润率必须达到 20%。该企业接受计划外额外订单 2 000 件的最低单价是（　　）元。

　　A. 175.44　　　　B. 252.63　　　　C. 333.33　　　　D. 315.79

[11]（历年真题·计算题）丙公司只生产销售 H 产品，其销售量预测相关资料如下表所示：

销售量预测相关资料　　　　　　　　　　单位：吨

	2008 年	2009 年	2010 年	2011 年	2012 年	2013 年
预计销售量	990	1 000	1 020	1 030	1 030	1 040
实际销售量	945	1 005	1 035	1 050	1 020	1 080

公司拟使用修正的移动平均法预测 2014 年 H 产品的销售量，并以此为基础确定产品销售价格，样本期为 3 期。2014 年公司目标利润总额（不考虑所得税）为 307 700 元。完全成本总额为 800 000 元。H 产品适用的消费税税率为 5%。

要求：

（1）假设样本期为 3 期，使用移动平均法预测 2014 年 H 产品的销售量。

（2）使用修正的移动平均法预测 2014 年 H 产品的销售量。

（3）使用目标利润定价法确定 2014 年 H 产品的销售价格。

[12]（历年真题·计算题）甲公司生产销售 A 产品，设计生产能力为 150 万件/年，本年度计划生产并销售 120 万件，预计单位变动成本为 200 元。年固定成本费用总额为 3 000 万元，该产品适用的消费税税率为 5%，甲公司对计划内产品采取全部成本费用加成定价法，相应的成本利润率要求达到 30%；对计划外产品则采取变动成本（加成）定价法，相应的成本利润率同样要求达到 30%。假定公司本年度接到一项计划外订单，客户要求订购 10 万件 A 产品，报价为 300 元/件。

要求：（1）计算甲公司计划内 A 产品单位价格（以元为单位）。（2）计算甲公司计划外 A 产品单位价格（以元为单位）。（3）判断甲公司是否应当接受这项计划外订单，并说明理由。

▲【考点母题——万变不离其宗】产品定价方法应用

以成本为基础的定价方法	（1）【判断金句】变动成本可以作为增量产量的定价依据，但不能作为一般产品的定价依据。
	（2）下列产品定价基础中，不利于企业简单再生产继续进行的是（　　）。
	A. 制造成本
	（3）下列产品定价基础中，既可以保证企业简单再生产的正常进行，又可以使劳动者为社会劳动所创造的价值得以全部实现的是（　　）。
	A. 全部成本费用
	（4）下列定价方法中，可以用于确定一般产品最低销售价格的是（　　）。
	A. 保本点定价法
	（5）下列定价方法中，只能用于生产能力有剩余的情况下增量产品（增加生产一定数量的产品）定价的是（　　）。
	A. 变动成本加成定价法
以市场需求为基础的定价方法	（6）以市场需求为基础的定价方法有（　　）。
	A. 需求价格弹性系数定价法　　B. 边际分析定价法
	（7）【判断金句】边际利润等于零，边际收入等于边际成本，利润将达到最大值。此时的价格就是最优销售价格。

▲【考点子题——举一反三，真枪实练】

[13]（历年真题·单选题）在生产能力有剩余的情况下，下列各项成本中，适合作为增量产品定价基础的是（　　）。

　　A. 固定成本　　　B. 变动成本　　　C. 制造成本　　　D. 全部成本

[14]（经典子题·单选题）下列产品定价基础中，既可以保证企业简单再生产的正常进行，又可以使劳动者为社会劳动所创造的价值得以全部实现的是（　　）。

　　A. 变动成本　　　B. 固定成本　　　C. 制造成本　　　D. 完全成本

[15]（历年真题·单选题）下列各项中，以市场需求为基础的定价方法是（　　）。

　　A. 全部成本费用加成定价法　　　　B. 保本点定价法

　　C. 目标利润定价法　　　　　　　　D. 边际分析定价法

第三节　纳税管理

考点 4　纳税管理的目标、原则和方法

▲【考点母题——万变不离其宗】纳税管理的目标和原则

纳税管理的目标	（1）【判断金句】纳税管理的目标是规范企业纳税行为、合理降低税收支出、有效防范纳税风险。
纳税筹划的外在表现	（2）【判断金句】纳税筹划的外在表现是降低税负和延期纳税。
纳税筹划的原则	（3）下列各项中，属于纳税筹划原则的有（　　）。 A. 合法性原则　　　　　　　　B. 系统性原则（整体性原则、综合性原则） C. 经济性原则（成本效益原则）　D. 先行性原则
	（4）纳税筹划必须坚持的首要原则是（　　）。 A. 合法性原则
	（5）"纳税筹划要求企业必须从整体角度考虑纳税负担，在选择纳税方案时，要着眼于整体税负的降低"，这体现的纳税筹划原则是（　　）。 A. 系统性原则
	（6）企业在进行纳税筹划相关的决策时，必须进行成本效益分析，选择净收益最大的方案，这体现的纳税筹划原则是（　　）。 A. 经济性原则

▲【考点子题——举一反三，真枪实练】

[16]（经典子题·单选题）"公司实施纳税筹划要求所能增加的收益超过纳税筹划成本"体现的原则是（　　）。

A. 整体性原则　　　　　　　　B. 依法纳税原则

C. 税务成本最低原则　　　　　D. 成本效益原则

▲【考点母题——万变不离其宗】纳税筹划的方法

纳税筹划的方法：减少应纳税额	（1）纳税筹划可以利用的税收优惠政策有（　　）。 A. 利用免税政策　　　B. 利用减税政策　　　C. 利用退税政策 D. 利用税收扣除政策　E. 利用税率差异　　　F. 利用分劈技术 G. 利用税收抵免
纳税筹划的方法：递延纳税	（2）下列会计方法中，能够实现递延纳税的有（　　）。
	A. 存货计价方法的选择　　　　　　　　B. 固定资产加速折旧
	（3）【判断金句】递延纳税不会减少纳税人纳税的绝对总额，但由于货币具有时间价值，递延纳税可以使应纳税额的现值减小。

▲【考点子题——举一反三，真枪实练】

［17］（历年真题·单选题）在税法许可的范围内，下列纳税筹划方法中，能够导致递延纳税的是（　　）。

A. 固定资产加速折旧法　　　　　　　B. 费用在母子公司之间合理分劈法

C. 转让定价筹划法　　　　　　　　　D. 研究开发费用加计扣除法

考点5　企业筹资纳税管理

▲【考点母题——万变不离其宗】企业筹资纳税管理

内部筹资纳税管理	（1）下列各项中，使用内部资金满足资金需求的优势有（　　）。 A. 与外部股权筹资相比，资本成本更低 B. 与债务筹资相比，有利于降低财务风险 C. 内部资金不作为股利发放，避免股东承担双重税负 D. 可以带来递延纳税的收益
外部筹资纳税管理	（2）【判断金句】在债务利息率不变的情况下，企业财务杠杆越高，企业取得的节税收益越大，但过高的财务杠杆可能会使企业陷入财务困境，纳税筹划的目的是实现企业财务管理目标而非税负最小化。
	（3）【判断金句】当且仅当**总资产收益率（息税前）大于债务利率**时，负债筹资才能给股东带来正的财务杠杆效应，有利于股东财富的增加。这是使用债务筹资进行纳税筹划必须满足的前提条件。

考点6　企业投资纳税管理

【考点母题——万变不离其宗】企业投资纳税管理

直接对外投资纳税管理（包括联营、合营和设立子公司）	（1）下列关于直接对外投资的纳税筹划表述正确的有（　　）。
	A. 公司制企业的股东面临着双重税收问题，而合伙制企业不缴纳企业所得税，只课征各个合伙人分得收益的个人所得税 B. 子公司需要独立申报企业所得税，分公司的企业所得税由总公司汇总计算并缴纳 C. 对于亏损的分支机构，采取分公司的组织方式比子公司的组织方式在纳税上更有好处
	（2）【判断金句】在选择回报方式时，投资企业可以利用其在被投资企业中的地位，使被投资企业进行现金股利分配，这样可以减少投资企业取得投资收益的所得税负担。
直接对内投资纳税管理	（3）【判断金句】企业在具备相应的技术实力时，应该进行自主研发，从而享受加计扣除优惠。
间接投资纳税管理（证券投资）	（4）【判断金句】我国国债利息收入免交企业所得税，当可供选择债券的回报率较低时，应该将其税后投资收益与国债的收益相比，再作决策。

考点7　企业营运纳税管理

【考点母题——万变不离其宗】采购的纳税管理

购货对象的纳税筹划	（1）【判断金句】在选择小规模纳税人作为购货对象时，要综合考虑，由于价格优惠所带来的成本的减少和不能抵扣的增值税带来的成本费用的增加。
结算方式的纳税筹划	（2）【判断金句】在价格无明显差异的情况下，采用赊购方式，不仅可以获得推迟付款的好处，还可以在赊购当期抵扣进项税额。

【考点母题——万变不离其宗】生产的纳税管理

存货计价的纳税筹划	（1）下列关于存货计价纳税筹划的表述中，正确的有（　　）。
	A. 如果预计企业将长期盈利，应选择使本期存货成本最大化的存货计价方法 B. 如果预计企业将亏损或者已经亏损，尽量使成本费用延迟到以后能够完全得到抵补的时期，才能保证成本费用的抵税效果最大化 C. 如果企业正处于所得税减税或免税期间，应该选择减免税期间内存货成本最小化的计价方法 D. 当企业处于非税收优惠期间时，应选择使得存货成本最大化的计价方法，以达到减少当期应纳税所得额、延迟纳税的目的

固定资产的纳税筹划	（2）某企业正处在盈利期，其下列固定资产纳税筹划方法中，能够降低当期税负的有（　　）。
	A．新增固定资产入账时，其账面价值应尽可能低，尽可能在当期扣除相关费用 B．征得税务机关同意的情况下，尽量缩短折旧年限或采用加速折旧法
期间费用的纳税筹划	（3）【判断金句】企业在生产经营过程中所发生的费用和损失，只有部分能够计入所得税扣除项目，且有些扣除项目还有限额规定，如招待费。

⚠ 【考点母题——万变不离其宗】销售的纳税管理

结算方式的纳税筹划	（1）【判断金句】在税法允许的范围内，尽量采取有利于本企业的结算方式，以推迟纳税时间，获得纳税期的递延。
促销方式的纳税筹划	（2）从税负角度考虑，企业适合选择的促销方式是（　　）。
	A．折扣销售
	（3）【判断金句】销售折扣（现金折扣）不得从销售额中减除，不能减少增值税纳税义务，但是可以尽早收到货款，可以提高企业资金周转效率。

考点 8　企业利润分配纳税管理

⚠ 【考点母题——万变不离其宗】利润分配纳税管理

| 所得税的纳税管理 | （1）【判断金句】亏损弥补的纳税筹划，最重要的就是正确把握亏损弥补期限。 |
| 基于法人股东的股利分配的纳税管理 | （2）【判断金句】如果被投资企业进行股利分配，则投资企业取得的股息红利收益不需要缴纳企业所得税，因此，被投资企业进行股利分配有利于投资企业减轻税收负担。 |

考点 9　企业重组纳税管理

⚠ 【考点母题——万变不离其宗】企业合并的纳税筹划

并购目标企业的选择	（1）从纳税筹划的角度看，能够带来纳税好处的并购目标企业有（　　）。
	A．有税收优惠政策的企业　B．亏损企业　C．上下游企业　D．关联企业
并购支付方式的纳税筹划	（2）【判断金句】股权支付是对企业合并采取特殊性税务处理方法的必要条件，当企业符合特殊性税务处理的其他条件，且股权支付金额不低于其交易支付总额的85%时，可以使用资产重组的特殊性税务处理方法，这样可以相对减少合并环节的纳税义务，获得抵税收益。
	（3）【判断金句】非股权支付采用一般性税务处理方法，对合并企业而言，需对被合并企业公允价值大于原计税基础的所得进行确认，缴纳所得税，并且不能弥补被合并企业的亏损。

▲【考点母题——万变不离其宗】企业合并纳税筹划计算题

考点	（1）如果采用非股权的支付方式，计算合并事项产生的企业所得税税额以及相应的纳税损失。 （2）如果采用股权的支付方式，计算可以弥补的亏损以及由此节约的税额。 （3）判断应采用哪种支付方式，并说明理由。
公式	（1）如果企业采用非股权支付方式，则适用一般性税务处理方法： 　　确认合并所得 = 资产的公允价值 – 资产的计税基础 　　合并事项产生的所得税纳税义务 = 确认合并所得 ×25% 　　年折旧额或摊销额抵税 = 年折旧额或摊销额 ×25% （2）如果企业采用股权支付方式，则可以采用特殊性税务处理方法： 　　可由合并企业弥补的被合并企业亏损的限额 = 被合并企业净资产公允价值 × 截至合并业务发生当年年末国家发行的最长期限的国债利率 　　弥补亏损可节约的税收 = 可由合并企业弥补的被合并企业亏损的限额 ×25% （3）公司应采取股权支付方式，因为可以节约纳税。
示例	A 公司拟吸收合并 B 公司，除了一项无形资产外，B 公司的所有资产和负债的计税基础都与公允价值一致，该无形资产计税基础为 0，公允价值为 1 000 万元，并且没有规定使用年限。B 公司未弥补的亏损为 150 万元，净资产的公允价值为 2 000 万元。截止合并业务发生当年年末，国家发行的最长期国债利率为 5.32%，A 公司适用的所得税税率为 25%。A 公司可以采用股权支付或非股权支付方式，该合并事项已经满足了特殊性税务处理的其他条件，如果选择股权支付，则可以对该合并业务采用特殊性税务处理方法。 要求： （1）如果采用全部付现的支付方式，计算合并事项产生的合并所得及其导致的企业所得税税额。 （2）如果采用 100% 股份的支付方式，计算：①合并事项产生的企业所得税税额；②可以由甲公司弥补的亏损以及由此节约的税额。 （3）判断 A 公司应采用哪种支付方式，并说明理由。 【答案】 （1）如果企业采用非股权支付方式，则适用一般性税务处理方法： 　　确认合并所得 =1 000–0=1 000（万元） 　　由于被合并企业的亏损不得由合并企业弥补，故： 　　合并事项产生的所得税纳税义务 =1 000×25%=250（万元） （2）如果企业采用股权支付方式，则可以采用特殊性税务处理方法： 　　①由于全部采用股权支付形式，不需要确认计税基础与公允价值的差额，合并事项产生的企业所得税税额为 0。 　　②可由合并企业弥补的被合并企业亏损的限额 = 被合并企业净资产公允价值 × 截至合并业务发生当年年末国家发行的最长期限的国债利率 　　可以由 A 公司弥补的亏损 =2 000×5.32%=106.4（万元） 　　弥补亏损可节约的税收 =106.4×25%=26.6（万元） （3）A 公司应采取股权支付方式，因为可以节约纳税。

第四节 分配管理

考点10 股利分配理论

1. 股利无关论

🔺【考点母题——万变不离其宗】股利无关理论

假设	（1）下列各项中，属于无关理论的假设条件的有（　）。 A. 市场具有强式效率，没有交易成本，没有任何一个股东的实力足以影响股票价格 B. 不存在任何公司或个人所得税　　　C. 不存在任何筹资费用 D. 公司的投资决策与股利决策彼此独立，即投资决策不受股利分配的影响 E. 股东对股利收入和资本增值之间并无偏好
观点	（2）【判断金句】股利无关理论认为，股利政策不会对公司的价值或股票的价格产生任何影响，投资者不关心公司股利的分配。公司市场价值的高低，是由公司所选择的投资决策的获利能力和风险组合之间所决定的，而与公司的利润分配政策无关。
理论基础	（3）【判断金句】股利分配的无关理论是建立在完全资本市场理论之上的。

2. 股利相关论

🔺【考点母题——万变不离其宗】股利相关理论

"手中鸟"理论	（1）用留存收益再投资给投资者带来的收益具有较大的不确定性，并且投资的风险随着时间的推移会进一步加大，因此投资者偏好确定的股利收益，而不愿将收益留存在公司内部去承担未来的投资风险，持这种观点的股利分配理论是（　）。
	A. "手中鸟"理论
	（2）【判断金句】"手中鸟"理论认为，公司的股利政策与公司的股票价格是密切相关的，即当公司支付较高的股利时，公司的股票价格会随之上升，公司价值将得到提高。
信号传递理论	（3）在信息不对称的情况下，公司可以通过股利政策向市场传递有关公司未来获利能力的信息，从而会影响公司的股价，持这种观点的股利分配理论是（　）。
	A. 信号传递理论
	（4）【判断金句】信号传递理论认为，如果公司的股利支付水平在过去一个较长的时期内相对稳定，而现在却有所变动，投资者将会把这种现象看作公司管理当局将**改变公司未来收益率的信号**，股票市价将会对股利的变动作出反应。

续表

所得税差异理论	（5）由于对资本利得收益征收的税率低于对股利收益征收的税率，企业应采用低股利政策。持有该观点的股利分配理论是（　　）。	
	A．所得税差异理论	
	（6）【判断金句】所得税差异理论认为，由于普遍存在的税率以及纳税时间的差异，资本利得收益比股利收益更有助于实现收益最大化目标，**公司应当采用低股利政策**。	
代理理论	（7）股利政策有助于减缓管理者与股东之间的代理冲突，持这种观点的股利分配理论是（　　）。	
	A．代理理论	
	（8）【判断金句】代理理论认为，股利的支付减少了管理者对自由现金流量的支配权，这在一定程度上可以**抑制公司管理者的过度投资或在职消费行为**，从而保护外部投资者的利益。	
	（9）【判断金句】代理理论认为，较多的现金股利发放，减少了内部融资，导致公司进入资本市场寻求外部融资，从而公司将接受资本市场上更多的、更严格的监督，这样便**通过资本市场的监督减少了代理成本**。	
	（10）【判断金句】高水平的股利政策**降低了企业的代理成本，但同时增加了外部融资成本**，理想的股利政策应当使两种成本之和最小。	
股利与公司价值	（11）下列股利分配理论中，支持高股利可以提升公司价值的有（　　）。	
	A．"手中鸟"理论　　　　B．信号传递理论　　　　C．代理理论	
	（12）下列股利分配理论中，支持低股利可以提升公司价值的是（　　）。	
	A．所得税差异理论	

▲【考点子题——举一反三，真枪实练】

[18]（历年真题·单选题）有种观点认为，企业支付高现金股利可以减少管理者对自由现金流量的支配，从而在一定程度上抑制管理者的在职消费。持这种观点的股利分配理论是（　　）。

　　A．代理理论　　　　　　　　　　B．信号传递理论

　　C．"手中鸟"理论　　　　　　　　D．所得税差异理论

[19]（历年真题·单选题）下列股利理论中，支持"低现金股利有助于实现股东利益最大化目标"观点的是（　　）。

　　A．信号传递理论　　　　　　　　B．所得税差异理论

　　C．"手中鸟"理论　　　　　　　　D．代理理论

[20]（历年真题·单选题）当公司宣布高股利政策后，投资者认为公司有充足的财务实力和良好的发展前景，从而使股价产生正向反映。持有这种观点的股利理论是（　　）。

A. 所得税差异理论　　　　　　B. 信号传递理论

C. 代理理论　　　　　　　　　D. "手中鸟"理论

[21]（历年真题·单选题）厌恶风险的投资者偏好确定的股利收益，而不愿将收益存在公司内部去承担未来的投资风险，因此公司采用高现金股利政策有利于提升公司价值，这种观点的理论依据是（　　）。

A. 代理理论　　　　　　　　　B. 信号传递理论

C. 所得税差异理论　　　　　　D. "手中鸟"理论

[22]（历年真题·单选题）股利无关论认为股利分配对公司市场价值不产生影响，下列关于股利无关理论的假设表述错误的是（　　）。

A. 投资决策不受股利分配的影响　　B. 不存在股票筹资费用

C. 不存在资本增值　　　　　　　　D. 不存在个人或公司所得税

[23]（历年真题·判断题）有关股利分配的所得税差异理论认为，由于普遍存在的税率以及纳税时间的差异，资本利得收益比股利收益更有助于实现收益最大化目标，公司应当采用低股利政策。（　　）

考点 11　股利政策

【考点母题——万变不离其宗】剩余股利政策

含义	（1）公司在有良好的投资机会时，根据目标资本结构，测算出投资所需的权益资本额，先从盈余中留用，然后将剩余的盈余作为股利来分配，这种股利政策是（　　）。
	A. 剩余股利政策
	（2）下列股利政策中，以股利无关理论为理论依据的是（　　）。
	A. 剩余股利政策
	（3）下列股利政策中，有利于保持企业最佳资本结构的是（　　）。
	A. 剩余股利政策
优点	（4）剩余股利政策的优点有（　　）。
	A. 留存收益优先满足再投资的需要，有助于降低再投资的资金成本 B. 保持最佳的资本结构，有利于实现企业价值的长期最大化
缺点	（5）剩余股利政策的缺点有（　　）。
	A. 股利发放额每年随着投资机会和盈利水平的波动而波动 B. 不利于投资者安排收入与支出　　　C. 不利于公司树立良好的形象
【注意】剩余股利政策一般适用于公司初创阶段。	

▲【考点母题——万变不离其宗】固定或稳定增长的股利政策

含义	（1）公司将每年派发的股利额固定在某一特定水平或是在此基础上维持某一固定比率逐年稳定增长，这种股利政策是（　　）。
	A. 固定或稳定增长的股利政策
优点	（2）固定或稳定增长的股利政策的优点有（　　）。
	A. 稳定的股利向市场传递着公司正常发展的信息，有利于树立公司的良好形象，增强投资者对公司的信心，稳定股票的价格 B. 稳定的股利额有助于投资者安排股利收入和支出，有利于吸引那些打算进行长期投资并对股利有很高依赖性的股东
缺点	（3）固定或稳定增长股利政策的缺点有（　　）。
	A. 股利的支付与企业的盈利相脱节，可能会导致企业资金紧缺，财务状况恶化 B. 在企业无利可分的情况下，若依然实施固定或稳定增长的股利政策，也是违反《公司法》的行为

【注意】固定或稳定增长的股利政策通常适用于经营比较稳定或正处于成长期的企业，但很难被长期采用。

▲【考点母题——万变不离其宗】固定股利支付率政策

含义	（1）公司将每年净利润的某一固定百分比作为股利分派给股东，这种股利政策是（　　）。
	A. 固定股利支付率政策
优点	（2）固定股利支付率政策的优点有（　　）。
	A. 股利与公司盈余紧密地配合，体现了"多盈多分、少盈少分、无盈不分"的股利分配原则 B. 每年的股利随着公司收益的变动而变动
缺点	（3）固定股利支付率政策的缺点有（　　）。
	A. 年度间的股利额波动较大，容易给投资者带来经营状况不稳定、投资风险较大的不良印象，成为影响股价的不利因素 B. 容易使公司面临较大的财务压力 C. 合适的固定股利支付率的确定难度比较大

【注意】固定股利支付率政策只是较适用于那些处于**稳定发展且财务状况也较稳定**的公司。

▲【考点母题——万变不离其宗】低正常股利加额外股利政策

含义	（1）公司事先设定一个较低的正常股利额，每年除了按正常股利额向股东发放股利外，还在公司盈余较多、资金较为充裕的年份向股东发放额外股利，这种股利政策是（　　）。
	A. 低正常股利加额外股利政策

第9章

优点	（2）低正常股利加额外股利政策的优点有（　　）。 A．赋予公司较大的灵活性，使公司在股利发放上留有余地，并具有较大的财务弹性 B．使那些依靠股利度日的股东每年至少可以得到虽然较低但比较稳定的股利收入，从而吸引住这部分股东
缺点	（3）低正常股利加额外股利政策的缺点有（　　）。 A．各年度之间公司盈利的波动使得额外股利不断变化，造成分派的股利不同，容易给投资者造成收益不稳定的感觉 B．当公司在较长时间持续发放额外股利后，可能会被股东误认为"正常股利"，一旦取消，传递出的信号可能会使股东认为这是公司财务状况恶化的表现

【注意】低正常股利加额外股利政策适用于盈利随着经济周期而波动较大的公司或者盈利与现金流量很不稳定的公司。

▲【考点母题——万变不离其宗】股利政策计算题

考点	（1）如果采用剩余股利政策，计算投资方案所需的权益资本额和需要从外部借入的资金额； （2）如果采用剩余股利政策，计算应分配的现金股利； （3）如果采用固定股利政策，计算应分配的现金股利、可用于下一年投资的留存收益； （4）如果采用固定股利支付率政策，计算该公司的股利支付率和应分配的现金股利。
公式	**1．剩余股利政策条件下：** 投资方案所需的权益资本额 = 投资方案所需的资金额 × 目标资本结构（公司权益资本 / 资产总额） 需要从外部借入的资金额 = 投资方案所需的资金额 – 投资方案所需的权益资本额 应分配的现金股利 = 净利润 – 投资方案所需的权益资本额 **2．固定股利政策条件下：** 应分配的现金股利 = 上年分配的现金股利 可用于下一年投资的留存收益 = 净利润 – 本年应分配的现金股利 **3．固定股利支付率条件下：** 股利支付率 = 上年分配的现金股利 / 上年净利润 应分配的现金股利 = 净利润 × 股利支付率
示例	某公司成立于 2020 年 1 月 1 日，2020 年度实现的净利润为 1 000 万元，分配现金股利 550 万元，提取盈余公积 450 万元（所提盈余公积均已指定用途）。2021 年实现的净利润为 900 万元（不考虑计提法定盈余公积的因素）。2022 年计划增加投资，所需资金为 700 万元。假定公司目标资本结构为权益资本占 60%，债务资本占 40%。 要求： （1）在保持目标资本结构的前提下，计算 2022 年投资方案所需的权益资本额和需要从外部借入的资金额。 （2）在保持目标资本结构的前提下，如果公司执行剩余股利政策，计算 2021 年度应分配的现金股利及留存收益。 （3）在不考虑目标资本结构的前提下，如果公司执行固定股利政策，计算 2021 年度应分配的现金股利、可用于 2022 年投资的留存收益和需要额外筹集的资金额。

第9章

续表

示例	（4）不考虑目标资本结构的前提下，如果公司执行固定股利支付率政策，计算该公司的股利支付率和 2021 年度应分配的现金股利。 【答案】 （1）2022 年投资方案所需的权益资本额 = 投资方案所需的资金额 × 目标资本结构 $$=700 \times 60\% = 420（万元）$$ 　　2022 年投资方案所需从外部借入的资金额 = 投资方案所需的资金额 – 投资方案所需的权益资本额 $$=700-420=280（万元）$$ （2）2021 年度应分配的现金股利 = 净利润 – 2022 年投资方案所需的权益资本额 $$=900-420=480（万元）$$ 　　2021 年度留存收益 =900-480=420（万元） （3）2021 年度应分配的现金股利 = 上年分配的现金股利 =550（万元） 　　可用于 2022 年投资的留存收益 = 净利润 – 本年应分配的现金股利 =900-550=350（万元） 　　2022 年投资需要额外筹集的资金额 =700-350=350（万元） （4）该公司的股利支付率 = 上年分配的现金股利 / 上年净利润 =550/1 000×100% =55% 　　2021 年度应分配的现金股利 = 净利润 × 股利支付率 =55% ×900=495（万元）。

▲【考点子题——举一反三，真枪实练】

[24]（历年真题·多选题）下列各项中，属于剩余股利政策优点的有（　　）。

　　A. 保持目标资本结构　　　　　　　B. 降低再投资资本成本

　　C. 使股利与企业盈余紧密结合　　　D. 实现企业价值的长期最大化

[25]（历年真题·多选题）下列各项中，属于固定或稳定增长股利政策优点的有（　　）。

　　A. 稳定的股利有利于稳定股价

　　B. 稳定的股利有利于优化公司资本结构

　　C. 稳定的股利有利于树立公司的良好形象

　　D. 稳定的股利使股利与公司盈余密切挂钩

[26]（历年真题·单选题）下列各项中，属于固定股利支付率政策优点的是（　　）。

　　A. 股利分配有较大灵活性　　　　　B. 有利于稳定公司的股价

　　C. 股利与公司盈余紧密配合　　　　D. 有利于树立公司的良好形象

[27]（历年真题·单选题）下列股利政策中，具有较大财务弹性，且可使股东得到相对稳定股利收入的是（　　）。

　　A. 剩余股利政策　　　　　　　　　B. 固定或稳定增长的股利政策

　　C. 固定股利支付率政策　　　　　　D. 低正常股利加额外股利政策

[28]（历年真题·判断题）在固定股利支付率政策下，各年的股利随着收益的波动而波动，容易给投资者带公司经营状况不稳定的印象。（　　）

[29]（历年真题·综合题部分）甲公司是一家上市公司，适用的企业所得税税率为25%。公司现阶段基于发展需要，拟实施新的投资计划，有关资料如下：

针对公司5 000万元的资本支出预算所产生的融资需求，公司为保持合理的资本结构，决定调整股利分配政策，公司当前的净利润为4 500万元，过去长期以来一直采用固定股利支付率政策进行股利分配，股利支付率为20%，如果改用剩余股利政策，所需权益资本应占资本支出预算金额的70%。

要求：

（1）如果继续执行固定股利支付率政策，计算公司的收益留存额。

（2）如果改用剩余股利政策，计算公司的收益留存额与可发放股利额。

考点12 利润分配制约因素

【考点母题——万变不离其宗】利润分配制约因素

法律因素	（1）影响股利分配的法律因素有（　　）。
	A. 资本保全约束　　B. 资本积累约束　　C. 超额累积利润约束　　D. 偿债能力约束
	（2）【判断金句】公司不能用资本（包括实收资本或股本和资本公积）发放股利，股利只能从企业的可供分配利润中支付。
	（3）【判断金句】在进行利润分配时，一般应当贯彻"无利不分"的原则，即当企业出现年度亏损时，一般不进行利润分配。
公司因素	（4）影响股利分配的公司因素有（　　）。
	A. 现金流量　　B. 资产的流动性　　C. 盈余的稳定性　　D. 投资机会 E. 筹资因素　　F. 不同发展阶段　　G. 不同行业
	（5）【判断金句】一般来讲，公司的盈余越稳定，其股利支付水平也就越高。对于盈利不稳定的公司，可以采用低股利政策。
	（6）【判断金句】如果公司的投资机会多，对资金的需求量大，那么它就很可能会考虑采用低股利支付水平的分配政策；相反，如果公司的投资机会少，对资金的需求量小，那么它就很可能倾向于采用较高的股利支付水平的分配政策。
股东因素	（7）影响股利分配的股东因素有（　　）。
	A. 控制权　　B. 稳定的收入　　C. 避税
	（8）【判断金句】基于控制权考虑，股东会倾向于较低的股利支付水平。
债务契约	（9）【判断金句】为了保证自己的利益不受侵害，债权人通常都会在债务契约、租赁合同中加入关于借款公司股利政策的限制条款。
通货膨胀	（10）【判断金句】在通货膨胀时期，企业一般会采取偏紧的利润分配政策。

▲【考点子题——举一反三，真枪实练】

[30]（历年真题·单选题）下列关于股利分配政策的表述中，正确的是（　　）。

    A. 公司盈余的稳定程度与股利支付水平负相关

    B. 偿债能力弱的公司一般不应采用高现金股利政策

    C. 基于控制权的考虑，股东会倾向于较高的股利支付水平

    D. 债权人不会影响公司的股利分配政策

[31]（历年真题·多选题）企业在确定股利支付率水平时，应当考虑的因素有（　　）。

    A. 投资机会　　　　B. 筹资成本　　　　C. 资本结构　　　　D. 股东偏好

考点 13　股利支付形式与程序

▲【考点母题——万变不离其宗】股利支付形式

股利支付形式	（1）股利支付形式有（　　）。
	A. 现金股利　　B. 财产股利　　C. 负债股利　　D. 股票股利
财产股利	（2）以公司所拥有的其他公司的有价证券，如债券、股票等，作为股利支付给股东的是（　　）。
	A. 财产股利
负债股利	（3）以公司的应付票据、发放公司债券的方式支付股利的是（　　）。
	A. 负债股利
股票股利	（4）以增发股票的方式所支付的股利是（　　）。
	A. 股票股利

▲【考点子题——举一反三，真枪实练】

[32]（经典子题·单选题）如果上市公司以其应付票据作为股利支付给股东，则这种股利的支付方式是（　　）。

    A. 现金股利　　　　B. 股票股利　　　　C. 财产股利　　　　D. 负债股利

[33]（历年真题·单选题）如果某公司以所持有的其他公司的有价证券作为股利发放给本公司股东，则该股利支付方式是（　　）。

    A. 负债股利　　　　B. 现金股利　　　　C. 财产股利　　　　D. 股票股利

（二）股利支付程序

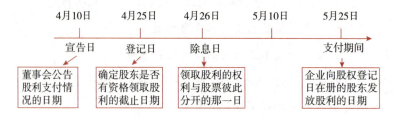

【考点母题——万变不离其宗】股利支付程序

股利支付程序	（1）股东大会决议通过并由董事会将股利支付情况予以公告的日期是（　　）。
	A. 股利宣告日
	（2）有权领取本期股利的股东资格登记截止日期是（　　）。
	A. 股权登记日
	（3）领取股利的权利与股票分离的日期是（　　）。
	A. 除息日
【注意】	在除息日之前购买股票的股东才能领取本次股利，而在除息日当天或是以后购买股票的股东，则不能领取本次股利。由于失去了"收息"的权利，除息日的股票价格会下跌。除息日是股权登记的下一个交易日。

【考点子题——举一反三，真枪实练】

[34]（历年真题·单选题）要获得收取股利的权利，投资者购买股票的最迟日期是（　　）。

　　A. 除息日　　　　　B. 股权登记日　　　C. 股利宣告日　　　D. 股利发放日

[35]（历年真题·判断题）在股利支付程序中，除息日是指领取股利的权利与股票分离的日期，在除息日购买股票的股东有权参与当次股利的分配。（　　）

考点 14　股票股利、股票分割与股票回购

【考点母题——万变不离其宗】股票股利

股票股利	（1）股票股利给公司带来的影响有（　　）。
	A. 会改变股东权益的构成　　B. 增加流通在外的股票数量　　C. 降低股票的每股价值 D. 降低股票的每股市价　　E. 降低股票的每股利润
	（2）【判断金句】股票股利没有现金流出，也不会导致公司的财产减少，它不改变公司股东权益总额，不改变资本结构，发放股票股利不直接增加股东的财富，也不增加公司的价值。

续表

	（3）股票股利的优点有（　　）。	
股票股利 的优点	股东 视角	A. 发放股票股利往往预示着公司会有较大的发展和成长，这样的信息传递会稳定股价或使股价下降比例减小甚至不降反升，股东便可以获得股票价值相对上升的好处 B. 由于股利收入和资本利得税率的差异，如果股东把股票股利出售，还会给他带来资本利得纳税上的好处
	企业 视角	C. 发放股票股利不需要向股东支付现金，在再投资机会较多的情况下，公司就可以为再投资提供成本较低的资金 D. 发放股票股利可以降低公司股票的市场价格，既有利于促进股票的交易和流通，又有利于吸引更多的投资者成为公司股东，进而使股权更为分散，有效地防止公司被恶意控制 E. 可以传递公司未来发展前景良好的信息，从而增强投资者的信心，在一定程度上稳定股票价格

▲【考点子题——举一反三，真枪实练】

[36]（历年真题·单选题）下列各种股利支付形式中，不会改变企业资本结构的是（　　）。

　　A. 股票股利　　　　B. 财产股利　　　　C. 负债股利　　　　D. 现金股利

[37]（历年真题·多选题）对公司而言，发放股票股利的优点有（　　）。

　　A. 减轻公司现金支付压力

　　B. 使股权更为集中

　　C. 可以向市场传递公司未来发展前景良好的信息

　　D. 有利于股票交易和流通

▲【考点母题——万变不离其宗】股票分割

股票分割	（1）股票分割给公司带来的影响有（　　）。
	A. 增加发行在外的股票总数　　　　　　B. 降低股票面值 C. 降低每股市价【提高股票的流动性】
	【注意】股票分割后，股东权益总额及其内部结构都不会发生任何变化。
反分割	（2）【判断金句】反分割会降低股票的流通性，提高公司股票投资的门槛，它向市场传递的信息通常是不利的。
作用（动机）	（3）下列各项中，属于股票分割的作用（动机）的有（　　）。
	A. 降低股票价格 B. 向市场和投资者传递"公司发展前景好"的信号，有助于提高投资者对公司股票的信心

第9章

【比较记忆】股票股利与股票分割

比较内容	股票股利	股票分割
流通在外的股票数量	+	+
股票的每股市价	–	–
每股收益	–	–
每股面值	不变	–
股东权益的构成（内部结构）	改变	不变
资产、负债、股东权益总额	不变	不变
股东持股比例	不变	不变
股东财富	不变	不变

▲【考点母题——万变不离其宗】股票股利与股票分割计算题

考点	（1）股票股利后股东权益变化； （2）股票股利后股东持股数量及持股比例； （3）股票股利后每股净资产变化； （4）股票分割后股东权益变化及每股净资产变化。
公式	**1. 股票股利后股东权益：** 　股东权益总额 ＝ 股票股利前股东权益总额 　未分配利润减少额 ＝ 已发行在外股数 × 股利发放率 × 每股市价 　股本增加额 ＝ 已发行在外股数 × 股利发放率 × 每股面值 　资本公积增加额 ＝ 已发行在外股数 × 股利发放率 ×（每股市价 – 每股面值） **2. 股票分割后股东权益：** 　股东权益总额 ＝ 股票股利前股东权益总额 　未分配利润减少额 ＝0 　股本增加额 ＝0 　资本公积增加额 ＝0
示例	某上市公司 2021 年末资产负债表上的股东权益账户情况如表所示： **某上市公司 2021 年末股东权益**　　　　　　　单位：万元 （见下表） 要求： （1）假设股票市价为 15 元，该公司宣布发放 20% 的股票股利，即现有股东每持有 10 股即可获赠 2 股普通股。发放股票股利后，股东权益各项有何变化？每股净资产是多少？

某上市公司 2021 年末股东权益　　单位：万元

股本（面值 10 元，发行在外 1 000 万股）	10 000
资本公积	10 000
盈余公积	5 000
未分配利润	8 000
股东权益合计	33 000

第9章

续表

示例	（2）假设股东张某发放股票股利前持有公司10万股，那么股票股利后他的持股数量和持股比例为多少？ （3）假设该公司按照1：2的比例进行股票分割。股票分割后，股东权益各项有何变化？每股净资产是多少？ **【答案】** （1）股本 =10 000+1 000×20%×10=12 000（万元） 　　资本公积 =10 000+1 000×20%×（15-10）=11 000（万元） 　　盈余公积金 =5 000（万元） 　　未分配利润 =8 000-1 000×20%×15=5 000（万元） 　　股东权益总额 =12 000+11 000+5 000+5 000=33 000（万元） 　　每股净资产 =33 000/（1 000+1 000×20%）=27.5（元） （2）股票股利后张某的持股数量 =10×（1+20%）=12（万股） 　　股票股利后张某的持股比例 =［12/（1 000+1 000×20%）］×100%=1% （3）股票分割后每股面值为5元，发行在外股数则为2 000万股。 　　股本 =2 000×5=10 000（万元） 　　资本公积 =10 000（万元） 　　盈余公积金 =5 000（万元） 　　未分配利润 =8 000（万元） 　　股东权益总额 =10 000+10 000+5 000+8 000=33 000（万元） 　　每股净资产 =33 000/2 000=16.5（元）。

▲【考点子题——举一反三，真枪实练】

[38]（历年真题·单选题）企业以增发股票的方式支付股利，这个行为对公司的影响是（　　）。

 A. 减少公司资产总额   B. 减少股东权益总额

 C. 改变股东权益结构   D. 导致现金流出

[39]（历年真题·单选题）下列各项中，受企业股票分割影响的是（　　）。

 A. 每股股票价值   B. 股东权益总额

 C. 企业资本结构   D. 股东持股比例

[40]（历年真题·多选题）假设某股份公司按照1:2的比例进行股票分割，下列正确的有（　　）。

 A. 股本总额增加一倍   B. 每股净资产保持不变

 C. 股东权益总额保持不变   D. 股东权益内部结构保持不变

[41]（历年真题·单选题）关于股票分割和股票股利，下列说法正确的是（　　）。

 A. 均会改变股票面值   B. 均会增加股份数量

 C. 均会增加股东权益总额   D. 均会改变股东权益的结构

[42]（历年真题·多选题）某公司发放股利前的股东权益如下：股本3 000万元（每股面

值 1 元），资本公积 2 000 万元，盈余公积 2 000 万元，未分配利润 5 000 万元。若每 10 股发放 1 股普通股作为股利，股利按市价（每股 10 元）计算，则公司发放股利后，下列说法正确的有（   ）。

A. 未分配利润的金额为 2 000 万元　　　B. 盈余公积的金额为 4 700 万元

C. 股本的金额为 3 300 万元　　　D. 股东权益的金额为 12 000 万元

▲【考点母题——万变不离其宗】股票回购

股票回购的动机	（1）股票回购的动机有（ ）。
	A. 现金股利的替代
	B. 传递公司信息【股价被低估】
	C. 改变公司的资本结构【降低整体资本成本】
	D. 基于控制权的考虑【股价提升、稳固控制权、防止敌意收购】
股票回购的影响	（2）股票回购的影响有（ ）。
	A. 提升公司调整股权结构和管理风险的能力，提高公司整体质量和投资价值
	B. 实施持股计划和股权激励的股票回购，有助于提高投资者回报能力
	C. 用于可转换债券转换股票，有助于拓展公司融资渠道，改善公司资本结构
	D. 股价被严重低估时，股票回购有助于稳定股价，增强投资者信心
	E. 容易造成资金紧张，降低资产流动性，提高公司的财务杠杆水平，在一定程度上削弱了对债权人利益的保护

▲【考点子题——举一反三，真枪实练】

[43]（历年真题·单选题）股票回购对上市公司的影响是（   ）。

A. 有利于保护债权人利益　　　B. 分散控股股东的控制权

C. 有利于降低公司财务风险　　　D. 降低资产流动性

[44]（历年真题·多选题）下列各项中，属于回购股票的动机的有（   ）。

A. 改变资本结构　　　B. 巩固控制权

C. 传递股价被高估的信息　　　D. 替代现金股利

 考点 15　股权激励

▲【考点母题——万变不离其宗】股票期权模式

概念	（1）股份公司赋予激励对象（如经理人员）在未来某一特定日期内以预先确定的价格和条件购买公司一定数量股份的选择权，这种股权激励模式是（ ）。
	A. 股票期权模式
	（2）【判断金句】在行权期内，只有股价高于行权价格，激励对象才会通过行权获益，否则，放弃行权。

优点	（3）下列各项中，属于股票期权模式优点的有（　　）。 A．能够降低委托——代理成本，能够将经营者的报酬与公司的长期利益绑在一起 B．实现了经营者与企业所有者利益的高度一致，使二者的利益紧密联系起来，有利于降低激励成本
缺点	（4）下列各项中，属于股票期权模式缺点的有（　　）。 A．影响现有股东的权益　　　　　　　　　B．可能遭遇来自股票市场的风险 C．可能带来经营者的短期行为
适用	（5）【判断金句】股票期权模式比较适合那些初始资本投入较少，资本增值较快，处于成长初期或扩张期的企业，如网络、高科技等风险较高的企业等。

▲【考点母题——万变不离其宗】限制性股票期权模式

概念	（1）为了实现某一特定目标，公司先将一定数量的股票赠与或以较低价格售予激励对象。只有当实现预定目标后，激励对象才可将股票抛售并从中获利。这种股权激励模式是（　　）。 A．限制性股票模式
	（2）【判断金句】若预定目标没有实现，公司有权将免费赠与的限制性股票收回或者将售出股票以激励对象购买时的价格回购。
优点	（3）下列各项中，属于限制性股票模式优点的是（　　）。 A．在限制期间公司不需要支付现金对价，便能够留住人才
缺点	（4）下列各项中，属于限制性股票模式缺点的是（　　）。 A．缺乏推动企业股价上涨的激励机制，可能达不到激励的效果并使股东遭受损失
适用	（5）【判断金句】对于处于成熟期的企业，由于其股价的上涨空间有限，因此采用限制性股票模式较为合适。

▲【考点母题——万变不离其宗】股票增值权模式

概念	（1）公司股票价格上升或业绩上升，经营者就可以按一定比例获得这种由股价上扬或业绩提升所带来的收益。激励对象不用为行权支付现金，行权后由公司支付现金、股票或股票和现金的组合。这种股权激励模式是（　　）。 A．股票增值权模式
	（2）下列股权激励模式中，无须解决股票来源问题的是（　　）。 A．股票增值权模式
优点	（3）下列各项中，属于股票增值权模式优点的是（　　）。 A．易于操作，审批程序简单，无需解决股票来源问题
缺点	（4）下列各项中，属于股票增值模式缺点的有（　　）。 A．激励对象不能获得真正意义上的股票，激励效果相对较差　　B．使公司的现金支付压力较大

适用	（5）【判断金句】股票增值权激励模式较适合现金流量比较充裕且比较稳定的上市公司和现金流量比较充裕的非上市公司。

▲【考点母题——万变不离其宗】业绩股票激励模式

概念	（1）公司在年初确定一个合理的年度业绩目标，如果激励对象经过大量努力后，在年末实现了公司预定的年度业绩目标，则公司给予激励对象一定数量的股票，或奖励其一定数量的奖金来购买本公司的股票，这种股权激励模式是（ ）。
	A．业绩股票激励模式
优点	（2）下列各项中，属于业绩股模式优点的有（ ）。
	A．激励公司高管人员努力完成业绩目标 B．使激励对象与原股东有共同的利益
缺点	（3）下列各项中，属于业绩股票模式缺点的有（ ）。
	A．容易导致公司高管人员为获得业绩股票而弄虚作假 B．激励成本较高，可能造成公司支付现金的压力
适用	（4）【判断金句】业绩股票激励模式只对公司的业绩目标进行考核，不要求股价的上涨，因此比较适合业绩稳定型的上市公司及其集团公司、子公司。

▲【考点子题——举一反三，真枪实练】

[45]（历年真题·单选题）若激励对象没有实现的约定目标，公司有权将免费赠与的股票收回，这种股权激励是（   ）。

    A．股票股权模式   B．业绩股票模式

    C．股票增值权模式   D．限制性股票模式

[46]（历年真题·单选题）股份有限公司赋予激励对象在未来某一特定日期内，以预先确定的价格和条件购买公司一定数量股份的选择权，这种股权激励模式是（   ）。

    A．股票期权模式   B．限制性股票模式

    C．股票增值权模式   D．业绩股票激励模式

[47]（历年真题·判断题）业绩股票激励模式只对业绩目标进行考核，而不要求股价的上涨，因而比较适合业绩稳定的上市公司（   ）。

［本章考点子题答案及解析］

[1]【答案：A】公司净利润的分配顺序为弥补以前年度亏损、提取法定公积金、提取任意公积金、向股东（投资者）分配股利（利润）。选项A正确。

[2]【答案：A】公司净利润的分配顺序为弥补以前年度亏损、提取法定公积金、提取任意公积金、向股东（投资者）分配股利（利润）。选项A正确。

[3]【答案：D】定性分析法，一般适用于预测对象的历史资料不完备或无法进行定量分析时，主要包括

营销员判断法、专家判断法和产品寿命周期分析法，选项 D 正确。

[4]【答案：D】因果预测分析法是指通过影响产品销售量的相关因素以及它们之间的函数关系，并利用这种函数关系进行产品销售预测的方法。因果预测分析法最常用的是回归分析法。选项 D 正确。

[5]【答案：ABD】当历史数据不完备时，应采用定性预测分析法，选项 ABD 正确。

[6]【答案：B】2021 年预计销售量 =0.6×1 200 +0.4×1 000 =1 120（件）。

[7]【答案：ABCD】企业产品定价的目标有实现利润最大化、保持或提高市场占有率、稳定价格、应付和避免竞争、树立企业形象及产品品牌。选项 ABCD 正确。

[8]【答案：A】单价 ×10 000×（1−5%）−10 000×70 −250 000=0

$$单价 = \frac{\frac{250\ 000}{10\ 000} + 70}{1 - 5\%} = 100（元）。$$

[9]【答案：B】单价 ×10 000×（1−5%）−520 000=240 000

$$单价 = \frac{240\ 000 + 520\ 000}{10\ 000 \times (1 - 5\%)} = 80（元）。$$

[10]【答案：B】单价 ×2 000×（1−5%）−200×2 000=200×2 000×20%

$$单价 = \frac{200 \times (1 + 20\%)}{1 - 5\%} = 252.63（元）。$$

[11]【答案】（1）2014 年 H 产品的预测销售量 =（1 050+1 020+1 080）/3=1 050（吨）

（2）2014 年修正后的 H 产品预测销售量 =1 050+（1 050−1 040）=1 060（吨）

（3）单位产品价格 =（307 700+800 000）/[1 060×（1−5%）]=1 100（元）

[12]【答案】（1）甲公司计划内 A 产品单位价格 =

$$\frac{单位成本×（1+成本利润率）}{1-消费税率} = \frac{(200+3\ 000/120)×（1+30\%）}{1-5\%} = 307.89（元）$$

（2）甲公司计划外 A 产品单位价格 =

$$\frac{单位变动成本×（1+成本利率）}{1-消费税率} = \frac{200×（1+30\%）}{1-5\%} = 273.68（元）$$

（3）因为额外订单单价 300 元高于其按变动成本计算的价格 273.68 元，故应接受这一额外订单。

[13]【答案：B】在生产能力有剩余的情况下，增量产品的售价只需要补偿变动成本即可，因此定价基础是变动成本。

[14]【答案：D】全部成本费用是指企业为生产、销售一定种类和数量的产品所发生的所有成本和费用总额，包括制造成本和管理费用、销售费用及财务费用等各种期间费用。在全部成本费用基础上制定价格，既可以保证企业简单再生产的正常进行，又可以使劳动者为社会劳动所创造的价值得以全部实现。选项 D 正确。

[15]【答案：D】以市场需求为基础的定价方法包括需求价格弹性系数定价法和边际分析定价法，选项 D 正确。

[16]【答案：D】纳税筹划的目的是取得效益。成本效益原则要求企业进行纳税筹划时要着眼于整体税负的减轻，针对各税种和企业的现实情况综合考虑，力争使通过纳税筹划实现的收益增加超过纳税筹划的成本。选项 D 正确。

[17]【答案：A】利用会计处理方法进行递延纳税筹划主要包括存货计价方法的选择和固定资产折旧的纳

税筹划，选项 A 正确。

[18]【答案：A】代理理论认为，股利的支付减少了管理者对自由现金流量的支配权，这在一定程度上可以抑制公司管理者的过度投资或在职消费行为，从而保护外部投资者的利益。选项 A 正确。

[19]【答案：B】所得税差异理论认为，由于普遍存在的税率以及纳税时间的差异，资本利得收益比股利收益更有助于实现收益最大化目标，公司应当采用低股利政策，选项 B 正确。

[20]【答案：B】信号传递理论认为，在信息不对称的情况下，公司可以通过股利政策向市场传递有关公司未来获利能力的信息，从而会影响公司的股价。此题中公司通过宣布高股利政策，向投资者传递"公司有充足的财务实力和良好的发展前景"的信息，从而对股价产生正向影响，选项 B 正确。

[21]【答案：D】"手中鸟"理论认为，用留存收益再投资给投资者带来的收入具有较大的不确定性，并且投资的风险随着时间的推移会进一步加大，因此，厌恶风险的投资者会偏好确定的股利收入，而不愿将收入留存在公司内部，去承担未来的投资风险。选项 D 正确。

[22]【答案：C】股利无关论是建立在完全资本市场理论之上的，假定条件包括：第一，市场具有强式效率，没有交易成本，没有任何一个股东的实力足以影响股票价格；第二，不存在任何公司或个人所得税；第三，不存在任何筹资费用；第四，公司的投资决策与股利决策彼此独立，即投资决策不受股利分配的影响；第五，股东对股利收入和资本增值之间并无偏好。选项 C 正确。

[23]【答案：正确】所得税差异理论认为，由于普遍存在的税率以及纳税时间的差异，资本利得收益比股利收益更有助于实现收益最大化目标，公司应当采用低股利政策。

[24]【答案：ABD】剩余股利政策的优点是：留存收益优先满足再投资的需要，有助于降低再投资的资金成本；保持最佳的资本结构，实现企业价值的长期最大化。股利与企业盈余紧密结合是固定股利支付率政策的优点，选项 ABD 正确。

[25]【答案：AC】稳定的股利向市场传递着公司正常发展的信息，有利于树立公司的良好形象，增强投资者对公司的信心，稳定股票的价格。选项 AC 正确。

[26]【答案：C】固定股利支付率的优点之一是股利与公司盈余紧密地配合，体现了"多盈多分、少盈少分、无盈不分"的股利分配原则。选项 C 正确。

[27]【答案：D】低正常股利加额外股利政策的优点：（1）赋予公司较大的灵活性，使公司在股利发放上留有余地，并具有较大的财务弹性。公司可根据每年的具体情况，选择不同的股利发放水平，以稳定和提高股价，进而实现公司价值的最大化；（2）使那些依靠股利度日的股东每年至少可以得到虽然较低但比较稳定的股利收入，从而吸引住这部分股东，选项 D 正确。

[28]【答案：正确】大多数公司每年的收益很难保持稳定不变，导致年度间的股利额波动较大，由于股利的信号传递作用，波动的股利很容易给投资者带来经营状态不稳定、投资风险较大的不良印象，成为影响股价的不利因素。

[29]【答案】（1）继续执行固定股利支付率政策，该公司的收益留存额 =4 500– 4 500×20%

$$=3\,600（万元）$$

（2）改用剩余股利政策，公司的收益留存额 =5 000×70%=3 500（万元）

可发放股利额 =4 500– 3 500=1 000（万元）

[30]【答案：B】一般来讲，公司的盈余越稳定，其股利支付水平也就越高，选项 A 的说法错误；公司要考虑现金股利分配对偿债能力的影响，确定在分配后仍能保持较强的偿债能力，所以偿债能力弱

的公司一般不应采用高现金股利政策，选项 B 的说法正确；基于控制权的考虑，股东会倾向于较低的股利支付水平，以便从内部的留存收益中取得所需资金，选项 C 的说法错误；一般来说，股利支付水平越高，留存收益越少，企业的破产风险加大，就越有可能损害到债权人的利益，因此，为了保证自己的利益不受侵害，债权人通常都会在债务契约、租赁合同中加入关于借款企业股利政策的限制条款，选项 D 的说法错误。

[31]【答案：ABCD】公司进行股利分配时需要考虑法律因素、公司因素、股东因素以及其他因素。ABC 为公司因素，D 为股东因素。

[32]【答案：D】负债股利，是以负债方式支付的股利，通常以公司的应付票据支付给股东，有时也以发放公司债券的方式支付股利。选项 D 正确。

[33]【答案：C】财产股利是以现金以外的其他资产支付的股利，主要是以公司所拥有的其他公司的有价证券，如债券、股票等，作为股利支付给股东。选项 C 正确。

[34]【答案：B】股权登记日即有权领取本期股利的股东资格登记截止日期。

[35]【答案：错误】除息日是指领取股利的权利与股票分离的日期，在除息日之前购买股票的股东才能领取本次股利。

[36]【答案：A】发放股票股利对公司来说，并没有现金流出企业，也不会导致公司的财产减少，而只是将公司的未分配利润转化为股本和资本公积，不改变公司股东权益总额，因此不会改变企业的资本结构，选项 A 正确。

[37]【答案：ACD】对公司而言，股票股利的优点主要有：①发放股票股利不需要向股东支付现金，在再投资机会较多的情况下，公司就可以为再投资提供成本较低的资金，从而有利于公司的发展；②发放股票股利可以降低公司股票的市场价格，既有利于促进股票的交易和流通，又有利于吸引更多的投资者成为公司股东，进而使股权更为分散，有效地防止公司被恶意控制；③股票股利的发放可以传递公司未来发展前景良好的信息，选项 ACD 正确。

[38]【答案：C】发放股票股利不影响资产总额和股东权益总额，也不会导致现金流出。而是使得未分配利润减少，股本和资本公积增加，所以会改变股东权益结构。选项 C 正确。

[39]【答案：A】股票分割，只是增加企业发行在外的股票股数，而企业的股东权益总额及内部结构都不会发生变化。股数增加导致每股价值降低，选项 A 正确。

[40]【答案：CD】股票分割之后，股东权益总额及其内部结构都不会发生任何变化。股数增加，股东权益总额不变，每股净资产下降，选项 AB 错误。

[41]【答案：B】股票分割会改变股票面值，股票股利不会改变股票面值，选项 A 错误；股票股利和股票分割均不会引起股东权益总额的变化，选项 C 错误；股票股利会改变股东权益的结构，股票分割不会改变股东权益的结构，选项 D 错误。

[42]【答案：ACD】发放股票股利后，未分配利润 =5 000–3 000/10×10=2 000（万元），股本 =3 000+3 000/10×1=3 300（万元），资本公积 =2 000+3 000/10×（10–1）=4700（万元），发放股票股利不影响盈余公积，发放股票股利前后股东权益金额不变。

[43]【答案：D】股票回购降低资产流动性，提高公司财务杠杆水平，提高了财务风险，削弱了对债权人的利益保护。

[44]【答案：ABD】股票回购的动机：（1）现金股利的替代；（2）改变公司的资本结构；（3）传递公司信

息；（4）基于控制权的考虑。一般情况下，投资者认为股票回购意味着公司认为其股票价值被低估而采取的应对措施，选项 C 错误。

[45]【答案：D】限制性股票指公司为了实现某一特定目标，先将一定数量的股票赠与或以较低价格售予激励对象。只有当实现预定目标后，激励对象才可将限制性股票抛售并从中获利；若预定目标没有实现，公司有权将免费赠与的限制性股票收回或者将售出股票以激励对象购买时的价格回购，选项 D 正确。

[46]【答案：A】股票期权是指股份公司赋予激励对象在未来某一特定日期内以预先确定的价格和条件购买公司一定数量股份的选择权。

[47]【答案：正确】业绩股票激励模式只对公司的业绩目标进行考核，不要求股价的上涨，因此比较适合业绩稳定型的上市公司及其集团公司、子公司。

第 10 章　财务分析与评价

本章是财务分析与评价，主要介绍了财务分析与评价概述、基本的财务报表分析、上市公司财务分析与财务评价与考核等四个方面的内容，具体知识结构分布图如下：

~~~ 本章思维导图 ~~~

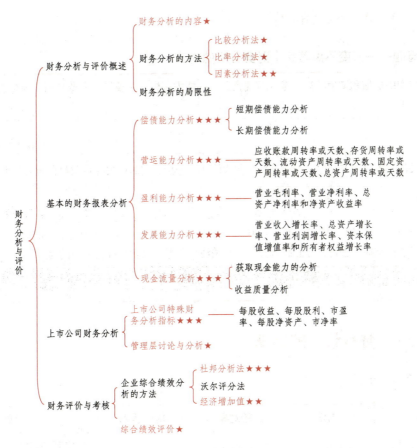

~~~ 近三年本章考试题型及分值分布 ~~~

题型	2020 年		2021 年		2022 年	
	试卷 I	试卷 II	试卷 I	试卷 II	试卷 I	试卷 II
单项选择题	3 题 4.5 分	1 题 1.5 分	2 题 3 分	2 题 3 分	1 题 1.5 分	3 题 4.5 分
多项选择题	1 题 2 分	2 题 4 分	—	—	—	—
判断题	—	1 题 1 分	2 题 2 分	1 题 1 分	1 题 1 分	1 题 1 分
计算分析题	5 分	—	5 分	—	—	—
综合题	5 分	6 分	—	5 分	6 分	—
合计	16.5 分	12.5 分	10 分	9 分	8.5 分	5.5 分

第一节　财务分析与评价概述

考点 1　财务分析的内容

⚒️**【考点母题——万变不离其宗】财务分析的内容**

（1）关心资本的保值和增值状况，较为重视企业盈利能力指标，主要进行企业盈利能力分析的信息需求者是（　　）。

A. 投资者

（2）重点关注其投资的安全性，主要进行企业偿债能力分析，同时也关注企业盈利能力分析。

A. 债权人

（3）必须对企业经营理财的各个方面，包括营运能力、偿债能力、盈利能力及发展能力的全部信息予以详尽地了解和掌握，进行各方面综合分析，并关注企业财务风险和经营风险的信息需求者是（　　）。

A. 企业经营决策者

考点 2　财务分析的方法

（一）比较分析法

含义	方法	比较对象	具体运用	计算
是指对两个或两个以上的可比数据进行对比，找出企业的财务状况、经营成果中的差异与问题。	趋势分析法	本企业历史	1. 重要财务指标的比较 2. 会计报表的比较 3. 会计报表项目构成的比较	定基动态比率 = $\frac{分析期数额}{固定基期数额} \times 100\%$ 环比动态比率 = $\frac{分析期数额}{前期数额} \times 100\%$
	横向比较法	同类企业		
	预算差异分析法	本企业预算		

⚒️**【考点母题——万变不离其宗】比较分析法**

种类	（1）下列各项中，属于比较分析法的有（　　）。
	A. 趋势分析法　　　B. 横向比较法　　　C. 预算差异分析法

续表

应注意的问题	（2）采用比较分析法时，应当注意的问题有（　）。 A．计算口径必须保持一致　　　　　　B．应剔除偶发性项目的影响 C．应运用例外原则对某项有显著变动的指标作重点分析
计算	已知第一年至三年的收入分别 2 000 万元、2 500 万元和 4 000 万元。如果以第一年为基期，则第三年的定基动态比率和环比动态比率分别是多少？ 【答案】第三年的定基动态比率 =4 000/2 000×100%=200% 第三年的环比动态比率 =4 000/2 500×100%=160%。

（二）比率分析法

种类	含义	公式	举例
1．构成比率	某项财务指标的各组成部分数值占总体数值的百分比，反映部分与总体的关系。	$构成比率=\dfrac{某个组成部分数值}{总体数值}\times100\%$	如资产构成比率、负债构成比率等
2．效率比率	某项财务活动中所费与所得的比率，反映投入与产出的关系。	$效率比率=\dfrac{所得}{所费}\times100\%$	如成本利润率、营业利润率和资本金利润率等
3．相关比率	某个项目和与其有关但又不同的项目加以对比所得的比率，反映有关经济活动的相互关系。	$相关比率=\dfrac{某一指标}{另一个相关指标}\times100\%$	如流动比率、资产负债率等。

▲▲【考点母题——万变不离其宗】比率分析法

（1）比率指标的类型主要有（　）。			
A．构成比率			
B．效率比率	（2）下列各项中，属于效率比率的有（　）。		
	A．成本利润率　　　B．营业毛利率　　　C．净资产收益率 D．营业净利率　　　E．营业利润率　　　F．总资产收益率		
C．相关比率	（3）下列各项中，属于相关比率的有（　）。		
	A．流动比率　　　B．资产负债率　　　C．权益乘数 D．资产周转率　　　E．存货周转率　　　F．应收账款周转率		
（4）运用比率分析法应注意的问题有（　）。			
A．对比项目的相关性　　　B．对比口径的一致性　　　C．衡量标准的科学性			

（三）因素分析法

因素分析法是依据分析指标与其影响因素的关系，从数量上确定各因素对分析指标影响方向和影响程度的一种方法。因素分析法具体有两种：连环替代法和差额分析法。

▲【考点母题——万变不离其宗】因素分析法计算题

考点	(1) 利用连环替代法测算各因素对分析指标的影响；(2) 利用差额分析法测算各因素对分析指标的影响。				
公式	连环替代法：				

步骤	替换因素	计算过程	结果	因素变动影响
确定计划值 R_0		$A_0 \times B_0 \times C_0$	①	
第一次替换	替换 A 因素	$A_1 \times B_0 \times C_0$	②	②－① A 因素变动对 R 的影响
第二次替换	替换 B 因素	$A_1 \times B_1 \times C_0$	③	③－② B 因素变动对 R 的影响
第三次替换	替换 C 因素	$A_1 \times B_1 \times C_1$	④	④－③ C 因素变动对 R 的影响
总影响		$\triangle R = R_1 - R_0$	④－①	所有因素综合影响

差额分析法：
直接计算各因素变动对分析指标 R 的影响：

$(A_1-A_0) \times B_0 \times C_0$　　　　→A 因素变动对 R 的影响

$A_1 \times (B_1-B_0) \times C_0$　　　　→B 因素变动对 R 的影响

$A_1 \times B_1 \times (C_1-C_0)$　　　　→C 因素变动对 R 的影响

示例

D 公司 2020 年和 2021 年相关财务指标如下表所示：

财务指标	2020 年	2021 年
营业净利率	12%	8%
总资产周转率（次数）	0.6	0.3
权益乘数	1.8	2
净资产收益率	12.96%	4.8%

要求：
(1) 计算 D 公司 2021 年与 2020 年净资产收益率的差异。
(2) 利用因素分析法依次测算营业净利率、总资产周转率和权益乘数的变动对 D 公司 2021 年净资产收益率下降的影响。
【答案】
(1) 2021 年净资产收益率与 2020 年净资产收益率的差异 =4.8%-12.96%=-8.16%
(2) **连环替代法：**

续表

示例	基期指标：12%×0.6×1.8=12.96%　① 第一次替代：8%×0.6×1.8=8.64%　② 第二次替代：8%×0.3×1.8=4.32%　③ 第三次替代：8%×0.3×2=4.8%　④	营业净利率的影响：②－①=8.64%－12.96%=-4.32% 总资产周转率的影响：③－②=4.32%－8.64%=-4.32% 权益乘数的影响：④－③=4.8%-4.32%=0.48% 全部因素的影响：-4.32%-4.32%+0.48%=-8.16%

差额分析法：
①由于营业净利率降低对净资产收益率的影响为：（8%-12%）×0.6×1.8=-4.32%
②由于总资产周转率降低对净资产收益率的影响为：8%×（0.3-0.6）×1.8=-4.32%
③由于权益乘数提高对对净资产收益率的影响为：8%×0.3×（2-1.8）=0.48%
④全部因素的影响为：-4.32%-4.32%+0.48%=-8.16%。

▲【考点母题——万变不离其宗】因素分析法应注意的问题

（1）采用因素分析法时，应注意的问题有（　　）。

A. 因素分解的关联性　　　　　　　B. 因素替代的顺序性
C. 顺序替代的连环性　　　　　　　D. 计算结果的假定性

（2）【判断金句】因素分析法必须根据各因素的依存关系，遵循一定的顺序并依次替代，不可随意加以颠倒，否则就会得出不同的计算结果。

（3）【判断金句】由于因素分析法计算的各因素变动的影响数会因替代顺序不同而有差别，因而计算结果不免带有假定性。

▲【考点子题——举一反三，真枪实练】

[1]（历年真题·单选题）下列财务比率中，属于效率比率指标的是（　　）。

　　A. 速动比率　　B. 成本利润率　　C. 资产负债率　　D. 资本积累率

[2]（历年真题·单选题）下列比率指标的不同类型中，流动比率属于（　　）。

　　A. 构成比率　　B. 动态比率　　C. 相关比率　　D. 效率比率

[3]（历年真题·判断题）在财务分析中，企业经营者应对企业财务状况进行全面的综合分析，并关注企业财务风险和经营风险。（　　）

考点3　财务分析的局限性

▲【考点母题——万变不离其宗】财务分析的局限性

资料来源局限性	（1）在财务分析中，资料来源局限性的具体表现有（　　）。

资料来源 局限性	A. 报表数据的时效性问题 C. 报表数据的可比性问题 E. 报表数据的完整性问题	B. 报表数据的真实性问题 D. 报表数据的可靠性问题
财务指标 局限性	（2）在财务分析中，财务指标局限性的具体表现有（　　）。	
	A. 财务指标体系不严密 C. 财务指标的评价标准不统一	B. 财务指标所反映的情况具有相对性 D. 财务指标的比较基础不统一

第二节 基本的财务报表分析

考点 4 偿债能力分析

（一）短期偿债能力分析

短期偿债能力考察的是流动资产对流动负债的清偿能力。

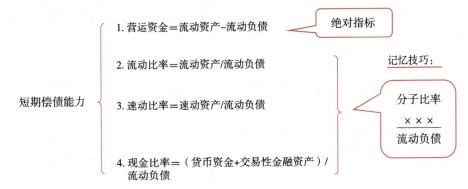

短期偿债能力
1. 营运资金＝流动资产－流动负债 ——→ 绝对指标
2. 流动比率＝流动资产/流动负债
3. 速动比率＝速动资产/流动负债
4. 现金比率＝（货币资金+交易性金融资产）/流动负债

记忆技巧：

$$\frac{分子比率}{流动负债} = \frac{×××}{流动负债}$$

▲【考点母题——万变不离其宗】短期偿债能力分析

短期偿债能力指标	（1）衡量短期偿债能力的指标有（ ）。
	A. 营运资金　　B. 流动比率　　C. 速动比率　　D. 现金比率
营运资金	（2）下列偿债能力指标中，不便于不同企业之间比较的是（ ）。
	A. 营运资金
	（3）营运资金的计算公式是（ ）。
	A. 流动资产－流动负债
流动比率	（4）【判断金句】一般情况下，营业周期短、应收账款和存货的周转速度快的企业，其流动比率低一些也是可以接受的。
	（5）下列各项中，属于流动比率缺点的有（ ）。
	A. 比较容易人为操纵　　　　　　B. 没有揭示流动资产的构成内容
速动比率	（6）下列各项中，属于速动资产的内容有（ ）。
	A. 货币资金　　B. 交易性金融资产 C. 各种应收款项【应收账款、应收票据】
	（7）下列各项中，不属于速动资产内容的有（ ）。

速动比率	A. 存货　　　　B. 预付款项　　　C. 一年内到期的非流动资产 D. 其他流动资产	
	（8）计算速动比率时剔除存货的原因有（　　）。	
	A. 流动资产中存货的变现速度比应收账款要慢得多 B. 部分存货可能已被抵押 C. 存货成本和市价可能存在差异	
	（9）【判断金句】通常认为速动比率至少是1，速动比率过低，企业面临偿债风险；但速动比率过高，会因占用现金及应收账款过多而增加企业的机会成本。	
	（10）【判断金句】大量使用现金结算的企业其速动比率低于1是正常现象。	
	（11）【判断金句】影响速动比率可信性的重要因素是应收账款的变现能力。	
现金比率	（12）现金比率的计算公式是（　　）。	
	A. （货币资金＋交易性金融资产）÷流动负债	
	（13）剔除了应收账款对偿债能力的影响，最能反映企业直接偿付流动负债能力的指标是（　　）。	
	A. 现金比率	
	（14）【判断金句】现金比率越高反映企业的短期偿债能力越强，但该比率过高，意味着企业过多资源占用在盈利能力较低的货币资金上从而影响了企业盈利能力。	

【总结记忆】经济业务对财务指标的影响

分子分母同时	原分式大于1	原分式等于1	原分式小于1
增加相同金额	变小	不变	变大
减少相同金额	变大	不变	变小
（举例）经济业务对速动比率的影响	速动比率大于1		0＜速动比率＜1
赊购原材料	变小		变大
收回应收账款	不变		不变
偿还短期借款	变大		变小
以银行存款购进存货	变小		变小

【考点母题——万变不离其宗】短期偿债能力分析计算题

考点	（1）计算营运资金、流动比率、速动比率和现金比率指标； （2）利用营运资金、流动比率、速动比率和现金比率确定报表项目金额。
公式	（1）营运资金＝流动资产－流动负债 （2）流动比率＝流动资产÷流动负债 （3）速动比率＝速动资产÷流动负债 （4）现金比率＝（货币资金＋交易性金融资产）÷流动负债

续表

	甲企业 2020 年末流动比率为 1.8，速动比率为 1，现金比率为 0.6。2020 年末和 2021 年末相关数据如下：（单位：万元）

流动资产	2021 年	2020 年	流动负债	2021 年	2020 年
货币资金	186	（A）	短期借款	160	*
应收账款	186	（B）	应付账款	90	*
存货	248	（C）	应交税金	60	*
流动资产合计	620	（D）	流动负债合计	310	200

示例

注：表中"*"表述省略的数值。

要求：

（1）确定表中字母所代表的数值（不需要列示计算过程）。

（2）计算 2021 年末的营运资金、流动比率、速动比率和现金比率。

【答案】

（1）A=120　　　　　　B=80　　　　　　C=160　　　　　　D=360

【解析】

现金比率 =A/200=0.6，A=120　　　　　速动比率 =（120+B）/200=1，B=80

流动比率 =D/200=1.8，D=360　　　　　存货 C=360-120-80=160

（2）营运资金 =620-310=310

　　　流动比率 =620/310=2

　　　速动比率 =（186+186）/310=1.2

　　　现金比率 =186/310=0.6。

▲【考点子题——举一反三，真枪实练】

[4]（历年真题·单选题）某公司当前的速动比率大于1，若用现金偿还应付账款，则对流动比率与速动比率的影响是（　　）。

A. 流动比率变小，速动比率变小　　　　　B. 流动比率变大，速动比率不变

C. 流动比率变大，速动比率变大　　　　　D. 流动比率不变，速动比率变大

[5]（历年真题·单选题）某企业目前的速动比率大于1，若其他条件不变，下列措施中，能够提高该企业速动比率的是（　　）。

A. 以银行存款偿还长期借款　　　　　　　B. 以银行存款购买原材料

C. 收回应收账款　　　　　　　　　　　　D. 以银行存款偿还短期借款

[6]（历年真题·单选题）下列财务指标中，最能反映企业即时偿付短期债务能力的是（　　）。

A. 权益乘数　　　B. 现金比率　　　C. 流动比率　　　D. 资产负债率

[7]（历年真题·多选题）下列各项中，属于速动资产的有（　　）。

A. 货币资金　　　B. 预收账款　　　C. 应收账款　　　D. 存货

第 10 章

[8]（历年真题·判断题）现金比率不同于速动比率之处主要在于剔除了应收款项对短期偿债能力的影响。（   ）

（二）长期偿债能力

长期偿债能力是指企业在较长的期间偿还债务的能力。

长期偿债能力

1.资产负债率＝（负债总额÷资产总额）×100%　　记忆技巧：分母分子率

【注意】从债权人的立场看，债务比率越低越好；从股东的立场看，在全部资本利润率高于借款利息率时，负债比率越大越好。从经营者的角度看，其进行负债决策时，更关注如何实现风险和收益的平衡。

2.产权比率＝（负债总额÷股东权益）×100%

★财务结构是否稳健的重要标志

产权比率债权人资本受股东权益保障的程度
权益乘数：表明每1元股东权益拥有的资产额。

3.权益乘数＝总资产÷股东权益

▲【特别提示】
三个比率的关系☞ 权益乘数=1+产权比率=1/（1-资产负债率）
三个比率是同向变动的。

4.利息保障倍数＝息税前利润÷应付利息

＝[净利润／（1-所得税税率）+利润表中的利息费用] ÷应付利息

分子的利息费用：财务费用中的利息费用

分母的利息费用：财务费用中的利息费用+资本化利息

⚠【考点母题——万变不离其宗】长期偿债能力分析

长期偿债能力指标	（1）下列各项中，反映长期偿债能力的指标有（ ）。
	A. 资产负债率　　B. 产权比率　　　C. 权益乘数　　　D. 利息保障倍数
	（2）下列关于资产负债率、产权比率、权益乘数之间关系的算式中，正确的有（ ）。
	A. 权益乘数 = 1/（1－资产负债率） B. 产权比率 = 资产负债率/（1－资产负债率） C. 权益乘数 = 1+ 产权比率
资产负债率	（3）下列关于资产负债率的表述中，正确的有（ ）。
	A. 资产负债率越低，表明企业资产对负债的保障能力越强，企业的长期偿债能力越强 B. 从债权人的立场看，债务比率越低越好，企业偿债有保证，贷款不会有太大风险 C. 从投资者的角度看，在全部资本利润率高于借款利息率时，负债比率越大越好，因为股东所得到的利润就越大 D. 从经营者的角度看，其进行负债决策时，更关注如何实现风险和收益的平衡

资产负债率	E.　资产负债率较低表明财务风险较低，但同时也意味着可能没有充分发挥财务杠杆的作用，盈利能力也较低 F.　较高的资产负债率表明较大的财务风险和较高的盈利能力
	（4）企业运用资产负债率时，需要考虑的因素有（　　）。
	A.　结合营业周期分析：营业周期短的企业，资产周转速度快，可以适当提高资产负债率 B.　结合资产构成分析：流动资产占的比率比较大的企业可以适当提高资产负债率 C.　结合企业经营状况分析：兴旺期间的企业可适当提高资产负债率 D.　结合客观经济环境分析：如利率和通货膨胀率水平。当利率提高时，会加大企业负债的实际利率水平，增加企业的偿债压力，这时企业应降低资产负债率
产权比率	（5）产权比率反映的信息有（　　）。
	A.　企业财务结构是否稳定 B.　债权人资本受股东权益保障的程度 C.　企业清算时对债权人利益的保障程度
	（6）下列关于产权比率的表述中，正确的有（　　）。
	A.　产权比率越低，表明企业长期偿债能力越强，债权人权益保障程度越高 B.　产权比率高，是高风险、高报酬的财务结构 C.　产权比率低，是低风险、低报酬的财务结构
权益乘数	（7）下列关于产权比率与权益乘数关系的算式中，正确的是（　　）。
	A.　权益乘数 = 1 + 产权比率
	（8）下列关于资产负债率与权益乘数关系的算式中，正确的是（　　）。
	A.　权益乘数 = 1/（1 − 资产负债率）
	（9）【判断金句】企业负债比例越高，权益乘数越大。
	（10）下列各项中，可以反映企业财务杠杆水平的指标有（　　）。
	A.　资产负债率　　B.　产权比率　　　C.　权益乘数
利息保障倍数	（11）下列关于利息保障倍数的表述中，正确的有（　　）。
	A.　利息保障倍数越高，长期偿债能力越强 B.　计算利息保障倍数的公式中，"应付利息"是指本期发生的全部应付利息，不仅包括财务费用中的利息费用，还应包括计入固定资产成本的资本化利息 C.　在短期内，利息保障倍数小于1也仍然具有利息支付能力，因为计算息税前利润时减去的一些折旧和摊销费用并不需要支付现金

【考点母题——万变不离其宗】长期偿债能力分析计算题

考点	计算资产负债率、产权比率、权益乘数和利息保障倍数。
公式	（1）资产负债率 = （负债总额 ÷ 资产总额）×100% （2）产权比率 = 负债总额 ÷ 所有者权益（或股东权益）×100% （3）权益乘数 = 总资产 ÷ 所有者权益（或股东权益） （4）利息保障倍数 = 息税前利润 ÷ 应付利息

续表

公式	$=\left[\dfrac{净利润}{(1-所得税税率)}+利润表中的利息费用\right]/应付利息$
	【注意】应付利息包括利润表中的利息费用和资本化的利息。
示例	甲企业 2021 年末资产总额为 8 000 万元，负债总额为 4 000 万元，年均利率为 10%，其中资本化利息为 100 万元。2021 年全年净利润为 225 万元，企业所得税税率为 25%。 要求：计算资产负债率、产权比率、权益乘数和利息保障倍数。 【答案】 资产负债率 =4 000/8 000×100%=50% 产权比率 =4 000/（8 000-4 000）×100%=100% 权益乘数 =8 000/（8 000-4 000）=2 利息保障倍数 =［225/（1-25%）+4 000×10%-100］/（4 000×10%）=1.5。

🔺【考点子题——举一反三，真枪实练】

[9]（历年真题·单选题）若企业的资产负债率为 60%，则其权益乘数为（　　）。

　　A. 0.4　　　　　　B. 2.5　　　　　　C. 1.6　　　　　　D. 1.5

[10]（历年真题·单选题）产权比率越高，通常反映的信息是（　　）。

　　A. 财务结构越稳健　　　　　　　　B. 长期偿债能力越强

　　C. 财务杠杆效应越强　　　　　　　D. 债权人权益的保障程度越高

[11]（经典子题·单选题）某企业的年度利润表和相关账簿资料显示：当期亏损 100 万元，财务费用中的利息支出为 300 万元，已经计入当期在建工程的利息支出为 100 万元，则该企业的利息保障倍数应当是（　　）。

　　A. 0.5　　　　　　B. 0.67　　　　　　C. 0.75　　　　　　D. 1

[12]（历年真题·单选题）关于产权比率指标和权益乘数指标之间的数量关系，下列表达式中正确的是（　　）。

　　A. 权益乘数 × 产权比率 =1　　　　B. 权益乘数 - 产权比率 =1

　　C. 权益乘数 + 产权比率 =1　　　　D. 权益乘数 / 产权比率 =1

[13]（历年真题·多选题）下列财务指标中，可以反映长期偿债能力的有（　　）。

　　A. 总资产周转率　　　　　　　　　B. 权益乘数

　　C. 产权比率　　　　　　　　　　　D. 资产负债率

[14]（历年真题·判断题）计算利息保障倍数时，"应付利息"指的是计入财务费用中的利息支出，不包括资本化利息。（　　）

[15]（经典子题·判断题）从股东的立场看，在全部资本利润率高于借款利息率时，负债比例越小越好，否则反之。（　　）

（三）影响偿债能力的其他因素

▲【考点母题——万变不离其宗】影响偿债能力的其他因素

下列各项因素中，影响偿债能力的有（　）。	
A. 可动用的银行贷款指标或授信额度	可以随时增加企业的支付能力；可以提高企业偿债能力。
B. 资产质量	资产质量越高，偿债能力越强。 如果企业存在很快变现的长期资产，会增加企业的短期偿债能力。
C. 或有事项和承诺事项	会增加企业的潜在偿债压力，降低偿债能力。

▲【考点子题——举一反三，真枪实练】

[16]（经典子题·多选题）下列各项因素中，影响企业偿债能力的有（　）。

　　A. 债务担保　　　　B. 未决诉讼　　　　C. 资产质量　　　　D. 授信额度

考点 5　营运能力分析

　　营运能力主要指资产运用、循环的效率高低。资金周转速度越快，说明企业的资金管理水平越高，资金利用效率越高，企业可以以较少的投入获得较多的收益。因此，营运能力指标是通过投入与产出（主要指收入）之间的关系反映。

$$营运能力（资产运用、循环效率）\longrightarrow \times\times资产周转率（次数） = \frac{周转额}{\times\times资产平均余额}$$

$$\longrightarrow \times\times资产周转期（天数） = \frac{计算期天数}{\times\times资产周转率}$$

▲【考点母题——万变不离其宗】营运能力分析

营运能力指标	（1）下列各项中，反映营运能力的指标有（　）。
	A. 应收账款周转率（次数）或天数　　　　B. 存货周转率（次数）或天数 C. 流动资产周转率（次数）或天数　　　　D. 固定资产周转率（次数）或天数 E. 总资产周转率（次数）或天数
应收账款周转率	（2）在计算和使用应收账款周转率指标时应注意的问题有（　）。
	A. 营业收入指扣除销售折扣和折让后的销售净额 B. 应收账款包括会计报表中"应收账款"和"应收票据"等全部赊销账款在内 C. 应收账款应为未扣除坏账准备的金额

应收账款周转率	（3）在一定时期内，应收账款周转次数多表明（　　）。 A．企业收账迅速，信用销售管理严格 B．应收账款流动性强，从而增强企业短期偿债能力 C．可以减少收账费用和坏账损失，相对增加企业流动资产的投资收益 D．应收账款管理效率高
存货周转率	（4）【判断金句】一般来讲，存货周转速度越快，存货占用水平越低，流动性越强，存货转化为现金或应收账款的速度就越快，这样会增强企业的短期偿债能力及盈利能力。
流动资产周转率	（5）【判断金句】在一定时期内，流动资产周转次数越多，表明以相同的流动资产完成的周转额越多，流动资产利用效果越好。
总资产周转率	（6）【判断金句】总资产的周转率指标用于衡量各项资产赚取收入的能力，经常与企业盈利能力的指标结合在一起，以全面评价企业的盈利能力。

▲【考点母题——万变不离其宗】营运能力分析计算题

考点	（1）计算应收账款周转次数和周转天数（收账期）；（2）计算存货周转次数和周转天数；（3）计算流动资产周转率（次数）；（4）计算固定资产周转率（次数）；（5）计算总资产周转率（次数）；（6）利用上述计算公式确定报表的相关数值。
公式	（1）应收账款周转次数＝营业收入÷应收账款平均余额 　　　应收账款周转天数＝计算期天数÷应收账款周转次数 　　　　　　＝计算期天数×应收账款平均余额÷营业收入 （2）存货周转次数＝营业成本÷存货平均余额 　　　存货周转天数＝计算期天数÷存货周转次数 　　　　　　＝计算期天数×存货平均余额÷营业成本 （3）流动资产周转次数＝营业收入÷流动资产平均余额 （4）固定资产周转次数＝营业收入÷平均固定资产 （5）总资产周转率＝营业收入÷平均资产总额
示例	1．甲企业2021年营业收入为800万元，营业成本为600万元，年平均应收账款为200万元，年平均存货为250万元，年平均流动资产为500万元，年平均固定资产为400万元，年平均总资产为1 000万元。假设一年按360天计算。 要求：（1）计算应收账款周转次数和周转天数（收账期）。（2）计算存货周转次数和周转天数。（3）计算流动资产周转率（次数）。（4）计算固定资产周转率（次数）。（5）计算总资产周转率（次数）。 【答案】 （1）应收账款周转次数＝营业收入÷应收账款平均余额＝800/200＝4（次） 　　　应收账款周转天数（收账期）＝计算期天数÷应收账款周转次数＝360/4＝90（天） （2）存货周转次数＝营业成本÷存货平均余额＝600/250＝2.4（次） 　　　存货周转天数＝计算期天数÷存货周转次数＝360/2.4＝150（天） （3）流动资产周转率（次数）＝营业收入÷流动资产平均余额＝800/500＝1.6（次）

续表

示例	（4）固定资产周转率（次数）＝营业收入 ÷ 平均固定资产 =800/400=2（次） （5）计算总资产周转率（次数）＝营业收入 ÷ 平均资产总额 =800/1 000=0.8（次）。
	2. 甲企业 2021 年营业收入为 800 万元，营业成本为 600 万元，应收账款周转次数为 4 次，存货周转次数为 2.4 次，总资产周转次数为 0.8 次。已知甲企业 2021 年期初相关资产的金额为：应收账款 180 万元，存货 200 万元，总资产 900 万元。 要求：计算甲企业 2021 年末应收账款、存货、总资产金额。 【答案】 （1）应收账款周转次数 =800/ 平均应收账款余额 =4（次） 　　　平均应收账款余额 =800/4=200（万元） 　　　或者：平均应收账款余额 =（180+ 期末应收账款余额）/2=200 　　　期末应收账款余额 =200×2-180=220（万元） （2）存货周转次数 ==600/ 平均存货余额 =2.4（次） 　　　平均存货余额 =600/2.4=250（万元） 　　　或者：平均存货余额 =（200+ 期末存货余额）/2=250 　　　期末存货余额 =250×2-200=300（万元） （3）总资产周转率（次数）=800/ 平均总资产余额 =0.8（次） 　　　平均总资产余额 =800/0.8=1 000（万元） 　　　或者：平均总资产余额 =（900+ 期末总资产余额）/2=1 000 　　　期末总资产余额 =1 000×2-900=1 100（万元）。

▲【考点子题——举一反三，真枪实练】

[17]（历年真题·多选题）下列各项中，影响应收账款周转率指标的有（　　）。

　　A. 应收票据　　　　B. 应收账款　　　　C. 预付账款　　　　D. 销售折扣与折让

[18]（历年真题·多选题）在一定时期内，应收账款周转次数多、周转天数少，表明（　　）。

　　A. 收账速度快　　　　　　　　　　B. 信用管理政策宽松

　　C. 应收账款流动性强　　　　　　　D. 应收账款管理效率高

[19]（历年真题·多选题）一般而言，存货周转次数增加，其所反映的信息有（　　）。

　　A. 盈利能力下降　　　　　　　　　B. 存货周转期延长

　　C. 存货流动性增强　　　　　　　　D. 资产管理效率提高

[20]（经典子题·判断题）一般来讲，存货周转速度越快，存货流动性越强，会增强企业的短期偿债能力及盈利能力。（　　）

[21]（历年真题·单选题）某企业年初资产总额为 600 万元，年末资产总额为 1 000 万元，当年营业收入为 1 200 万元，营业成本为 800 万元，则该企业总资产周转次数为（　　）。

　　A. 1 次　　　　　　B. 1.2 次　　　　　　C. 2 次　　　　　　D. 1.5 次

[22]（历年真题·判断题）总资产周转率可用于衡量企业全部资产赚取收入的能力，故根据该指标可以全面评价企业的盈利能力。（　　）

[23]（历年真题·单选题）某公司上期营业收入为1 000万元，本期期初应收账款为120万元，本期期末应收账款为180万元，本期应收账款周转率为8次，则本期的营业收入增长率为（　　）。

A. 20%　　　　　　B. 12%　　　　　　C. 18%　　　　　　D. 50%

考点6　盈利能力分析

盈利能力是企业获取利润、实现资金增值的能力。

盈利能力
1. 营业毛利率＝营业毛利÷营业收入×100%
2. 营业净利率＝净利润÷营业收入×100%
3. 总资产净利率＝（净利润÷平均总资产）×100%
4. 净资产收益率＝（净利润÷平均所有者权益）×100%

记忆技巧：分母分子率

【注意】该指标是企业盈利能力指标的核心，也是杜邦财务指标体系的核心，更是投资者关注的重点。

【考点母题——万变不离其宗】盈利能力分析

盈利能力指标	（1）下列各项中，反映盈利能力的指标有（　　）。
	A. 营业毛利率　　B. 营业净利率　　C. 总资产净利率　　D. 净资产收益率
营业毛利率	（2）下列盈利能力分析指标中，通过与同行其他企业相同指标的比较，可以反映企业产品市场竞争地位的是（　　）。
	A. 营业毛利率
净资产收益率	（3）企业盈利能力分析的核心指标是（　　）。
	A. 净资产收益率
	（4）下列盈利能力分析指标中，反映权益资本盈利能力的是（　　）。
	A. 净资产收益率
	（5）【判断金句】一般来说，净资产收益率越高，所有者和债权人的利益保障程度越高。但净资产收益率不是一个越高越好的概念，分析时要注意企业的财务风险。

▲【考点母题——万变不离其宗】盈利能力分析计算题

考点	计算营业毛利率、营业净利率、总资产净利率、净资产收益率。
公式	（1）营业毛利率 = 营业毛利 / 营业收入 ×100% 　　　其中：营业毛利 = 营业收入 - 营业成本 （2）营业净利率 = 净利润 / 营业收入 ×100% （3）总资产净利率 = 净利润 / 平均总资产 ×100% （4）净资产收益率 = 净利润 / 平均所有者权益 ×100%
示例	甲企业 2021 年营业收入为 1 000 万元，营业成本为 600 万元，净利润为 200 万元。甲企业 2021 年平均总资产为 2 000 万元，平均总负债为 1 200 万元。 要求：计算营业毛利率、营业净利率、总资产净利率、净资产收益率。 【答案】 （1）营业毛利率 = 营业毛利 / 营业收入 ×100%=（1 000–600）/1 000 ×100%=40% （2）营业净利率 = 净利润 / 营业收入 ×100%=200/1 000 ×100%=20% （3）总资产净利率 = 净利润 / 平均总资产 ×100%=200/2 000 ×100%=10% （4）净资产收益率 = 净利润 / 平均所有者权益 ×100%=200/（2 000 – 1 200）×100%=25%。

▲【考点子题——举一反三，真枪实练】

[24]（历年真题·单选题）假定其他条件不变，下列各项经济业务中，会导致公司总资产净利率上升的是（　　）。

　A. 收回应收账款　　　　　　　　B. 用资本公积转增股本

　C. 用银行存款购入生产设备　　　D. 用银行存款归还银行借款

[25]（经典子题·判断题）净资产收益率越高，所有者和债权人利益保障程度越高，因此，净资产收益率越高越好。（　　）

[26]（历年真题·计算题）丁公司 20×7 年末的资产负债表（简表）如下。

资产负债表（简表）　　　　单位：万元

资产	年末数	负债和所有者权益	年末数
货币资金	450	短期借款	（A）
应收账款	250	应付账款	280
存货	400	长期借款	700
非流动资产	1 300	所有者权益合计	（B）
资产总计	2 400	负债和所有者权益总计	2 400

20×7 年营业收入为 1 650 万元，营业成本为 990 万元，净利润为 220 万元，应收账款年初余额为 150 万元，存货年初余额为 260 万元，所有者权益年初余额为 1 000 万元。该公司的年末流动比率为 2.2。

第 10 章

要求：

（1）计算上表中字母 A 和 B 所代表的项目金额。

（2）每年按 360 天计算，计算应收账款周转次数、存货周转天数和营业毛利率。

考点7　发展能力分析

指标	计算公式	指标衡量
营业收入增长率	$\dfrac{\text{本年营业收入增长额}}{\text{上年营业收入}}\times100\%$	经营状况和市场占有率
总资产增长率	$\dfrac{\text{本年资产增长额}}{\text{上年资产总额}}\times100\%$	资产经营规模、扩张的速度
营业利润增长率	$\dfrac{\text{本年营业利润增长额}}{\text{上年营业利润总额}}\times100\%$	营业利润增减变动情况
资本保值增值率	$\dfrac{\text{扣除客观因素影响后的期末所有者权益}}{\text{期初所有者权益}}\times100\%$	衡量盈利能力
所有者权益增长率	$\dfrac{\text{本年所有者权益增长额}}{\text{年初所有者权益}}\times100\%$	应对风险、持续发展的能力

【考点母题——万变不离其宗】发展能力分析

发展能力指标	（1）下列各项中，反映发展能力的指标有（　　）。 A. 营业收入增长率　　　B. 总资产增长率　　　C. 营业利润增长率 D. 资本保值增值率　　　E. 所有者权益增长率
营业收入增长率	（2）衡量企业经营状况和市场占有能力、预测企业经营业务拓展趋势的重要指标是（　　）。
	A. 营业收入增长率
资本保值增值率	（3）扣除客观因素（本期利润留存之外的导致所有者权益变动的因素）影响后的所有者权益的期末总额与期初总额之比是（　　）。
	A. 资本保值增值率
	（4）【判断金句】资本保值增值率既是衡量发展能力的指标，也是衡量企业盈利能力的重要指标。这一指标的高低，除了受企业经营成果的影响外，还受企业利润分配政策影响。

【考点子题——举一反三，真枪实练】

[27]（历年真题·单选题）下列各项财务分析指标中，能反映企业发展能力的是（　　）。

　　A. 净资产收益率　　B. 资本保值增值率　C. 现金运营指数　　D. 权益乘数

[28]（历年真题·判断题）计算资本保值增值率时，期末所有者权益的计量应当考虑利润分配政策及投入资本的影响。（　　）

考点 8　现金流量分析

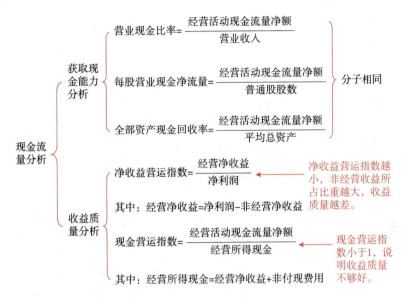

▲【考点母题——万变不离其宗】现金流量分析

获取现金能力的指标	（1）下列各项指标中，反映获取现金能力的有（　　）。
	A．营业现金比率　　　　B．每股营业现金净流量　　C．全部资产现金回收率
	（2）【判断金句】每股营业现金净流量指标反映企业最大的分派现金股利的能力。
收益质量分析	（3）反映收益质量的指标有（　　）。
	A．净收益营运指数　　　　B．现金营运指数
	（4）下列关于收益质量的表述中，正确的有（　　）。
	A．收益质量是指会计收益与公司业绩之间的相关性 B．净收益营运指数越小，说明非经营收益所占比重越大，收益质量越差 C．非经营收益不反映公司的核心能力及正常的收益能力，可持续性较低 D．现金营运指数小于1，说明可能有一部分收入尚未取得现金，收益质量不够好；现金营运指数大于1，说明收益质量好

▲【考点母题——万变不离其宗】现金流量分析计算题

考点	1．获取现金能力分析 计算营业现金比率、每股营业现金净流量和全部资产现金回收率。 2．收益质量分析 （1）计算净收益营运指数和现金营运指数；（2）评价收益质量，并说明理由。

续表

公式	（1）营业现金比率＝经营活动现金流量净额÷营业收入 （2）每股营业现金净流量＝经营活动现金流量净额÷普通股股数 （3）全部资产现金回收率＝经营活动现金流量净额÷平均总资产×100% （4）净收益营运指数＝经营净收益÷净利润 　　其中：经营净收益＝净利润－非经营净收益 （5）现金营运指数＝经营活动现金流量净额÷经营所得现金 　　经营所得现金＝经营净收益＋非付现费用
示例	甲企业2021年平均总资产为10 000万元，发行在外普通股股数平均为1 000万股。当年营业收入为13 000万元，净利润为2 000万元，其中非经营净收益为200万元，非付现费用为800万元，经营活动现金净流量为1 300万元。 要求： （1）计算营业现金比率、每股营业现金净流量和全部资产现金回收率。 （2）计算净收益营运指数和现金营运指数。 （3）评价该公司收益质量，并说明理由。 【答案】 （1）营业现金比率＝经营活动现金流量净额÷营业收入＝1 300/13 000=10% 　　每股营业现金净流量＝经营活动现金流量净额÷普通股股数＝1 300/1 000=1.3 　　全部资产现金回收率＝经营活动现金流量净额÷平均总资产×100%=1 300/10 000=13% （2）净收益营运指数＝经营净收益÷净利润＝（2 000–200）/2 000=0.9 　　现金营运指数＝经营活动现金流量净额÷经营所得现金＝1 300/（2 000–200+800）=0.5 （3）该公司收益质量较差，因为净收益营运指数和现金营运指数均小于1。

▲【考点子题——举一反三，真枪实练】

[29]（历年真题·单选题）下列财务分析指标中，能够反映收益质量的是（　　）。

　　A. 现金营运指数　　B. 每股收益　　　　C. 净资产收益率　　D. 营业毛利率

[30]（历年真题·判断题）净收益营运指数越大，收益质量越差。（　　）

[31]（历年真题·单选题）关于获取现金能力的有关财务指标，下列表述中正确的是（　　）。

　　A. 全部资产现金回收率指标不能反映公司获取现金的能力

　　B. 用长期借款方式购买固定资产会影响营业现金比率

　　C. 公司将销售政策由赊销调整为现销方式后，不会对营业现金比率产生影响

　　D. 每股营业现金净流量是经营活动现金流量净额与普通股股数之比

[32]（历年真题·单选题）下列各项中，不属于获取现金能力分析指标的是（　　）。

　　A. 全部资产现金回收率　　　　　　　　B. 现金比率

　　C. 营业现金比率　　　　　　　　　　　D. 每股营业现金净流量

[33]（历年真题·判断题）进行收益质量分析时，净收益营运指数越大，非经营收益所占比重越小，收益质量越好。（　　）

[34]（历年真题·计算题）丁公司 20×8 年 12 月 31 日总资产为 600 000 元，其中流动资产为 450 000 元，非流动资产为 150 000 元；股东权益为 400 000 元。

丁公司年度运营分析报告显示，20×8 年的存货周转次数为 8 次，营业成本为 500 000 元，净资产收益率为 20%，非经营净收益为 –20 000 元。期末的流动比率为 2.5。

要求：（1）计算 20×8 年存货平均余额；（2）计算 20×8 年末流动负债；（3）计算 20×8 年净利润；（4）计算 20×8 年经营净收益；（5）计算 20×8 年净收益营运指数。

第三节 上市公司财务分析

 上市公司特殊财务分析指标

▲▲▲【考点母题——万变不离其宗】每股收益计算题

考点	（1）计算发行在外普通股的加权平均数；（2）计算基本每股收益；（3）计算潜在普通股转股增加的净利润；（4）计算潜在普通股转股增加的股数；（5）计算稀释每股收益。
公式	（1）发行在外普通股的加权平均数 = 期初发行在外普通股股数 + 当期新发普通股股数 × 已发行时间 ÷ 报告期时间 – 当期回购普通股股数 × 已回购时间 ÷ 报告期时间 【提示】送红股（发放股票股利）视同年初就已经存在，不用考虑发放时间。 （2）基本每股收益 = $\dfrac{\text{归属于公司普通股股东的净利润}}{\text{发行在外的普通股加权平均数}}$ （3）潜在普通股（可转换债券）转股增加的净利润 = 可转换债券面值 × 年利率 × 已发行时间 ÷ 报告期时间 ×（1–25%） （4）可转换债券转股增加的股数 = 可转换债券面值 ÷ 转换价格 × 已发行时间 ÷ 报告期时间 认股权证或股份期权行权增加的普通股股数 = 行权认购的股数 ×（1– 行权价格 / 普通股平均市场价格） 【提示】：计算稀释每股收益时，作为分子的净利润一般不变，分母的调整项目为增加的普通股股数，同时考虑时间权数。 （5）稀释每股收益 =（归属于普通股股东的净利润 + 潜在普通股（可转换债券）转股增加的净利润）/（发行在外普通股加权平均数 + 潜在普通股转股增加的股数）
示例	某上市公司 2021 年年初普通股股数为 30 000 万股，2021 年 3 月 1 日按 10:2 发放股票股利。7 月 1 日增发普通股 20 000 万股。10 月 1 日按面值发行年利率 3% 的可转换公司债券，面值 10 000 万元，期限为 5 年，利息每年末支付一次，发行结束一年后可以转换股票，转换价格为每股 5 元，即每 100 元债券可转换为 1 元面值的普通股 20 股。2021 年该公司归属于普通股股东的净利润为 34 500 万元，债券利息不符合资本化条件，直接计入当期损益，所得税税率 25%。假设不考虑可转换公司债券在负债成分和权益成分之间的分拆，且债券票面利率等于实际利率。 要求： （1）计算发行在外普通股的加权平均数。 （2）计算基本每股收益。 （3）计算可转换公司债券转股增加的净利润。 （4）计算可转换公司债券股增加的股数。

示例	（5）计算稀释每股收益。 【答案】 （1）发行在外普通股的加权平均数 = 期初发行在外普通股股数 + 当期新发普通股股数 × 已发行时间 ÷ 报告期时间 – 当期回购普通股股数 × 已回购时间 ÷ 报告期时间 $\qquad$ =30 000+ 30 000 ×2/10+20 000×6/12=46 000（万股） （2）基本每股收益 $=\dfrac{\text{归属于公司普通股股东的净利润}}{\text{发行在外的普通股加权平均数}}$ =34 500÷46 000=0.75（元） （3）潜在普通股转股增加的净利润 = 可转换债券面值 × 年利率 × 已发行时间 ÷ 报告期时间 ×（1–25%） $\qquad$ =10 000×3%×3/12×（1–25%）=56.25（万元） （4）潜在普通股转股增加的股数 = 可转换债券面值 ÷ 转换价格 × 已发行时间 ÷ 报告期时间 $\qquad$ =10 000/5×3/12=500（万股） （5）增量股的每股收益 =56.25÷500=0.1125（元） 增量股的每股收益小于原每股收益，可转换债券具有稀释作用。 稀释每股收益 =（归属于普通股股东的净利润 + 潜在普通股（可转换债券）转股增加的净利润）/（发行在外普通股加权平均数 + 潜在普通股转股增加的股数） $\qquad$ =（34 500 + 56.25）/（46 000 + 500）=0.74（元）。

▲【考点母题——万变不离其宗】每股收益指标应用

潜在 普通股	（1）下列各项中，属于潜在普通股的有（　　）。
	A. 可转换公司债券　　　　　B. 认股权证　　　　　C. 股份期权
	（2）【判断金句】认股权证、股份期权等的行权价格低于当期普通股平均市场价格时，应当考虑其稀释性。
每股收益 的应用	（3）【判断金句】每股收益指标适合不同行业、不同规模的上市公司之间比较，每股收益越高，表明投资价值越大；否则反之。
	（4）【判断金句】每股收益越高，表明投资价值越大，但不能反映股票的风险水平。

▲【考点子题——举一反三，真枪实练】

[35]（历年真题·多选题）下列各项中，属于企业计算稀释每股收益时应当考虑的潜在普通股有（　　）。

A. 认股权证　　　　B. 股份期权　　　　C. 公司债券　　　　D. 可转换公司债券

[36]（经典子题·单选题）某上市公司 2020 年年末的股数为 10 000 万股，2021 年 3 月 18 日，经公司 2020 年度股东大会决议，以截止到 2020 年年末公司总股数为基础，向全体股东每 10 股送红股 4 股，工商注册登记变更已完成。2021 年 9 月 30 日发行新股 3 200 万股。2021 年度归属于普通股股东的净利润为 7 400 万元。则 2021 年公司的基本每股收益为（　　）元／股。

A. 0.43   B. 0.50   C. 0.60   D. 0.54

[37]（历年真题·判断题）在计算稀释每股收益时，当认股权证的行权价格低于当期普通股平均市场价格时，应当考虑稀释性。（　　）

[38]（历年真题·多选题）在其他因素不变的情况下，下列各项业务中，有可能导致每股收益降低的有（　　）。

A. 回购股票   B. 发放股票股利   C. 进行股票分割   D. 增发普通股

[39]（经典子题·多选题）下列关于每股收益的表述中，不正确的有（　　）。

A. 每股收益越高表明投资价值越大

B. 每股收益能反映股票的风险水平

C. 在不同行业、不同规模的上市公司之间每股收益具有相当大的可比性

D. 每股收益多意味着每股股利多

[40]（历年真题·计算题）甲公司是一家制造企业，近几年公司生产经营比较稳定，并假定产销平衡，公司结合自身发展和资本市场环境，以利润最大化为目标，并以每股收益作为主要评价指标。有关资料如下：

资料一：2017 年度的实际产销量与上年末的预计有出入，当年实际归属于普通股股东的净利润为 8 400 万元，2017 年初，公司发行在外的普通股数为 3 000 万股，2017 年 9 月 30 日，公司增发普通股 2 000 万股。

资料二：2018 年 7 月 1 日，公司发行可转换债券一批，债券面值为 8 000 万元，期限为 5 年，2 年后可以转换为本公司的普通股，转换价格为每股 10 元，可转换债券当年发生的利息全部计入当期损益，其对于公司当年净利润的影响数为 200 万元。公司当年归属于普通股股东的净利润为 10 600 万元，公司适用的企业所得税税率为 25%。

资料三：2018 年末，公司普通股的每股市价为 31.8 元，同行业类似可比公司的市盈率均在 25 左右（按基本每股收益计算）。

要求：

（1）根据资料一，计算公司 2017 年的基本每股收益。

（2）根据资料一和资料二，计算公司 2018 年的基本每股收益和稀释每股收益。

（3）根据要求（2）基本每股收益的计算结果和资料三，计算公司 2018 年年末市盈率，并初步判断市场对于该公司的收益预期。

✿【考点母题——万变不离其宗】其他上市公司特殊财务分析指标计算题

考点	计算每股股利、股利发放率、市盈率、每股净资产和市净率。
公式	（1）每股股利 = 现金股利总额 ÷ 年末发行在外的普通股股数 （2）股利发放率 = 每股股利 ÷ 每股收益 （3）市盈率 = 每股市价 ÷ 每股收益 （4）每股净资产 = 期末普通股净资产 ÷ 期末发行在外的普通股股数 （5）市净率 = 每股市价 ÷ 每股净资产
示例	甲公司 2021 年末净资产为 200 000 万元，发行在外的普通股股数为 100 000 万股，归属普通股股东的净利润为 120 000 万元，计划发放现金股利 60 000 万元。甲公司股票价格为 12 元 / 股。 要求：计算每股股利、股利发放率、市盈率、每股净资产和市净率。 【答案】 每股股利 = 现金股利总额 ÷ 年末发行在外的普通股股数 =60 000/100 000=0.6（元） 股利发放率 = 现金股利 ÷ 净利润 =60 000/120 000×100%=50% 市盈率 = 每股市价 ÷ 每股收益 =12/（120 000/100 000）=10（倍） 每股净资产 = 期末普通股净资产 ÷ 期末发行在外的普通股股数 =200 000/100 000=2（元） 市净率 = 每股市价 ÷ 每股净资产 =12/2=6（倍）。

✿【考点母题——万变不离其宗】上市公司特殊财务指标分析

每股股利	（1）【判断金句】上市公司每股股利发放多少，除了受上市公司盈利能力大小影响以外，还取决于企业的股利分配政策和投资机会。
股利发放率	（2）通过某一指标，投资者可以了解一家上市公司的股利发放政策，该指标是（　　）
	A．股利发放率
市盈率	（3）下列关于市盈率的表述中，正确的有（　　）。
	A．市盈率是股票市场上反映股票投资价值的重要指标，该比率的高低反映了市场上投资者对股票投资收益和投资风险的预期 B．市盈率越高，意味着投资者对股票的收益预期越看好，投资价值越大；反之，投资者对该股票评价越低 C．市盈率越高，说明投资于该股票的风险越大；市盈率越低，说明投资于该股票的风险越小 D．如果每股收益很小或接近亏损，由于股票市价不会降至为零，会导致市盈率极高，此时很高的市盈率不能说明任何问题
	（4）影响企业股票市盈率的因素有（　　）。
	A．上市公司盈利能力的成长性　　　B．投资者获取收益率的稳定性 C．利率水平变动
	（5）【判断金句】市盈率的缺陷表现在：一是非理性因素存在使股票价格偏离其内在价值。二是由于信息不对称等，投资者可能对股票做出错误估计。
每股净资产	（6）理论上，股票的最低价值是（　　）。

第 10 章

每股净资产	A. 每股净资产
	(7)【判断金句】如在企业性质相同、股票市价相近的条件下，某一企业股票的每股净资产越高，则企业发展潜力与其股票的投资价值越大，投资者所承担的投资风险越小。
市净率	(8)【判断金句】一般来说，市净率较低的股票，投资价值较高；反之，则投资价值较低。

▲【考点子题——举一反三，真枪实练】

[41]（经典子题·单选题）某公司2021年的每股收益为1元，每股净资产为2元。如果目前的市盈率为20倍，则该公司市净率为（　）倍。

A. 20　　　　　B. 10　　　　　C. 15　　　　　D. 30

[42]（经典子题·单选题）下列各项财务指标中，能够综合反映企业成长性和投资风险的是（　）。

A. 市盈率　　　B. 每股收益　　　C. 营业净利率　　　D. 每股净资产

[43]（历年真题·判断题）通过横向和纵向对比，每股净资产指标可以作为衡量上市公司股票投资价值的依据之一。（　）

[44]（经典子题·判断题）公司盈利能力的成长性和稳定性是影响其市盈率的重要因素。（　）

[45]（历年真题·判断题）上市公司盈利能力越强，股利发放就越多。（　）

[46]（历年真题·计算题）丁公司是一家创业板上市公司，20×6年度营业收入为20 000万元，营业成本为15 000万元，财务费用为600万元（全部为利息支出），利润总额为2 000万元，净利润为1500万元，非经营净收益为300万元。此外，资本化的利息支出为400万元。丁公司存货年初余额为1000万元，年末余额为2 000万元，公司全年发行在外的普通股加权平均数为10 000万股，年末每股市价为4.5元。

要求：（1）计算营业净利率；（2）计算利息保障倍数；（3）计算净收益营运指数；（4）计算存货周转率；（5）计算市盈率。

考点10　管理层讨论与分析

▲【考点母题——万变不离其宗】管理层讨论与分析

性质	(1) 下列关于管理层讨论与分析的表述，正确的有（　）。
	A. 它是定期财务报告的一个组成部分
	B. 它披露报表及附注中没有得到充分揭示，但对投资者决策有用的信息
披露内容	(2) 上市公司"管理层讨论与分析"主要包括（　）。
	A. 对财务报告期间有关经营业绩变动的解释
	B. 对企业财务报表中所描述的财务状况和经营成果的解释

续表

披露内容	C. 对企业未来发展的前瞻性判断 D. 对经营中固有风险和不确定性的揭示 E. 对企业未来发展前景的预期
披露要求	（3）【判断金句】我国上市公司"管理层讨论与分析"信息披露遵循的原则是强制与自愿相结合。

▲【考点子题——举一反三，真枪实练】

[47]（历年真题·单选题）我国上市公司"管理层讨论与分析"信息披露遵循的原则是（　）。

A. 自愿原则

B. 强制原则

C. 不定期披露原则

D. 强制与自愿相结合原则

[48]（经典子题·多选题）上市公司年度报告信息披露中，"管理层讨论与分析"披露的主要内容有（　）。

A. 对报告期间经营状况的评价分析

B. 对未来发展趋势的前瞻性判断

C. 注册会计师审计意见

D. 会计报表附注

[49]（历年真题·多选题）关于上市公司管理层讨论与分析，正确的有（　）。

A. 管理层讨论与分析是对本公司过去经营状况的评价，而不对未来发展作前瞻性判断

B. 管理层讨论与分析包括报表及附注中没有得到充分揭示，而对投资者决策有用的信息

C. 管理层讨论与分析包括对财务报告期间有关经营业绩变动的解释

D. 管理层讨论与分析不是定期报告的组成部分，并不要求强制性披露

第四节　财务评价与考核

考点 11　企业综合绩效分析的方法

（一）杜邦分析法

杜邦分析法将净资产收益率（权益净利率）分解如下图：

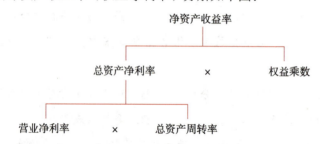

♦【考点母题——万变不离其宗】杜邦分析体系

净资产收益率	（1）下列各项指标中，决定净资产收益率高低的有（　　）。 A. 营业净利率　　　　　　　　B. 总资产周转率 C. 权益乘数（或资产负债率）　　D. 总资产净利率
	（2）【判断金句】净资产收益率是一个综合性最强的财务分析指标，是杜邦分析体系的起点。
总资产净利率	（3）下列各项指标中，决定总资产净利率高低的有（　　）。 A. 营业净利率　　　　　　　　　B. 总资产周转率
总资产周转率	（4）下列各项因素中，属于影响总资产周转率的有（　　）。 A. 营业收入　　　　　　B. 资产总额　　　　　　C. 资产结构

♦【考点母题——万变不离其宗】杜邦分析计算题

考点	（1）计算营业净利率、总资产周转率、权益乘数；（2）计算总资产净利率；（3）计算净资产收益率；（4）计算营业净利率、总资产周转率、权益乘数变化对净资产收益率的影响。
公式	（1）营业净利率 = 净利润 / 营业收入 　　　总资产周转率 = 营业收入 / 平均总资产 　　　权益乘数 = 平均总资产 / 平均所有者权益 （2）总资产净利率 = 营业净利率 × 总资产周转率 （3）净资产收益率 = 营业净利率 × 总资产周转率 × 权益乘数 （4）净资产收益率的变化 = 净资产收益率$_1$ - 净资产收益率$_0$。

续表

公式	营业净利率变化的影响 =（营业净利率$_1$ – 营业净利率$_0$）× 总资产周转率$_0$ × 权益乘数$_0$。 总资产周转率变化的影响 = 营业净利率$_1$ ×（总资产周转率$_1$ – 总资产周转率$_0$）× 权益乘数$_0$。 权益乘数变化的影响 = 营业净利率$_1$ × 总资产周转率$_1$ ×（权益乘数$_1$ – 权益乘数$_0$） 【说明】1 代表分析期，0 代表基期。采用连环替代，算式中指标顺序保持不变。

示例	甲公司为一家上市公司，2021 年营业收入为 100 亿元，净利润为 10 亿元。该公司 2020 年和 2021 年总资产分别为 95 亿元和 105 亿元，股东权益分别为 40 亿元和 60 亿元。2020 年和 2021 年相关财务指标，如表 1 所示：

表1 相关财务指标

项目	2020 年	2021 年
营业净利率	12%	（A）
总资产周转率（次数）	0.6	（B）
权益乘数	1.8	（C）

要求：

（1）确定表 1 中字母所代表的数值（不需要列示计算过程）。

（2）利用杜邦分析法，计算甲公司 2020 年和 2021 年净资产收益率。

（3）计算甲公司 2020 年和 2021 年净资产收益率的差异。

（4）利用因素分析法依次测算营业净利率、总资产周转率和权益乘数的变动时甲公司 2021 年净资产收益率变化的影响。

【答案】

（1）A=10/100=10%；B=100/［（95+105）/2］=1；C=［（95+105）/2］/［（40+60）/2］=2

（2）2020 年净资产收益率 =12%×0.6×1.8=12.96%

2021 年净资产收益率 =10%×1×2=20%

（3）净资产收益率的差异 =20%–12.96%=7.04%

（4）营业净利率变化的影响 =（10%–12%）×0.6×1.8=-2.16%

总资产周转率变化的影响 =10%×（1–0.6）×1.8=7.2%

权益乘数变化的影响 =10%×1×（2–1.8）=2%。

🔺【考点子题——举一反三，真枪实练】

[50]（历年真题·单选题）关于杜邦分析体系所涉及的财务指标，下列表述错误的是（ ）。

A. 总资产收益率是杜邦分析体系的起点

B. 营业净利率可以反映企业的盈利能力

C. 总资产周转率可以反映企业的营运能力

D. 权益乘数可以反映企业的偿债能力

[51]（历年真题·单选题）某企业的营业净利率为 20%，总资产净利率为 30%，则总资产周转率为（ ）次。

A. 0.1　　　　　　B. 0.5　　　　　　C. 0.67　　　　　　D. 1.5

[52]（经典子题·单选题）下列措施中，不能提高净资产收益率的是（　　）。

A. 提高总资产周转次数　　　　　B. 降低资产负债率

C. 提高营业净利率　　　　　　　D. 提高权益乘数

[53]（历年真题·判断题）净资产收益率是一个综合性比较强的财务分析指标，是杜邦财务分析体系的起点。（　　）

[54]（历年真题·计算题）丁公司20×5年12月31日的资产负债表显示：资产总额年初数和年末数分别为4 800万元和5 000万元，负债总额年初数和年末数分别为2 400万元和2 500万元，丁公司20×5年度营业收入为7 350万元，净利润为294万元。

要求：（1）根据年初、年末平均值，计算权益乘数；（2）计算总资产周转率；（3）计算营业净利率；（4）根据要求（1）、（2）、（3）的计算结果，计算总资产净利率和净资产收益率。

（二）经济增加值

▲【考点母题——万变不离其宗】经济增加值

含义	（1）下列关于经济增加值（EVA）的表述中，正确的有（　　）。
	A. 经济增加值是指税后净营业利润扣除全部投入资本的成本后的剩余收益 B. 经济增加值是从股东角度去评价企业经营者有效使用资本和为企业创造价值的业绩评价指标 C. 经济增加值为正，表明经营者为企业创造价值；经济增加值为负，表明经营者在损毁企业价值
	（2）从股东角度去评价企业经营者有效使用资本和为企业创造价值的业绩评价指标是（　　）。
	A. 经济增加值
	（3）【判断金句】与经济增加值相比，传统绩效评价方法大多只是从反映某方面的会计指标来度量公司绩效，无法体现股东资本的机会成本及股东财富的变化。
公式	经济增加值＝税后净营业利润－平均资本占用×加权平均资本成本 其中：税后净营业利润＝净利润＋利息费用×（1-25%） 　　　　　　　　　　＝息税前利润×（1-25%）
示例	某集团公司现有A、B两个部门，相关财务数据如下： （1）A部门的净营业利润为700万元，资产总额为4 000万元，加权平均资本成本为12%。 （2）B部门的净利润为500万元，利息费用200万元，资产总额为4 200万元，加权平均资本成本为13%。

示例	假设没有需要调整的项目，适用的所得税税率为 25%。计算 A、B 两个部门的经济增加值，并对其进行评价。 【答案】 A 部门的经济增加值 =700-4 000×12%=220（万元） B 部门的经济增加值 =500+200×（1-25%）-4 200×13%=104（万元） 从经济增加值角度来看，A 部门的绩效更好。
优点	（4）下列关于经济增加值优点的表述中，正确的是（ ）。
	A. 经济增加值考虑了股东资本的机会成本，能够真实地反映公司的经营业绩，体现企业最终经营目标
缺点	（5）下列关于经济增加值缺点的表述中，正确的有（ ）。
	A. 经济增加值仅能衡量企业当前或预判未来 1-3 年的价值创造情况，无法衡量企业长远发展战略的价值创造 B. 经济增加值指标计算主要基于财务指标，无法对企业进行综合评价 C. 由于不同行业、不同规模、不同成长阶段等的公司，其会计调整和加权平均资本成本各不相同，故该指标的可比性较差 D. 如何计算经济增加值尚存许多争议，这些争议不利于建立一个统一的规范，使得该指标往往主要用于一个公司的历史分析以及内部评价

【考点子题——举一反三，真枪实练】

[55]（历年真题·判断题）与净资产收益率相比，经济增加值绩效评价方法考虑了全部资本的机会成本，能更真实地反映企业的价值创造。（ ）

[56]（历年真题·单选题）关于经济增加值绩效评价方法，下列表述错误的是（ ）。

A. 经济增加值的计算主要基于财务指标，无法对企业进行综合评价

B. 同时考虑了债务资本成本和股权资本成本

C. 适用于对不同规模的企业绩效进行横向比较

D. 有助于实现经营者利益与企业利益的统一

[57]（经典子题·单选题）某上市公司息税前利润为 8 400 万元，平均资本占用为 50 000 万元，利息费用为 400 万元，股权资本成本为 8%，加权平均资本成本为 6%。假设没有需要调整的项目。则该公司的经济增加值为（ ）万元。

A. 2 100   B. 2 300   C. 3 000   D. 3 300

考点 12 综合绩效评价

🔺【考点母题——万变不离其宗】综合绩效评价指标

财务绩效定量评价	（1）根据综合绩效评价的相关原理，财务绩效定量评价的内容有（　　）。		
	A. 盈利能力　　B. 资产质量　　　　　　C. 债务风险　　D. 经营增长		
盈利能力状况	（2）下列指标中，能够评价盈利能力状况的有（　　）。		
	基本指标	A. 净资产收益率	B. 总资产收益率
	修正指标	A. 销售（营业）利润率　　　　B. 利润现金保障倍数 C. 成本费用利润率　　　　　　D. 资本收益率	
资产质量状况	（3）下列指标中，能够评价资产质量状况的有（　　）。		
	基本指标	A. 总资产周转率	B. 应收账款周转率
	修正指标	A. 不良资产比率　　　　　　　B. 流动资产周转率 C. 资产现金回收率	
债务风险状况	（4）下列指标中，能够评价债务风险状况的有（　　）。		
	基本指标	A. 资产负债率	B. 已获利息倍数
	修正指标	A. 速动比率　　　　　　　　　B. 现金流动负债比率 C. 带息负债比率　　　　　　　D. 或有负债比率	
经营增长状况	（5）下列指标中，能够评价经营增长状况的有（　　）。		
	基本指标	A. 销售（营业）增长率	B. 资本保值增值率
	修正指标	A. 销售（营业）利润增长率　　B. 总资产增值率 C. 技术投入比率	
管理绩效定性评价	（6）根据综合绩效评价的相关原理，管理绩效定性评价内容有（　　）。		
	A. 战略管理　　B. 经营决策　　C. 发展创新　　D. 风险控制 E. 基础管理　　F. 人力资源　　G. 行业影响　　H. 社会贡献		
	（7）【判断金句】管理绩效定性评价是指在企业财务绩效定量评价的基础上，通过采取专家评议的方式，对企业一定期间的经营管理水平进行定性分析与综合评判。		

🔺【考点子题——举一反三，真枪实练】

[58]（历年真题·单选题）下列财务绩效定量评价指标中，属于企业盈利能力基本指标的是（　　）。

A. 营业利润增长率

B. 总资产收益率

C. 总资产周转率

D. 资本保值增值率

[59]（历年真题·多选题）企业综合绩效评价可分为财务绩效定量评价与管理绩效定性评价两部分。下列各项中，属于财务绩效定量评价内容的有（　　）。

A. 盈利能力 B. 资产质量

C. 债务风险 D. 经营增长

[60]（经典子题·多选题）下列财务绩效定量评价指标中，能够评价企业资产质量状况的有（　　）。

A. 应收账款周转率 B. 不良资产比率

C. 总资产增长率 D. 资产负债率

[本章考点子题答案及解析]

[1]【答案：B】效率比率是某项财务活动中所费与所得的比率，反映投入与产出的关系。利用效率比率指标，可以进行得失比较，考察经营成果，评价经济效益。如成本利润率、营业利润率。选项 B 正确。

[2]【答案：C】相关比率是以某个项目和与其相关但又不同的项目加以对比所得的比率，流动比率 = 流动资产 / 流动负债，流动资产与流动负债具有相关性，选项 C 正确。

[3]【答案：正确】企业经营决策者必须对企业经营理财的各个方面，包括运营能力、偿债能力、获利能力及发展能力的全部信息予以详尽地了解和掌握，主要进行各方面综合分析，并关注企业财务风险和经营风险。

[4]【答案：C】流动比率 = 流动资产 / 流动负债，速动比率 = 速动资产 / 流动负债；现金偿还应付账款，速动资产和流动负债同金额减少，当前速动比率大于 1，带入简易数据，假设原速动比率为 2/1=2，分子分母同时减少 0.5，则 1.5/0.5=3，即可求得速动比率变大，流动比率变大。选项 C 正确。

[5]【答案：D】速动比率 = 速动资产 ÷ 流动负债，选项 A 银行存款是速动资产，偿还后速动资产减少，速动比率降低。选项 B 银行存款减少速动资产减少，速动比率降低。选项 C 银行存款增加，应收账款减少，速动比率不变。选项 D 正确。

[6]【答案：B】最能反映企业即时偿付短期债务能力的是现金比率。

[7]【答案：AC】速动资产是指可以在较短时间内变现的资产，包括货币资金、交易性金融资产和各种应收款项。非速动资产包括存货、预付款项、一年内到期的非流动资产和其他流动资产等，选项 AC 正确。

[8]【答案：正确】现金资产包括货币资金和交易性金融资产等。现金比率剔除了应收账款对偿债能力的影响，最能反映企业直接偿付流动负债的能力，表明每 1 元流动负债有多少现金资产作为偿债保障。

[9]【答案：B】由于资产负债率为 60%，可以设负债为 60 万元，资产为 100 元，则所有者权益为 40 万元，权益乘数 = 资产 / 权益 =100/40=2.5。

[10]【答案：C】产权比率越高，表明企业长期偿债能力越弱，债权人权益保障程度越低，选项 BD 不正确；产权比率高，是高风险、高报酬的财务结构，财务杠杆效应强，选项 C 正确，选项 A 错误。

[11]【答案：A】利息保障倍数 = 息税前利润 / 应付利息 =（-100+300）/（100+300）=0.5。

[12]【答案：B】产权比率=负债总额/所有者权益；权益乘数=总资产/所有者权益

权益乘数－产权比率=（总资产－负债总额）/所有者权益=1。

[13]【答案：BCD】反映长期偿还债能力的指标主要包括资产负债率、产权比率、权益乘数、利息保障倍数等。总资产周转率是反映营运能力的指标，选项BCD正确。

[14]【答案：错误】计算利息保障倍数指标时，分母中的"应付利息"既包括当期计入财务费用中的利息费用，也包括计入固定资产成本的资本化利息。

[15]【答案：错误】从股东的立场看，在全部资本利润率高于借款利息率时，负债比例越大越好，否则反之。

[16]【答案：ABCD】影响偿债能力的其他因素有：可动用的银行贷款指标或授信额度、资产质量、或有事项和承诺事项，债务担保和未决诉讼属于或有事项，选项ABCD正确。

[17]【答案：ABD】应收账款周转率=营业收入÷应收账款平均余额，其中应收账款包括会计报表中"应收账款"和"应收票据"等全部赊销账款在内，营业收入指扣除销售折扣和折让后的销售净额，选项ABD正确。

[18]【答案：ACD】一般来说，应收账款周转率越高、周转天数越短表明应收账款管理效率越高。在一定时期内应收账款周转次数多、周转天数少表明：（1）企业收账迅速，信用销售管理严格；（2）应收账款流动性强，从而增强企业短期偿债能力；（3）可以减少收账费用和坏账损失，相对增加企业流动资产的投资收益；（4）通过比较应收账款周转天数及企业信用期限，可评价客户的信用程度，调整企业信用政策。选项ACD正确。

[19]【答案：CD】存货周转次数是衡量和评价企业购入存货、投入生产、销售收回等各环节管理效率的综合性指标。一般来讲，存货周转速度越快，存货占用水平越低，流动性越强，存货转化为现金或应收账款的速度就越快，这样会增加企业的短期偿债能力及盈利能力。选项CD正确。

[20]【答案：正确】一般来讲，存货周转速度越快，存货占用水平越低，流动性越强，存货转换为现金或应收账款的速度就越快，这样会增强企业的短期偿债能力及盈利能力。

[21]【答案：D】总资产周转率=营业收入/平均资产总额=1 200/[（600+1 000）/2]=1.5（次）。所以选项D正确。

[22]【答案：错误】总资产的周转率指标用于衡量各项资产赚取收入的能力，经常与企业盈利能力的指标结合在一起，以全面评价企业的盈利能力。

[23]【答案：A】本期应收账款周转率=本期营业收入/[（期初应收账款＋期末应收账款）/2]，即8=本期营业收入/[（120+180）/2]，本期营业收入=1 200（万元），本期的营业收入增长率=（1 200－1 000)/1 000=20%。

[24]【答案：D】总资产净利率=净利润/平均总资产，选项AC都是资产内部的此增彼减；选项B引起所有者权益内部此增彼减；只有选项D会使得银行存款减少，从而使得总资产减少，总资产净利率上升。选项D正确。

[25]【答案：错误】净资产收益率可能是因为负债水平较高引起的，此时风险很大。因此净资产收益率不是越高越好。

[26]【答案】（1）A=（2 400－1 300）/2.2－280=220（万元）

B=2 400－（220+280+700）=1 200（万元）

（2）应收账款周转次数 =1 650÷ [（ 250+150 ）÷2] =8.25（次）

存货周转天数 =360× [（ 400+260 ）÷2] ÷990=120（天）

营业毛利率 = （ 1 650–990 ）÷1 650×100%=40%

[27]【答案：B 】净资产收益率是反映盈利能力的指标，现金运营指数是反映收益质量的指标，权益乘数是反映偿债能力的指标，资本保值增值率是反映发展能力的指标，选项 B 正确。

[28]【答案：正确】资本保值增值率 = 扣除客观因素影响后的期末所有者权益 ÷ 期初所有者权益 ×100%，期末所有者权益的计量应当考虑利润分配政策及投入资本的影响。

[29]【答案：A 】选项 BCD 是反映盈利能力的指标，现金营运指数是反映收益质量的指标。

[30]【答案：错误】净收益营运指数越小，非经营收益所占比重越大，收益质量越差，因为非经营收益不反映公司的核心能力及正常的收益能力，可持续性较低。反之，净收益经营指数越大，收益质量越好。

[31]【答案：D 】公司获取现金的能力可以通过营业现金比率、每股营业现金净流量和全部现金回收率反映，选项 A 错误；营业现金比率 = 经营活动现金流量净额 / 普通股股数，长期借款方式获得的现金属于筹资活动现金流量，不影响经营活动现金流量，选项 B 错误；公司将销售政策由赊销调整为现销方式后会影响经营活动现金流量，进而影响营业现金比率；每股营业现金净流量是经营活动现金流量净额与普通股股数之比，选项 D 正确。

[32]【答案：B 】现金比率属于短期偿债能力分析指标，选项 B 当选。获取现金能力分析指标包括营业现金比率、每股营业现金净流量、全部资产现金回收率。现金比率是短期偿债能力分析指标。

[33]【答案：正确】净收益营运指数 = 经营净收益 / 净利润，经营净收益 = 净利润 - 非经营净收益。净收益营运指数越大，非经营收益所占比重越小，经营净收益越大，说明收益质量越好。

[34]【答案】（1）20×8 年的存货平均余额 =500 000/8=62 500（元）

（2）20×8 年末的流动负债 =450 000/2.5=180 000（元）

（3）20×8 年净利润 =400 000×20%=80 000（元）

（4）20×8 年经营净收益 =80 000+20 000=100 000（元）

（5）20×8 年的净收益营运指数 =100 000/80 000=1.25

[35]【答案：ABD 】潜在普通股主要包括：可转换公司债券、认股权证和股份期权等。

[36]【答案：B 】送红股增加的普通股股数：10 000×40% =4 000（万股），年末普通股的加权平均数 = 10 000+4 000+3 200×3/12=14 800（万股），基本每股收益 =7 400/14 800= 0.50（元 / 股）。

[37]【答案：正确】认股权证、股份期权等的行权价格低于当期普通股平均市场价格时，应当考虑其稀释性。

[38]【答案：BCD 】回购股票减少发行在外的普通股股数，使每股收益增加。而选项 BCD 都会使发行在外的普通股股数增加，导致每股收益降低。选项 BCD 正确。

[39]【答案：BD 】每股收益并不多意味着每股股利多，也不能反映股票的风险水平。所以选项 BD 错误，对投资者来说，每股收益是一个综合性的盈利概念，在不同行业、不同规模的上市公司之间具有相当大的可比性。

[40]【答案】（1）2017 年的基本每股收益 =8 400/（ 3 000+2 000×3/12 ）=2.4（元 / 股）

（2）2018 年的基本每股收益 =10 600/（ 3 000+2 000 ）=2.12（元 / 股）

第 10 章

2018 年的稀释每股收益 =（10 600+200）/（3 000+2 000+8 000/10×6/12）=2（元 / 股）

（3）2018 年年末市盈率 =31.8/2.12=15（倍）

[41]【答案：B】每股市价 = 市盈率 × 每股收益 =20×1=20（元），市净率 =20/2=10。

[42]【答案：A】一方面，市盈率越高，意味着企业未来成长的潜力越大，也即投资者对该股票的评价越高，反之，投资者对该股票评价越低。另一方面，市盈率越高，说明投资于该股票的风险越大；市盈率越低，说明投资于该股票的风险越小。选项 A 正确。

[43]【答案：正确】每股净资产显示了发行在外的每一普通股股份所能分配的企业账面净资产的价值。利用该指标进行横向和纵向对比，可以衡量上市公司股票的投资价值。

[44]【答案：正确】影响企业股票市盈率的因素有：（1）上市公司盈利能力的成长性；（2）投资者所获收益率的稳定性；（3）市盈率也受到利率水平变动的影响。

[45]【答案：错误】上市公司盈利能力越强，股利发放不一定越多，股利发放取决于企业的股利政策。

[46]【答案】（1）营业净利率 = 净利润 ÷ 营业收入 ×100% =1 500÷20 000×100%=7.5%

（2）利息保障倍数 = 息税前利润 ÷ 应付利息 =（2 000+600）÷（600+400）=2.6

（3）净收益营运指数 = 经营净收益 ÷ 净利润 =（1 500−300）÷1 500=0.8

（4）存货周转率 = 营业成本 ÷ 存货平均余额 =15 000÷[（1 000+2 000）÷2]=10（次）

（5）市盈率 = 每股市价 ÷ 每股收益 =4.5÷（1 500÷10 000）=30（倍）

[47]【答案：D】管理层讨论与分析信息大多涉及"内部性"较强的定性型软信息，无法对其进行详细的强制规定和有效监控，因此，西方国家的披露原则是强制与自愿相结合，企业可以自主决定如何披露这类信息。我国也基本实行这种原则。选项 D 正确。

[48]【答案：AB】"管理层讨论与分析"主要包括：本企业过去经营状况的评价分析；对企业未来发展趋势的前瞻性判断；对企业财务报表中所描述的财务状况和经营成果的解释；对经营中固有风险的不确定性的揭示；对企业未来发展前景的预期。选项 AB 正确。

[49]【答案：BC】管理层讨论与分析是上市公司定期报告中管理层对于本企业过去经营状况的评价分析以及对企业未来发展趋势的前瞻性判断。选项 A 错误。管理层讨论与分析信息大多涉及"内部性"较强的定性型软信息，无法对其进行详细的强制规定和有效监控，因此，西方国家的披露原则是强制与自愿相结合，企业可以自主决定如何披露这类信息，我国也基本实行这种原则。选项 D 错误。选项 BC 正确。

[50]【答案：A】净资产收益率是杜邦分析体系的起点。选项 A 表述错误。

[51]【答案：D】总资产净利率 = 营业净利率 × 总资产周转率，30%=20%× 总资产周转率，总资产周转率为 1.5。

[52]【答案：B】净资产收益率 = 营业净利率 × 总资产周转次数 × 权益乘数，而权益乘数 =1/（1− 资产负债率），资产负债率降低，权益乘数随之降低。选项 B 正确。

[53]【答案：正确】净资产收益率是一个综合性比较强的财务分析指标，是杜邦财务分析体系的起点。

[54]【答案】（1）年初所有者权益 =4 800−2 400=2 400（万元）

年末所有者权益 =5 000−2 500=2 500（万元）

权益乘数 =[（4 800+5 000）/2] / [（2 400+2 500）/2]=2

（2）总资产周转率 =7 350/ [（4 800+5 000）/2]=1.5

（3）营业净利率 =294/7 350 ×100% =4%

（4）总资产净利率 =4% ×1.5=6%

净资产收益率 =6% ×2=12%

[55]【答案：正确】经济增加值是指税后经营业利润扣除全部投入资本的成本后的剩余收益。由此可知是考虑了全部资本的机会成本。

[56]【答案：C】由于不同行业、不同规模、不同成长阶段等的公司，其会计调整项和加权平均资本成本各不相同，所以经济增加值的可比性较差。选项 C 正确。

[57]【答案：D】经济增加值 = 税后净营业利润 – 平均资本占用 × 加权平均资本成本

　　　　　　　 = 息税前利润 ×（1–25%）– 平均资本占用 × 加权平均资本成本

　　　　　　　 =8 400×（1–25%）–50 000×6%=3 300（万元）。

或者：经济增加值 = 净利润 + 利息支出 ×（1–25%）– 平均资本占用 × 加权平均资本成本

　　　　　　　 =（8 400–400）×（1–25%）+400×（1–25%）–50 000×6%=3 300（万元）。

[58]【答案：B】财务绩效定量评价指标中，企业盈利能力的基本指标包括净资产收益率和总资产收益率。营业利润增长率是企业经营增长的修正指标；总资产周转率是企业资产质量的基本指标；资本保值增值率是企业经营增长的基本指标。选项 B 正确。

[59]【答案：ABCD】财务绩效定量评价是指对企业一定期间的盈利能力、资产质量、债务风险和经营增长四个方面进行定量对比分析和评判。

[60]【答案：AB】评价企业资产质量状况的指标包括总资产周转率、应收账款周转率、不良资产比率、流动资产周转率、资产现金回收率。选项 AB 正确。总资产增长率评价经营增长状况，资产负债率评价债务风险状况，选项 CD 错误。

第 10 章